21世纪法学系列教材

经济法系列

经济法理论与实务

（第四版）

於向平 邱艳 赵敏燕 著

图书在版编目(CIP)数据

经济法理论与实务/於向平,邱艳,赵敏燕著. —4 版. —北京:北京大学出版社,2014.8
(21 世纪法学系列教材)
ISBN 978-7-301-24532-3

Ⅰ.①经… Ⅱ.①於… ②邱… ③赵… Ⅲ.①经济法—中国—高等学校—教材 Ⅳ.①D922.29

中国版本图书馆 CIP 数据核字(2014)第 164209 号

书　　　　名：经济法理论与实务(第四版)
著作责任者：於向平　邱　艳　赵敏燕　著
责　任　编　辑：郭瑞洁
标　准　书　号：ISBN 978-7-301-24532-3/D·3636
出　版　发　行：北京大学出版社
地　　　　址：北京市海淀区成府路 205 号　100871
网　　　　址：http://www.pup.cn
新　浪　微　博：@北京大学出版社　@北大出版社法律图书
电　子　信　箱：law@pup.pku.edu.cn
电　　　　话：邮购部 62752015　发行部 62750672　编辑部 62752027
　　　　　　　出版部 62754962
印　　刷　　者：北京宏伟双华印刷有限公司
经　　销　　者：新华书店
　　　　　　　730 毫米×980 毫米　16 开本　23.5 印张　443 千字
　　　　　　　2003 年 6 月第 1 版　2006 年 7 月第 2 版
　　　　　　　2009 年 2 月第 3 版
　　　　　　　2014 年 8 月第 4 版　2017 年 5 月第 2 次印刷
定　　　　价：45.00 元

未经许可,不得以任何方式复制或抄袭本书之部分或全部内容。
版权所有,侵权必究
举报电话：010-62752024　电子信箱：fd@pup.pku.edu.cn

目　　录

第一章　经济法基础理论 ………………………………………… (1)
　　第一节　经济法概述 ………………………………………… (1)
　　第二节　经济法律关系 ……………………………………… (6)
　　第三节　违反经济法的法律责任 …………………………… (10)

第二章　企业法律制度 …………………………………………… (13)
　　第一节　企业法律制度概述 ………………………………… (13)
　　第二节　全民所有制工业企业法 …………………………… (14)
　　第三节　合伙企业法 ………………………………………… (22)
　　第四节　个人独资企业法 …………………………………… (34)
　　第五节　外商投资企业法 …………………………………… (38)

第三章　公司法律制度 …………………………………………… (61)
　　第一节　公司法律制度概述 ………………………………… (61)
　　第二节　有限责任公司 ……………………………………… (69)
　　第三节　股份有限公司 ……………………………………… (77)
　　第四节　股份有限公司的股份发行和转让 ………………… (85)
　　第五节　公司董事、监事、高级管理人员的资格和义务 … (89)
　　第六节　公司债券 …………………………………………… (91)
　　第七节　公司财务、会计 …………………………………… (93)
　　第八节　公司合并、分立、减资、增资 …………………… (94)
　　第九节　公司解散和清算 …………………………………… (96)
　　第十节　外国公司的分支机构 ……………………………… (97)
　　第十一节　违反公司法的法律责任 ………………………… (98)

第四章　企业破产法 ……………………………………………… (101)
　　第一节　企业破产法概述 …………………………………… (101)
　　第二节　破产案件的申请与受理 …………………………… (103)
　　第三节　破产管理人 ………………………………………… (107)
　　第四节　债务人财产、破产费用和共益债务 ……………… (110)
　　第五节　破产债权的申报 …………………………………… (112)
　　第六节　债权人会议 ………………………………………… (114)

第七节 破产重整 …………………………………………… (116)
第八节 破产和解 …………………………………………… (119)
第九节 破产清算 …………………………………………… (121)
第十节 破产法律责任 ……………………………………… (124)

第五章 工业产权法
第一节 工业产权法概述 …………………………………… (126)
第二节 专利法 ……………………………………………… (127)
第三节 商标法 ……………………………………………… (141)

第六章 金融法律制度
第一节 银行法 ……………………………………………… (157)
第二节 票据法 ……………………………………………… (169)
第三节 证券法 ……………………………………………… (184)
第四节 保险法 ……………………………………………… (212)

第七章 会计法律制度
第一节 会计法概述 ………………………………………… (227)
第二节 会计核算 …………………………………………… (228)
第三节 会计监督 …………………………………………… (231)
第四节 会计机构和会计人员 ……………………………… (233)
第五节 法律责任 …………………………………………… (233)

第八章 市场秩序管理法
第一节 反不正当竞争法 …………………………………… (236)
第二节 反垄断法 …………………………………………… (241)
第三节 产品质量法 ………………………………………… (251)
第四节 消费者权益保护法 ………………………………… (259)

第九章 税收法律制度
第一节 税收法律制度概述 ………………………………… (268)
第二节 流转税法律制度 …………………………………… (273)
第三节 所得税法律制度 …………………………………… (279)
第四节 财产、行为、资源税收法律制度 ………………… (281)
第五节 税收征收管理 ……………………………………… (285)

第十章 合同法律制度
第一节 合同法律制度概述 ………………………………… (294)
第二节 合同的订立 ………………………………………… (300)
第三节 合同的效力 ………………………………………… (306)

第四节　合同的履行 …………………………………… (310)
第五节　合同的担保 …………………………………… (314)
第六节　合同的变更、转让和终止 …………………… (334)
第七节　违约责任 ……………………………………… (340)

第十一章　经济仲裁与经济诉讼 ………………………… (345)
第一节　经济仲裁 ……………………………………… (345)
第二节　经济诉讼 ……………………………………… (352)

第一章 经济法基础理论

第一节 经济法概述

一、经济法的概念

经济法,既是一个特定的法律概念,也是一个法学概念。作为法律概念,它是指调整特定经济关系的法律部门;作为法学概念,它是指一门法律学科。对作为法律部门意义上的经济法概念的理解和阐述,目前国内法学界尚有较大争议。从现代经济法的产生来看,经济法是当社会经济发展到一定的阶段,为克服市场自身调控的不足,国家对社会经济生活进行必要的干预,以建立和维护体现统治阶级意志的公正、稳定和有序的社会经济秩序,从而形成的法律部门。经济法以"社会本位"为基本特征,以追求社会经济利益的均衡协调发展为根本宗旨。由此,我们认为,经济法是调整国家在组织、调控、管理和监督社会经济活动中所发生的经济关系的法律规范的总称。

二、经济法的调整对象

法律是调整社会关系的,每一个法律部门都有自己特定的调整对象,即该法律部门所调整特定的社会关系,从而与其他法律部门相区别。在经济领域中,经济法与民法都是调整社会经济生活的重要法律部门。民法调整的是平等主体的自然人、法人和其他社会组织之间的财产关系和人身关系;经济法则主要调整国家对社会经济活动的组织、调控、管理和监督过程中所产生的社会经济关系。经济法从维护社会整体利益的角度和高度,既要规范企业等市场主体的行为,同时也要规范国家和政府的经济行为和经济管理行为。经济法调整的经济关系主要有以下几类:

(一)市场主体调控关系。是指国家在对市场主体的设立和活动进行管理以及市场主体在自身运行过程中所发生的社会关系。这里所指市场主体,主要是指在市场上从事直接和间接交易活动的经济组织,如企业(独资企业、合伙企业、公司等)和非企业性市场主体,如个体工商户、农村承包经营户、公民个人等。

(二)市场运行调控关系。是指国家为了建立社会主义市场经济秩序,维护国家、生产经营者和消费者的合法权益而干预市场所发生的经济关系。如关于反不正当竞争、反垄断、产品质量、消费者权益保护、价格管理等方面所涉及的社会关系。

（三）经济调控关系。是指国家从长远利益和社会公共利益出发,对关系国计民生的重大经济因素,在实行全局性的管理过程中,与各类社会组织所发生的具有隶属性或指导性的社会经济关系。这种隶属或指导性关系既包括上下级组织之间的命令与服从、指导与被指导的关系,又包括同一级别组织之间在业务上的管理与执行的关系,主要包括产业调节、计划、土地利用、金融证券监管、贸易管制、国有资产管理等方面的社会关系。

（四）社会分配调控关系。是指国家在对国民收入进行初次分配和再分配过程中所发生的社会经济关系。如关于财政税收等方面的社会关系,即属此类。

与经济法的调整对象相适应,我国的经济法律制度主要包括:规范市场主体的法律制度、保障市场运行的法律制度、实施国家经济调控的法律制度和规范社会分配的法律制度。

三、经济法的特征

经济法具有一般法律的基本特征,即国家意志性、特殊的规范性和应有的强制性。经济法与其他法律部门相比较,又有自己的一些特征,具体表现在以下几个方面:

（一）全局性

经济法不是从一个侧面、一个层次调整经济生活,而是从全局上调整社会经济生活。经济法的全局性主要表现为:第一,整体性。经济法对社会经济生活的调整,是以国民经济的整体利益为出发点和归宿的。第二,统一性。经济法对社会经济生活的调整必须是统一的。第三,宏观目的性。尽管宏观经济目的往往是通过促进或者限制某些经济的发展来实现的。然而,这种促进与限制却总是为了服务于国民经济的整体利益,并达到实现经济的宏观控制和协调发展的战略目标的。

（二）经济性

所谓经济法的经济性具有两层含义。一是财产性。经济法规范的内容总是直接或间接与财产(包括无形财产)相联系,适用于经济领域。这是经济法与适用于非财产领域,不具有经济内容的行政法的重要区别;二是与商品生产、分配、交换、消费的联系性。由于经济法所调整的是国家在组织、调控、管理和监督社会经济活动中所发生的社会关系,因此,经济法规范总是与商品生产、分配、交换、消费的某个环节有着这样或那样不同程度的联系。

（三）综合性

经济法的综合性是经济综合性的反映,主要包含着四个方面的含义:第一,是指它的调整范围是综合的,既包括宏观经济领域的管理和调控关系,也包括微观经济领域的管理和协作关系,具体包括工业、农业、商贸、财政、税收、金融、统计、审计、会计、海关、物价、环保、土地等范畴;第二,是指它的调整手段是综合的,经济法将各种法律调整手段有机地结合起来对经济关系进行综合的调整,这主要表现在经济法往往运用民事的、行政的、刑事的、程序的、专业及技术的手段等作用于某一经济领域,以达到维护社会经济秩序的目的;第三,是指它的规范是综合的,有民事、行政和刑事规范,有实体法规范和程序法规范;第四,是指它所涉及的法律规范的表现形式是综合的,有法律、行政法规、地方性法规等三个级阶不同的规范表现形式,在法规的称谓上也是多种多样,有法律、法令、条例、细则、规定和办法等等。

(四)行政主导性

经济法是国家对社会经济生活进行必要的干预,即国家组织、调控、管理和监督社会经济活动所形成的法律部门。因此,经济法在调整经济关系的过程中直接体现了国家的意志、国家干预。作为国家特殊意志的体现,经济法有浓重的强制性、授权性、指导性的色彩,并多以禁止性或限制性的规定来规范主体的作为或不作为,以此来限制或取缔某种经济活动或经济关系的发生或存在。经济法还常以奖励和惩罚并用的方法来促进主体的行为符合社会经济利益的整体需要,借以达到促进与支持某种经济关系的建立和发展的目的,并为处理经济纠纷提供相应的依据。在经济法律关系中,当事人的法律地位常常是不平等的,往往一方主体的意志必须服从另一方主体(国家经济管理、监督机关)的意志。这与民事法律关系中,主体的法律地位平等,主体意志自由、意思自治是不同的。

(五)政策性

经济法是国家经济政策的法定化、规范化。由于经济形势总是处在不断的发展和变化之中,国家的经济政策也要不断地随之进行必要的调整和改变,作为体现国家经济政策的经济法也必然随之进行相应的修改和完善。因此,经济法的政策性即突出地反映在它的灵活性和效益性上。具体体现在:第一,经济法总是随着经济政策的变化而变化,灵活地适应着变化了的经济形势的客观需要,根据国家意志的需要对复杂多变的经济生活进行调整;第二,经济法总是从国民经济的总体出发,对于多种可能性进行全面科学的分析,选择其最佳方案见之于法律,以促进经济发展,取得最好的社会经济效益。

四、经济法的原则

作为一个独立的法律部门,必须有自己的基本原则。法律原则不同于法律规则。法律规则是具体的行为规范,而法律原则是法律的基本准则,即法律的灵魂。经济法的原则是贯穿于整个经济立法和经济法的实施全过程中所坚持的基本准则。经济法的原则,体现了经济法的基本价值,集中反映了经济立法的目的和方针,对各项经济法律制度和经济法律规范起着统帅和指导作用,是经济立法、执法、守法及研究经济法的总的指导思想。我国经济法的原则有以下几项:

(一)国家干预与市场自由相统一的原则

市场经济的本质要求是自由交易和自由竞争。但由于市场自身的缺陷,现代市场经济又需要国家从社会整体利益出发对社会经济生活进行必要的组织和管理,即通常所说的市场经济规律和国家主动地组织、管理相互结合和交替发挥作用。在现代经济生活中,国家权力介入社会经济生活,已是一种难以逆转的趋势。但国家的介入,不能代替市场的作用,更不能有碍于市场的本质要求。从根本意义上说,国家介入社会经济生活,是为了保证大多数市场主体的自由交易和竞争。因此,经济法必须坚持国家组织、管理社会经济与市场自由相统一的原则。

(二)社会利益优先原则

经济法是以"社会本位"为其根本宗旨,因此,经济法就不可能是单纯维护单一利益主体的法律。在社会利益与少数市场主体的利益发生冲突时,经济法必须以社会整体利益优先为原则。但社会利益优先原则并不意味着经济法忽视对市场主体利益的保护。经济法既要保护国家和社会公共利益,同时也要保护企业等一切市场主体的权益,这正表现了它所追求的全社会利益协调的目标价值。就实际情况来说,利益向任何一个方面过度倾斜,都是不利于社会经济协调发展的。

(三)权力制衡原则

法律的直接目的是承认、设定和规范人们的权利(力),为人们的行为提供规范模式。国家、政府和一切国家经济管理机关在组织、管理社会经济活动中,以及企业和企业内部机构在组织生产和经营中,都需要有一定的权利(力)为依据。但权利(力)的享有和行使并非是绝对的、无限制的。无论是国家在对经济进行必要的干预过程中还是市场主体在进行生产经营过程中,无论在宏观方面,还是在微观方面。权利(力)主体都必须是在法律所规定的一定范围和限度之内,享有权利(力)和行使权利(力),并有一定的力量和机制予以制约。唯有如此才能体现法律上的公正和正义,建立起正常稳定的社会经济秩序,保障和促进社会经济的协调发展。

(四)责、权、利相统一原则

经济法调整社会经济关系要坚持责、权、利相统一的原则。在经济法律关系中,任何一方当事人在依法享有和行使权利(力),实现利益的同时,必须承担相应的责任。对国家经济管理机关来说,经济法赋予其管理经济的权力,以维护和实现国家利益和社会公共利益。同时,权力又是一种职责,国家经济管理机关在其所参与的经济法律关系中必须依法履行自己的管理职责,在法律规定的职责范围内,必须为一定的行为(包括作为和不作为),并且其行为不能超过法律规定的限度。对其他经济法律关系的主体来说,其享有和行使法律赋予的权利,以实现自己的经济利益。同时,在权利当中也包含着责任,行使权利必须在法律规定的范围内,在追求和实现自己利益的同时,不得损害国家利益、社会公共利益和他人的合法权益。经济法律关系的主体违反经济法,应当受到法律的制裁,承担对自己不利的法律后果。

五、经济法的渊源

经济法的渊源,又称为经济法的形式,是指经济法规范具体的表现形式,即经济法是由何种国家机关,依照什么方式或程序创制出来的,并表现为何种形式的法律文件。经济法的渊源主要有以下几种:

(一)宪法

宪法是由全国人民代表大会制定,规定国家的基本制度和根本任务,是国家的根本大法,具有最高的法律效力,其他法的表现形式不得与之相抵触。宪法作为经济法的渊源之一,是指经济法立法的总的指导思想、基本原则和基本法律制度是以宪法为依据,来源于宪法中的有关规定。

(二)法律

法律是由全国人民代表大会及其常务委员会,经过一定立法程序制定的规范性文件。其法律效力和地位仅次于宪法。法律是经济法渊源的主体和核心部分。主要的经济法律制度,都是通过法律的形式表现的。

(三)行政法规

行政法规是由国家最高行政机关——国务院制定、发布的规范性文件,其地位次于宪法和法律。它通常冠以条例、办法、规定等名称。经济法大量以行政法规的形式存在,这是由经济的社会化和政府对经济的全方位管理和参与的客观条件所决定的。

(四)地方性法规

地方性法规是省、自治区、直辖市的人民代表大会及其常务委员会以及省、自治区人民政府所在地的市和经国务院批准的较大的市以及某些经济特区市的人民代表大会及其常务委员会在宪法、法律和行政法规允许的范围内,在与宪法、法律和行政法规不相抵触的前提下,根据本地区情况制定、发布的规范性文件。这也是经济法的常见的表现形式。地方性法规仅在该法规发布机关所管辖的区域范围内发生效力。

(五)部门规章

部门规章是国务院各部委,省、自治区、直辖市人民政府,省、自治区人民政府所在地的市和国务院批准的较大的市以及某些经济特区市的人民政府在其职权范围内依法制定、发布的规范性文件。规章的效力低于宪法、法律和行政法规,在人民法院审理案件时仅起参照作用。

(六) 司法解释

司法解释是最高人民法院在总结审判经验的基础上,为明确法律的适用,统一全国的审判工作发布的指导性文件。

(七) 国际条约

国际条约,是指我国与外国或地区缔结的双边、多边协议和其他具有条约性质的文件。国际条约不属于国内法的范畴,但我国签订和加入的国际条约对于国内的国家机关、社会团体、企事业单位和公民也有约束力。因此,这些条约就其具有与国内法同样的拘束力而言,也是我国经济法的渊源。如 WTO 的有关文件,我国与有关国家签订的双边投资保护协定等。

第二节 经济法律关系

一、经济法律关系的概念

法律关系是法律规范在调整人们的行为过程中所形成的一种特殊的社会关系,即法律上的权利与义务关系。或者说法律关系是指被法律规范所调整的权利义务关系。社会关系是多种多样的,因而调整它的法律规范也是多种多样的,由此形成不同的法律关系,如民法调整平等主体之间的财产关系和人身关系而形成的法律关系,称为民事法律关系或民商法律关系;行政法调整行政管理关系而形成的法律关系,称为行政法律关系。经济法律关系也是法律关系的一种。经济法律关系,是指由经济法规范和调整所形成的权利义务关系。

二、经济法律关系的要素

法律关系是由法律关系的主体、法律关系的内容和法律关系的客体这三个要素构成的。经济法律关系同样是由主体、内容和客体三个要素构成的,这三个要素缺一不可,任何一个要素发生改变,都可能引起经济法律关系的变更。

(一) 经济法律关系的主体

1. 经济法律关系主体的概念

经济法律关系的主体也称经济法的主体,是指参加经济法律关系,依法享有经济权利和承担经济义务的当事人。经济法律关系的主体是经济法律关系的参加者。在经济法律关系中,至少有两方当事人参加,享有权利的一方称为权利主体,承担义务的一方称为义务主体。我们对经济法律关系主体的把握,应当明确以下几点:第一,经济法律关系主体能够以自己的名义独立地参加经济法律关系;第二,经济法律关系主体是经济法律关系中权利义务的担当者;第三,经济法律关系主体能够独立地承担经济法律责任。

2. 经济法律关系的主体资格

经济法律关系主体资格,是指当事人参加经济法律关系,享受权利和承担义务的资格和能力。经济法律关系的主体必须具备一定的主体资格。

经济法律关系的主体资格的认可,一般采用法律规定一定的条件或规定依一定的程序成立的方式予以确认,包括:依照宪法和法律由国家各级权力机关批准成立;依照法律和法规由国家各级行政机关批准成立;依照法律、法规或章程由经济组织自身批准成立;依照法律、法规由主体自己向有关国家机关申请并经核准登记而成立;由法律、法规直接赋予一定身份而成立等各种情形。

未取得经济法律关系的主体资格的组织不能以经济法律关系主体的身份参与经济活动,否则,其行为不受法律保护。依法成立的经济法律关系的主体应当在法律规定或认可的范围内参与经济活动,超越法律规定或认可的范围参与经济活动的,其行为也不受法律保护。

3. 经济法律关系主体的范围

经济法律关系主体的范围是由经济法调整对象决定的。由于经济法调整对象的广泛性,经济法律关系主体的范围也很广泛。经济法律关系的主体可以分为经济管理、监督主体和经济活动主体两大类。

经济管理、监督主体。这主要是指依据宪法和行政法及其他有关法律、法规设立,由宪法和行政法及其他有关法律、法规规定其性质、职能、任务、隶属关系等,承担组织、管理、监督和协调经济职能的组织或者机构。主要为国务院及其承担经济管理、监督职能的部、委、局、办、会、行和地方政府及其相应机构,也包括各级权力机关,以及由国家机关授权而承担某种经济管理、监督职能的其他组织等。

经济活动的主体。这是指依据民法、经济法、行政法以及其他法律、法规设立或确认的,从事经济活动的组织和个人。这类主体主要包括以下几种:

(1) 各类企业。这是指有独立财产,以营利为目的,具备一定的组织机构,从事生产经营活动的经济实体。包括各类法人企业和非法人企业。企业是经济法律关系的最重要的主体。

(2) 事业单位。这是指不以营利为目的的科技、教育、文化、卫生等社会组织。

(3) 社会团体。这是指以某种公益事业为目的的群众团体、文化团体、学术研究团体、协会等社会组织。

(4) 个体工商户、农村承包经营户。他们是公民参与营利性经济活动的特殊主体形式，他们在参与经济法调整的经济关系时，也是经济法律关系的主体。

（5）公民个人。在一般情况下，公民作为自然人只是民事法律关系的主体，但在一定范围内，如税收关系、投资关系中，公民也是经济法律关系的主体。

此外，还有一些学者认为，经济组织的内部机构，也是经济法律关系的主体。

（二）经济法律关系的内容

经济法律关系的内容，是指经济法律关系主体依法所享有的经济权利和承担的经济义务。这是经济法律关系的核心，直接体现了经济法律关系主体的利益和要求，因而没有权利义务的经济法律关系是不存在的。

1. 经济权利

经济权利，是指经济法律关系的主体在经济法所调整的经济关系中依法所享有的自己为一定行为或不为一定行为和要求他人为一定行为或不为一定行为的资格。它包括以下几方面的含义：

（1）经济法律关系的主体在法定范围内为自己利益的需要，根据自己的意志为一定的行为或不为一定的行为。如依法进行各种经营活动、取得纳税后合法的收入等。

（2）经济法律关系的主体有权依法要求负有经济义务的义务主体为一定行为或不为一定行为。如税务机关可以要求有纳税义务的人依法纳税。

（3）经济法律关系的主体在其合法权益受到侵害时，可以请求国家有关机关以国家强制力予以保护。

2. 经济义务

经济义务，是指经济法律关系主体依照法律规定所担负的必须作出某种行为或者不得作出某种行为的负担或约束。它包括以下几个方面的含义：

（1）义务主体必须作出或者不作出一定的行为。前者为积极义务，如纳税；后者为消极义务，如不得做假账。

（2）义务主体必需的作为或不作为是在法定的范围内。超过法律规定的限度，当事人不受限制和约束。

（3）义务主体不依法履行义务，应当承担相应的法律责任，受到法律的制裁。

（三）经济法律关系的客体

1. 经济法律关系客体的概念

经济法律关系的客体，是指经济法律关系主体的权利和义务所共同指向的对象。客体是确立权利义务关系性质和具体内容的依据，也是确定权利行使与否和义务是否履行的客观标准。权利和义务只有通过客体才能得到体现和落实。如果没有客体，权利义务就失去了依附的目标和载体，无所指向，也就不可能发生权利义务。因此，客体也是法律关系不可缺少的三要素之一。

2. 经济法律关系客体的种类

经济法律关系客体的内容和范围是由法律规定的,概括起来,主要包括以下三类:

(1) 物。是指能为人们控制的,具有一定经济价值和实物形态的生产资料和消费资料。物可以是自然物,如土地、矿藏、水流、森林;也可以是人造物,如建筑物、机器、各种产品等;还可以是货币及有价证券。

(2) 智力成果。是指人们通过脑力劳动创造的能够带来经济价值的精神财富。如发明、商标等,它们分别是专利权法律关系、商标权法律关系的客体。智力成果是一种精神形态的客体,是一种思想或者技术方案,不是物,但通常有物质载体,如书籍、图册、文字图形、录像、录音等,就是记录、承载智力成果的物质形式。它的价值不在于它的物质载体价值,而在于它的思想或技术能够创造物质财富、带来经济效益。智力成果是一种知识财富。

(3) 行为。作为经济法律关系的客体的行为不是指人们的一切行为,而是指经济法律关系的主体为达到一定的经济目的所进行的作为(积极行为)或不作为(消极行为)。如生产经营行为、经济管理行为、完成一定工作的行为和提供一定劳务的行为。

此外,在现实经济生活中,权利亦可能成为经济法律关系的客体。权利本是经济法律关系的内容,但是,当某种权利成为某一法律关系主体权利和义务所指向的对象时,该权利就成为该经济法律关系的客体。如:用专利权进行质押担保时,用作担保的专利权就成为质押权法律关系的客体。

三、经济法律关系的发生、变更和消灭

经济法律关系的发生,是指根据经济法律规范在经济法律关系主体之间形成一定的经济权利和经济义务关系。经济法律关系的变更,是指经济法律关系主体、内容或客体的变化。经济法律关系的消灭,是指经济法律关系主体之间权利和义务关系的终止。

经济法律关系的发生、变更和消灭要求具备三个条件:一是有相应的法律规范依据;二是有经济法律关系主体,这是法律权利与义务的实际承担者;三是有法律事实出现。

法律事实,是指依法能够引起法律关系发生、变更和消灭的客观现象。法律规范和法律关系主体只是法律关系发生、变更和消灭的抽象的、一般的前提,并不能直接引起法律关系的发生、变更和消灭。法律可以根据需要,规定一定的事实条件,在发生这些事实时,就使法律关系发生、变更和消灭。这些由法律规定的,能够产生一定法律后果即能够直接引起法律关系发生、变更或者消灭的事实,就是法律事实。只有当法律规范规定的法律事实发生时,才会引起法律关系

的发生、变更和消灭。法律事实是法律关系发生、变更和消灭的直接原因。

根据法律事实是否与当事人的意志有关,可以将法律事实划分为事件和行为两大类。

事件,是指与当事人的意志无关,能够引起法律关系发生、变更和消灭的后果的客观现象。事件可以是自然现象,如地震、洪水、台风等不以人的意志为转移的自然灾害;也可以是某些社会现象,如战争、暴乱、封锁、国家法律颁布或改变等。这些社会现象虽然是人们的行为,但它与法律关系的当事人的主观意志无关,因此也属于事件。自然灾害可以使合同关系终止,可以使财产灭失,所有权消灭;国家开征新的税种,可以使新的税收关系发生。

行为,是指当事人有意识的活动。行为可分为法律行为和事实行为。法律行为,是指当事人旨在发生、变更和消灭法律关系的有意识的行为。依法成立的法律行为会产生当事人所追求的法律后果,如当事人双方依法签订合同的行为使合同法律关系产生。事实行为,是指行为人实施的一定的行为,一旦符合了法律规定的构成要件,不管当事人主观上是否有设立、变更或消灭某一法律关系的意思,都会由于法律的规定,引起一定法律后果的行为。事实行为有合法的,也有不合法的。前者如企业生产经营行为,使税收法律关系发生;后者如企业违法经营行为,使行政处罚法律关系发生。

经济法律关系的发生、变更和消灭,有时只以一个法律事实为根据,有时需要两个或两个以上的法律事实相互结合为根据。例如,不动产抵押权法律关系的发生,除要有当事人之间订立抵押合同的行为,还要有当事人到有关登记机关进行登记的事实。这种引起法律关系的产生、变更和消灭的两个以上的事实的总和,叫做法律事实的构成。要求法律事实构成的经济法律关系,只有在事实构成具备的情况下,才能引起经济法律关系的发生、变更和消灭。

第三节 违反经济法的法律责任

一、法律责任的概念和种类

法律责任,是指行为人不履行法定的或约定的义务,损害了法律所保护的国家、集体或公民的权益,依法应当承担的不利后果。简单说来,法律责任是由于违法行为而承担的法律后果。法律责任与道义责任及其他社会责任的主要区别在于:第一,法律责任是违法行为产生的后果,法律上对此有明确具体的规定。法律责任发生的前提是行为人的行为违反了法律规定。法律不仅明确规定人们应当做什么和不能做什么,而且明确规定违反法律的行为所产生的法律后果,即对违法行为人的具体处理办法。只有在法律有明文规定的情况下,才能依法对违法行为人追究法律责任;第二,法律责任具有国家强制性。这表现在国家保证法律责任的执行上,即当发生违法行为时,以国家强制力,强制违法者承担对其不利的法律后果,强制其作出一定的行为或不得为一定的行为,补偿和救济受到损害的社会利益和合法权益,恢复被破坏的法律秩序。

由于违法行为的性质不同,法律责任的性质也不同。一般说来,法律责任有民事责任、行政责任和刑事责任三类。民事责任,是指法律关系的主体由于侵权行为、违约行为或由于法律的特别规定依法所应承担的不利的民事法律后果。行政责任,是指违反法律、法规规定的单位和个人所应承受的由国家行政机关或国家授权的组织依行政程序对其给予的行政制裁。刑事责任,是指触犯国家刑法的犯罪人所应承受的由国家审判机关给予的刑事制裁。

二、违反经济法的法律责任形式

由于经济法调整手段的综合性特征,经济法通过追究违反经济法的当事人的民事责任、行政责任和刑事责任的手段,保障经济法的实施。就是说,违反经济法的当事人因其违法的性质不同,将分别承担相应的民事责任、行政责任和刑事责任。现分述如下:

(一)违反经济法的民事责任

经济法律关系主体违反了经济法律、法规,损害了其他经济法律关系主体的财产权益和其他民事权益,依法应当承担相应的民事法律后果。民事责任主要是具有财产内容的财产责任。由于民事责任发生在经济法律关系的当事人之间,是违法行为人对受害人承担的责任。因此,法律允许违法行为人向受害人自行承担民事责任。在一定的范围内,民事责任的承担方式和范围也可以由当事人自行约定。在经济法律关系中,违法行为人承担民事责任的方式主要有停止侵害、返还财产、恢复原状、赔偿损失、支付违约金、修理、重作、更换等。

(二)违反经济法的行政责任

经济法律关系主体违反了经济法律、法规,破坏了法律所要建立和维护的正常的社会经济秩序,国家行政机关或国家授权的组织将依行政程序对违法行为人给予相应的行政制裁。行政制裁包括行政处分和行政处罚。对于违反经济法的责任人给予的行政制裁通常是行政处罚。主要包括:(1)警告。警告是对经济违法行为采取的一种较轻的行政处罚措施,一般以书面形式作出,必须向本人宣布并送达本人。(2)罚款。罚款是行政处罚实施机关强制违法行为人承担金钱给付义务,在一定期限内缴纳一定数额款项的处罚形式,是一种比较常用的行政制裁措施。(3)没收违法所得、没收非法财物。没收违法所得、没收非法财物,是指行政处罚实施机关强制收缴违反经济法律、法规的单位或个人违法所得的金钱或财物归国家的一种行政处罚措施。罚款与没收违法所得、没收非法财物都属于财产处罚的范畴,两者的区别在于,罚款一般是针对违法行为人的合法收入;而没收违法所得、没收非法财物则针对违法行为人的非法收入。(4)责令停产、停业。责令停产、停业是行政处罚实施机关对违法从事生产经营者而给予的直接剥夺其生产经营活动的权利的一种处罚形式,是一种比较严厉的行政处罚措施。(5)暂扣或吊销许可证和营业执照。暂扣或吊销许可证和营业执照是行政处罚实施机关依法对持有某种许可证或营业执照的违反经济法律、法规的单位或个人给予取消资格的处罚。许可证是行政主管机关依单位或个人申请而核发的、允许其从事某种活动、享有某种资格的证明文件。营业执照是取得工商营业资格的必要条件,只有经过工商行政管理部门核发的营业执照,才有可能进行生产和经营活动。从事生产和经营活动是法律赋予的权利,对企业和公民生产和经营权利的限制或剥夺是比较严厉的制裁措施。因此,对暂扣或吊销许可证和营业执照的条件必须严格规定,行政处罚机关实施处罚的程序也应严格依法进行。

（三）刑事责任

经济法律关系主体在经济活动中严重违反经济法,破坏社会主义市场经济秩序并触犯刑律,国家检察机关、审判机关将对有关单位和个人追究刑事责任,给予相应的刑事制裁。追究刑事责任是对违反经济法的单位或个人的最严厉的一种法律责任形式。我国《刑法》分则第三章专章规定了破坏社会主义市场经济秩序罪,我国许多经济法律、法规中也规定了对严重违反经济法,破坏社会主义市场经济秩序的单位和个人追究刑事责任的法律条文。对单位犯罪所判处的刑罚主要是罚金;对个人犯罪或犯罪单位的直接负责的主管人员或直接责任人员可判处的刑罚包括全部主刑(管制、拘役、有期徒刑、无期徒刑、死刑)和全部附加刑(罚金、剥夺政治权利、没收财产)。

第二章 企业法律制度

第一节 企业法律制度概述

一、企业的概念和分类

（一）企业的概念和特征

企业,是指依法成立的,以营利为目的的,从事生产经营活动的独立核算的社会经济组织。企业有如下特征：

1. 企业是依法设立的社会经济组织。企业通过依法设立,取得相应的法律主体资格,得到国家法律的认可和保护。
2. 企业是自主经营、独立核算、自负盈亏,具有独立性的社会经济组织。
3. 企业是以营利为目的从事生产经营活动的社会经济组织。

（二）企业的分类

按照不同的标准,可对企业进行不同的分类：

1. 按照企业所有制的形式不同,将企业分为全民所有制企业,集体所有制企业、私营企业、中外合资经营企业,中外合作经营企业、外资企业。
2. 按照企业投资者的不同,将企业分为内资企业、外资企业等。
3. 按照企业是否具有法人资格为标准,将企业分为法人企业、非法人企业。
4. 按照企业所属行业的不同,将企业分为工业企业、商业企业等。

二、企业法的概念

企业法,是指调整企业在设立、变更、终止,以及企业在生产经营的管理和运行过程中发生的经济关系的法律规范的总称。

我国的企业法律制度主要包括：《中华人民共和国全民所有制工业企业法》《中华人民共和国合伙企业法》《中华人民共和国公司法》《中华人民共和国个人独资企业法》《中华人民共和国乡镇企业法》《中华人民共和国中外合资经营企业法》《中华人民共和国中外合作经营企业法》《中华人民共和国外资企业法》《中华人民共和国乡村集体所有制企业条例》《中华人民共和国城镇集体所有制企业条例》等法律、法规,这些法律、法规对我国企业的设立、组织机构、权利义务、经营活动等作了详细的规定。

本章主要阐述《中华人民共和国全民所有制工业企业法》《中华人民共和国

合伙企业法》《中华人民共和国个人独资企业法》《中华人民共和国中外合资经营企业法》《中华人民共和国中外合作经营企业法》《中华人民共和国外资企业法》等法律制度的内容。

第二节 全民所有制工业企业法

一、全民所有制工业企业法概述

（一）全民所有制工业企业的概念

全民所有制工业企业，即国有工业企业，是指以生产资料的全民所有制为基础的，依法自主经营、自负盈亏、独立核算的社会主义商品生产和经营单位。

全民所有制工业企业的财产属于全民所有，国家依照所有权和经营权分离的原则授予企业经营管理。企业对国家授予其经营管理的财产享有占有、使用和依法处分的权利。

全民所有制工业企业依法取得法人资格，以国家授予其经营管理的财产承担民事责任。

（二）全民所有制工业企业法的概念及其适用范围

全民所有制工业企业法，是指调整全民所有制工业企业在生产经营活动中所发生的各种经济关系的法律规范的总称。

目前，我国关于全民所有制工业企业的法律、法规主要有：1988年4月颁布的《中华人民共和国全民所有制工业企业法》（以下简称《企业法》）、1992年7月公布的《全民所有制工业企业转换经营机制条例》（以下简称《转换经营机制条例》）等。

全民所有制工业企业法除适用全民所有制工业企业外，其原则也适用于全民所有制交通运输、邮电、地质勘探、建筑安装、商业、外贸、物资、农林、水利企业。

二、全民所有制工业企业的设立、变更和终止

（一）全民所有制工业企业的设立

根据《企业法》第17条规定，设立全民所有制工业企业必须具备以下条件：

1. 产品为社会所需要。
2. 有能源、原材料、交通运输的必要条件。
3. 有自己的名称和生产经营场所。
4. 有符合国家规定的资金。
5. 有自己的组织机构。

6. 有明确的经营范围。

7. 法律、法规规定的其他条件。

设立全民所有制工业企业，必须依照法律和国务院规定，报请政府或者政府主管部门审核批准。经工商行政管理部门核准登记、发给营业执照，企业取得法人资格。企业应当在核准登记的经营范围内从事生产经营活动。

（二）全民所有制工业企业的变更

企业变更的形式有合并、分立及企业其他重要事项的变更。

1. 合并，即两个或两个以上的企业依照法律、法规规定的程序，变成一个企业的行为。

2. 分立，即指一个企业依法分成两个或两个以上的企业的行为。

3. 其他事项的变更，即企业在工商行政管理部门已登记的其他事项的变更，包括改变企业名称、住所、经营场所、法定代表人、经济性质、经营范围、经营方式、注册资本、经营期限以及增设或者撤销分支机构等事项的变更。

全民所有制工业企业的变更程序：

1. 报经有关部门批准。企业办理变更登记前须报经政府主管部门或原审批机关批准，其中企业合并或分立的，应就财产、债权债务等事项由合并或分立各方达成协议。

2. 办理变更登记手续。企业要求变更的，应在有关部门批准后30日内，向工商行政管理机关申请变更登记。办理变更登记时，应提交由其法定代表人签署的变更登记申请书、批准文件等有关文件、资料。因合并和分立致使原企业终止的，还应申请办理注销登记。

3. 公告。企业办理完变更登记事项后，应及时将变更情况予以公告。

企业变更后，企业的权利义务不因企业的变更而终止。在企业变更的情况下，原企业的权利、义务由变更后的企业享有或承担。

（三）全民所有制工业企业的终止

根据《企业法》的规定，企业因下列原因而终止：

1. 违反法律、法规被撤销。

2. 政府主管部门依照法律、法规的规定决定解散。企业解散的原因主要有：企业存续期届满；企业设立的宗旨已经实现或者企业经营的业务已经完成；企业章程规定的其他解散事由已出现；企业因合并或分立需要解散；企业所有者决议解散等。

3. 依法被宣告破产。

4. 其他原因。

企业被政府主管部门决定解散的，由政府主管部门指定成立的清算组进行清算。清算的主要内容包括两个方面：一是查清企业的财产，核实债权、债务，并登记造册。二是受偿债权,清偿债务,依法处理剩余财产。企业被宣告破产的,依照《中华人民共和国企业破产法》的规定进行破产清算。

企业终止,应当依照法律、法规的规定,经工商行政管理部门核准登记、公告,并向国有资产管理部门办理注销登记。

三、全民所有制工业企业的权利、义务

(一) 全民所有制工业企业的权利

根据《企业法》和《转换经营机制条例》的规定,全民所有制工业企业的权利主要有:生产经营决策权;产品、劳务定价权;产品销售权;物资采购权;进出口权;投资决策权;留用资金支配权;资产处置权;联营、兼并权;劳动用工权;人事管理权;工资、奖金分配权;内部机构设置权;拒绝摊派权。

(二) 全民所有制工业企业的义务

根据《企业法》和《转换经营机制条例》的规定,全民所有制工业企业的义务主要有:遵守国家的法律、法规;依法缴纳税金、利润、费用;确保国有资产的保值增值;接受财政、税务、审计等机关的监督;维护生产秩序,保护国家财产不受侵犯。

(三) 企业自负盈亏的责任

《转换经营机制条例》中规定了企业自负盈亏的责任,主要有:

1. 企业以国家授予其经营管理的财产,承担民事责任。厂长对企业盈亏负有直接经营责任;职工按照企业内部经济责任制,对企业盈亏也负有相应责任。

2. 企业必须建立分配约束机制和监督机制。企业必须坚持工资总额增长幅度低于本企业经济效益(依据实现利税计算)增长幅度、职工实际平均工资增长幅度低于本企业劳动生产率(依据净产值计算)增长幅度的原则。企业职工的工资、奖金、津贴、补贴以及其他工资性收入,应当纳入工资总额。取消工资总额以外的一切单项奖。

3. 企业应当每年从工资总额的新增部分中提取不少于10%的数额,作为企业工资储备基金,由企业自主使用。工资储备基金累计达到本企业一年工资总额的,不再提取。

4. 实行承包经营责任制的企业,未完成上缴利润任务的,应当以企业风险抵押金、工资储备基金、留利补交。实行租赁经营责任制的企业,承租方在租赁期内达不到租赁经营合同规定的经营总目标或者欠交租金时,应当以企业的风险保证金、预支的生活费或者承租成员的年度收入抵补,不足部分,由承租方、保证人提供的担保财产抵补。

5. 企业由于经营管理不善造成经营性亏损的,厂长、其他厂级领导和职工应当根据责任大小,承担相应的责任。

四、全民所有制工业企业的组织机构

（一）厂长

1. 厂长负责制的概念

《企业法》规定,全民所有制工业企业实行厂长负责制。厂长负责制,是指企业的生产经营管理工作由厂长统一领导和全面负责的一种企业内部领导制度。厂长是企业的法定代表人。

企业建立以厂长为首的生产经营管理系统。厂长在企业中处于中心地位,对企业的物质文明建设和精神文明建设负有全面责任。

2. 厂长的产生

《企业法》第44条规定,厂长的产生,除国务院另有规定外,由政府主管部门根据企业的情况决定采取下列一种方式:(1) 政府主管部门委任或者招聘。(2) 企业职工代表大会选举。

政府主管部门委任或者招聘的厂长人选,须征求职工代表的意见;企业职工代表大会选举的厂长,须报政府主管部门批准。政府主管部门委任或者招聘的厂长,由政府主管部门免职或者解聘,并须征求职工代表的意见;企业职工代表大会选举的厂长,由职工代表大会罢免,并须报政府主管部门批准。

3. 厂长的职权

厂长领导企业的生产经营管理工作,行使下列职权:(1) 依照法律和国务院规定,决定或者报请审查批准企业的各项计划;(2) 决定企业行政机构的设置;(3) 提请政府主管部门任免或者聘任、解聘副厂级行政领导干部。法律和国务院另有规定的除外;(4) 任免或者聘任、解聘企业中层行政领导干部。法律另有规定的除外;(5) 提出工资调整方案、奖金分配方案和重要的规章制度,提请职工代表大会审查同意。提出福利基金使用方案和其他有关职工生活福利的重大事项的建议,提请职工代表大会审议决定;(6) 依法奖惩职工;提请政府主管部门奖惩副厂级行政领导干部。

厂长必须依靠职工群众履行法律规定的企业的各项义务,支持职工代表大会、工会和其他群众组织的工作,执行职工代表大会依法作出的决定。

（二）职工和职工代表大会

1. 职工

职工是企业的主人,职工的合法权益受法律保护。

职工的权利有:参加企业民主管理的权利,对企业的生产和工作提出意见和建设的权利;依法享受劳动保护、劳动保险、休息、休假的权利;向国家机关反映真实情况,对企业领导干部提出批评和控告的权利;女职工有依照国家规定享受特殊劳动保护和劳动保险的权利。

职工的义务有:应当以国家主人翁的态度从事劳动;遵守劳动纪律和规章制度;完成生产和工作任务。

2. 职工代表大会

职工代表大会是企业实行民主管理的基本形式,是职工行使民主管理权力的机构。职工代表大会的工作机构是企业的工会委员会。企业工会委员会负责职工代表大会日常工作。

职工代表大会行使下列职权:(1)听取和审议厂长关于企业的经营方针、长远规划、年度计划、基本建设方案、重大技术改造方案、职工培训计划、留用资金分配和使用方案、承包和租赁经营责任制方案的报告,提出意见和建议;(2)审查同意或者否决企业的工资调整方案、奖金分配方案、劳动保护措施、奖惩办法以及其他重要的规章制度。(3)审议决定职工福利基金使用方案、职工住宅分配方案和其他有关职工生活福利的重大事项;(4)评议、监督企业各级行政领导干部,提出奖惩和任免的建议;(5)根据政府主管部门的决定选举厂长,报政府主管部门批准。

职工代表大会至少每半年召开一次。每次会议必须有2/3以上的职工代表出席。遇有重大事项,经厂长、工会委员会或1/3以上职工代表提议,可以召开临时会议。职工代表大会进行选举或作出决议,必须经全体职工代表过半数通过。职工代表大会在其职权范围内决定的事项,非经职工代表大会同意不得修改。

在职工代表大会闭会期间,需要临时解决的重要问题,由企业工会委员会召集职工代表团(组)长和专门小组负责人联席会议,协商处理,并向下一次职工代表大会报告予以确认。

五、企业和政府的关系

《转换经营机制条例》对企业和政府的关系作了具体、明确的规定。

按照政企职责分开的原则,政府依法对企业进行协调、监督和管理,为企业提供服务。企业财产属于全民所有,即国家所有,国务院代表国家行使企业财产的所有权。

企业财产包括国家以各种形式对企业投资和投资收益形成的财产,以及其他依据法律和国有资产管理行政法规认定的属于全民所有、由企业经营管理的财产。为确保企业财产所有权,政府及其有关部门分别行使下列职责:(1)考核企业财产保值、增值指标,对企业资产负债和损益情况进行审查和审计监督;(2)根据国务院的有关规定,决定国家与企业之间财产收益的分配方式、比例或者定额;(3)根据国务院的有关规定,决定、批准企业生产性建设项目,但《转换经营机制条例》第13条规定由企业自主决定的投资项目除外;(4)决定或者批准企业的资产经营形式和企业的设立、合并(不含兼并)、分立、终止、拍卖,批准企业提出的被兼并申请和破产申请;(5)根据国务院的有关规定,审批企业财产的报损、冲减、核销及关键设备、成套设备或者重要建筑物的抵押、有偿转让,组织清算和收缴被撤销、解散企业的财产;(6)依照法定条件和程序,决定或者批准企业厂长的任免(聘任、解聘)和奖惩;(7)拟订企业财产管理法规,并对执行情况进行监督、检查;(8)维护企业依法行使经营权,保障企业的生产经营活动不受干预,协助企业解决实际困难。

政府应当采取积极措施,确保企业的财产所有权:加强宏观调控和行业管理,建立既有利于增强企业活力,又有利于经济有序运行的宏观调控体系;培育和完善市场体系,发挥市场调节作用;建立和完善社会保障体系;为企业提供社会服务。

六、国家对全民所有制企业的外部监督

为了健全国有企业监督机制,加强对国有企业的监督,国务院于2000年3月15日发布了《国有企业监事会暂行条例》。

(一)监事会的构成

国有重点大型企业监事会由国务院派出。监事会由主席1人、监事若干人组成,监事会成员不得少于3人。监事分为专职监事和兼职监事,从有关部门和单位选任的监事,为专职;国务院有关部门、单位派出代表和企业职工代表担任的监事,为兼职。监事会主席人选按照规定程序确定,由国务院任命。监事会主席由副部级国家工作人员担任,为专职,年龄一般在60周岁以下。监事会主席应当具有较高的政策水平,坚持原则,廉洁自持,熟悉经济工作。专职监事由监事会管理机构任命。专职监事由司(局)、处级国家工作人员担任,年龄一般在55周岁以下。监事会中的企业职工代表由企业职工代表大会民主选举产生,报监事会管理机构批准。企业负责人不得担任监事会中的企业职工代表。

监事应当具备下列条件:(1)熟悉并能够贯彻执行国家有关法律、行政法规和规章制度;(2)具有财务、会计、审计或者宏观经济等方面的专业知识,比较熟悉企业经营管理工作;(3)坚持原则,廉洁自持,忠于职守;(4)具有较强的综合分析、判断和文字撰写能力,并具备独立工作能力。

监事会主席和专职监事、派出监事实行回避原则,不得在其曾经管辖的行业、曾经工作过的企业或者其近亲属担任高级管理职务的企业的监事会中任职。监事会成员不得接受企业的任何馈赠,不得参加由企业安排、组织或者支付费用的宴请、娱乐、旅游、出访等活动,不得在企业中为自己、亲友或者其他人牟取私利。监事会主席和专职监事、派出监事不得接受企业的任何报酬、福利待遇,不得在企业报销任何费用。监事会成员必须对检查报告内容保密,并不得泄露企业的商业秘密。

监事会成员每届任期3年,其中监事会主席和专职监事、派出监事不得在同一企业连任。监事会主席和专职监事、派出监事可以担任1至3家企业监事会的相应职务。

（二）监事会的职责

监事会对国务院负责,代表国家对国有重点大型企业的国有资产保值增值状况实施监督。监事会以财务监督为核心,根据有关法律、行政法规和财政部的有关规定,对企业的财务活动及企业负责人的经营管理行为进行监督,以确保国有资产及其权益不受侵犯。监事会与企业是监督与被监督的关系,监事会不参与、不干预企业的经营决策和经营管理活动。

监事会履行下列职责:(1)检查企业贯彻执行有关法律、行政法规和规章制度的情况;(2)检查企业财务,查阅企业的财务会计资料及与企业经营管理活动有关的其他资料,验证企业财务会计报告的真实性、合法性;(3)检查企业的经营效益、利润分配、国有资产保值增值、资产运营等情况;(4)检查企业负责人的经营行为,并对其经营管理业绩进行评价,提出奖惩、任免建议。监事会开展监督检查工作所需费用由国家财政拨付,由监事会管理机构统一列支。

（三）监事会的监督工作方式

监事会开展监督检查,可以采取下列方式:(1)听取企业负责人有关财务、资产状况和经营管理情况的汇报,在企业召开与监督检查事项有关的会议;(2)查阅企业的财务会计报告、会计凭证、会计账簿等财务会计资料以及与经营管理活动有关的其他资料;(3)核查企业的财务、资产状况,向职工了解情况、听取意见,必要时要求企业负责人作出说明;(4)向财政、工商、税务、审计、海关等有关部门和银行调查了解企业的财务状况和经营管理情况。监事会主席根据监督检查的需要,可以列席或者委派监事会其他成员列席企业有关会议。

监事会每次对企业进行检查结束后,应当及时作出检查报告。检查报告的内容包括:企业财务以及经营管理情况评价;企业负责人的经营管理业绩评价以及奖惩、任免建议;企业存在问题的处理建议;国务院要求报告或者监事会认为需要报告的其他事项。监事会不得向企业透露上述所列检查报告内容。检查报告经监事会成员讨论,由监事会主席签署,经监事会管理机构报国务院;检查报告经国务院批复后,抄送国家经济贸易委员会、财政部等有关部门。监事对检查报告有原则性不同意见的,应当在检查报告中说明。监事会在监督检查中发现企业经营行为有可能危及国有资产安全、造成国有资产流失或者侵害国有资产所有者权益以及监事会认为应当立即报告的其他紧急情况,应当及时向监事会管理机构提出专项报告,也可以直接向国务院报告。监事会根据对企业实施监督检查的需要,必要时,经监事会管理机构同意,可以聘请注册会计师事务所对企业进行审计。监事会根据对企业进行监督检查的情况,可以建议国务院责成国家审计机关依法对企业进行审计。

《国有企业监事会暂行条例》第 27 条规定,对国务院不派出监事会的国有企业,由省、自治区、直辖市人民政府参照本条例的规定,决定派出监事会。

为了健全国有重点金融机构监督机制,加强对国有重点金融机构的监督,根据《中华人民共和国商业银行法》《中华人民共和国保险法》等有关法律的规定,国务院于 2000 年 3 月 15 日发布了《国有重点金融机构监事会暂行条例》。该条例对国务院向国有重点金融机构派出的监事会的性质、任务、职责、工作方式,以及组成人员的条件和职责等作了相应的规定。

七、违反《企业法》的法律责任

(一) 企业的法律责任

未经政府或者政府主管部门审核批准和工商行政管理部门核准登记,以企业名义进行生产经营活动的,责令停业,没收违法所得。企业向登记机关弄虚作假、隐瞒真实情况的,给予警告或者处以罚款;情节严重的,吊销营业执照。

企业因生产、销售质量不合格的产品,给用户和消费者造成财产、人身损害的,应当承担赔偿责任;构成犯罪的,对直接责任人员依法追究刑事责任。产品质量不符合合同约定的条件的,应当承担违约责任。

企业违反法律、法规滥用经营权的,政府或者政府有关部门应当责令其改正;情节严重的,对厂长、其他厂级领导和直接责任人员,分别追究行政责任、给予经济处罚,并依照有关法律、法规,对企业给予相应的行政处罚;构成犯罪的,由司法机关依法追究刑事责任。

(二) 政府及政府有关部门的法律责任

政府和政府有关部门的决定违反规定侵犯企业经营权的,上级机关应当责令其改正;情节严重的,由同级机关或者有关上级机关对主管人员和直接责任人员,给予行政处分,构成犯罪的,由司法机关依法追究刑事责任。

(三) 企业及政府有关部门的领导干部的法律责任

企业领导干部滥用职权,侵犯职工合法权益,情节严重的,由政府主管部门给予行政处分;滥用职权、假公济私,对职工实行报复陷害的,追究刑事责任。企业和政府有关部门的领导干部,因工作过失给企业和国家造成较大损失的,由政府主管部门或者有关上级机关给予行政处分。企业和政府有关部门的领导干部玩忽职守,致使企业财产、国家和人民利益遭受重大损失的,追究刑事责任。

(四) 其他违法行为的法律责任

阻碍企业领导干部依法执行职务,未使用暴力、威胁方法的,由企业所在地公安机关依照《中华人民共和国治安管理处罚法》的规定处罚;以暴力、威胁方法阻碍企业领导干部依法执行职务的,依照刑法规定追究刑事责任。扰乱企业的秩序,致使生产、营业、工作不能正常进行,尚未造成严重损失的,由企业所在地公安机关依照《中华人民共和国治安管理处罚法》的规定处罚;情节严重,致使生产、营业、工作无法进行、造成严重损失的,追究刑事责任。

第三节 合伙企业法

一、合伙企业法概述

(一) 合伙企业的概念和特征

合伙企业,是指自然人、法人和其他组织依法在中国境内设立的由各合伙人订立合伙协议,共同出资、合伙经营、共享收益、共担风险,并对合伙企业债务承担无限连带责任的营利性组织。

合伙企业有如下特征:

1. 合伙企业由各合伙人组成,合伙人的人数不得少于2人。

2. 合伙企业的成立以合伙人订立的合伙协议为基础,没有合伙协议,合伙企业不能成立。

3. 合伙企业的内部关系是合伙关系,即全体合伙人共同出资、合伙经营、共享收益、共担风险。

4. 合伙人(或部分合伙人)对合伙企业的债务承担无限连带责任,当合伙企业的财产不足以清偿合伙企业债务时,合伙人应当以自己的个人财产承担该不足部分的连带清偿责任。这是合伙企业与企业法人的主要区别。

(二) 合伙企业的种类

合伙企业分为普通合伙企业和有限合伙企业两大类。普通合伙企业由普通合伙人组成,除《中华人民共和国合伙企业法》(以下简称《合伙企业法》)另有规定外,全体合伙人对合伙企业债务承担无限连带责任。有限合伙企业由普通合伙人和有限合伙人组成,普通合伙人对合伙企业债务承担无限连带责任,有限合伙人以其认缴的出资额为限对合伙企业债务承担责任。

(三) 合伙企业法及其适用

合伙企业法有广义和狭义之分。广义的合伙企业法,是指调整有关合伙企业的设立及合伙企业内部、外部关系的各种法律规范的总称。狭义的合伙企业法,是指立法机关制定的《合伙企业法》。第八届全国人民代表大会常务委员会第二十四次会议于1997年2月23日通过《中华人民共和国合伙企业法》,于1997年8月1日起施行。2006年8月27日,第十届全国人民代表大会常务委员会第二十三次会议通过了修订后的新的《合伙企业法》,并自2007年6月1日起施行。新的《合伙企业法》增加了有限合伙企业、特殊的普通合伙企业等新的合伙企业形态,并允许法人可以成为合伙人。

关于《合伙企业法》的适用,需要指出的是,《合伙企业法》仅适用于该法规定的合伙企业。《合伙企业法》不适用于不具备企业形态的契约型合伙。合伙企业与契约型合伙的主要区别在于:(1)合伙企业具有较为长期稳定的营业,而契约型合伙的营业往往是临时性的;(2)合伙企业必须有自己的名称,而契约型合伙则不一定有名称;(3)设立合伙企业必须向企业登记机关申请登记,而契约型合伙则只需订立合伙合同即为成立。

二、普通合伙企业

(一)普通合伙企业的设立条件

根据《合伙企业法》第 14 条的规定,设立普通合伙企业,应当具备下列条件:

1. 有两个以上合伙人。合伙人可以是自然人、法人和其他组织。合伙人为自然人的,应当具有完全民事行为能力。法人可以作为合伙人,但国有独资公司、国有企业、上市公司以及公益性的事业单位、社会团体不得成为普通合伙人。法律、行政法规禁止从事营利性活动的人,不得成为合伙企业的合伙人。

2. 有书面合伙协议。合伙协议依法由全体合伙人协商一致,以书面形式订立。合伙协议应当载明下列事项:(1)合伙企业的名称和主要经营场所的地点;(2)合伙目的和合伙经营范围;(3)合伙人的姓名或者名称、住所;(4)合伙人的出资方式、数额和缴付期限;(5)利润分配、亏损分担方式;(6)合伙事务的执行;(7)入伙与退伙;(8)争议解决办法;(9)合伙企业的解散与清算;(10)违约责任。合伙人按照合伙协议享有权利,履行义务。合伙协议是确定合伙人相互间的权利义务的具有法律约束力的协议。合伙协议经全体合伙人签名、盖章后生效。修改或者补充合伙协议,应当经全体合伙人一致同意;但是,合伙协议另有约定的除外。合伙协议未约定或者约定不明确的事项,由合伙人协商决定;协商不成的,依照《合伙企业法》和其他有关法律、行政法规的规定处理。

3. 有合伙人认缴或者实际缴付的出资。合伙人可以用货币、实物、知识产权、土地使用权或者其他财产权利出资,也可以用劳务出资。合伙人以实物、知识产权、土地使用权或者其他财产权利出资,需要评估作价的,可以由全体合伙人协商确定,也可以由全体合伙人委托法定评估机构评估。合伙人以劳务出资的,其评估办法由全体合伙人协商确定,并在合伙协议中载明。合伙人应当按照合伙协议约定的出资方式、数额和缴付期限,履行出资义务。以非货币财产出资的,依照法律、行政法规的规定,需要办理财产权转移手续的,应当依法办理。合伙人按照合伙协议的约定或者经全体合伙人决定,可以增加或者减少对合伙企业的出资。

4. 有合伙企业的名称和生产经营场所。合伙企业名称中应当标明"普通合伙"字样。

5. 法律、行政法规规定的其他条件。

（二）合伙企业设立与变更登记

申请设立合伙企业,应当向企业登记机关提交登记申请书、合伙协议书、合伙人身份证明等文件。合伙企业的经营范围中有属于法律、行政法规规定在登记前须经批准的项目的,该项经营业务应当依法经过批准,并在登记时提交批准文件。

申请人提交的登记申请材料齐全、符合法定形式,企业登记机关能够当场登记的,应予当场登记,发给营业执照。除上述规定情形外,企业登记机关应当自受理申请之日起20日内,作出是否登记的决定。予以登记的,发给营业执照;不予登记的,应当给予书面答复,并说明理由。

合伙企业的营业执照签发日期,为合伙企业成立日期。合伙企业领取营业执照前,合伙人不得以合伙企业名义从事合伙业务。

合伙企业设立分支机构,应当向分支机构所在地的企业登记机关申请登记,领取营业执照。

合伙企业登记事项发生变更的,执行合伙事务的合伙人应当自作出变更决定或者发生变更事由之日起15日内,向企业登记机关申请办理变更登记。

（三）合伙企业的财产

1. 合伙企业财产的构成

合伙人的出资、以合伙企业名义取得的收益和依法取得的其他财产,均为合伙企业的财产。

合伙企业的财产由全体合伙人依照合伙企业法共同管理和使用。除法律另有规定的外,合伙企业进行清算前,合伙人不得请求分割合伙企业的财产。但合伙人在合伙企业清算前私自转移或者处分合伙企业财产的,合伙企业不得以此对抗不知情的善意第三人。

2. 合伙企业财产的转让和出质

合伙企业存续期间,除合伙协议另有约定外,合伙人向合伙人以外的人转让其在合伙企业中的全部或者部分财产份额时,须经其他合伙人一致同意。合伙人之间转让在合伙企业中的全部或者部分财产份额时,应当通知其他合伙人。合伙人向合伙人以外的人转让其在合伙企业中的财产份额的,在同等条件下,其他合伙人有优先购买权;但是,合伙协议另有约定的除外。

合伙人以外的人依法受让合伙人在合伙企业中的财产份额的,经修改合伙协议即成为合伙企业的合伙人,依照合伙企业法和修改后的合伙协议享有权利,履行义务。

合伙人以其在合伙企业中的财产份额出质的,须经其他合伙人一致同意;未经其他合伙人一致同意,其行为无效,由此给善意第三人造成损失的,由行为人依法承担赔偿责任。

(四)合伙企业的内部关系

1. 合伙企业事务的执行

各合伙人对执行合伙企业事务享有同等的权利。按照合伙协议的约定或者经全体合伙人决定,可以委托一个或者数个合伙人对外代表合伙企业,执行合伙事务。作为合伙人的法人、其他组织执行合伙事务的,由其委派的代表执行。委托一名或者数名合伙人执行合伙企业事务的,其他合伙人不再执行合伙企业事务。

由一个或者数个合伙人执行合伙事务的,其执行合伙事务所产生的收益归合伙企业,所产生的费用和亏损由合伙企业承担。

合伙企业可以聘任经营管理人员,被聘任的合伙企业的经营管理人员应当在合伙企业授权范围内履行职务。被聘任的合伙企业的经营管理人员,超越合伙企业授权范围履行职务,或者在履行职务过程中因故意或者重大过失给合伙企业造成损失的,依法承担赔偿责任。

除合伙协议另有约定外,合伙企业的下列事项应当经全体合伙人一致同意:(1)改变合伙企业的名称;(2)改变合伙企业的经营范围、主要经营场所的地点;(3)处分合伙企业的不动产;(4)转让或者处分合伙企业的知识产权和其他财产权利;(5)以合伙企业名义为他人提供担保;(6)聘任合伙人以外的人担任合伙企业的经营管理人员。

合伙人对合伙企业有关事项作出决议,按照合伙协议约定的表决办法办理。合伙协议未约定或者约定不明确的,实行合伙人1人1票并经全体合伙人过半数通过的表决办法。《合伙企业法》对合伙企业的表决办法另有规定的,从其规定。

2. 合伙人的权利和义务

(1)合伙人的权利。

第一,合伙人为了解合伙企业的经营状况和财务状况,有权查阅合伙企业会计账簿等财务资料。不执行合伙事务的合伙人有权监督执行事务合伙人执行合伙事务的情况。

第二,合伙协议约定或者经全体合伙人决定,合伙人分别执行合伙企业事务的,执行事务合伙人可以对其他合伙人执行的事务提出异议。提出异议时,应当暂停该项事务的执行。如果发生争议,可由全体合伙人共同决定。

第三,受委托执行合伙事务的合伙人不按照合伙协议或者全体合伙人的决定执行事务的，其他合伙人可以决定撤销该委托。

（2）合伙人的义务。

第一，由一个或者数个合伙人执行合伙事务的，执行事务合伙人应当定期向其他合伙人报告事务执行情况以及合伙企业的经营和财务状况。

第二，合伙人不得自营或者同他人合作经营与本合伙企业相竞争的业务，即所谓竞业禁止。

第三，除合伙协议另有约定或者经全体合伙人同意外，合伙人不得同本合伙企业进行交易。

第四，合伙人不得从事损害本合伙企业利益的活动。

3. 合伙企业的利润分配和亏损分担

合伙企业的利润分配、亏损分担，按照合伙协议的约定办理；合伙协议未约定或者约定不明确的，由合伙人协商决定；协商不成的，由合伙人按照实缴出资比例分配、分担；无法确定出资比例的，由合伙人平均分配、分担。

合伙协议不得约定将全部利润分配给部分合伙人或者由部分合伙人承担全部亏损。

（五）合伙企业与第三人的关系

1. 合伙人执行合伙事务的对外代表权效力

执行合伙企业事务的合伙人，对外代表合伙企业，在合伙企业经营范围内以合伙企业的名义对外实施的一切经营活动都对合伙企业发生法律效力。由此而产生的收益应当归全体合伙人所有，成为合伙企业的财产；由此负担的债务和责任，也应当由全体合伙人承担，构成合伙企业的债务。依据合伙协议或合伙人的特别约定，合伙人执行合伙事务和对外代表合伙企业的权利往往会受到一定的限制。《合伙企业法》第37条规定，合伙企业对合伙人执行合伙企业事务以及对外代表合伙企业权利的限制，不得对抗不知情的善意第三人。即执行合伙事务的合伙人超越内部限制范围代表合伙企业与第三人为经营行为，其他合伙人可以对知晓该限制的第三人提出抗辩，否认该行为对合伙企业发生效力。但对不知情的善意第三人不能提出抗辩，该行为仍然要对合伙企业发生效力。

2. 合伙企业债务清偿

合伙企业对其债务，应先以其全部财产进行清偿。合伙企业不能清偿到期债务的，合伙人承担无限连带责任。合伙人由于承担连带责任，所清偿数额超过合伙人内部约定或依法律规定的其亏损分担比例的，有权向其他合伙人追偿。

3. 合伙企业债务与合伙人个人债务的清偿

在合伙企业存续期间，可能发生个别合伙人因不能偿还其个人债务而被追索的情况。由于合伙人在合伙企业中拥有财产利益，合伙人个人的债权人可能向合伙企业提出清偿请求。为了保护合伙企业和其他合伙人的合法权益，同时也保护债权人的合法权益,《合伙企业法》规定:(1) 合伙人发生与合伙企业无关的债务,相关债权人不得以其债权抵销其对合伙企业的债务。(2) 合伙人发生与合伙企业无关的债务,相关债权人不得代位行使该合伙人在合伙企业中的权利。(3) 合伙人的自有财产不足清偿其与合伙企业无关的债务的,该合伙人可以其从合伙企业中分取的收益用于清偿;债权人也可以依法请求人民法院强制执行该合伙人在合伙企业中的财产份额用于清偿。人民法院强制执行合伙人的财产份额时,应当通知全体合伙人,其他合伙人有优先购买权;其他合伙人未购买,又不同意将该财产份额转让给他人的,依照合伙企业法的规定为该合伙人办理退伙结算,或者办理削减该合伙人相应财产份额的结算。

(六) 入伙、退伙与死亡合伙人份额的继承

1. 入伙

入伙,是指在合伙企业存续期间,合伙人以外的第三人加入合伙企业,从而取得合伙人资格的行为。

新合伙人入伙时,除合伙协议另有约定外,应当经全体合伙人同意,并依法订立书面入伙协议。订立入伙协议时,原合伙人应当向新合伙人告知原合伙企业的经营状况和财务状况。入伙的新合伙人与原合伙人享有同等权利,承担同等责任。入伙协议另有约定的,从其约定。入伙的新合伙人对入伙前合伙企业的债务承担连带责任。

2. 退伙

退伙,是指合伙人退出合伙企业,从而丧失合伙人资格的行为。退伙分为两种:一是自愿退伙,二是法定退伙。

(1) 自愿退伙。自愿退伙,是指合伙人自愿退出合伙企业。

合伙协议约定合伙企业的经营期限的,有下列情形之一时,合伙人可以退伙:① 合伙协议约定的退伙事由出现;② 经全体合伙人同意退伙;③ 发生合伙人难于继续参加合伙企业的事由;④ 其他合伙人严重违反合伙协议约定的义务。

合伙协议未约定合伙企业的经营期限的,合伙人在不给合伙企业事务执行造成不利影响的情况下,可以退伙,但应当提前30日通知其他合伙人。

合伙人违反上述规定,擅自退伙的,应当赔偿由此给其他合伙人造成的损失。

(2) 法定退伙。法定退伙,是指合伙人基于法定的事由而非基于自己的意思退出合伙。法定退伙分为当然退伙和除名退伙。

合伙人有下列情形之一的,当然退伙:① 作为合伙人的自然人死亡或者被依法宣告死亡;② 个人丧失偿债能力;③ 作为合伙人的法人或者其他组织依法被吊销营业执照、责令关闭撤销,或者被宣告破产;④ 法律规定或者合伙协议约

定合伙人必须具有相关资格而丧失该资格;⑤ 合伙人在合伙企业中的全部财产份额被人民法院强制执行。

合伙人被依法认定为无民事行为能力人或者限制民事行为能力人的,经其他合伙人一致同意,可以依法转为有限合伙人,普通合伙企业依法转为有限合伙企业。其他合伙人未能一致同意的,该无民事行为能力或者限制民事行为能力的合伙人退伙。退伙事由实际发生之日为退伙生效日。

合伙人有下列情形之一的,经其他合伙人一致同意,可以决议将其除名:① 未履行出资义务;② 因故意或者重大过失给合伙企业造成损失;③ 执行合伙事务时有不正当行为;④ 发生合伙协议约定的事由。

对合伙人的除名决议应当书面通知被除名人。被除名人接到除名通知之日,除名生效,被除名人退伙。被除名人对除名决议有异议的,可以自接到除名通知之日起30日内,向人民法院起诉。

合伙人退伙,其他合伙人应当与该退伙人按照退伙时的合伙企业财产状况进行结算,退还退伙人的财产份额。退伙人对给合伙企业造成的损失负有赔偿责任的,相应扣减其应当赔偿的数额。退伙时有未了结的合伙企业事务的,待该事务了结后进行结算。退伙人在合伙企业中财产份额的退还办法,由合伙协议约定或者由全体合伙人决定,可以退还货币,也可以退还实物。

退伙人对基于其退伙前的原因发生的合伙企业债务,承担无限连带责任。合伙人退伙时,合伙企业财产少于合伙企业债务的,退伙人应当依照合伙人内部约定或依法律规定的其亏损分担比例分担亏损。

3. 死亡合伙人份额的继承

合伙人死亡或者被依法宣告死亡的,对该合伙人在合伙企业中的财产份额享有合法继承权的继承人,按照合伙协议的约定或者经全体合伙人一致同意,从继承开始之日起,取得该合伙企业的合伙人资格。有下列情形之一的,合伙企业应当向合伙人的继承人退还被继承合伙人的财产份额:(1) 继承人不愿意成为合伙人;(2) 法律规定或者合伙协议约定合伙人必须具有相关资格,而该继承人未取得该资格;(3) 合伙协议约定不能成为合伙人的其他情形。

合伙人的继承人为无民事行为能力人或者限制民事行为能力人的,经全体合伙人一致同意,可以依法成为有限合伙人,普通合伙企业依法转为有限合伙企业。全体合伙人未能一致同意的,合伙企业应当将被继承合伙人的财产份额退还该继承人。

(七) 特殊的普通合伙企业

依照《合伙企业法》第55条的规定,以专业知识和专门技能为客户提供有偿服务的专业服务机构,可以设立为特殊的普通合伙企业。如会计师事务所、律师事务所等专业服务机构。特殊的普通合伙企业名称中应当标明"特殊普通合伙"字样。

特殊的普通合伙企业的特殊性在于其合伙人依照法律特别规定承担合伙债务,以避免使专业服务机构的普通合伙人承担过度风险。依照《合伙企业法》第57条和58条的规定,一个合伙人或者数个合伙人在执业活动中因故意或者重大过失造成合伙企业债务的,应当承担无限责任或者无限连带责任,其他合伙人以其在合伙企业中的财产份额为限承担责任。合伙人在执业活动中非因故意或者重大过失造成的合伙企业债务以及合伙企业的其他债务,由全体合伙人承担无限连带责任。合伙人执业活动中因故意或者重大过失造成的合伙企业债务,以合伙企业财产对外承担责任后,该合伙人应当按照合伙协议的约定对给合伙企业造成的损失承担赔偿责任。

由于特殊的普通合伙企业合伙人是依照《合伙企业法》的特别规定承担合伙债务,对合伙企业的债权人的保护相对削弱。出于对特殊的普通合伙企业债权人的保护,《合伙企业法》第59条规定:特殊的普通合伙企业应当建立执业风险基金、办理职业保险。执业风险基金用于偿付合伙人执业活动造成的债务。执业风险基金应当单独立户管理。具体管理办法由国务院规定。

特殊的普通合伙企业实质上仍然是普通合伙企业,特殊的普通合伙企业的其他方面均适用《合伙企业法》对普通合伙企业的规定。

依照《合伙企业法》第107条的规定,非企业专业服务机构依据有关法律采取合伙制的,其合伙人承担责任的形式可以适用《合伙企业法》关于特殊的普通合伙企业合伙人承担责任的规定。

三、有限合伙企业

(一)有限合伙企业的概念

有限合伙企业,是指由有限合伙人和普通合伙人共同组成,普通合伙人对合伙企业债务承担无限连带责任,有限合伙人以其认缴的出资额为限对合伙企业债务承担责任的合伙企业。

为适应风险投资行业的发展,同时为市场主体提供更多的企业组织形式,我国新的《合伙企业法》规定了有限合伙企业制度,并以专章的形式对其进行规定。依照《合伙企业法》第60条的规定,有限合伙企业及其合伙人适用《合伙企业法》第三章对有限合伙企业的规定;第三章未作规定的,适用《合伙企业法》关于普通合伙企业及其合伙人的规定。

(二)有限合伙企业设立的特别规定

1. 有限合伙企业由2个以上50个以下合伙人设立;但是,法律另有规定的除外。有限合伙企业至少应当有1个普通合伙人。有限合伙企业仅剩有限合伙人的,应当解散;有限合伙企业仅剩普通合伙人的,转为普通合伙企业。

2. 有限合伙企业名称中应当标明"有限合伙"字样。

3. 有限合伙企业的合伙协议应当特别载明下列事项：(1) 普通合伙人和有限合伙人的姓名或者名称、住所；(2) 执行事务合伙人应具备的条件和选择程序；(3) 执行事务合伙人权限与违约处理办法；(4) 执行事务合伙人的除名条件和更换程序；(5) 有限合伙人入伙、退伙的条件、程序以及相关责任；(6) 有限合伙人和普通合伙人相互转变程序。

4. 有限合伙人可以用货币、实物、知识产权、土地使用权或者其他财产权利作价出资。有限合伙人不得以劳务出资。有限合伙人应当按照合伙协议的约定按期足额缴纳出资；未按期足额缴纳的，应当承担补缴义务，并对其他合伙人承担违约责任。

5. 有限合伙企业登记事项中应当载明有限合伙人的姓名或者名称及认缴的出资数额。

(三) 有限合伙企业内部关系的特别规定

1. 有限合伙企业的事务执行

有限合伙企业由普通合伙人执行合伙事务。执行事务合伙人可以要求在合伙协议中确定执行事务的报酬及报酬提取方式。有限合伙人不执行合伙事务，不得对外代表有限合伙企业。但有限合伙人的下列行为，不视为执行合伙事务：(1) 参与决定普通合伙人入伙、退伙；(2) 对企业的经营管理提出建议；(3) 参与选择承办有限合伙企业审计业务的会计师事务所；(4) 获取经审计的有限合伙企业财务会计报告；(5) 对涉及自身利益的情况，查阅有限合伙企业财务会计账簿等财务资料；(6) 在有限合伙企业中的利益受到侵害时，向有责任的合伙人主张权利或者提起诉讼；(7) 执行事务合伙人怠于行使权利时，督促其行使权利或者为了本企业的利益以自己的名义提起诉讼；(8) 依法为本企业提供担保。

2. 有限合伙企业利润分配

有限合伙企业不得将全部利润分配给部分合伙人；但是，合伙协议另有约定的除外。

3. 有限合伙人的特别权利

(1) 除合伙协议另有约定外，有限合伙人可以同本有限合伙企业进行交易；

(2) 除合伙协议另有约定外，有限合伙人可以自营或者同他人合作经营与本有限合伙企业相竞争的义务；

(3) 除合伙协议另有约定外，有限合伙人可以将其在有限合伙企业中的财产份额转让或者出质，而不必经全体合伙人一致同意。但向合伙人以外的人转让其在有限合伙企业中的财产份额，但应当提前30日通知其他合伙人。

(4) 有限合伙人的自有财产不足清偿其与合伙企业无关的债务的，该合伙人可以以其从有限合伙企业中分取的收益用于清偿；债权人也可以依法请求人民法院强制执行该合伙人在有限合伙企业中的财产份额用于清偿。人民法院强制执行有限合伙人的财产份额时,应当通知全体合伙人。在同等条件下,其他合伙人有优先购买权。

(四)有限合伙人有限责任保护的免除

第三人有理由相信有限合伙人为普通合伙人并与其交易的,该有限合伙人对该笔交易承担与普通合伙人同样的责任。

有限合伙人未经授权以有限合伙企业名义与他人进行交易,给有限合伙企业或者其他合伙人造成损失的,该有限合伙人应当承担赔偿责任。

(五)有限合伙人入伙、退伙的特别规定

1. 新入伙的有限合伙人对入伙前有限合伙企业的债务,以其认缴的出资额为限承担责任。

2. 有限合伙人有普通合伙企业合伙人当然退伙情形之一的,当然退伙。但个人丧失偿债能力除外。

3. 作为有限合伙人的自然人在有限合伙企业存续期间丧失民事行为能力的,其他合伙人不得因此要求其退伙。

4. 有限合伙人退伙后,对基于其退伙前的原因发生的有限合伙企业债务,以其退伙时从有限合伙企业中取回的财产承担责任。

5. 作为有限合伙人的自然人死亡、被依法宣告死亡或者作为有限合伙人的法人及其他组织终止时,无须经全体合伙人一致同意,其继承人或者权利承受人可以依法取得该有限合伙人在有限合伙企业中的资格。

(六)合伙人身份的转换

1. 除合伙协议另有约定外,普通合伙人转变为有限合伙人,或者有限合伙人转变为普通合伙人,应当经全体合伙人一致同意。

2. 有限合伙人转变为普通合伙人的,对其作为有限合伙人期间有限合伙企业发生的债务承担无限连带责任。

3. 普通合伙人转变为有限合伙人的,对其作为普通合伙人期间合伙企业发生的债务承担无限连带责任。

四、合伙企业解散、清算

(一)合伙企业解散

合伙企业有下列情形之一的,应当解散:(1)合伙期限届满,合伙人决定不再经营;(2)合伙协议约定的解散事由出现;(3)全体合伙人决定解散;(4)合伙人已不具备法定人数满30天;(5)合伙协议约定的合伙目的已经实现或者无法实现;(6)依法被吊销营业执照、责令关闭或者被撤销;(7)法律、行政法规规定的其他原因。

（二）合伙企业的清算

合伙企业解散，应当由清算人进行清算。清算人由全体合伙人担任；经全体合伙人过半数同意，可以自合伙企业解散事由出现后15日内指定一个或者数个合伙人，或者委托第三人，担任清算人。自合伙企业解散事由出现之日起15日内未确定清算人的，合伙人或者其他利害关系人可以申请人民法院指定清算人。

清算人自被确定之日起10日内将合伙企业解散事项通知债权人，并于60日内在报纸上公告。债权人应当自接到通知书之日起30日内，未接到通知书的自公告之日起45日内，向清算人申报债权。债权人申报债权，应当说明债权的有关事项，并提供证明材料。清算人应当对债权进行登记。清算期间，合伙企业存续，但不得开展与清算无关的经营活动。

清算人在清算期间执行下列事务：(1)清理合伙企业财产，分别编制资产负债表和财产清单；(2)处理与清算有关的合伙企业未了结事务；(3)清缴所欠税款；(4)清理债权、债务；(5)处理合伙企业清偿债务后的剩余财产；(6)代表合伙企业参加诉讼或者仲裁活动。

合伙企业财产在支付清算费用后，按下列顺序清偿：(1)合伙企业所欠职工工资、社会保险费用、法定补偿金；(2)合伙企业所欠税款；(3)合伙企业的债务。合伙企业财产按上述顺序清偿后仍有剩余的，按照合伙人约定或法律规定的各合伙人的利润分配比例分配。

清算结束，清算人应当编制清算报告，经全体合伙人签名、盖章后，在15日内向企业登记机关报送清算报告，申请办理合伙企业注销登记。合伙企业注销后，原普通合伙人对合伙企业存续期间的债务仍应承担无限连带责任。

需要指出的是，合伙企业不能清偿到期债务的，债权人可以依法向人民法院提出破产清算申请，也可以要求普通合伙人清偿。合伙企业依法被宣告破产的，普通合伙人对合伙企业债务仍应承担无限连带责任。

五、违反《合伙企业法》的法律责任

（一）合伙企业的法律责任

1. 违反《合伙企业法》规定，提交虚假文件或者采取其他欺骗手段，取得企业登记的，由企业登记机关责令改正，处以5000元以上5万元以下的罚款；情节严重的，撤销企业登记，并处以5万元以上20万元以下的罚款。

2. 违反《合伙企业法》规定，合伙企业未在其名称中标明"普通合伙""特殊普通合伙"或者"有限合伙"字样的，由企业登记机关责令限期改正，处以2千元以上1万元以下的罚款。

3. 违反《合伙企业法》规定，未领取营业执照，而以合伙企业或者合伙企业分支机构名义从事合伙业务的，由企业登记机关责令停止，处以5000元以上5万元以下的罚款。合伙企业登记事项发生变更时,未依照本法规定办理变更登记的,由企业登记机关责令限期登记;逾期不登记的,处以 2000 元以上 2 万元以下的罚款。合伙企业登记事项发生变更,执行合伙事务的合伙人未按期申请办理变更登记的,应当赔偿由此给合伙企业、其他合伙人或者善意第三人造成的损失。

(二) 合伙人的法律责任

1. 合伙人执行合伙事务,或者合伙企业从业人员利用职务上的便利,将应当归合伙企业的利益据为己有的,或者采取其他手段侵占合伙企业财产的,应当将该利益和财产退还合伙企业;给合伙企业或者其他合伙人造成损失的,依法承担赔偿责任。

2. 合伙人对《合伙企业法》规定或者合伙协议约定必须经全体合伙人一致同意始得执行的事务擅自处理,给合伙企业或者其他合伙人造成损失的,依法承担赔偿责任。

3. 不具有事务执行权的合伙人擅自执行合伙事务,给合伙企业或者其他合伙人造成损失的,依法承担赔偿责任。

4. 合伙人违反《合伙企业法》规定或者合伙协议的约定,从事与本合伙企业相竞争的业务或者与本合伙企业进行交易的,该收益归合伙企业所有;给合伙企业或者其他合伙人造成损失的,依法承担赔偿责任。

5. 合伙人违反合伙协议的,应当依法承担违约责任。合伙人履行合伙协议发生争议的,合伙人可以通过协商或者调解解决。不愿通过协商、调解解决或者协商、调解不成的,可以按照合伙协议约定的仲裁条款或者事后达成的书面仲裁协议,向仲裁机构申请仲裁。合伙协议中未订立仲裁条款,事后又没有达成书面仲裁协议的,可以向人民法院起诉。

(三) 合伙企业清算人的法律责任

1. 清算人未依照《合伙企业法》规定向企业登记机关报送清算报告,或者报送清算报告隐瞒重要事实,或者有重大遗漏的,由企业登记机关责令改正。由此产生的费用和损失,由清算人承担和赔偿。

2. 清算人执行清算事务,牟取非法收入或者侵占合伙企业财产的,应当将该收入和侵占的财产退还合伙企业;给合伙企业或者其他合伙人造成损失的,依法承担赔偿责任。

3. 清算人违反《合伙企业法》规定,隐匿、转移合伙企业财产,对资产负债表或者财产清单作虚假记载,或者在未清偿债务前分配财产,损害债权人利益的,依法承担赔偿责任。

(四) 国家行政管理机关及其工作人员的法律责任

有关行政管理机关的工作人员违反本法规定,滥用职权、徇私舞弊、收受贿赂、侵害合伙企业合法权益的,依法给予行政处分。

违反《合伙企业法》规定,构成犯罪的,依法追究刑事责任。

违反《合伙企业法》规定,应当承担民事赔偿责任和缴纳罚款、罚金,其财产不足以同时支付的,先承担民事赔偿责任。

第四节 个人独资企业法

一、个人独资企业法概述

(一)个人独资企业的概念和特征

个人独资企业,是指依法在中国境内设立,由一个自然人投资,财产为投资人个人所有,投资人以其个人财产对企业债务承担无限责任的经营实体。

个人独资企业具有如下特征:

1. 个人独资企业是由一人出资设立的企业。在我国,个人独资企业的投资人为一个具有中国籍的自然人。

2. 个人独资企业不具有法人资格。个人独资企业即使具有一定的规模,有内部组织机构,也只是非法人组织。

3. 个人独资企业的投资者对企业债务承担无限责任。投资者以个人财产出资的,则以投资者个人的财产对企业债务承担无限责任,投资者以其家庭共有财产作为个人出资的,应当依法以家庭共有财产对企业债务承担无限责任。

4. 个人独资企业是一种个人所有的企业。个人独资企业的财产为投资者一人所有,投资者对企业的财产享有完全的所有权。

(二)个人独资企业法的概念

个人独资企业法,是指确认个人独资企业的法律地位,调整个人独资企业内部、外部权利义务关系的法律规范的总称。为了规范个人独资企业的行为,保护个人独资企业投资人和债权人的合法权益,维护社会经济秩序,促进社会主义市场经济的发展,第九届全国人大第十一次会议于1999年8月30日通过了《中华人民共和国个人独资企业法》(以下简称《个人独资企业法》),并于2000年1月1日起施行。

二、个人独资企业的设立

(一)个人独资企业的设立条件

根据《个人独资企业法》的规定,设立个人独资企业应当具备下列条件:

1. 投资人为一个自然人,且只能是中国公民。投资人应当具有完全民事行为能力。

2. 有合法的企业名称。个人独资企业的名称中不得使用"有限""有限责任"等字样。

3. 有投资人申报的出资。《个人独资企业法》对设立个人独资企业的出资额没有限制。设立个人独资企业可以用货币出资,也可以用实物、土地使用权、知识产权或者其他财产权利出资。以家庭共有财产作为个人出资的,应当在设立申请中予以注明。

4. 有固定的生产经营场所和必要的生产经营条件。

5. 有必要的从业人员。

(二) 个人独资企业的设立程序

1. 申请

申请设立个人独资企业,应当由投资人或者其委托的代理人向个人独资企业所在地的登记机关提交设立申请书、投资人身份证明、生产经营场所使用证明等文件。委托代理人申请设立登记时,应当出具投资人的委托书和代理人的合法证明。个人独资企业设立申请书应当载明:企业的名称和住所;投资人的姓名和居所;投资人的出资额和出资方式;经营范围。从事法律、行政法规规定须报经有关部门审批的业务,应当在申请设立登记时提交有关部门的批准文件。

2. 工商登记

登记机关应当在收到设立申请文件之日起15日内,对符合条件的,予以登记,发给营业执照;对不符合条件的,不予登记,并应当给予书面答复,说明理由。个人独资企业的营业执照的签发日期,为个人独资企业成立日期。在领取个人独资企业营业执照前,投资人不得以个人独资企业名义从事经营活动。

个人独资企业设立分支机构,应当由投资人或者其委托的代理人向分支机构所在地的登记机关申请登记,领取营业执照。分支机构经核准登记后,应将登记情况报该分支机构隶属的个人独资企业的登记机关备案。分支机构的民事责任由设立该分支机构的个人独资企业承担。

个人独资企业存续期间登记事项发生变更的,应当在作出变更决定之日起的15日内依法向登记机关申请办理变更登记。

三、个人独资企业的投资人及事务管理

(一) 个人独资企业的投资人

个人独资企业的投资人为一个具有中国国籍的自然人,但法律、行政法规禁止从事营利性活动的人,不得作为投资人申请设立个人独资企业。根据我国有关法律、行政法规规定,国家公务员、党政机关领导干部、警官、法官、检察官、商业银行工作人员等人员,不得作为投资人申请设立个人独资企业。

个人独资企业投资人对本企业的财产依法享有所有权,其有关权利可以依

法进行转让或继承。

个人独资企业投资人在申请企业设立登记时明确以其家庭共有财产作为个人出资的,应当依法以家庭共有财产对企业债务承担无限责任。

(二)个人独资企业的事务管理

个人独资企业投资人可以自行管理企业事务,也可以委托或者聘用其他具有民事行为能力的人负责企业的事务管理。

投资人委托或者聘用他人管理个人独资企业事务,应当与受托人或者被聘用的人签订书面合同,明确委托的具体内容和授予的权利范围。受托人或者被聘用的人员应当履行诚信、勤勉义务,按照与投资人签订的合同负责个人独资企业的事务管理。投资人对受托人或者被聘用的人员职权的限制,不得对抗善意第三人。

《个人独资企业法》第20条规定,投资人委托或者聘用的管理个人独资企业事务的人员不得有下列行为:(1)利用职务上的便利,索取或者收受贿赂;(2)利用职务或者工作上的便利侵占企业财产;(3)挪用企业的资金归个人使用或者借贷给他人;(4)擅自将企业资金以个人名义或者以他人名义开立账户储存;(5)擅自以企业财产提供担保;(6)未经投资人同意,从事与本企业相竞争的业务;(7)未经投资人同意,同本企业订立合同或者进行交易;(8)未经投资人同意,擅自将企业商标或者其他知识产权转让给他人使用;(9)泄露本企业的商业秘密;(10)法律、行政法规禁止的其他行为。

四、个人独资企业的权利、义务

(一)个人独资企业的权利

1. 个人独资企业可以依法申请贷款、取得土地使用权,并享有法律、行政法规规定的其他权利。

2. 任何单位和个人不得违反法律、行政法规的规定,以任何方式强制个人独资企业提供财力、物力、人力;对于违法强制提供财力、物力、人力的行为,个人独资企业有权拒绝。

(二)个人独资企业的义务

个人独资企业应当依法设置会计账簿,进行会计核算。个人独资企业招用职工的,应当依法与职工签订劳动合同,保障职工的劳动安全,按时、足额发放职工工资。个人独资企业应当按照国家规定参加社会保险,为职工缴纳社会保险费。

五、个人独资企业的解散和清算

(一)个人独资企业的解散

《个人独资企业法》规定,个人独资企业有下列情形之一时,应当解散:

1. 投资人决定解散。
2. 投资人死亡或者被宣告死亡,无继承人或者继承人决定放弃继承。
3. 被依法吊销营业执照。
4. 法律、行政法规规定的其他情形。

(二) 个人独资企业的清算

个人独资企业解散,由投资人自行清算或者由债权人申请人民法院指定清算人进行清算。投资人自行清算的,应当在清算前15日内书面通知债权人,无法通知的,应当予以公告。债权人应当在接到通知之日起30日内,未接到通知的应当在公告之日起60日内,向投资人申报其债权。

个人独资企业解散后,原投资人对个人独资企业存续期间的债务仍应承担偿还责任,但债权人在5年内未向债务人提出偿债请求的,该责任消灭。

个人独资企业解散的,财产应当按照下列顺序清偿:(1) 所欠职工工资和社会保险费用;(2) 所欠税款;(3) 其他债务。

清算期间,个人独资企业不得开展与清算目的无关的经营活动。在清偿债务前,投资人不得转移、隐匿财产。个人独资企业财产不足以清偿债务的,投资人应当以其个人的其他财产予以清偿。

个人独资企业清算结束后,投资人或者人民法院指定的清算人应当编制清算报告,并于15日内到登记机关办理注销登记。

六、违反《个人独资企业法》的法律责任

(一) 投资人违法行为应承担的法律责任

1. 投资人提交虚假文件或采取其他欺骗手段,取得企业登记的,责令改正,处以5000元以下的罚款;情节严重的,并处吊销营业执照。
2. 个人独资企业使用的名称与其在登记机关登记的名称不相符合的,责令限期改正,处以2000元以下的罚款。
3. 涂改、出租、转让营业执照的,责令改正,没收违法所得,处以3000元以下的罚款;情节严重的,吊销营业执照。伪造营业执照的,责令停业,没收违法所得,处以5000元以下的罚款。构成犯罪的,依法追究刑事责任。
4. 个人独资企业成立后无正当理由超过6个月未开业的,或者开业后自行停业连续6个月以上的,吊销营业执照。
5. 违反《个人独资企业法》的规定,未领取营业执照,以个人独资企业名义从事经营活动的,责令停止经营活动,处以3000元以下的罚款。个人独资企业登记事项发生变更时,未按规定办理有关变更登记的,责令限期办理变更登记;逾期不办理的,处以2000元以下的罚款。
6. 个人独资企业违反《个人独资企业法》的规定,侵犯职工合法权益,未保障职工劳动安全,不缴纳社会保险费用的,按照有关法律、行政法规予以处罚,并追究有关责任人员的责任。

7. 个人独资企业及其投资人在清算前或清算期间隐匿或转移财产,逃避债务的,依法追回其财产,并按照有关规定予以处罚;构成犯罪的,依法追究刑事责任。

8. 投资人违反《个人独资企业法》的规定,应当承担民事赔偿责任和缴纳罚款、罚金,其财产不足以支付的,或者被判处没收财产的,应当先承担民事赔偿责任。

(二) 管理人员违法行为应承担的法律责任

1. 投资人委托或者聘用的人员管理个人独资企业事务时违反双方订立的合同,给投资人造成损害的,承担民事赔偿责任。

2. 投资人委托或者聘用的人员违反《个人独资企业法》第20条的规定,侵犯个人独资企业财产权益的,责令退还侵占的财产;给企业造成损失的,依法承担赔偿责任;有违法所得的,没收违法所得;构成犯罪的,依法追究刑事责任。

(三) 企业登记机关及上级部门有关人员违法行为的法律责任

1. 违反法律、行政法规的规定强制个人独资企业提供财力、物力、人力的,按照有关法律、行政法规予以处罚,并追究有关责任人员的责任。

2. 登记机关对不符合法定条件的个人独资企业予以登记,或者对符合法定条件的企业不予登记的,对直接责任人员依法给予行政处分;构成犯罪的,依法追究刑事责任。

3. 登记机关的上级部门的有关主管人员强令登记机关对不符合法定条件的企业予以登记,或者对符合法定条件的企业不予登记的,或者对登记机关的违法登记行为进行包庇的,对直接责任人员依法给予行政处分;构成犯罪的,依法追究刑事责任。

4. 登记机关对符合法定条件的申请不予登记或者超过法定时限不予答复的,当事人可依法申请行政复议或提起行政诉讼。

第五节 外商投资企业法

一、外商投资企业法概述

(一) 外商投资企业的概念和类型

外商投资企业,是指依照中国法律在中国境内设立的,由中国投资者与外国投资者共同投资,或者由外国投资者单独投资的企业。

在我国,外商投资企业一般包括以下四种类型:

1. 中外合资经营企业

中外合资经营企业,简称合营企业,是指外国公司、企业和其他经济组织或个人(以下简称外国合营者),按照平等互利的原则,依照我国法律,经我国政府批准,在我国境内,同我国的公司、企业或其他经济组织(以下简称中国合营者)共同投资举办的股权式经营企业。合营企业为有限责任公司。这种企业由中外双方投资者按照出资比例承担风险、分配利润,投资各方的权利义务十分明确,因此,中外投资者大多愿意采用这种形式。

2. 中外合作经营企业

中外合作经营企业,简称合作企业,是指外国公司、企业和其他经济组织或者个人(以下简称外国合作者)按照平等互利的原则,依照我国法律,经我国政府批准,在我国境内,同我国的公司、企业或者其他经济组织(以下简称中国合作者)共同投资举办的契约式经营的企业。合作企业包括依法取得中国法人资格的合作企业和不具有法人资格的合作企业。这种企业由中外双方投资者在合作企业合同中约定投资或者合作条件、收益或者产品的分配、风险和亏损的分担、经营管理的方式和合作企业终止时财产的归属等事项,合作方式较为灵活,对外国投资者有较大的吸引力。

3. 外资企业

外资企业,又称外商独资经营企业,是指外国的公司、企业和其他经济组织或者个人(以下简称外国投资者),依照中国有关法律,经我国政府批准,在中国境内设立的全部资本由外国投资者投资的企业。但不包括外国的企业和其他经济组织在中国境内的分支机构。这种企业的股权完全属于外国投资者所有。外资企业符合中国法律关于法人条件的规定的,依法取得中国法人资格。

4. 外商投资股份有限公司

外商投资股份有限公司,是指外国公司、企业和其他经济组织或个人(以下简称外国股东)同我国的公司、企业或其他经济组织(以下简称中国股东),依照我国法律,在我国境内设立的,全部资本由等额股份构成,股东以其所认购的股份对公司承担责任,公司以其全部财产对公司债务承担责任,中外股东共同持有公司股份的企业法人。外商投资股份有限公司的外国股东购买并持有的公司股份必须占公司的注册资本的25%以上。外商投资股份有限公司为外商投资企业的一种形式,适用国家法律、法规对于外商投资企业的有关规定。

(二)外商投资企业的特征

1. 外商投资企业是有外国投资者参与或单独投资设立的企业

外国投资者包括具有外国国籍的自然人和法人。外国投资者参与设立的企业是指中外合资经营企业、中外合作经营企业、外商投资股份有限公司;外国投资者单独投资设立的企业是指外商独资企业。

2. 外商投资企业是依据中国法律在中国境内设立的企业

依据我国法律在我国境内设立的外商投资企业具有中国国籍,依法取得我国法人资格或者其他民事主体资格,其合法权益受我国法律保护。同时,外商投资企业一切活动都必须遵守我国法律、法规,其行为不得损害我国国家利益和社会公共利益。

3. 外商投资企业是外国投资者以直接投资方式设立的企业

直接投资是国际投资方式的一种,是外国投资者将资金投入企业,并不同程度地参与企业的生产、经营决策,通过企业盈利获取投资收益的投资方法。与间接投资(即借用国外各种贷款进行投资,外商并不参与贷款的使用)相比,具有更大的稳定性。

(三)外商投资企业法的概念

外商投资企业法,是指调整外商投资企业在设立、管理、运营、收益分配和终止过程中形成的社会关系的法律规范的总称。

外商投资企业法主要有:1979 年 7 月 1 日第五届全国人大二次会议通过,并于 1990 年 4 月 4 日和 2001 年 3 月 15 日进行了两次修订的《中华人民共和国中外合资经营企业法》。1988 年 4 月 13 日第七届全国人大一次会议通过,并于 2000 年 10 月 31 日由全国人大常委会进行了修订的《中华人民共和国中外合作经营企业法》。1986 年 4 月 12 日第六届全国人大第四次会议通过,并于 2000 年由全国人大常委会进行了修订的《中华人民共和国外资企业法》。

为了便于贯彻实施,国务院及有关部门又根据这三部法律的规定,制定了《中外合资经营企业法实施条例》《中外合作经营企业法实施细则》《外资企业法实施细则》及相关的配套规定。

(四)外商投资企业的投资方向

为了使外商投资企业的投资项目与我国国民经济和社会发展规划相适应,并有利于保护投资者的合法权益,2002 年 2 月 21 日国务院发布了《指导外商投资方向规定》,并自 2002 年 4 月 1 日起施行。根据《指导外商投资方向规定》的规定,外商投资企业的投资项目分为鼓励、允许、限制和禁止四类。

1. 鼓励类外商投资项目

属于下列情形之一的,列为鼓励类外商投资项目:(1)属于农业新技术、农业综合开发和能源、交通、重要原材料工业的;(2)属于高新技术、先进适用技术,能够改进产品性能、提高企业技术经济效益或者生产国内生产能力不足的新设备、新材料的;(3)适应市场需求,能够提高产品档次、开拓新兴市场或者增加产品国际竞争能力的;(4)属于新技术、新设备、能够节约能源和原材料、综合利用资源和再生资源以及防治环境污染的;(5)能够发挥中西部地区的人力和资源优势,并符合国家产业政策的;(6)法律、行政法规规定的其他情形。

鼓励类外商投资项目,除依照有关法律、行政法规的规定享受优惠待遇外,从事投资额大、回收期长的能源、交通、城市基础设施(煤炭、石油、天然气、电力、铁路、公路、港口、机场、城市道路、污水处理、垃圾处理等)建设、经营的,经批准,可以扩大与其相关的经营范围。

2. 限制类外商投资项目

属于下列情形之一的,列为限制类外商投资项目:(1)技术水平落后的;(2)不利于节约资源和改善生态环境的;(3)从事国家规定实行保护性开采的特定矿种勘探、开采的;(4)属于国家逐步开放的产业的;(5)法律、行政法规规定的其他情形。

3. 禁止类外商投资项目

属于下列情形之一的,列为禁止类外商投资项目:(1)危害国家安全或者损害社会公众利益的;(2)对环境造成污染损害,破坏自然资源或者损害人体健康的;(3)占用大量耕地,不利于保护、开发土地资源的;(4)危害军事设施安全和使用效能的;(5)运用我国特有工艺或者技术生产产品的;(6)法律、行政法规规定的其他情形。

4. 允许类外商投资项目

不属于鼓励类、限制类和禁止类的外商投资项目,为允许类外商投资项目。产品全部直接出口的允许类外商投资项目,视为鼓励类外商投资项目;产品出口销售额占其产品销售总额70%以上的限制类外商投资项目,经省、自治区、直辖市及计划单列市人民政府或者国务院主管部门批准,可以视为允许类外商投资项目。

二、中外合资经营企业法

(一)中外合资经营企业的设立

1. 设立条件

在中国境内设立的合营企业,应当能够促进中国经济的发展和科学技术水平的提高,有利于社会主义现代化建设。合营企业的投资方向应当符合国务院《指导外商投资方向规定》的要求。

申请设立合营企业有下列情况之一的,不予批准:(1)有损中国主权的;(2)违反中国法律的;(3)不符合中国国民经济发展要求的;(4)造成环境污染的;(5)签订的协议、合同、章程显属不公平,损害合营一方权益的。

在中国法律、法规和合营企业协议、合同、章程规定的范围内,合营企业有权自主地进行经营管理。各有关部门应当给予支持和帮助。

2. 设立程序

在中国境内设立合营企业,必须经中华人民共和国商务部(原对外贸易合作部,以下简称商务部)审查批准。批准后,由商务部发给批准证书。

凡具备下列条件的,国务院授权省、自治区、直辖市人民政府或者国务院有关部门审批:(1)投资总额在国务院规定的投资审批权限以内,中国合营者的资金来源已经落实的;(2)不需要国家增拨原材料,不影响燃料、动力、交通运输、外贸出口配额等方面的全国平衡的。

依照上述规定批准设立的合营企业,应当报商务部备案。

申请设立合营企业,由中外合营者共同向审批机构报送下列文件:(1)设立合营企业的申请书;(2)合营各方共同编制的可行性研究报告;(3)由合营各方授权代表签署的合营企业协议、合同和章程;(4)由合营各方委派的合营企业董事长、副董事长、董事人选名单;(5)审批机构规定的其他文件。

审批机构发现报送的文件有不当之处的,应当要求限期修改。审批机构自接到上述全部文件之日起3个月内决定批准或者不批准。

申请人应当自收到批准证书之日起1个月内,按照国家有关规定,向工商行政管理机关办理登记手续。合营企业的营业执照签发日期,即为该合营企业的成立日期。合营企业的形式为有限责任公司。

3. 合营企业的协议、合同和章程

合营企业的协议、合同和章程是设立合营企业应当具备的法律文件。

合营企业协议,是指合营各方对设立合营企业的某些要点和原则达成一致意见而订立的文件。

合营企业合同,是指合营各方为设立合营企业就相互权利、义务关系达成一致意见而订立的文件。

合营企业协议与合营企业合同有抵触时,以合营企业合同为准。经合营各方同意,也可以不订立合营企业协议而只订立合营企业合同、章程。

合营企业合同应当包括下列主要内容:(1)合营各方的名称、注册国家、法定地址和法定代表人的姓名、职务、国籍;(2)合营企业名称、法定地址、宗旨、经营范围和规模;(3)合营企业的投资总额,注册资本,合营各方的出资额、出资比例、出资方式、出资的缴付期限以及出资额欠缴、股权转让的规定;(4)合营各方利润分配和亏损分担的比例;(5)合营企业董事会的组成、董事名额的分配以及总经理、副总经理及其他高级管理人员的职责、权限和聘用办法;(6)采用的主要生产设备、生产技术及其来源;(7)原材料购买和产品销售方式;(8)财务、会计、审计的处理原则;(9)有关劳动管理、工资、福利、劳动保险等事项的规定;(10)合营企业期限、解散及清算程序;(12)违反合同的责任;(12)解决合营各方之间争议的方式和程序;(13)合同文本采用的文字和合同生效的条件。

合营企业合同的附件,与合营企业合同具有同等效力。合营企业合同的订立、效力、解释、执行及其争议的解决,均应当适用中国的法律。

合营企业章程,是指按照合营企业合同规定的原则,经合营各方一致同意,规定合营企业的宗旨、组织原则和经营管理方法等事项的文件。合营企业章程应当包括下列主要内容:(1)合营企业名称及法定地址;(2)合营企业的宗旨、经营范围和合营期限;(3)合营各方的名称、注册国家、法定地址、法定代表人的姓名、职务、国籍;(4)合营企业的投资总额,注册资本,合营各方的出资额、出资比例、股权转让的规定,利润分配和亏损分担的比例;(5)董事会的组成、职权和议事规则,董事的任期,董事长、副董事长的职责;(6)管理机构的设置,办事规则,总经理、副总经理及其他高级管理人员的职责和任免方法;(7)财务、会计、审计制度的原则;(8)解散和清算;(9)章程修改的程序。

审批机构和登记管理机构对合营企业合同、章程的执行负有监督检查的责任。

(二) 中外合资经营企业的注册资本、投资总额和出资

1. 注册资本

合营企业的注册资本,是指为设立合营企业在登记管理机构登记的资本总额,即合营各方认缴的出资额之和。合营企业的注册资本中,外国合营者的投资比例一般不低于25%。合营企业的注册资本一般应当以人民币表示,也可以用合营各方约定的外币表示。

中外合资经营企业的注册资本,应当与生产经营的规模、范围相适应。合营各方按注册资本的比例分享利润和分担风险及亏损。合营者的注册资本如果转让必须经合营各方同意。

合营企业在合营期内不得减少其注册资本。因投资总额和生产经营规模等发生变化,确需减少的,须经审批机构批准。

合营一方向第三者转让其全部或者部分股权的,须经合营他方同意,并报审批机构批准,向登记管理机构办理变更登记手续。合营一方转让其全部或者部分股权时,合营他方有优先购买权。合营一方向第三者转让股权的条件,不得比向合营他方转让的条件优惠。

合营企业注册资本的增加、减少,应当由董事会会议通过,并报审批机构批准,向登记管理机构办理变更登记手续。

2. 投资总额

合营企业的投资总额(含企业借款),是指按照合营企业合同、章程规定的生产规模需要投入的基本建设资金和生产流动资金的总和。

中外合资经营企业的注册资本与投资总额的比例,应当遵守如下规定:

(1) 中外合资经营企业的投资总额在300万美元以下(含300万美元)的,其注册资本至少应占投资总额的7/10。

(2) 中外合资经营企业的投资总额在300万美元以上至1000万美元(含

1000万美元）的,其注册资本至少应占投资总额的1/2,其中投资总额在420万美元以下的,注册资本不得低于210万美元。

（3）中外合资经营企业的投资总额在1000万美元以上至3000万美元（含3000万美元）的,其注册资本至少应占投资总额的2/5,其中投资总额在1250万美元以下的,注册资本不得低于500万美元。

（4）中外合资经营企业的投资总额在3000万美元以上的,其注册资本至少应占投资总额的1/3,其中投资总额在3600万美元以下的,注册资本不得低于1200万美元。

中外合资经营企业如遇特殊情况,不能执行上述规定,由商务部会同国家工商行政管理局批准。

3. 出资方式

合营者可以用货币出资,也可以用建筑物、厂房、机器设备或者其他物料、工业产权、非专利技术、场地使用权等作价出资。中国合营者的投资可包括为合营企业经营期间提供的场地使用权。如果场地使用权未作为中国合营者投资的一部分,合营企业应向中国政府缴纳使用费。上述各项投资应在合营企业的合同和章程中加以规定,其价格（场地除外）由合营各方评议商定,也可以聘请合营各方同意的第三者评定。合营各方按照合营合同的规定向合营企业认缴的出资,必须是合营者自己所有的现金、自己所有并且未设立任何担保物权的实物、工业产权、专有技术等。

外国合营者出资的外币,按缴款当日中国人民银行公布的基准汇率折算成人民币或者套算成约定的外币。中国合营者出资的人民币现金,需要折算成外币的,按缴款当日中国人民银行公布的基准汇率折算。

作为外国合营者出资的机器设备或者其他物料,应当是合营企业生产所必需的,其作价不得高于同类机器设备或者其他物料当时的国际市场价格。

作为外国合营者出资的工业产权或者专有技术,必须符合下列条件之一:（1）显著改进现有产品的性能、质量,提高生产效率的;(2)能显著节约原材料、燃料、动力的。外国合营者以工业产权或者专有技术作为出资,应当提交该工业产权或者专有技术的有关资料,包括专利证书或者商标注册证书的复制件、有效状况及其技术特性、实用价值、作价的计算根据、与中国合营者签订的作价协议等有关文件,作为合营合同的附件。

外国合营者作为出资的机器设备或者其他物料、工业产权或者专有技术,应当报审批机构批准。外国合营者作为投资的技术和设备,必须确实是适合我国需要的先进技术和设备。如果有意以落后的技术和设备进行欺骗,造成损失的,应赔偿损失。

合营各方缴付出资额后,应当由中国的注册会计师验证,出具验资报告后,由合营企业据以发给出资证明书。出资证明书载明下列事项：合营企业名称；合营企业成立的年、月、日；合营者名称（或者姓名）及其出资额、出资的年、月、日；发给出资证明书的年、月、日。

4. 出资期限

合营各方应当按照合同规定的期限缴清各自的出资额。逾期未缴或者未缴清的，应当按合同规定支付迟延利息或者赔偿损失。

（三）合营企业的组织机构

1. 董事会

合营企业的组织形式为有限责任公司，合营企业设董事会，董事会是最高权力机构，董事会根据平等互利的原则，决定合营企业的一切重大问题。董事会成员不得少于3人，董事会人数组成由合营各方协商，在合同、章程中确定，并由合营各方委派和撤换。董事的任期为4年，经合营各方继续委派可以连任。董事长和副董事长由合营各方协商确定或由董事会选举产生。中外合营者的一方担任董事长的，由他方担任副董事长。

董事会会议每年至少召开1次，由董事长负责召集并主持。董事长不能召集时，由董事长委托副董事长或者其他董事负责召集并主持董事会会议。经1/3以上董事提议，可以由董事长召开董事会临时会议。董事会会议应当有2/3以上董事出席方能举行。董事不能出席的，可以出具委托书委托他人代表其出席和表决。董事会会议一般应当在合营企业法定地址所在地举行。

董事会的职权是按合营企业章程规定，讨论决定合营企业的一切重大问题：企业发展规划、生产经营活动方案、收支预算、利润分配、劳动工资计划、停业，以及总经理、副总经理、总工程师、总会计师、审计师的任命或聘请及其职权和待遇等。

下列事项由出席董事会会议的董事一致通过方可作出决议：(1) 合营企业章程的修改；(2) 合营企业的中止、解散；(3) 合营企业注册资本的增加、减少；(4) 合营企业的合并、分立。其他事项，可以根据合营企业章程载明的议事规则作出决议。

董事长是合营企业的法定代表人。董事长不能履行职责时，应当授权副董事长或者其他董事代表合营企业。

2. 经营管理机构

合营企业设经营管理机构，负责企业的日常经营管理工作。经营管理机构设总经理1人，副总经理若干人，副总经理协助总经理工作。总经理、副总经理由合营企业董事会聘请，正副总经理（或正副厂长）由合营各方分别担任。经董事会聘请，董事长、副董事长、董事可以兼任合营企业的总经理、副总经理或者其他高级管理职务。

总经理执行董事会会议的各项决议,组织领导合营企业的日常经营管理工作。在董事会授权范围内,总经理对外代表合营企业,对内任免下属人员,行使董事会授予的其他职权。总经理处理重要问题时,应当同副总经理协商。总经理或者副总经理不得兼任其他经济组织的总经理或者副总经理,不得参与其他经济组织对本企业的商业竞争。

总经理、副总经理及其他高级管理人员有营私舞弊或者严重失职行为的,经董事会决议可以随时解聘。

(四)合营企业的权利义务

1. 合营企业的权利

(1)合营企业所需的机器设备、原材料、燃料、配套件、运输工具和办公用品等,有权自行决定在中国购买或者向国外购买。合营企业产品可在中国市场销售,也有权自行出口其产品,也可以委托外国合营者的销售机构或者中国的外贸公司代销或者经销。

(2)合营企业所需场地,应当由合营企业向所在地的市(县)级土地主管部门提出申请,经审查批准后,通过签订合同取得场地使用权。合同应当订明场地面积、地点、用途、合同期限、场地使用权的费用、双方的权利与义务、违反合同的罚则等。此外,合营企业还可以按照国家其他有关规定取得场地使用权。在经济不发达地区从事开发性的项目,场地使用费经所在地人民政府同意,可以给予特别优惠。

(3)合营企业可以在中国招录职工。合营企业职工的招收、招聘、辞退、辞职、工资、福利、劳动保险、劳动保护、劳动纪律等事宜,按照国家有关劳动和社会保障的规定办理。

(4)合营企业获得的毛利润,按我国税法规定缴纳合营企业所得税后,扣除合营企业章程规定的储备基金、职工奖励及福利基金、企业发展基金,净利润根据合营各方注册资本的比例进行分配。外国合营者在履行法律和协议、合同规定的义务后分得的净利润,在合营企业期满或者中止时所分得的资金以及其他资金,可按合营企业合同规定的货币,按外汇管理条例汇往国外。

(5)合营企业依照国家有关税收法律和行政法规的规定,可以享受减税、免税的优惠待遇。外国合营者将分得的净利润用于在中国境内再投资时,可申请退还已缴纳的部分所得税。

2. 合营企业的义务

(1)合营企业应当按照中华人民共和国有关法律的规定,缴纳各种税款。

(2)合营企业应当按照中国有关法律和财务会计制度的规定,结合合营企业的情况制定并执行企业的财务与会计制度,并报当地财政部门、税务机关备案。

(3) 合营企业应当依照《中华人民共和国统计法》及中国利用外资统计制度的规定,提供统计资料,报送统计报表。

(4) 合营企业的一切外汇事宜,按照《中华人民共和国外汇管理条例》和有关管理办法的规定办理。

(5) 合营企业的职工依法建立工会组织,开展工会活动,维护职工的合法权益。合营企业应当为本企业工会提供必要的活动条件,积极支持本企业工会的工作。

(6) 合营企业引进的技术应当是适用的、先进的,使其产品在国内具有显著的社会经济效益或者在国际市场上具有竞争能力。合营企业在引进技术时,必须维护合营企业独立进行经营管理的权利,并要求技术输出方提交该工业产权或者专有技术的有关资料。合营企业订立的技术转让协议,应当报审批机构批准。

(五) 中外合资经营企业的期限、终止和清算

1. 合营企业的期限

合营企业的合营期限,按不同行业、不同情况,作不同的约定。有的行业的合营企业,应当约定合营期限;有的行业的合营企业,可以约定合营期限,也可以不约定合营期限。合营企业的合营期限,按照《中外合资经营企业合营期限暂行规定》执行。

属于国家鼓励和允许投资项目的合营各方可以在合营合同中约定合营期限,也可以不约定合营期限。在合同中不约定合营期限的,应在合同中订立终止条款,规定企业终止的条件、终止程序以及企业清算和财产分配原则。合营各方在合营合同中不约定合营期限的合营企业,按照国家规定的审批权限和程序审批。除商务部直接审批的以外,其他审批机关应当在批准后30内报商务部备案。但属于下列行业或者情况的,合营各方应依照国家有关法律、法规的规定,在合营合同中约定合营期限:(1) 服务性行业,如饭店、公寓、写字楼、娱乐、饮食、出租汽车、彩扩洗相、维修、咨询等;(2) 从事土地开发及经营房地产的;(3) 从事资源勘查开发的;(4) 国家规定限制投资项目的;(5) 国家其他法律、法规规定需要约定合营期限的。

按规定在合同中应约定合营期限的项目,其期限应根据项目的行业类型、投资额、投资风险和投资回收期的长短确定,一般不超过30年。属于国家鼓励和允许投资的项目,在合同中约定合营期限的,可适当放宽,其约定的期限一般不超过50年。从事土地开发建设并自行经营的项目,合营期限不超过有偿取得的土地使用权期限;房地产开发建设后全部出售、转让的,合营期限应在开发建设并完成出售转让的合理期限内;资源勘探开发项目,期限应在批准的开采储量开采完毕的合理期限内。

2. 合营企业的解散

合营企业在下列情况下解散：(1) 合营期限届满；(2) 企业发生严重亏损，无力继续经营；(3) 合营一方不履行合营企业协议、合同、章程规定的义务，致使企业无法继续经营；(4) 因自然灾害、战争等不可抗力遭受严重损失，无法继续经营；(5) 合营企业未达到其经营目的，同时又无发展前途；(6) 合营企业合同、章程所规定的其他解散原因已经出现。

发生上述第 (2)、(4)、(5)、(6) 项情况的，由董事会提出解散申请书，报审批机构批准；发生上述第 (3) 项情况的，由履行合同的一方提出申请，报审批机构批准。在第 (3) 项情况下，不履行合营企业协议、合同、章程规定的义务一方，应当对合营企业由此造成的损失负赔偿责任。

3. 合营企业的清算

合营企业宣告解散时，应当进行清算。合营企业应当按规定成立清算委员会，由清算委员会负责清算事宜。

清算委员会的成员一般应当在合营企业的董事中选任。董事不能担任或者不适合担任清算委员会成员时，合营企业可以聘请中国的注册会计师、律师担任。审批机构认为必要时，可以派人进行监督。清算费用和清算委员会成员的酬劳应当从合营企业现存财产中优先支付。

清算委员会的任务是对合营企业的财产、债权、债务进行全面清查，编制资产负债表和财产目录，提出财产作价和计算依据，制订清算方案，提请董事会会议通过后执行。清算期间，清算委员会代表该合营企业起诉和应诉。

合营企业以其全部资产对其债务承担责任。合营企业清偿债务后的剩余财产按照合营各方的出资比例进行分配，但合营企业协议、合同、章程另有规定的除外。合营企业解散时，其资产净额或剩余财产超过注册资本的增值部分视同利润，应依法缴纳所得税。外国合营者分得资产净额或剩余财产超过其出资额的部分，在汇往国外时，应依法缴纳所得税。

合营企业的清算工作结束后，由清算委员会提出清算结束报告，提请董事会会议通过后，报告审批机构，并向登记管理机构办理注销登记手续，缴销营业执照。

合营企业解散后，各项账册及文件应当由原中国合营者保存。

三、中外合作经营企业法

（一）中外合作经营企业的设立

1. 设立条件

在中国境内举办中外合作经营企业（以下简称合作企业），应当符合国家的发展政策和产业政策，遵守国家关于指导外商投资方向的规定。申请设立合作企业,有下列情形之一的,不予批准:(1)损害国家主权或者社会公共利益的;(2)危害国家安全的;(3)对环境造成污染损害的;(4)有违反法律、行政法规或者国家产业政策的其他情形的。

2. 设立程序

设立合作企业由商务部或者国务院授权的部门和地方人民政府审查批准。

设立合作企业属于下列情形的,由国务院授权的部门或者地方人民政府审查批准:(1)投资总额在国务院规定由国务院授权的部门或者地方人民政府审批的投资限额以内的;(2)自筹资金,并且不需要国家平衡建设、生产条件的;(3)产品出口不需要领取国家有关主管部门发放的出口配额、许可证,或者虽需要领取,但在报送项目建议书前已征得国家有关主管部门同意的;(4)有法律、行政法规规定由国务院授权的部门或者地方人民政府审查批准的其他情形的。

设立合作企业,应当由中国合作者向审查批准机关报送下列文件:(1)设立合作企业的项目建议书,并附送主管部门审查同意的文件;(2)合作各方共同编制的可行性研究报告,并附送主管部门审查同意的文件;(3)由合作各方的法定代表人或其授权的代表签署的合作企业协议、合同、章程;(4)合作各方的营业执照或者注册登记证明、资信证明及法定代表人的有效证明文件,外国合作者是自然人的,应当提供有关其身份、履历和资信情况的有效证明文件;(5)合作各方协商确定的合作企业董事长、副董事长、董事或者联合管理委员会主任、副主任、委员的人选名单;(6)审查批准机关要求报送的其他文件。

审查批准机关应当自收到规定的全部文件之日起45天内决定批准或者不批准;审查批准机关认为报送的文件不全或者有不当之处的,有权要求合作各方在指定期间内补全或者修正。

设立合作企业的申请经批准后,应当自接到批准证书之日起30天内向工商行政管理机关申请登记,领取营业执照。合作企业的营业执照签发日期,为该企业的成立日期。合作企业应当自成立之日起30天内向税务机关办理税务登记。

合作企业依照经批准的合作企业合同、章程进行经营管理活动。合作企业的经营管理自主权不受干涉。

(二)中外合作经营企业的协议、合同和章程

合作企业协议,是指合作各方对设立合作企业的原则和主要事项达成一致意见后形成的书面文件。合作各方可以不订立合作企业协议。

合作企业合同,是指合作各方为设立合作企业就相互之间的权利、义务关系达成一致意见后形成的书面文件。合作企业合同应当载明下列事项:(1)合作各方的名称、注册地、住所及法定代表人的姓名、职务、国籍(外国合作者是自然人的,其姓名、国籍和住所);(2)合作企业的名称、住所、经营范围;(3)合作企业的投资总额,注册资本,合作各方投资或者提供合作条件的方式、期限;(4)合

作各方投资或者提供的合作条件的转让;(5)合作各方收益或者产品的分配,风险或者亏损的分担;(6)合作企业董事会或者联合管理委员会的组成以及董事或者联合管理委员会委员名额的分配,总经理及其他高级管理人员的职责和聘任、解聘办法;(7)采用的主要生产设备、生产技术及其来源;(8)产品在中国境内销售和境外销售的安排;(9)合作企业外汇收支的安排;(10)合作企业的期限、解散和清算;(11)合作各方其他义务以及违反合同的责任;(12)财务、会计、审计的处理原则;(13)合作各方之间争议的处理;(14)合作企业合同的修改程序。

合作企业章程,是指按照合作企业合同的约定,经合作各方一致同意,约定合作企业的组织原则、经营管理方法等事项的书面文件。合作企业章程应当载明下列事项:(1)合作企业名称及住所;(2)合作企业的经营范围和合作期限;(3)合作各方的名称、注册地、住所及法定代表人的姓名、职务和国籍(外国合作者是自然人的,其姓名、国籍和住所);(4)合作企业的投资总额,注册资本,合作各方认缴出资额、投资或者提供合作条件的方式、期限;(5)合作各方收益或者产品的分配,风险或者亏损的分担;(6)合作企业董事会或者联合管理委员会的组成、职权和议事规则,董事会董事或者联合管理委员会的任期,董事长、副董事长或者联合管理委员会主任、副主任的职责;(7)经营管理机构的设置、职权、办事规则,总经理及其他高级管理人员的职责和聘任、解聘办法;(8)有关职工招聘、培训、劳动合同、工资、社会保险、福利、职业安全卫生等劳动管理事项的规定;(9)合作企业财务、会计和审计制度;(10)合作企业解散和清算办法;(12)合作企业章程的修改程序。

合作企业协议、章程的内容与合作企业合同不一致的,以合作企业合同为准。合作企业协议、合同、章程自审查批准机关颁发批准证书之日起生效。在合作期限内,合作企业协议、合同、章程有重大变更的,须经审查批准机关批准。

(三)中外合作经营企业的组织形式与注册资本

1. 组织形式

合作企业的组织形式有两种:一是依法取得中国法人资格的合作企业。合作企业依法取得中国法人资格的,为有限责任公司。除合作企业合同另有约定外,合作各方以其投资或者提供的合作条件为限对合作企业承担责任。合作企业以其全部资产对合作企业的债务承担责任。二是不具有法人资格的合作企业。不具有法人资格的合作企业及其合作各方,依照中国民事法律的有关规定,承担民事责任。不具有法人资格的合作企业的合作各方的投资或者提供的合作条件,为合作各方分别所有。经合作各方约定,也可以共有,或者部分分别所有、部分共有。合作企业经营积累的财产,归合作各方共有。不具有法人资格的合作企业合作各方的投资或者提供的合作条件由合作企业统一管理和使用。未经合作他方同意,任何一方不得擅自处理。

2. 注册资本

合作企业的注册资本,是指为设立合作企业,在工商行政管理机关登记的合作各方认缴的出资额之和。注册资本以人民币表示,也可以用合作各方约定的一种可自由兑换的外币表示。合作企业注册资本在合作期限内不得减少。但是,因投资总额和生产经营规模等变化,确需减少的,须经审查批准机关批准。

(四)中外合作经营企业投资、合作条件

合作各方应当依照有关法律、行政法规的规定和合作企业合同的约定,向合作企业投资或者提供合作条件。

合作各方向合作企业的投资或者提供的合作条件可以是现金,也可以是实物或者工业产权、非专利技术、土地使用权及其他财产权利。中国合作者的投资或者提供的合作条件,属于国有资产的,应当依照有关法律、行政法规的规定进行资产评估。在依法取得中国法人资格的合作企业中,外国合作者的投资一般不低于合作企业注册资本的25%。在不具有法人资格的合作企业中,对合作各方向合作企业投资或者提供合作条件的具体要求,由商务部规定。不具有法人资格的合作企业应当向工商行政管理机关登记合作各方的投资或者提供的合作条件。

合作各方应当以其自有的财产或者财产权利作为投资或者合作条件,对该投资或者合作条件不得设置抵押权或者其他形式的担保。

中外合作者应当依照法律、法规的规定和合作企业合同的约定,如期履行缴足投资、提供合作条件的义务。逾期不履行的,由工商行政管理机关限期履行;限期届满仍未履行的,由审查批准机关和工商行政管理机关依照国家有关规定处理。未按照合作企业合同约定缴纳投资或者提供合作条件的一方,应当向已按照合作企业合同约定缴纳投资或者提供合作条件的他方承担违约责任。

合作各方缴纳投资或者提供合作条件后,应当由中国注册会计师验证并出具验资报告,由合作企业据以发给合作各方出资证明书。出资证明书应当抄送审查批准机关及工商行政管理机关。

合作各方之间相互转让或者合作一方向合作他方以外的他人转让属于其在合作企业合同中全部或者部分权利的,须经合作他方书面同意,并报审查批准机关批准。审查批准机关应当自收到有关转让文件之日起30天内决定批准或者不批准。

(五)中外合作经营企业的组织机构

合作企业设董事会或者联合管理委员会。具备法人资格的合作企业,一般设立董事会。不具备法人资格的合作企业,一般设立联合管理委员会。董事会或者联合管理委员会是合作企业的权力机构,按照合作企业章程的规定,决定合作企业的重大问题。

董事会或者联合管理委员会成员不得少于 3 人,其名额的分配由中外合作者参照其投资或者提供的合作条件协商确定。董事会董事或者联合管理委员会委员由合作各方自行委派或者撤换。董事会董事长、副董事长或者联合管理委员会主任、副主任的产生办法由合作企业章程规定;中外合作者的一方担任董事长、主任的,副董事长、副主任由他方担任。

董事或者委员的任期由合作企业章程规定;但是,每届任期不得超过 3 年。董事或者委员任期届满,委派方继续委派的,可以连任。

董事会会议或者联合管理委员会会议每年至少召开 1 次,由董事长或者主任召集并主持。董事长或者主任因特殊原因不能履行职务时,由董事长或者主任指定副董事长、副主任或者其他董事、委员召集并主持。1/3 以上董事或者委员可以提议召开董事会会议或者联合管理委员会会议。

董事会会议或者联合管理委员会会议应当有 2/3 以上董事或者委员出席方能举行,不能出席董事会会议或者联合管理委员会会议的董事或者委员应当书面委托他人代表其出席和表决。董事会会议或者联合管理委员会会议作出决议,须经全体董事或者委员的过半数通过。董事或者委员无正当理由不参加又不委托他人代表其参加董事会会议或者联合管理委员会会议的,视为出席董事会会议或者联合管理委员会会议并在表决中弃权。

召开董事会会议或者联合管理委员会会议,应当在会议召开的 10 天前通知全体董事或者委员。董事会或者联合管理委员会也可以用通讯的方式作出决议。

下列事项由出席董事会会议或者联合管理委员会会议的董事或者委员一致通过,方可作出决议:(1) 合作企业章程的修改;(2) 合作企业注册资本的增加或者减少;(3) 合作企业的解散;(4) 合作企业的资产抵押;(5) 合作企业合并、分立和变更组织形式;(6) 合作各方约定由董事会会议或者联合管理委员会会议一致通过方可作出决议的其他事项。

董事长或者主任是合作企业的法定代表人。董事长或者主任因特殊原因不能履行职务时,应当授权副董事长、副主任或者其他董事、委员对外代表合作企业。

合作企业设总经理 1 人,负责合作企业的日常经营管理工作,对董事会或者联合管理委员会负责。合作企业的总经理由董事会或者联合管理委员会聘任、解聘。总经理及其他高级管理人员可以由中国公民担任,也可以由外国公民担任。经董事会或者联合管理委员会聘任,董事或者委员可以兼任合作企业的总经理或者其他高级管理职务。

合作企业成立后委托合作各方以外的他人经营管理的,必须经董事会或者联合管理委员会一致同意,并应当与被委托人签订委托经营管理合同。合作企业应当将董事会或者联合管理委员会的决议、签订的委托经营管理合同,连同被委托人的资信证明等文件,一并报送审查批准机关批准。审查批准机关应当自收到有关文件之日起 30 天内决定批准或者不批准。

不具有法人资格的合作企业设立联合管理机构。联合管理机构由合作各方委派的代表组成,代表合作各方共同管理合作企业。联合管理机构决定合作企业的一切重大问题。

(六)中外合作经营企业分配收益与外国合作者提前回收投资

1. 分配收益

中外合作者可以采用分配利润、分配产品或者合作各方共同商定的其他方式分配收益。采用分配产品或者其他方式分配收益的,应当按照税法的有关规定,计算应纳税额。

2. 外国合作者提前回收投资

根据《中外合作经营企业法》及其实施细则的规定,中外合作者在合作企业合同中约定合作期限届满时,合作企业的全部固定资产无偿归中国合作者所有的,外国合作者在合作期限内可以申请按照下列方式先行回收其投资:

(1)在按照投资或者提供合作条件进行分配的基础上,在合作企业合同中约定扩大外国合作者的收益分配比例;

(2)经财政税务机关按照国家有关税收的规定审查批准,外国合作者在合作企业缴纳所得税前回收投资;

(3)经财政税务机关和审查批准机关批准的其他回收投资方式。

外国合作者依照上述规定在合作期限内先行回收投资的,中外合作者应当依照有关法律的规定和合作企业合同的约定,对合作企业的债务承担责任。

外国合作者提出先行回收投资的申请,应当具体说明先行回收投资的总额、期限和方式,经财政税务机关审查同意后,报审查批准机关审批。合作企业的亏损未弥补前,外国合作者不得先行回收投资。

合作企业应当按照国家有关规定聘请中国注册会计师进行查账验证。合作各方可以共同或者单方自行委托中国注册会计师查账,所需费用由委托查账方负担。

(七)中外合作经营企业的期限和解散

1. 合作企业的期限

合作企业的期限由中外合作者协商确定,并在合作企业合同中订明。合作企业的期限届满,合作各方协商同意要求延长合作期限的,应当在期限届满的 180 天前向审查批准机关提出申请,说明原合作企业合同执行情况,延长合作期限的原因,同时报送合作各方就延长的期限内各方的权利、义务等事项所达成的协议。审查批准机关应当自接到申请之日起30天内,决定批准或者不批准。经批准延长合作期限的,合作企业凭批准文件向工商行政管理机关办理变更登记手续,延长的期限从期限届满后的第一天起计算。

合作企业合同约定外国合作者先行回收投资,并且投资已经回收完毕的,合作企业期限届满不再延长;但是,外国合作者增加投资的,经合作各方协商同意,可以依照规定向审查批准机关申请延长合作期限。

2. 合作企业的解散

合作企业因下列情形之一出现时解散:(1)合作期限届满;(2)合作企业发生严重亏损,或者因不可抗力遭受严重损失,无力继续经营;(3)中外合作者一方或者数方不履行合作企业合同、章程规定的义务,致使合作企业无法继续经营;(4)合作企业合同、章程中规定的其他解散原因已经出现;(5)合作企业违反法律、行政法规,被依法责令关闭。

发生上述第(2)项、第(4)项所列情形的,应当由合作企业的董事会或者联合管理委员会作出决定,报审查批准机关批准。在上述第(3)项所列情形下,不履行合作企业合同、章程规定的义务的中外合作者一方或者数方,应当对履行合同的他方因此遭受的损失承担赔偿责任;履行合同的一方或者数方有权向审查批准机关提出申请,解散合作企业。

合作企业的清算事宜依照国家有关法律、行政法规及合作企业合同、章程的规定办理。

四、外资企业法

(一)外资企业的设立

1. 设立条件

设立外资企业,必须有利于中国国民经济的发展,能够取得显著的经济效益。国家鼓励外资企业采用先进技术和设备,从事新产品开发,实现产品升级换代,节约能源和原材料,并鼓励举办产品出口的外资企业。

禁止或者限制设立外资企业的行业,按照国家指导外商投资方向的规定及外商投资产业指导目录执行。申请设立外资企业,有下列情况之一的,不予批准:(1)有损中国主权或者社会公共利益的;(2)危及中国国家安全的;(3)违反中国法律、法规的;(4)不符合中国国民经济发展要求的;(5)可能造成环境污染的。

外资企业在批准的经营范围内,自主经营管理,不受干涉。

2. 设立程序

设立外资企业的申请,由中华人民共和国商务部审查批准后,发给批准证书。

设立外资企业的申请属于下列情形的,国务院授权省、自治区、直辖市和计划单列市、经济特区人民政府审查批准后,发给批准证书:(1)投资总额在国务院规定的投资审批权限以内的;(2)不需要国家调拨原材料,不影响能源、交通运输、外贸出口配额等全国综合平衡的。

申请设立的外资企业,其产品涉及出口许可证、出口配额、进口许可证或者属于国家限制进口的,应当依照有关管理权限事先征得对外经济贸易主管部门的同意。

外国投资者在提出设立外资企业的申请前,应当向拟设立外资企业所在地的县级或者县级以上地方人民政府提交报告。报告内容包括:设立外资企业的宗旨;经营范围、规模;生产产品;使用的技术设备;用地面积及要求;需要用水、电、煤、煤气或者其他能源的条件及数量;对公共设施的要求等。县级或者县级以上地方人民政府应当在收到外国投资者提交的报告之日起30天内以书面形式答复外国投资者。

外国投资者设立外资企业,应当通过拟设立外资企业所在地的县级或者县级以上地方人民政府向审批机关提出申请,并报送下列文件:设立外资企业申请书;可行性研究报告;外资企业章程;外资企业法定代表人(或者董事会人选)名单;外国投资者的法律证明文件和资信证明文件;拟设立外资企业所在地的县级或者县级以上地方人民政府的书面答复;需要进口的物资清单;其他需要报送的文件。两个或者两个以上外国投资者共同申请设立外资企业,应当将其签订的合同副本报送审批机关备案。

设立外资企业的申请书应当包括下列内容:(1)外国投资者的姓名或者名称、住所、注册地和法定代表人的姓名、国籍、职务;(2)拟设立外资企业的名称、住所;(3)经营范围、产品品种和生产规模;(4)拟设立外资企业的投资总额、注册资本、资金来源、出资方式和期限;(5)拟设立外资企业的组织形式和机构、法定代表人;(6)采用的主要生产设备及其新旧程度、生产技术、工艺水平及其来源;(7)产品的销售方向、地区和销售渠道、方式;(8)外汇资金的收支安排;(9)有关机构设置和人员编制,职工的招用、培训、工资、福利、保险、劳动保护等事项的安排;(10)可能造成环境污染的程度和解决措施;(11)场地选择和用地面积;(12)基本建设和生产经营所需资金、能源、原材料及其解决办法;(13)项目实施的进度计划;(14)拟设立外资企业的经营期限。

外资企业的章程应当包括下列内容:(1)名称及住所;(2)宗旨、经营范围;(3)投资总额、注册资本、认缴出资额、出资方式、出资期限;(4)组织形式;(5)内部组织机构及其职权和议事规则,法定代表人以及总经理、总工程师、总会计师等人员的职责、权限;(6)财务、会计及审计的原则和制度;(7)劳动管理;(8)经营期限、终止及清算;(9)章程的修改程序。

审批机关应当在收到申请设立外资企业的全部文件之日起90天内决定批准或者不批准。审批机关如果发现上述文件不齐备或者有不当之处，可以要求限期补报或者修改。

设立外资企业的申请经审批机关批准后，外国投资者应当在收到批准证书之日起30天内向工商行政管理机关申请登记，领取营业执照。外资企业的营业执照签发日期，为该企业成立日期。

（二）组织形式与注册资本

1. 组织形式

外资企业的组织形式为有限责任公司。经批准也可以为其他责任形式。外资企业为有限责任公司的，外国投资者对企业的责任以其认缴的出资额为限。外资企业为其他责任形式的，外国投资者对企业的责任适用中国法律、法规的规定。

2. 注册资本

外资企业的注册资本，是指为设立外资企业在工商行政管理机关登记的资本总额，即外国投资者认缴的全部出资额。外资企业的投资总额，是指开办外资企业所需资金总额，即按其生产规模需要投入的基本建设资金和生产流动资金的总和。外资企业的注册资本与投资总额的比例应当符合中国有关规定。

外资企业在经营期内不得减少其注册资本。但是，因投资总额和生产经营规模等发生变化，确需减少的，须经审批机关批准。外资企业注册资本的增加、转让，须经审批机关批准，并向工商行政管理机关办理变更登记手续。外资企业将其财产或者权益对外抵押、转让，须经审批机关批准并向工商行政管理机关备案。

（三）出资方式与出资期限

1. 出资方式

外国投资者可以用可自由兑换的外币出资，也可以用机器设备、工业产权、专有技术等作价出资。经审批机关批准，外国投资者也可以用其从中国境内举办的其他外商投资企业获得的人民币利润出资。

外国投资者以机器设备作价出资的，该机器设备应当是外资企业生产所必需的设备。该机器设备的作价不得高于同类机器设备当时的国际市场正常价格。外国投资者以工业产权、专有技术作价出资的，该工业产权、专有技术应当为外国投资者所有。

2. 出资期限

外国投资者缴付出资的期限应当在设立外资企业申请书和外资企业章程中载明。

（四）外资企业的期限、终止与清算

1. 外资企业的期限

外资企业的经营期限，根据不同行业和企业的具体情况，由外国投资者在设立外资企业的申请书中拟订，经审批机关批准。外资企业的经营期限，从其营业执照签发之日起计算。

外资企业经营期满需要延长经营期限的，应当在距经营期满180天前向审批机关报送延长经营期限的申请书。审批机关应当在收到申请书之日起30天内决定批准或者不批准。外资企业经批准延长经营期限的，应当自收到批准延长期限文件之日起30天内，向工商行政管理机关办理变更登记手续。

2. 终止和清算

外资企业有下列情形之一的，应予终止：(1)经营期限届满；(2)经营不善，严重亏损，外国投资者决定解散；(3)因自然灾害、战争等不可抗力而遭受严重损失，无法继续经营；(4)破产；(5)违反中国法律、法规，危害社会公共利益被依法撤销；(6)外资企业章程规定的其他解散事由已经出现。

外资企业有上述第(1)、(3)、(4)项所列情形，应当自行提交终止申请书，报审批机关核准。审批机关作出核准的日期为企业的终止日期。外资企业依照上述第(1)、(2)、(3)、(6)项的规定终止的，应当在终止之日起15天内对外公告并通知债权人，并在终止公告发出之日起15天内，提出清算程序、原则和清算委员会人选，报审批机关审核后进行清算。

清算委员会应当由外资企业的法定代表人、债权人代表以及有关主管机关的代表组成，并聘请中国的注册会计师、律师等参加。清算费用从外资企业现存财产中优先支付。外资企业清算处理财产时，在同等条件下，中国的企业或者其他经济组织有优先购买权。

外资企业在清算结束之前，外国投资者不得将该企业的资金汇出或者携出中国境外，不得自行处理企业的财产。外资企业清算结束，其资产净额和剩余财产超过注册资本的部分视同利润，应当依照中国税法缴纳所得税。外资企业清算结束，应当向工商行政管理机关办理注销登记手续，缴销营业执照。

五、外商投资股份有限公司

（一）外商投资股份有限公司的设立

1. 设立条件

设立中外合资股份有限公司除应具备设立股份有限公司的一般条件外，还应具备下列条件：

(1)应符合国家有关外商投资企业产业政策的规定。国家鼓励设立技术先进的生产型公司。

（2）以发起方式设立的公司，除应符合公司法规定的发起人的条件外，其中至少有1个发起人应为外国股东。以募集方式设立的公司，其中至少有1个发起人还应有募集股份前3年连续盈利的记录，该发起人为中国股东时，应提供其近3年经过中国注册会计师审计的财务会计报告；该发起人为外国股东时，应提供该外国股东居所所在地注册会计师审计的财务报告。

（3）公司的注册资本应为在登记注册机关登记注册的实收股本总额，其中外国股东购买并持有的股份应不低于公司注册资本的25%。

2. 设立程序

发起人达成设立公司协议后，可共同委托一个发起人办理设立公司的申请手续。具体程序是：

（1）申请人向其省、自治区、直辖市及计划单列市政府主管部门（以下称主管部门）提交设立公司的申请书、可行性研究报告、资产评估报告等文件。申请书应概要说明：发起人的名称、住所、法定代表人；组建公司的名称、住所及宗旨；公司设立方式、股本总额、类别、每股面值、发起人认购比例、股份募集范围和途径；发起人的生产经营情况，包括近3年生产经营、资产与负债、利润等情况（限于以募集方式设立公司的发起人）；公司的资金投向及经营范围；提出申请的时间，发起人的法定代表人签名并加盖发起人单位公章；其他需要说明的事项。以募集方式设立公司的，申请人还须提交招股说明书。

（2）上述文件经主管部门审查同意后，由主管部门转报省、自治区、直辖市及计划单列市对外经贸部门。上述文件经省、自治区、直辖市及计划单列市对外经贸部门核准后，发起人正式签订设立公司的协议、章程。发起人协议应包括以下主要内容：发起人的名称、住所、法定代表人的姓名、国籍、住所、职务；组建公司的名称、住所；公司的宗旨、经营范围；公司设立的方式、组织形式；公司注册资本、股份总额、类别、发起人认购股份的数额、形式及期限；发起人的权利和义务；违约责任；适用法律及争议的解决；协议的生效与终止；订立协议的时间、地点，发起人签字；其他需要载明的事项。

（3）发起人签订设立公司的协议、章程，报省、自治区、直辖市对外经贸部门审查同意后，报商务部审查批准。商务部在45日内决定批准或不批准。

（4）发起人设立公司的协议、章程经商务部批准后，发起人应在30日内凭商务部颁发的批准证书到银行开立专用账户。发起人应自批准证书签发之日起90日内一次缴足其认购的股份。发起人在公司发行的股份缴足之前应承担连带认缴责任。公司不能设立时，发起人为设立行为所发生的费用和债务负连带责任。

以发起方式设立公司的，发起人按规定缴足其认购的股份后，应当选举董事会和监事会，由董事会向公司登记机关报送设立公司的批准文件、公司章程、验资证明等文件,申请设立登记。

以募集方式设立公司的,发行股份的股款缴足后,必须经法定的验资机构验资并出具证明。发起人应当在30日内主持召开公司创立大会,并选举董事会、监事会,董事会应于创立大会结束后30日内,向公司登记机关报送设立公司的批准文件、公司章程、验资证明、创立大会的会议记录等文件,申请设立登记。

公司登记机关自接到全部登记文件之日起30天内完成登记注册手续,并颁发营业执照。

(二) 关于其他类型的企业转变为外商投资股份有限公司的规定

1. 已设立的外商投资企业转变为外商投资股份有限公司

已设立中外合资经营企业、中外合作经营企业、外资企业,如申请转变为外商投资股份有限公司的,应有最近连续3年的盈利记录。由原外商投资企业的投资者作为公司的发起人(或与其他发起人)签订设立公司的协议、章程,报原外商投资企业所在地的审批机关初审同意后转报商务部审批。

申请转变应报送下列文件:(1) 原外商投资企业的合同、章程;(2) 原外商投资企业董事会关于企业改组的决议;(3) 原外商投资企业投资者关于终止原合同、章程的决议;(4) 原外商投资企业资产评估报告;(5) 发起人(包括但不限于原外商投资企业投资者)协议;(6) 公司章程;(7) 原外商投资企业的营业执照、批准证书,最近连续3年的财务报告;(8) 设立公司的申请书;(9) 发起人的资信证明;(10) 可行性研究报告。

上述申请经商务部批准后,发起人应自批准证书签发并缴足其认购的股本金后向公司登记机关办理变更登记手续。外商投资企业变更登记为公司后,原外商投资企业的一切权利、义务全部转由公司承担。外商投资企业的中外投资者在原外商投资企业合同、章程中承诺的义务,应列入发起人协议及章程,同样适用所设立的公司。

2. 国有企业、集体所有制企业转变为外商投资股份有限公司

国有企业、集体所有制企业如申请转变为外商投资股份有限公司的,除符合有关规定外,还须符合以下条件:(1) 该企业至少营业5年并有最近连续3年的盈利记录;(2) 外国股东以可自由兑换的外币购买并持有该企业的股份占该企业注册资本的25%以上;(3) 企业的经营范围符合外商投资企业产业政策。

中外股东作为发起人签订设立公司的协议、章程,报企业所在地审批机关初审同意后转报商务部审批。

申请转变应报送下列文件:(1) 原企业资产评估报告;(2) 设立公司的申请书;(3) 可行性研究报告;(4) 发起人协议;(5) 公司章程;(6) 原企业的营业执照、最近连续3年的资产负债表;(7) 发起人的资信证明;(8) 其他必要的文件。

上述申请经商务部批准后,发起人应自批准证书签发并缴足其认购的股本

金后向公司登记机关办理变更登记手续。

3. 股份有限公司转变为外商投资股份有限公司

股份有限公司申请转变为外商投资股份有限公司的,除符合有关规定外,还须符合以下条件:(1)该股份有限公司是经国家正式批准设立的;(2)外国股东以可自由兑换的外币购买并持有该股份有限公司的股份占公司注册资本的25%以上;(3)股份有限公司的经营范围符合外商投资企业产业政策。

股份有限公司通过向社会公开发行人民币特种股票,申请转变为外商投资股份有限公司的,应报送如下文件:股东大会对转变为公司的决议;原股份有限公司资产评估报告;申请转变为公司的报告;原股份有限公司章程的补充、修改协议;证券管理部门批准公开发行人民币特种股票的文件;其他必要的文件。

股份有限公司通过增资扩股或转股发行外国股东持有的股份,申请转变为外商投资股份有限公司的,除报送上述有关文件外,还应报送股份有限公司与定向购股人的购股协议等其他必要的文件。

股份有限公司在境外发行境外上市外资股并在境外上市申请转变为外商投资股份有限公司的,除报送上述有关文件外还应报送如下文件:(1)证券管理部门批准境外上市的文件;(2)境外证券机构批准原股份有限公司股票上市的文件;(3)境外上市的原股份有限公司股票交易情况。

上述申请经商务部批准后,原股份有限公司应持批准证书和公司的募股证明向工商行政管理机关办理变更登记手续。

第三章 公司法律制度

第一节 公司法律制度概述

一、公司的概念和种类

(一) 公司的概念和特征

公司,是指依照公司法的规定设立,有独立的法人财产,享有法人财产权并以其全部财产独立承担责任的企业法人。公司是企业的一种组织形式,它具有企业所共有的属性。

公司的主要特征是:

1. 公司是依照公司法设立的经济组织

公司要依照公司法设立,符合公司法规定的设立条件。公司法对公司的股东人数、公司的组织机构的地位、性质、职权等,都作了明确规定。公司的外部关系和内部关系,都必须严格依照公司法等有关法律规定进行运作。

2. 公司是由法定数额的股东共同出资形成的经济组织

公司股东以其出资额形成对公司的股权,在法律上体现为一种股份式的联合。公司股东以其出资额或者所持股份为限,对公司承担有限责任;公司以其全部法人财产对公司债务承担责任。

3. 公司是以营利为目的的经济组织

以营利为目的,是指公司从事的是经营活动,而经营活动的目的是为了获取利润,并将其分配给公司的股东。

4. 公司是具有法人资格的经济组织

按照公司法规定条件设立的公司,自成立之日起具有法人资格。公司具有民事权利能力和民事行为能力,依法独立享有民事权利和承担民事义务。

(二) 公司的种类

按照不同的划分标准,公司可分为不同种类,一般来讲,公司主要有以下分类:

1. 依据股东对公司债务承担的责任形式为划分标准,可分为无限公司、有限责任公司、两合公司和股份有限公司。无限公司,是指全体股东就公司债务负连带无限责任的公司。有限责任公司,是指全体股东对于公司的债务,仅以各自的出资额为限承担责任的公司。两合公司,是指一部分股东对公司债务负无限责任,另一部分股东负有限责任的公司。股份有限公司,是指公司资本划分为若干金额相等的股份,全体股东仅以自己认购的股份为限对公司债务承担责任的公司。《中华人民共和国公司法》(以下简称为《公司法》)只规定两种公司形式,即有限责任公司和股份有限公司。

2. 依据公司内部的管辖及对外责任承担为标准,可以将公司分为本公司与分公司。本公司又称为总公司,是指依法设立的具有法人资格,对整个公司的组织机构、营业活动、资金调度进行统一决策指挥,并对外独立承担责任的总管理机构。分公司,是指由本公司设立的、受本公司管辖指挥、在本公司住所地外从事生产经管活动的本公司的分支机构。分公司不具有法人资格,其民事责任由本公司承担。

3. 依据一个公司对另一个公司的控制与依附关系为划分标准,可分为母公司与子公司。母公司,是指通过持有其他公司一定比例以上的股份或者通过协议的方式,能够实际上控制其他公司营业活动的公司。子公司,是指虽然在法律上具有法人资格,依法独立承担民事责任,但其经营活动受母公司控制的公司。

4. 依据公司的国籍为划分标准,可分为本国公司与外国公司。在我国,本国公司是指依照我国公司法在我国境内登记设立的公司。外国公司是指依据外国法律在我国境外登记设立的公司。

5. 依据股东的人数为标准,可分为一人公司和多人公司。一人公司又称为独资公司,是指只有一个自然人股东或者一个法人股东的公司。我国《公司法》规定一人公司只能是有限责任公司。多人公司又称为合资公司,是指两个以上股东投资设立的公司,它可以是有限公司,也可以是股份有限公司。

二、公司法的概念和适用范围

(一)公司法的概念

公司法,是指调整关于公司的设立、组织机构及公司对内对外的各种经济关系的法律规范的总称。公司作为市场经济的重要主体,在其设立、变更、终止和一系列的经营管理活动中,要与外部有关政府部门、其他经济主体和内部股东、董事、经理等发生一系列的关系。公司法就是调整公司的设立、变更、终止和其在经营管理过程中发生的经济关系的法律规范。

公司法既是组织法,又是行为法。公司法不仅规定了公司的法律地位,公司的设立、变更、终止和清算,公司的内部组织机构,股东的权利和义务等有关公司组织的内容,同时,公司法还规定了公司股票的发行和交易、债券的发行和转让以及公司的财务管理等内容。

我国《公司法》是1993年12月29日第八届全国人民代表大会常务委员会第五次会议通过的。之后,第九届、第十届和第十二届全国人民代表大会常务委员分别于1999年12月25日、2004年8月28日、2005年10月27日和2013年

12月28日,对《公司法》进行了四次修正。

（二）公司法的适用范围

《公司法》第2条规定:本法所称公司是指依照本法在中国境内设立的有限责任公司和股份有限公司。公司法的适用范围包括按照《公司法》规定在中国境内设立的有限责任公司和股份有限公司。国有企业按照公司法的规定改建为公司的,适用《公司法》。外商投资的有限责任公司和股份有限公司适用《公司法》,但是,有关外商投资的法律另有规定的,适用其规定。

三、公司设立与登记的一般要求

（一）公司设立登记

设立公司,应当依法向公司登记机关申请设立登记。符合《公司法》规定的设立条件的,由公司登记机关分别登记为有限责任公司或者股份有限公司;不符合《公司法》规定的设立条件的,不得登记为有限责任公司或者股份有限公司。法律、行政法规规定设立公司必须报经批准的,应当在公司登记前依法办理批准手续。公众可以向公司登记机关申请查询公司登记事项,公司登记机关应当提供查询服务。

公司的经营范围由公司章程规定,并依法登记。公司的经营范围中属于法律、行政法规规定须经批准的项目,应当依法经过批准。

公司法定代表人依照公司章程的规定,由董事长、执行董事或者经理担任,并依法登记。

依法设立的公司,由公司登记机关发给公司营业执照。公司营业执照应当载明公司的名称、住所、注册资本、经营范围、法定代表人姓名等事项。

（二）公司的变更登记

公司营业执照记载的事项发生变更的,公司应当依法办理变更登记,由公司登记机关换发营业执照。

有限责任公司变更为股份有限公司,应当符合《公司法》规定的股份有限公司的条件。股份有限公司变更为有限责任公司,应当符合《公司法》规定的有限责任公司的条件。有限责任公司变更为股份有限公司时,折合的实收股本总额不得高于公司净资产额。有限责任公司变更为股份有限公司,为增加资本公开发行股份时,应当依法办理。有限责任公司变更为股份有限公司的,或者股份有限公司变更为有限责任公司的,公司变更前的债权、债务由变更后的公司承继。

公司可以修改公司章程,改变经营范围,但是应当办理变更登记。公司法定代表人变更,应当办理变更登记。

公司根据股东会或者股东大会、董事会决议已办理变更登记的,人民法院宣告该决议无效或者撤销该决议后,公司应当向公司登记机关申请撤销变更登记。

四、公司的义务

（一）遵守法律、接受监督的义务

公司从事经营活动，必须遵守法律、行政法规，遵守社会公德、商业道德，诚实守信，接受政府和社会公众的监督，承担社会责任。公司股东会或者股东大会、董事会的决议内容违反法律、行政法规的无效。

（二）保障职工合法权益的义务

公司必须保护职工的合法权益，依法与职工签订劳动合同，参加社会保险，加强劳动保护，实现安全生产。公司应当采用多种形式，加强公司职工的职业教育和岗位培训，提高职工素质。公司职工依照《中华人民共和国工会法》组织工会，开展工会活动，维护职工合法权益。公司应当为本公司工会提供必要的活动条件。公司工会代表职工就职工的劳动报酬、工作时间、福利、保险和劳动安全卫生等事项依法与公司签订集体合同。

（三）实行民主管理的义务

公司依照宪法和有关法律的规定，通过职工代表大会或者其他形式，实行民主管理。公司研究决定改制以及经营方面的重大问题、制定重要的规章制度时，应当听取公司工会的意见，并通过职工代表大会或者其他形式听取职工的意见和建议。

（四）设立党组织的义务

在公司中，根据中国共产党章程的规定，设立中国共产党的组织，开展党的活动。公司应当为党组织的活动提供必要条件。

（五）公司特定的披露义务

公司应当定期向股东披露董事、监事、高级管理人员从公司获得报酬的情况。

（六）公司行为的限制

1. 公司不得直接或者通过子公司向董事、监事、高级管理人员提供借款。

2. 公司可以向其他企业投资。但是，除法律另有规定外，不得成为对所投资企业的债务承担连带责任的出资人。

3. 公司可以为他人提供担保。公司向其他企业投资或者为他人提供担保，依照公司章程的规定，由董事会或者股东会、股东大会决议。公司章程对投资或者担保的总额及单项投资或者担保的数额有限额规定的，不得超过规定的限额。公司为公司股东或者实际控制人[①]提供担保的，必须经股东会或者股东大会决

[①] 实际控制人，是指虽不是公司的股东，但通过投资关系、协议或者其他安排，能够实际支配公司行为的人。

议。该项表决由出席会议的其他股东所持表决权的过半数通过。被担保的股东或者受被担保的实际控制人支配的股东,不得参加表决。

五、股东的权利与义务

(一)股东的权利

股东,是指对公司投资,依法享有公司利益并承担义务和责任的人。具体说来,有限责任公司的股东是公司资本的出资人;股份有限公司的股东是指依法持有公司股份的人。公司的股东可以是自然人,也可以是法人,包括公司设立时对公司进行投资的人、公司设立后对公司投资的人(公司增加注册资本吸纳的新的投资人)、接受公司股权或股份转让的人以及因继承而取得股权或股份的人。

股东的权利又称为股东权、股权,是指股东基于其股东资格而享有的从公司获取经济利益并参与公司经营管理的权利。从股东权的含义中,我们可以看出,股东权的内容主要表现为资产上的受益权和对公司的经营管理权。股东权可以分为两大类:一是股东为自己的利益而行使的权利,这种权利被称之为"自益权";二是股东直接为公司利益而间接为自己利益所行使的权利,这种权利被称之为"共益权"。

1. 股东的自益权

(1)股利分配请求权

股利分配请求权又称为资产收益权,是指股东基于自己对公司的投资,请求公司向自己分配股利的权利。依照《公司法》的规定,公司弥补亏损和提取公积金后所余税后利润,有限责任公司股东按照实缴的出资比例分取红利,但是,全体股东约定不按出资比例分取红利的除外。股份有限公司按照股东持有的股份比例分配,但股份有限公司章程规定不按持股比例分配的除外。公司持有的本公司股份不得分配利润。

(2)股权转让时的优先购买权

股权转让时的优先购买权,是指当有限责任公司的股东转让股权时,在同等条件下,该公司的其他股东享有的优先受让的权利。《公司法》规定,有限责任公司的股东在转让股权时,在同等条件下,其他股东有优先购买权。两个以上股东主张行使优先购买权的,协商确定各自的购买比例;协商不成的,按照转让时各自的出资比例行使优先购买权。人民法院依照法律规定的强制执行程序转让股东的股权时,应当通知公司及全体股东,其他股东在同等条件下有优先购买权。

(3)新股认购优先权

新股认购优先权,是指股份有限公司的股东在公司发行新股时,优先于一般人按照自己原有的持股比例而认购新股的权利。

(4) 剩余财产分配请求权

剩余财产分配请求权,是指在公司清算时,股东享有的请求分配公司剩余财产的权利。《公司法》规定,公司清算时,公司财产在分别支付清算费用、职工的工资、社会保险费用和法定补偿金,缴纳所欠税款,清偿公司债务后的剩余财产,有限责任公司按照股东的出资比例分配,股份有限公司按照股东持有的股份比例分配。

(5) 公司收购股权请求权

公司收购股权请求权,是指对有限责任公司股东会的特定决议投反对票的股东,请求公司按照合理的价格收购其股权,退出公司的权利。①

2. 股东的共益权

(1) 表决权

股东表决权也称为决策参与权,是指股东就股东会或股东大会的议案进行表决的权利。股东表决权是股东参与公司重大决策和选择公司管理者的一项重要权利。股东表决权行使的一般原则是有限责任公司的股东按照出资比例行使表决权,出席股份有限公司股东大会的股东所持每一股份有一表决权。

(2) 股东会、股东大会、董事会召集权

代表一定比例以上表决权的股东有权提议召开董事会临时会议。当公司的董事会或者执行董事不能履行或者不履行召集股东会或股东大会会议职责,监事会或者监事亦不召集和主持的,代表一定比例以上表决权的股东可以自行召集和主持股东会或股东大会会议。

(3) 提案权

提案权,是指股份有限公司中持有公司一定比例以上股份的股东,将其临时提案提交股东大会审议的权利。

(4) 知情权

股东知情权,是指股东享有的了解公司经营状况、财务状况并对公司提出建议或者质询的权利。《公司法》规定,有限责任公司股东有权查阅、复制公司章程、股东会会议记录、董事会会议决议、监事会会议决议和财务会计报告。股东可以要求查阅公司会计账簿。股东要求查阅公司会计账簿的,应当向公司提出书面请求,说明目的。公司有合理根据认为股东查阅会计账簿有不正当目的,可能损害公司合法利益的,可以拒绝提供查阅,并应当自股东提出书面请求之日起15日内书面答复股东并说明理由。公司拒绝提供查阅的,股东可以请求人民法院要求公司提供查阅。股份有限公司股东有权查阅公司章程、股东名册、公司债券存根、股东大会会议记录、董事会会议决议、监事会会议决议、财务会计报告,

---

① 参见《公司法》第74条。

对公司的经营提出建议或者质询。

3. 股东诉权

依照《公司法》和最高人民法院的司法解释的规定,公司股东可以在下列情况下,直接向法院提起诉讼:

1. 股东会或者股东大会、董事会的会议召集程序、表决方式违反法律、行政法规或者公司章程,或者决议内容违反公司章程的,股东可以自决议作出之日起60日内提起诉讼,请求法院撤销。但股东在提起这种诉讼时,法院可以应公司的请求,要求股东提供相应担保。

2. 公司董事、高级管理人员[①]执行公司职务时违反法律、行政法规或者公司章程的规定,给公司造成损失的,应当承担赔偿责任。有限责任公司的股东、股份有限公司连续180日以上单独或者合计持有公司1%以上股份的股东,可以书面请求监事会或者不设监事会的有限责任公司的监事向人民法院提起诉讼。监事执行公司职务时违反法律、行政法规或者公司章程的规定,给公司造成损失的,应当承担赔偿责任。上述情形的股东可以书面请求董事会或者不设董事会的有限责任公司的执行董事向人民法院提起诉讼。监事会、不设监事会的有限责任公司的监事,或者董事会、执行董事收到股东书面请求后拒绝提起诉讼,或者自收到请求之日起30日内未提起诉讼,或者情况紧急、不立即提起诉讼将会使公司利益受到难以弥补的损害的,上述情形的股东有权为了公司的利益以自己的名义直接向人民法院提起诉讼。

3. 他人侵犯公司合法权益,给公司造成损失的,上述情形的股东可以向人民法院提起诉讼。

4. 董事、高级管理人员违反法律、行政法规或者公司章程的规定,损害股东利益的,股东可以向人民法院提起诉讼。

5. 当公司经营管理发生严重困难,继续存续会使股东利益受到重大损失,通过其他途径不能解决的,持有公司全部股东表决权10%以上的股东,可以请求人民法院解散公司。这是针对出现所谓"公司僵局"时,法律赋予股东的救济手段。在正常情况下,公司解散应由公司自行决定。但当公司经营严重困难,财务状况恶化,虽未达到破产界限,但继续维持会使股东利益受到更大损失;而且股东之间分歧严重,股东会、董事会又不能作出公司解散清算的决议,处于僵局状态。法律规定持有公司全部股东表决权一定比例以上的股东,可以请求法院解散公司,以解决"公司僵局",保障股东的合法利益。

6. 针对公司法规定的法定情形,对股东会决议投反对票的股东可以请求公

---

① 高级管理人员,是指公司的经理、副经理、财务负责人、上市公司董事会秘书和公司章程规定的其他人员。

司按照合理的价格收购其股权（小股东退出），自股东会会议决议通过之日起60日内，股东与公司不能达成股权收购协议的，股东可以自股东会会议决议通过之日起90日内向人民法院提起诉讼。

7. 股东有权查阅公司会计账簿。股东要求查阅公司会计账簿的，应当向公司提出书面请求，说明目的。公司有合理依据认为股东查阅会计账簿有不正当目的，可能损害公司合法利益的，可以拒绝提供查阅，并应当自股东提出书面请求之日起15日内书面答复股东并说明理由。股东拒绝提供查阅的，股东可以请求人民法院要求公司提供查阅。

8. 股东未履行或者未全面履行出资义务，其他股东可以向法院提起诉讼，请求其向公司依法全面履行出资义务。

9. 公司成立后，股东违法抽逃出资，损害公司权益的，其他股东可以向法院提起诉讼，请求其返还出资。

10. 公司股东滥用股东权利给公司或者其他股东造成损失的，应当依法承担赔偿责任。因此受到损害的股东可以向法院提起诉讼，要求滥用股东权利的股东给予赔偿。

（二）股东的义务及责任

1. 公司股东应当遵守法律、行政法规和公司章程，依法行使股东权利，不得滥用股东权利损害公司或者其他股东的利益。公司股东滥用股东权利给公司或者其他股东造成损失的，应当依法承担赔偿责任。

2. 不得滥用公司法人独立地位和股东有限责任损害公司债权人的利益。公司股东该项义务与责任，即是所谓的"揭开公司面纱"（piercing the corporate veil）原则的适用。"揭开公司面纱"是英美法系国家法律在处理公司人格否认时所运用的重要方法。它是指尽管公司在设立时符合法律规定的全部条件，但在特定的情形下（公司股东滥用公司法人独立地位和股东有限责任损害公司债权人的利益），法院可以否认公司独立人格的存在，令股东对公司的债务承担连带责任。我国《公司法》也引入了该项原则。《公司法》第20条规定，公司股东滥用公司法人独立地位和股东有限责任，逃避债务，严重损害公司债权人利益的，应当对公司债务承担连带责任。《公司法》还规定，有限责任公司成立后，发现作为设立公司出资的非货币财产的实际价额显著低于公司章程所定价额的，应当由交付该出资的股东补足其差额；公司设立时的其他股东承担连带责任。一人有限责任公司的股东不能证明公司财产独立于股东自己的财产的，应当对公司债务承担连带责任。股份有限公司成立后，发起人未按照公司章程的规定缴足出资的，应当补缴；其他发起人承担连带责任。股份有限公司成立后，发现作为设立公司出资的非货币财产的实际价额显著低于公司章程所定价额的，应当由交付该出资的发起人补足其差额；其他发起人承担连带责任。

3. 公司的控股股东①、实际控制人、董事、监事、高级管理人员不得利用其关联关系②损害公司利益。公司的股东由此给公司造成损失的,应当承担赔偿责任。

4. 公司成立后,股东不得抽逃出资。

第二节 有限责任公司

一、有限责任公司的概念特征

(一)有限责任公司的概念

有限责任公司,是指依照公司法在中国境内设立的,由50个以下的股东出资,股东以其认缴的出资额对公司债务承担有限责任,公司以其全部资产对公司债务承担责任的企业法人。

(二)有限责任公司的特征

1. 股东责任的有限性

有限责任公司股东均负有限责任,即股东仅以其认缴的出资额为限对公司债务承担责任。公司的债务完全以公司独立的资产清偿。

2. 设立程序的简便性

由于有限责任公司不发行股票,不向社会公开募集资本,这决定了它的设立方式只有发起设立,即由股东共同制定章程,缴纳出资,经验资机构验资,最后由指定的代表或委托的代理人向公司登记机关申请设立登记,公司即告成立。

3. 股东人数的相对稳定性

有限责任公司股东人数最高限额由法律严格规定,使得股东人数相对稳定,而不像股份有限公司股东人数是无上限的。股东人数的相对稳定性,决定了股东间的关系较为密切,股东出资的转让也受到严格限制。

二、有限责任公司的设立

(一)有限责任公司的设立条件

设立有限责任公司必须具备以下条件:

---

① 控股股东,是指其出资额占有限责任公司资本总额50%以上或者其持有的股份占股份有限公司股本总额50%以上的股东;出资额或者持有股份的比例虽然不足50%,但依其出资额或者持有的股份所享有的表决权已足以对股东会、股东大会的决议产生重大影响的股东。

② 关联关系,是指公司控股股东、实际控制人、董事、监事、高级管理人员与其直接或者间接控制的企业之间的关系,以及可能导致公司利益转移的其他关系。但是,国家控股的企业之间不仅因为同受国家控股而具有关联关系。

1. 股东符合法定人数

根据我国《公司法》规定,有限责任公司由 50 个以下股东出资设立。在我国,除法律有特别规定外,有权代表国家投资的机构或者政府部门、企业法人、具有法人资格的事业单位和社会团体、自然人均可以依法成为有限责任公司的股东。

2. 有符合公司章程规定的全体股东认缴的出资额

有限责任公司的注册资本为在公司登记机关登记的全体股东认缴的出资额。法律、行政法规以及国务院决定对有限责任公司注册资本实缴、注册资本最低限额另有规定的,从其规定。

3. 股东共同制定公司章程

公司章程是公司设立及活动的基本规则,是公司依法确立公司的内外部法律关系及股东权利义务的基本法律文件。公司章程应当载明下列事项:公司名称和住所;公司经营范围;公司注册资本;股东的姓名或者名称;股东的出资方式、出资额和出资时间;公司的机构及其产生办法、职权、议事规则;公司的法定代表人;股东会会议认为需要规定的其他事项。股东应当在公司章程上签名、盖章。

4. 有公司名称,建立符合有限责任公司要求的组织机构

公司的名称是公司的标志。有限责任公司,必须在公司名称中标明有限责任公司或者有限公司字样。设立有限责任公司,应当由全体股东指定的代表或者共同委托的代理人向公司登记机关申请名称预先核准。[①] 同时,有限责任公司还必须建立与法律规定相一致的组织机构,即设立股东会、董事会或执行董事、监事会或监事。

5. 有公司住所

公司以其主要办事机构所在地为住所。

(二) 有限责任公司的设立程序

1. 制定公司章程

设立公司必须依法制订公司章程。有限责任公司公司章程由公司全体股东共同订立,并经全体股东同意后,所有股东应当在公司章程上签名、盖章。公司章程对公司、股东、董事、监事、高级管理人员具有约束力。

2. 依法报经行政审批

一般的有限责任公司可以直接向公司登记机关申请设立登记,而不必经过行政审批程序。在公司设立登记前,需要办理行政审批的有限责任公司主要有:(1) 法律、行政法规对设立公司规定必须报经审批的公司,如设立经营保险业务的

---

① 具体要求,参见《中华人民共和国公司登记管理条例》第 11 条、第 18 条的规定。

有限责任公司,就必须在设立登记前取得金融主管机关的批准;(2)公司营业项目中有必须依法报经审批的公司,如设立咨询服务的有限责任公司,其中的经营范围拟包括法律服务业务,则必须在设立登记前报经有关司法行政管理机关批准。

3. 股东缴纳出资

有限责任公司的注册资本为在公司登记机关登记的全体股东认缴的出资额。股东可以用货币出资,也可以用实物、知识产权、土地使用权等可以用货币估价并可以依法转让的非货币财产作价出资;但是,法律、行政法规规定不得作为出资的财产除外。

对作为出资的非货币财产应当评估作价,核实财产,不得高估或者低估作价。法律、行政法规对评估作价有规定的,从其规定。

股东应当按期足额缴纳公司章程中规定的各自所认缴的出资额。股东以货币出资的,应当将货币出资足额存入有限责任公司在银行开设的账户;以非货币财产出资的,应当依法办理其财产权的转移手续。

股东不按照上述规定缴纳出资的,除应当向公司足额缴纳外,还应当向已按期足额缴纳出资的股东承担违约责任。

4. 设立登记

股东认足公司章程规定的出资后,由全体股东指定的代表或者共同委托的代理人向公司登记机关报送公司登记申请书、公司章程等文件,申请设立登记。公司登记机关对符合《公司法》规定条件的,予以登记,发给公司营业执照。公司营业执照签发日期,为有限责任公司成立日期。

5. 签发出资证明书

有限责任公司成立后,应当向股东签发出资证明书。出资证明书是证明股东出资份额的书面凭证。出资证明书应当载明下列事项:(1)公司名称;(2)公司成立日期;(3)公司注册资本;(4)股东的姓名或者名称、缴纳的出资额和出资日期;(5)出资证明书的编号和核发日期。出资证明书由公司盖章。

三、有限责任公司的组织机构

(一)有限责任公司的股东会

1. 股东会的性质和职权

有限责任公司的股东会由全体股东组成。根据《公司法》的规定,有限责任公司股东会是公司的权力机构,是公司的最高决策机关,对公司的重大问题进行决策。

有限责任公司的股东会行使下列职权:(1)决定公司的经营方针和投资计划;(2)选举和更换非由职工代表担任的董事、监事,决定有关董事、监事的报酬事项;(3)审议批准董事会的报告;(4)审议批准监事会或者监事的报告;

(5) 审议批准公司的年度财务预算方案、决算方案;(6) 审议批准公司的利润分配方案和弥补亏损方案;(7) 对公司增加或者减少注册资本作出决议;(8) 对发行公司债券作出决议;(9) 对公司合并、分立、变更公司形式、解散和清算等事项作出决议;(10) 修改公司章程;(11) 公司章程规定的其他职权。

对上述所列事项股东以书面形式一致表示同意的,可以不召开股东会会议,直接作出决定,并由全体股东在决定文件上签名、盖章。

2. 股东会的议事规则

股东会会议分为定期会议和临时会议。首次股东会会议由出资最多的股东召集和主持。定期会议应当依照公司章程的规定按时召开。代表 1/10 以上表决权的股东,1/3 以上的董事,监事会或者不设监事会的公司的监事提议召开临时会议的,应当召开临时会议。

有限责任公司设立董事会的,股东会会议由董事会召集,董事长主持;董事长不能履行职务或者不履行职务的,由副董事长主持;副董事长不能履行职务或者不履行职务的,由半数以上董事共同推举一名董事主持。有限责任公司不设董事会的,股东会会议由执行董事召集和主持。

董事会或者执行董事不能履行或者不履行召集股东会会议职责的,由监事会或者不设监事会的公司的监事召集和主持;监事会或者监事不召集和主持的,代表 1/10 以上表决权的股东可以自行召集和主持。

召开股东会会议,应当于会议召开 15 日前通知全体股东;但是,公司章程另有规定或者全体股东另有约定的除外。股东会应当对所议事项的决定作成会议记录,出席会议的股东应当在会议记录上签名。

股东会对公司的重大问题作出决议,需由股东进行表决。根据《公司法》的规定,股东会会议由股东按照出资比例行使表决权;但是,公司章程另有规定的除外。股东会的议事方式和表决程序,除《公司法》有规定的外,由公司章程规定。对某些涉及股东根本利益的事项的表决,《公司法》作了特别规定,股东会会议作出修改公司章程、增加或者减少注册资本的决议,以及公司合并、分立、解散或者变更公司形式的决议,必须经代表 2/3 以上表决权的股东通过。

(二) 有限责任公司的董事会和经理

1. 董事会的设立及职权

有限责任公司的董事会是公司股东会的执行机构,向股东会负责。

有限责任公司设董事会,其成员为 3 人至 13 人;股东人数较少或者规模较小的有限责任公司,可以设 1 名执行董事,不设董事会。执行董事可以兼任公司经理。执行董事的职权由公司章程规定。

两个以上的国有企业或者两个以上的其他国有投资主体投资设立的有限责任公司,其董事会成员中应当有公司职工代表;其他有限责任公司董事会成员中可以有公司职工代表。董事会中的职工代表由公司职工通过职工代表大会、职工大会或者其他形式民主选举产生。

董事会设董事长1人,可以设副董事长。董事长、副董事长的产生办法由公司章程规定。

董事任期由公司章程规定,但每届任期不得超过3年。董事任期届满,连选可以连任。董事任期届满未及时改选,或者董事在任期内辞职导致董事会成员低于法定人数的,在改选出的董事就任前,原董事仍应当依照法律、行政法规和公司章程的规定,履行董事职务。

根据《公司法》的规定,董事会行使下列职权:(1)召集股东会会议,并向股东会报告工作;(2)执行股东会的决议;(3)决定公司的经营计划和投资方案;(4)制订公司的年度财务预算方案、决算方案;(5)制订公司的利润分配方案和弥补亏损方案;(6)制订公司增加或者减少注册资本以及发行公司债券的方案;(7)制订公司合并、分立、解散或者变更公司形式的方案;(8)决定公司内部管理机构的设置;(9)决定聘任或者解聘公司经理及其报酬事项,并根据经理的提名决定聘任或者解聘公司副经理、财务负责人及其报酬事项;(10)制定公司的基本管理制度;(11)公司章程规定的其他职权。

2. 董事会会议

董事会会议由董事长召集和主持;董事长不能履行职务或者不履行职务的,由副董事长召集和主持;副董事长不能履行职务或者不履行职务的,由半数以上董事共同推举一名董事召集和主持。

董事会的议事方式和表决程序,除《公司法》有规定的外,由公司章程规定。

董事会应当对所议事项的决定作成会议记录,出席会议的董事应当在会议记录上签名。董事会决议的表决,实行1人1票。

3. 经理的设立及职权

有限责任公司可以设经理,由董事会决定聘任或者解聘。经理负责公司日常经营管理工作,对董事会负责,并列席董事会会议。

依照《公司法》,经理行使下列职权:(1)主持公司的生产经营管理工作,组织实施董事会决议;(2)组织实施公司年度经营计划和投资方案;(3)拟订公司内部管理机构设置方案;(4)拟订公司的基本管理制度;(5)制定公司的具体规章;(6)提请聘任或者解聘公司副经理、财务负责人;(7)决定聘任或者解聘除应由董事会决定聘任或者解聘以外的负责管理人员;(8)董事会授予的其他职权。公司章程对经理职权另有规定的,从其规定。

(三)有限责任公司的监事会或者监事

1. 监事会或者监事的设立

有限责任公司监事会或监事是公司的内部监督机构,对股东会负责。《公司法》规定,经营规模较大的有限责任公司设立监事会,其成员不得少于3人。股东人数较少和规模较小的有限责任公司可以只设1至2名监事,不设监事会。

2. 监事会的组成

监事会应当包括股东代表和适当比例的公司职工代表,其中职工代表的比例不得低于1/3,具体比例由公司章程规定。监事会中的职工代表由公司职工通过职工代表大会、职工大会或者其他形式民主选举产生。董事、高级管理人员不得兼任监事。监事会设主席1人,由全体监事过半数选举产生。监事会主席召集和主持监事会会议;监事会主席不能履行职务或者不履行职务的,由半数以上监事共同推举1名监事召集和主持监事会会议。

3. 监事的任期

监事的任期每届为3年。监事任期届满,连选可以连任。监事任期届满未及时改选,或者监事在任期内辞职导致监事会成员低于法定人数的,在改选出的监事就任前,原监事仍应当依照法律、行政法规和公司章程的规定,履行监事职务。

4. 监事会或监事的职权

依照《公司法》,监事会、不设监事会的公司的监事行使下列职权:(1)检查公司财务;(2)对董事、高级管理人员执行公司职务的行为进行监督,对违反法律、行政法规、公司章程或者股东会决议的董事、高级管理人员提出罢免的建议;(3)当董事、高级管理人员的行为损害公司的利益时,要求董事、高级管理人员予以纠正;(4)提议召开临时股东会会议,在董事会不履行召集和主持股东会会议职责时召集和主持股东会会议;(5)向股东会会议提出提案;(6)依照《公司法》第152条的规定,对董事、高级管理人员提起诉讼;(7)公司章程规定的其他职权。

为保证监事更好地履行职责,《公司法》规定:监事可以列席董事会会议,并对董事会决议事项提出质询或者建议。监事会、不设监事会的公司的监事发现公司经营情况异常,可以进行调查;必要时,可以聘请会计师事务所等协助其工作,费用由公司承担。监事会、不设监事会的公司的监事行使职权所必需的费用,由公司承担。

5. 监事会会议

监事会每年度至少召开一次会议,监事可以提议召开临时监事会会议。监事会的议事方式和表决程序,除《公司法》有规定的外,由公司章程规定。

监事会决议应当经半数以上监事通过。监事会应当对所议事项的决定作成会议记录,出席会议的监事应当在会议记录上签名。

四、有限责任公司的股权转让

(一)有限责任公司股权转让的规制及股东的优先购买权

有限责任公司的股权转让,是指有限责任公司的股东依法将其股权转让给其他股东或第三人的行为。由于有限责任公司具有人合性,股东相互间一般具有人身信赖关系,因此,《公司法》对有限责任公司的股权转让作了相应的限制性规定。

我国《公司法》规定,有限责任公司的股东之间可以相互转让其全部或者部分股权。股东向公司的其他股东转让股权,因为不涉及第三人成为公司的股东,通常没有特别的限制。但如果股东向股东以外的人转让股权,应当经其他股东过半数同意。股东应就其股权转让事项书面通知其他股东征求同意,其他股东自接到书面通知之日起满 30 日未答复的,视为同意转让。其他股东半数以上不同意转让的,不同意的股东应当购买该转让的股权;不购买的,视为同意转让。

经股东同意转让的股权,在同等条件下,其他股东有优先购买权。两个以上股东主张行使优先购买权的,协商确定各自的购买比例;协商不成的,按照转让时各自的出资比例行使优先购买权。公司章程对股权转让另有规定的,从其规定。

人民法院依照法律规定的强制执行程序转让股东的股权时,应当通知公司及全体股东,其他股东在同等条件下有优先购买权。其他股东自人民法院通知之日起满 20 日不行使优先购买权的,视为放弃优先购买权。

依法转让股权后,公司应当注销原股东的出资证明书,向新股东签发出资证明书,并相应修改公司章程和股东名册中有关股东及其出资额的记载。对公司章程的该项修改不需再由股东会表决。

自然人股东死亡后,其合法继承人可以继承股东资格;但是,公司章程另有规定的除外。

(二) 公司对特定股东的股权收购

依照我国《公司法》第 74 条的规定,有下列情形之一的,对股东会该项决议投反对票的股东可以请求公司按照合理的价格收购其股权:

1. 公司连续 5 年不向股东分配利润,而公司该 5 年连续盈利,并且符合《公司法》规定的分配利润条件的;

2. 公司合并、分立、转让主要财产的;

3. 公司章程规定的营业期限届满或者章程规定的其他解散事由出现,股东会会议通过决议修改章程使公司存续的。

自股东会会议决议通过之日起 60 日内,股东与公司不能达成股权收购协议的,股东可以自股东会会议决议通过之日起 90 日内向人民法院提起诉讼。

五、一人有限责任公司

(一) 一人有限责任公司的概念

一人有限责任公司,是指只有一个自然人股东或者一个法人股东,股东以其出资额对公司承担有限责任,公司以其全部资产对公司的债务承担责任的企业法人。

一人有限责任公司与个人独资企业尽管都是由一人出资设立的企业,但二者有严格的区别:首先,一人有限责任公司是由公司法调整,具有法人资格;个人独资企业是由个人独资企业法调整,它不具有法人资格,属于非法人组织。其次,一人有限责任公司的股东以其出资额对公司债务承担有限责任,公司以其全部资产对公司的债务承担责任;个人独资企业出资人要对企业的债务承担无限责任。第三,一人有限责任公司可依法设立董事会、监事会等组织机构;而个人独资企业一般仅有经营管理机构。

(二) 一人有限责任公司的设立与组织机构

一人有限责任公司的设立和组织机构,《公司法》有特别规定的,适用特别规定,没有特别规定的,适用有限责任公司设立和组织机构的一般规定。我国《公司法》对一人有限责任公司设立和组织机构的特别规定是:(1) 一个自然人只能投资设立一个一人有限责任公司。该一人有限责任公司不能投资设立新的一人有限责任公司。(2) 一人有限责任公司应当在公司登记中注明自然人独资或者法人独资,并在公司营业执照中载明。(3) 一人有限责任公司章程由股东制定。(4) 一人有限责任公司不设股东会。股东作出《公司法》规定的有限责任公司股东会职权内的决定时,应当采用书面形式,并由股东签名后置备于公司。

(三) 一人有限公司的债务承担

从理论上讲,一人有限公司的财产与股东个人的其他财产是相互独立的,股东也仅以其出资额对公司债务承担有限责任,公司以其全部资产对公司的债务承担责任。但如果一人有限责任公司的股东不能证明公司财产独立于股东自己的财产的,则应当用自己的其他个人财产对公司债务承担连带责任。

六、国有独资公司

(一) 国有独资公司的概念

国有独资公司,是指国家单独出资、由国务院或者地方人民政府授权本级人民政府国有资产监督管理机构履行出资人职责的有限责任公司。国有独资公司与一人有限公司都是一个股东的独资公司,不同之处在于国有独资公司是由国家单独出资设立的有限责任公司,即国家是该公司的唯一股东。

(二) 国有独资公司的设立与组织机构

1. 国有独资公司的设立

国有独资公司依照上述有限责任公司的设立条件和程序设立。《公司法》规定,国有独资公司章程由国有资产监督管理机构制定,或者由董事会制定报国有资产监督管理机构批准。

2. 国有独资公司的组织机构

国有独资公司不设股东会,由国有资产监督管理机构行使股东会职权。国有资产监督管理机构可以授权公司董事会行使股东会的部分职权,决定公司的重大事项,但公司的合并、分立、解散、增加或者减少注册资本和发行公司债券,必须由国有资产监督管理机构决定;其中,重要的国有独资公司合并、分立、解散、申请破产的,应当由国有资产监督管理机构审核后,报本级人民政府批准。这里所称的重要的国有独资公司,按照国务院的规定确定。

国有独资公司设董事会,除行使与有限责任公司董事会同样的职权外,还可行使国有资产监督管理机构授权公司董事会行使的股东会的部分职权。董事每届任期不得超过 3 年。董事会成员中应当有公司职工代表。董事会成员由国有资产监督管理机构委派;但是,董事会成员中的职工代表由公司职工代表大会选举产生。

董事会设董事长一人,可以设副董事长。董事长、副董事长由国有资产监督管理机构从董事会成员中指定。

国有独资公司设经理,由董事会聘任或者解聘。经国有资产监督管理机构同意,董事会成员可以兼任经理。

国有独资公司的董事长、副董事长、董事、高级管理人员,未经国有资产监督管理机构同意,不得在其他有限责任公司、股份有限公司或者其他经济组织兼职。

国有独资公司设立监事会。监事会成员不得少于 5 人,其中职工代表的比例不得低于 1/3,具体比例由公司章程规定。

监事会成员由国有资产监督管理机构委派;但是,监事会成员中的职工代表由公司职工代表大会选举产生。监事会主席由国有资产监督管理机构从监事会成员中指定。

国有独资公司监事会除行使检查公司财务;对董事、高级管理人员执行公司职务的行为进行监督,对违反法律、行政法规、公司章程或者股东会决议的董事、高级管理人员提出罢免的建议;当董事、高级管理人员的行为损害公司的利益时,要求董事、高级管理人员予以纠正的职权外,还行使国务院规定的其他职权。

第三节 股份有限公司

一、股份有限公司的概念和特征

(一) 股份有限公司的概念

股份有限公司,是指由一定人数的股东组成,公司资本划分为若干金额相等的股份,股东仅以自己认购的股份为限对公司债务承担责任,公司以全部资产对公司债务承担责任的公司。

(二)股份有限公司的特征

1. 股东责任的有限性

股份有限公司的股东仅以自己持有的股份为限对公司债务承担责任。公司的债务完全以公司独立的资产清偿。

2. 股东人数的广泛性和不确定性

股份有限公司股东的人数只有下限没有上限,且公司可以公开向社会募集股本,股份可以自由转让,这就决定了股份有限公司股东人数的广泛性和不确定性。

3. 股份的等额性

股份有限公司的全部资本划分为若干股份,每股金额相等。公司的股份体现为股票形式,股票可以向社会公开发行,持有公司股票者即为公司股东。

4. 股份有限公司的设立程序较为复杂

由于股份有限公司的资本数额较大,股东人数众多,国家对其设立的要求和监督管理也更为严格。与有限责任公司相比,股份有限公司的设立程序较为复杂。

二、股份有限公司的设立

(一)股份有限公司的设立方式

股份有限公司的设立,可以采取发起设立或者募集设立的方式。发起设立,是指由发起人认购公司应发行的全部股份而设立公司。募集设立,是指由发起人认购公司应发行股份的一部分,其余股份向社会公开募集或者向特定对象募集而设立公司。

(二)股份有限公司的设立条件

1. 发起人符合法定人数。股份有限公司的发起人是指出资认购股份,承担公司筹办事务的公司创办人。设立股份有限公司,应当有2人以上200人以下为发起人,其中须有半数以上的发起人在中国境内有住所。发起人应当签订发起人协议,明确各自在公司设立过程中的权利和义务。

2. 有符合公司章程规定的全体发起人认购的股本总额或者募集的实收股本总额。股份有限公司采取发起设立方式设立的,注册资本为在公司登记机关登记的全体发起人认购的股本总额。在发起人认购的股份缴足前,不得向他人募集股份。股份有限公司采取募集方式设立的,注册资本为在公司登记机关登记的实收股本总额。法律、行政法规以及国务院决定对股份有限公司注册资本实缴、注册资本最低限额另有规定的,从其规定。

3. 股份发行、筹办事项符合法律规定。

4. 发起人制定公司章程,采用募集方式设立的经创立大会通过。

5. 有公司名称,建立符合股份有限公司要求的组织机构。公司名称应当符合国家有关规定。依法设立的股份有限公司,必须在公司名称中标明股份有限公司或者股份公司字样。设立股份有限公司,应当由全体发起人指定的代表或者共同委托的代理人向公司登记机关申请名称预先核准。

6. 有公司住所。

(三) 股份有限公司的设立程序

1. 发起人制定公司章程

发起人在确立了设立公司的共同意思,并订立了发起人协议后,则开始进行公司的筹建工作。首先由全体发起人制定公司章程。采用募集方式设立的股份有限公司的章程须经创立大会通过。

股份有限公司章程应当载明下列事项:(1) 公司名称和住所;(2) 公司经营范围;(3) 公司设立方式;(4) 公司股份总数、每股金额和注册资本;(5) 发起人的姓名或者名称、认购的股份数、出资方式和出资时间;(6) 董事会的组成、职权和议事规则;(7) 公司法定代表人;(8) 监事会的组成、职权和议事规则;(9) 公司利润分配办法;(10) 公司的解散事由与清算办法;(11) 公司的通知和公告办法;(12) 股东大会会议认为需要规定的其他事项。

2. 出资和募股

以发起设立方式设立股份有限公司的,发起人应当书面认足公司章程规定其认购的股份,并按照公司章程规定缴纳出资。以非货币财产出资的,应当依法办理其财产权的转移手续。发起人不依照前款规定缴纳出资的,应当按照发起人协议承担违约责任。

以募集设立方式设立股份有限公司的,发起人认购的股份不得少于公司股份总数的35%;但是,法律、行政法规另有规定的,从其规定。

发起人向社会公开募集股份,必须公告招股说明书,招股说明书应当附有发起人制定的公司章程,并载明下列事项:(1) 发起人认购的股份数;(2) 每股的票面金额和发行价格;(3) 无记名股票的发行总数;(4) 募集资金的用途;(5) 认股人的权利、义务;(6) 本次募股的起止期限及逾期未募足时认股人可以撤回所认股份的说明。

发起人并应制作认股书。认股书应当载明招股说明书中所列事项,由认股人填写认购股数、金额、住所,并签名、盖章。认股人按照所认购股数缴纳股款。

发起人向社会公开募集股份,应当由依法设立的证券公司承销,签订承销协议。发起人并应当同银行签订代收股款协议。代收股款的银行应当按照协议代收和保存股款,向缴纳股款的认股人出具收款单据,并负有向有关部门出具收款证明的义务。

发起人、认股人缴纳股款或者交付抵作股款的出资后，除未按期募足股份、发起人未按期召开创立大会或者创立大会决议不设立公司的情形外，不得抽回其股本。

3. 建立公司组织机构、申请设立登记

发起人认足公司章程规定的出资后，应当选举董事会和监事会，由董事会向公司登记机关报送公司章程以及法律、行政法规规定的其他文件，申请设立登记。

以募集设立方式设立股份有限公司的，发行股份的股款缴足后，必须经依法设立的验资机构验资并出具证明。

发起人应当自股款缴足之日起 30 日内主持召开公司创立大会。创立大会由发起人、认股人组成。股份有限公司创立大会实际上是一次股东大会。发起人应当在创立大会召开 15 日前将会议日期通知各认股人或者予以公告。创立大会应有代表股份总数过半数的发起人、认股人出席，方可举行。创立大会行使下列职权：(1) 审议发起人关于公司筹办情况的报告；(2) 通过公司章程；(3) 选举董事会成员；(4) 选举监事会成员；(5) 对公司的设立费用进行审核；(6) 对发起人用于抵作股款的财产的作价进行审核；(7) 发生不可抗力或者经营条件发生重大变化直接影响公司设立的，可以作出不设立公司的决议。创立大会对上述事项作出决议，必须经出席会议的认股人所持表决权过半数通过。

董事会应于创立大会结束后 30 日内，向公司登记机关报送下列文件，申请设立登记：(1) 公司登记申请书；(2) 创立大会的会议记录；(3) 公司章程；(4) 验资证明；(5) 法定代表人、董事、监事的任职文件及其身份证明；(6) 发起人的法人资格证明或者自然人身份证明；(7) 公司住所证明。法律、行政法规或者国务院决定规定设立股份有限公司必须报经批准的，还应当提交有关批准文件。以募集方式设立股份有限公司的，还应当提交创立大会的会议记录以及依法设立的验资机构出具的验资证明；以募集方式设立股份有限公司公开发行股票的，还应当提交国务院证券监督管理机构的核准文件。

公司登记机关对符合《公司法》规定条件的，予以登记，发给公司营业执照。公司营业执照签发日期，为股份有限责任公司成立日期。

为了有利于保护公司股东和债权人的权利，股份有限公司应当将公司章程、股东名册、公司债券存根、股东大会会议记录、董事会会议记录、监事会会议记录、财务会计报告置备于本公司，便于查阅。

4. 股份有限公司发起人的责任

股份有限公司的发起人应当承担下列责任：

(1) 公司不能成立时，对设立行为所产生的债务和费用负连带责任。

(2) 公司不能成立时,对认股人已缴纳的股款,负返还股款并加算银行同期存款利息的连带责任。

(3) 在公司设立过程中,由于发起人的过失致使公司利益受到损害的,应当对公司承担赔偿责任。

(4) 股份有限公司成立后,发起人未按照公司章程的规定缴足出资的,应当补缴;其他发起人承担连带责任。

(5) 股份有限公司成立后,发现作为设立公司出资的非货币财产的实际价额显著低于公司章程所定价额的,应当由交付该出资的发起人补足其差额;其他发起人承担连带责任。

三、股份有限公司的组织机构

(一) 股份有限公司的股东大会

1. 股东大会的性质和职权

股份有限公司的股东大会是公司的权力机关,股东大会由公司全体股东组成。股东大会的职权与有限责任公司股东会的职权基本相同。但有限责任公司的股东向股东以外的人转让出资时,须由股东会作出决议,股份有限公司的股东可以依法自由转让出资,不需股东大会批准。

2. 股东大会的召开

股份有限公司股东大会分为年会和临时股东大会两种。

股东大会年会应当每年召开1次年会。上市公司的股东大会年会应于上一个会计年度完结之后的6个月之内举行。

依照《公司法》的规定,有下列情形之一的,应当在两个月内召开临时股东大会:(1) 董事人数不足法定人数或者公司章程所定人数的2/3时;(2) 公司未弥补的亏损达实收股本总额1/3时;(3) 单独或者合计持有公司10%以上股份的股东请求时;(4) 董事会认为必要时;(5) 监事会提议召开时;(6) 公司章程规定的其他情形。

股东大会会议由董事会召集,董事长主持;董事长不能履行职务或者不履行职务的,由副董事长主持;副董事长不能履行职务或者不履行职务的,由半数以上董事共同推举1名董事主持。董事会不能履行或者不履行召集股东大会会议职责,监事会应当及时召集和主持;监事会不召集和主持的,连续90日以上单独或者合计持有公司10%以上股份的股东可以自行召集和主持。

召开股东大会会议,应当将会议召开的时间、地点和审议的事项于会议召开20日前通知各股东;临时股东大会应当于会议召开15日前通知各股东;发行无记名股票的,应当于会议召开30日前公告会议召开的时间、地点和审议事项。

单独或者合计持有公司3%以上股份的股东,可以在股东大会召开10日前提出临时提案并书面提交董事会;董事会应当在收到提案后 2 日内通知其他股东,并将该临时提案提交股东大会审议。临时提案的内容应当属于股东大会职权范围,并有明确议题和具体决议事项。股东大会不得对通知中未列明的事项作出决议。

无记名股票持有人出席股东大会会议的,应当于会议召开 5 日前至股东大会闭会时将股票交存于公司。

3. 股东大会的议事规则

股东出席股东大会会议,所持每一股份有一表决权。但公司持有的本公司股份没有表决权。股东大会作出决议,必须经出席会议的股东所持表决权过半数通过。但是,股东大会作出修改公司章程、增加或者减少注册资本的决议,以及公司合并、分立、解散或者变更公司形式的决议,必须经出席会议的股东所持表决权的 2/3 以上通过。

《公司法》和公司章程规定公司转让、受让重大资产或者对外提供担保等事项必须经股东大会作出决议的,董事会应当及时召集股东大会会议,由股东大会就上述事项进行表决。

为保障少数股东可以在特定情况下选出作为自己代表的董事或监事,股东大会选举董事、监事,可以依照公司章程的规定或者股东大会的决议,实行累积投票制。累积投票制,是指股东大会选举董事或者监事时,每一股份拥有与应选董事或者监事人数相同的表决权,股东拥有的表决权可以集中使用。

股东可以委托代理人出席股东大会会议,代理人应当向公司提交股东授权委托书,并在授权范围内行使表决权。

股东大会应当对所议事项的决定作成会议记录,主持人、出席会议的董事应当在会议记录上签名。会议记录应当与出席股东的签名册及代理出席的委托书一并保存。

(二) 股份有限公司的董事会和经理

1. 董事会的设立和职权

股份有限公司设董事会,其成员为 5 人至 19 人。董事会成员中可以有公司职工代表。董事会中的职工代表由公司职工通过职工代表大会、职工大会或者其他形式民主选举产生。

董事会设董事长 1 人,可以设副董事长。董事长和副董事长由董事会以全体董事的过半数选举产生。董事长召集和主持董事会会议,检查董事会决议的实施情况。副董事长协助董事长工作,董事长不能履行职务或者不履行职务的,由副董事长履行职务;副董事长不能履行职务或者不履行职务的,由半数以上董事共同推举 1 名董事履行职务。

股份有限公司董事任期由公司章程规定,但每届任期不得超过 3 年。董事任期届满,连选可以连任。董事任期届满未及时改选,或者董事在任期内辞职导致董事会成员低于法定人数的,在改选出的董事就任前,原董事仍应当依照法律、行政法规和公司章程的规定,履行董事职务。

董事会对股东大会负责,其职权与有限责任公司董事会的职权相同。

2. 董事会会议

董事会每年度至少召开两次会议,每次会议应当于会议召开 10 日前通知全体董事和监事。代表 1/10 以上表决权的股东、1/3 以上董事或者监事会,可以提议召开董事会临时会议。董事长应当自接到提议后 10 日内,召集和主持董事会会议。董事会召开临时会议,可以另定召集董事会的通知方式和通知时限。

董事会会议应有过半数的董事出席方可举行。董事会作出决议,必须经全体董事的过半数通过。董事会决议的表决,实行 1 人 1 票。董事会会议,应由董事本人出席;董事因故不能出席,可以书面委托其他董事代为出席,委托书中应载明授权范围。

董事会应当对会议所议事项的决定作成会议记录,出席会议的董事应当在会议记录上签名。董事应当对董事会的决议承担责任。董事会的决议违反法律、行政法规或者公司章程、股东大会决议,致使公司遭受严重损失的,参与决议的董事对公司负赔偿责任。但经证明在表决时曾表明异议并记载于会议记录的,该董事可以免除责任。

3. 经理

股份有限公司设经理,由董事会决定聘任或者解聘。公司董事会可以决定由董事会成员兼任经理。股份有限公司的经理与有限责任公司的经理职权范围相同。

(三) 监事会

股份有限公司设监事会,其成员不得少于 3 人。监事会应当包括股东代表和适当比例的公司职工代表,其中职工代表的比例不得低于 1/3,具体比例由公司章程规定。监事会中的职工代表由公司职工通过职工代表大会、职工大会或者其他形式民主选举产生。

监事会设主席 1 人,可以设副主席。监事会主席和副主席由全体监事过半数选举产生。监事会主席召集和主持监事会会议;监事会主席不能履行职务或者不履行职务的,由监事会副主席召集和主持监事会会议;监事会副主席不能履行职务或者不履行职务的,由半数以上监事共同推举 1 名监事召集和主持监事会会议。董事、高级管理人员不得兼任监事。

监事的任期每届为 3 年。监事任期届满,连选可以连任。监事任期届满未及时改选,或者监事在任期内辞职导致监事会成员低于法定人数的,在改选出的监事就任前,原监事仍应当依照法律、行政法规和公司章程的规定,履行监事职务。

股份有限公司监事会的职权范围与有限责任公司监事会职权范围相同。监事会行使职权所必需的费用,由公司承担。

监事会每6个月至少召开1次会议。监事可以提议召开临时监事会会议。监事会的议事方式和表决程序,除《公司法》有规定的外,由公司章程规定。监事会决议应当经半数以上监事通过。监事会应当对所议事项的决定作成会议记录,出席会议的监事应当在会议记录上签名。

（四）上市公司组织机构的特别规定

上市公司,是指其股票在证券交易所上市交易的股份有限公司。

1. 上市公司在1年内购买、出售重大资产或者担保金额超过公司资产总额30%的,应当由股东大会作出决议,并经出席会议的股东所持表决权的2/3以上通过。

2. 上市公司设立独立董事。上市公司独立董事,是指不在公司担任除董事外的其他职务,并与其所受聘的上市公司及其主要股东不存在可能妨碍其进行独立客观判断的关系的董事。独立董事独立履行职责,不受上市公司主要股东、实际控制人或者其他与上市公司存在利害关系的单位或个人的影响。独立董事原则上最多在5家上市公司兼任独立董事,并确保有足够的时间和精力有效地履行独立董事的职责。

依照证监会发布的《关于在上市公司建立独立董事制度的指导意见》的规定,担任独立董事应当符合下列基本条件:(1)根据法律、行政法规及其有关规定,具备担任上市公司董事的资格;(2)具有《指导意见》所要求的独立性;(3)具备上市公司运作的基本知识,熟悉相关法律、行政法规、规章及规则;(4)具有5年以上法律、经济或者其他履行独立董事职责所必需的工作经验;(5)公司章程规定的其他条件。

独立董事由上市公司董事会、监事会、单独或者合并持有上市公司已发行股份1%以上的股东提名,经股东大会选举决定。独立董事每届任期与该上市公司其他董事任期相同,任期届满,连选可以连任,但连任时间不得超过6年。独立董事连续3次未亲自出席董事会会议的,由董事会提请股东大会予以撤换。

独立董事除应当具有《公司法》和其他相关法律、法规赋予董事的职权外,还具有下列职权:(1)重大关联交易(指上市公司拟与关联人达成的总额高于300万元或高于上市公司最近经审计净资产值的5%的关联交易)应由独立董事认可后,才能提交董事会讨论;(2)向董事会提议聘用或解聘会计师事务所;(3)向董事会提请召开临时股东大会;(4)提议召开董事会;(5)独立聘请外部审计机构和咨询机构;(6)可以在股东大会召开前向股东征集投票权。独立董事行使上述职权时应取得全体独立董事的1/2以上同意。上述职权如不能正常行使,或上述提议未被采纳,上市公司应将有关情况予以披露。独立董事还应当就上市公司重大事项发表独立意见,这些事项为:提名、任免董事;聘任或解聘高级管理人员;公司董事、高级管理人员的薪酬;上市公司的股东、实际控制人及关联企业对上市公司现有或新发生的总额高于300万元或高于上市公司最近经审计净资产值的5%的借款或其他资金往来,以及公司是否采取有效措施回收欠款;独立董事认为可能损害中小股东权益的事项;公司章程规定的其他事项。独立董事发表独立意见的形式分为同意、保留意见及其理由、反对意见及其理由、无法发表意见及其障碍等四种。

上市公司应当保证独立董事享有与其他董事同等的知情权,提供独立董事履行职责所必需的工作条件和费用。独立董事行使职权时,上市公司有关人员应当积极配合,不得拒绝、阻挠或隐瞒,不得干预其独立行使职权。独立董事应当向公司股东大会提交年度述职报告,对其履行职责的情况进行说明。

3. 上市公司设董事会秘书,负责公司股东大会和董事会会议的筹备、文件保管以及公司股东资料的管理,办理信息披露事务等事宜。

4. 上市公司董事与董事会会议决议事项所涉及的企业有关联关系的,不得对该项决议行使表决权,也不得代理其他董事行使表决权。该董事会会议由过半数的无关联关系董事出席即可举行,董事会会议所作决议须经无关联关系董事过半数通过。出席董事会的无关联关系董事人数不足3人的,应将该事项提交上市公司股东大会审议。

第四节 股份有限公司的股份发行和转让

一、股份发行

(一) 股份的概念和特征

股份是以股票形式表现的,体现股份有限公司股东权利义务的公司资本的组成部分。股份具有以下特征:

1. 股份所代表的金额相等

股份作为股份有限公司资本的最基本的构成单位,其所代表的金额是相等的。

2. 股份表示股东享有权益的范围

股份作为股东法律地位的表现形式,反映着股东的权利和利益。通常每一股份代表一份股东权。股东拥有股份的数额,决定了其享有权益的范围。

3. 股份表现为股票这种证券形式

股份是通过股票这种有价证券表现的。股票是股份的表现形式,股份是股票的物质内容。股份采用股票这种证券形式,便于流通和转让。

(二) 股份的种类

1. 普通股和优先股

依照股份所代表的权利的不同,股份可分为普通股和优先股。普通股是指享有普通权利承担普通义务的股份,是股份有限公司发行的标准股份或股票,是公司资本构成的股份。普通股股东依照法律和章程的一般规定,享有决策参与权、利润分配权、优先认股权和剩余资产分配权。优先股是指有权优先于普通股股东分配公司盈余和剩余财产的股份。公司对优先股的股利须按约定的股利率支付,不受公司盈利大小的影响,当年可供分配股利的利润不足以按约定的股利率支付优先股利的,由以后年度可供分配股利的利润补足。在公司进行清算时,优先股股东先于普通股股东取得公司剩余财产。但优先股股东不参与公司决策。

2. 国有股、发起人股、社会公众股

按投资主体的性质不同,股份又分为国有股、发起人股和社会公众股。国有股包括国家股和国有法人股,国家股是指有权代表国家投资的政府部门或机构以国有资产投入公司形成的股份或依法定程序取得的股份。国有法人股是指具有法人资格的国有企业、事业及其他单位以其依法经营管理的法人资产向独立于自己的股份公司出资形成或依法定程序取得的股份。发起人股是指股份有限公司的发起人认购的股份。社会公众股是指个人和机构以合法财产购买并可依法流通的股份。

3. 内资股和外资股

按投资者是以人民币认购和交易还是以外币认购和交易股票划分,股份可分为内资股和外资股。内资股是在境内以人民币认购和交易的股份。外资股一般是以外币认购和交易的股份。外资股主要有境内上市外资股和境外上市外资股。境内上市外资股一般标为 B 股;境外上市外资股一般以境外上市地的英文名称中的第一个字母命名,其中有:在香港上市的 H 股,在纽约上市的 N 股,在新加坡上市的 S 股等。

(三) 股票的概念、特征和种类

1. 股票的概念和特征

股票是股份有限公司股份所采取的形式,是股份有限公司签发的证明股东所持股份的凭证。股份有限公司登记成立后,即向股东正式交付股票。公司登记成立前不得向股东交付股票。

股票具有以下特征:

(1) 股票是一种有价证券。有价证券是表彰财产权利的证券,它以证券的持有为权利存在的条件。股票作为一种有价证券,它所表彰的是具有财产内容的股东权。股东权的存在要以股票的持有为条件。

（2）股票是一种要式证券。股票的制作和记载的事项必须按照法定的方式进行。我国《公司法》规定，股票采用纸面形式或者国务院证券监督管理机构规定的其他形式。股票应当载明下列主要事项：公司名称；公司登记成立的日期；股票种类、票面金额及代表的股份数；股票的编号。股票由公司法定代表人签名，公司盖章。发起人的股票，应当标明发起人股票字样。

（3）股票是一种非设权证券。股票与设定权利的设权证券（如设定金钱债权的票据）不同，它是一种表明股东权的非设权证券。股票仅仅是把已经存在的股东权表现为证券形式。股东所享有的股东权并不是由股票所创设的，而是股份本身所包含的权利。

2．股票的种类

这里所说的股票的种类仅是从股票纸面的外在形式上对其所作的分类。从股票纸面的外在形式上看，目前我国的股票种类主要有记名股票和不记名股票。

记名股票，是指记载着股东姓名的股票。我国《公司法》规定，公司向发起人、法人发行的股票，应当为记名股票，并应当记载该发起人、法人的名称或者姓名，不得另立户名或者以代表人姓名记名。自然人持有的记名股票，其在股票上记载的姓名必须与其居民身份证或护照上的姓名一致。公司发行记名股票的，应当置备股东名册，记载下列事项：（1）股东的姓名或者名称及住所；（2）各股东所持股份数；（3）各股东所持股票的编号；（4）各股东取得其股份的日期。

无记名股票，是指不记载股东姓名的股票。依照《公司法》规定，对社会公众发行的股票，可以为记名股票，也可以为无记名股票。发行无记名股票的，公司应当记载其股票数量、编号及发行日期。

《公司法》第131条规定，国务院可以对公司发行《公司法》规定以外的其他种类的股份，另行作出规定。

（四）股份发行

1．股份发行的概念

股份发行，是指股份有限公司为募集股本出售或分配股份的行为。

股份的发行分为设立发行和新股发行。设立发行是公司在设立过程中发行股份，这是公司第一次发行股份。新股发行是公司在成立之后发行股份，是指公司第一次发行股份以后的各次发行。

2．股份发行的原则

股份的发行，实行公平、公正的原则，必须同股同权，同股同利。同次发行的股票，每股的发行条件和价格应当相同。任何单位或者个人所认购的股份，每股应当支付相同价额。

股票发行价格可以按票面金额,也可以超过票面金额(溢价发行),但不得低于票面金额。以超过票面金额为股票发行价格的,所得溢价款列入公司资本公积金。

3. 新股发行

公司发行新股,股东大会应当对下列事项作出决议:(1)新股种类及数额;(2)新股发行价格;(3)新股发行的起止日期;(4)向原有股东发行新股的种类及数额。

公司经国务院证券监督管理机构核准公开发行新股时,必须公告新股招股说明书和财务会计报告,并制作认股书。发行新股应当由依法设立的证券公司承销,签订承销协议。公司应当同银行签订代收股款协议。公司发行新股,可以根据公司经营情况和财务状况,确定其作价方案。公司发行新股募足股款后,必须向公司登记机关办理变更登记,并公告。

二、股份转让

(一)股份转让的概念和原则

股份转让,是指股份有限公司的股东,依照法定条件和程序将自己的股份让与他人,受让人取得股份成为该公司股东的行为。

股份转让实行自由转让的原则,公司不得以其章程或其他方式禁止或限制一般股东的股份转让。

(二)对股份转让的必要限制

为了保护公司、股东及公司债权人的利益,《公司法》对股份转让作了必要的限制:

1. 对股份转让场所的限制

股东转让其股份,应当在依法设立的证券交易场所进行或者按照国务院规定的其他方式进行。

2. 对发起人股份转让的限制

发起人持有的本公司股份,自公司成立之日起1年内不得转让。公司公开发行股份前已发行的股份,自公司股票在证券交易所上市交易之日起1年内不得转让。

3. 对公司董事、监事、高级管理人员股份转让的限制

公司董事、监事、高级管理人员应当向公司申报所持有的本公司的股份及其变动情况,在任职期间每年转让的股份不得超过其所持有本公司股份总数的25%;所持本公司股份自公司股票上市交易之日起1年内不得转让。上述人员离职后半年内,不得转让其所持有的本公司股份。公司章程可以对公司董事、监事、高级管理人员转让其所持有的本公司股份作出其他限制性规定。

4. 对本公司受让本公司股份的限制

公司不得收购本公司股份。但是,有下列情形之一的除外:(1) 减少公司注册资本;(2) 与持有本公司股份的其他公司合并;(3) 将股份奖励给本公司职工;(4) 股东因对股东大会作出的公司合并、分立决议持异议,要求公司收购其股份的。公司因上述第(1)项至第(3)项的原因收购本公司股份的,应当经股东大会决议。公司收购本公司股份后,属于第(1)项情形的,应当自收购之日起10日内注销;属于第(2)项、第(4)项情形的,应当在6个月内转让或者注销。公司依照第(3)项规定收购的本公司股份,不得超过本公司已发行股份总额的5%;用于收购的资金应当从公司的税后利润中支出;所收购的股份应当在1年内转让给职工。

公司不得接受本公司的股票作为质押权的标的。

(三) 股份转让的方式

股份的转让,是通过股票转让的方式进行的。记名股票与无记名股票的转让采取不同的方式。

1. 记名股票的转让

记名股票,由股东以背书方式或者法律、行政法规规定的其他方式转让。记名股票转让后,由公司将受让人的姓名或者名称及住所记载于股东名册。股东大会召开前20日内或者公司决定分配股利的基准日前5日内,不得进行前述情况的股东名册的变更登记。但是,法律对上市公司股东名册变更登记另有规定的,从其规定。

2. 无记名股票的转让

无记名股票的转让,由股东将该股票交付给受让人后即发生转让的效力。

上市公司的股票,依照有关法律、行政法规及证券交易所交易规则上市交易。

(四) 记名股票的失效

记名股票被盗、遗失或者灭失,股东可以依照《中华人民共和国民事诉讼法》规定的公示催告程序,请求人民法院宣告该股票失效。人民法院宣告该股票失效后,股东可以向公司申请补发股票。

第五节 公司董事、监事、高级管理人员的资格和义务

一、公司董事、监事、高级管理人员的资格限制

依照我国《公司法》第146条的规定,有下列情形之一的,不得担任公司的董事、监事、高级管理人员:

(1) 无民事行为能力或者限制民事行为能力;

(2) 因贪污、贿赂、侵占财产、挪用财产或者破坏社会主义市场经济秩序,被判处刑罚,执行期满未逾5年,或者因犯罪被剥夺政治权利,执行期满未逾5年;

(3) 担任破产清算的公司、企业的董事或者厂长、经理,对该公司、企业的破产负有个人责任的,自该公司、企业破产清算完结之日起未逾3年;

(4) 担任因违法被吊销营业执照、责令关闭的公司、企业的法定代表人,并负有个人责任的,自该公司、企业被吊销营业执照之日起未逾3年;

(5) 个人所负数额较大的债务到期未清偿。

公司违反上述规定选举、委派董事、监事或者聘任高级管理人员的,该选举、委派或者聘任无效。董事、监事、高级管理人员在任职期间出现上述所列情形的,公司应当解除其职务。

二、公司董事、监事、高级管理人员的义务

1. 公司董事、监事、高级管理人员应当遵守法律、行政法规和公司章程,对公司负有忠实义务和勤勉义务。

2. 公司董事、监事、高级管理人员不得利用职权收受贿赂或者其他非法收入,不得侵占公司的财产。

3. 股东会或者股东大会要求董事、监事、高级管理人员列席会议的,董事、监事、高级管理人员应当列席并接受股东的质询。

4. 董事、高级管理人员应当如实向监事会或者不设监事会的有限责任公司的监事提供有关情况和资料,不得妨碍监事会或者监事行使职权。

三、公司董事、高级管理人员行为的限制

依照我国《公司法》第148条的规定,董事、高级管理人员不得有下列行为:

(1) 挪用公司资金;

(2) 将公司资金以其个人名义或者以其他个人名义开立账户存储;

(3) 违反公司章程的规定,未经股东会、股东大会或者董事会同意,将公司资金借贷给他人或者以公司财产为他人提供担保;

(4) 违反公司章程的规定或者未经股东会、股东大会同意,与本公司订立合同或者进行交易;

(5) 未经股东会或者股东大会同意,利用职务便利为自己或者他人谋取属于公司的商业机会,自营或者为他人经营与所任职公司同类的业务;

(6) 接受他人与公司交易的佣金归为己有;

(7) 擅自披露公司秘密;

(8) 违反对公司忠实义务的其他行为。

公司董事、高级管理人员违反上述规定所得的收入应当归公司所有。董事、

监事、高级管理人员执行公司职务时违反法律、行政法规或者公司章程的规定,给公司造成损失的,应当承担赔偿责任。

第六节　公司债券

一、公司债券的概念、特征和种类

(一) 公司债券的概念和特征

公司债券,是指公司依照法定程序发行、约定在一定期限还本付息的有价证券。公司债券有如下特征:

1. 公司债券是一种有价证券

公司债券是公司债的表现形式,债券持有人作为公司的债权人,享有按照约定的期限收回本金,取得利息的债权;发行债券的公司作为债务人,负有按照约定的期限向债券持有人还本付息的债务。

2. 公司债券是一种要式证券

公司债券的制作和记载必须按照法律规定的方式进行。根据《公司法》第155条的规定,公司以实物券方式发行公司债券的,必须在债券上载明公司名称、债券票面金额、利率、偿还期限等事项,并由法定代表人签名,公司盖章。

3. 公司债券的持有人具有广泛性

由于公司债券是向社会公众公开发行的,并且具有流通性,因而公司债券的持有人具有广泛性。这使得公司债券所表现的债与一般债有所不同,它表现的是发行债券的公司与广泛的债权人(债券持有人)之间的债的关系。

(二) 公司债券的种类

公司债券按照不同的标准,可以进行不同的分类。目前我国公司债券的分类主要有以下两种:

1. 记名公司债券和无记名公司债券

记名公司债券,是指在公司债券上记载债权人姓名的公司债券。无记名公司债券,是指在公司债券上不记载债权人姓名的公司债券。目前,我国已发行的公司债券大多为无记名公司债券。记名公司债券和无记名公司债券的转让方式不同。

2. 可转换公司债券和非转换公司债券

可转换公司债券,是指在一定条件下,可以转换成股票的公司债券。不能转换成股票的公司债券称为非转换公司债券。

我国《公司法》规定,上市公司经股东大会决议可以发行可转换为股票的公司债券,并在公司债券募集办法中规定具体的转换办法。上市公司发行可转换为股票的公司债券,应当报国务院证券监督管理机构核准。发行可转换为股票的公司债券,应当在债券上标明可转换公司债券字样。

二、公司债券的发行

(一) 公司债券发行的条件和程序

公司发行公司债券应当符合《中华人民共和国证券法》规定的发行条件。①

(二) 公司债券发行的程序

1. 决议或者决定

股份有限公司、有限责任公司发行公司债券,由董事会制订方案,股东会作出决议。国有独资公司发行公司债券,必须由国有资产监督管理机构决定。

2. 报请核准

公司发行债券的决议或者决定作出后,应当报国务院授权的部门或者国务院证券监督管理机构审核批准。

3. 公告公司债券募集办法

发行公司债券的申请经国务院授权的部门核准后,应当公告公司债券募集办法。公司债券募集办法中应当载明下列主要事项:(1)公司名称;(2)债券募集资金的用途;(3)债券总额和债券的票面金额;(4)债券利率的确定方式;(5)还本付息的期限和方式;(6)债券担保情况;(7)债券的发行价格、发行的起止日期;(8)公司净资产额;(9)已发行的尚未到期的公司债券总额;(10)公司债券的承销机构。

4. 置备公司债券存根簿

公司发行公司债券应当置备公司债券存根簿。

发行记名公司债券的,应当在公司债券存根簿上载明下列事项:(1)债券持有人的姓名或者名称及住所;(2)债券持有人取得债券的日期及债券的编号;(3)债券总额,债券的票面金额、利率、还本付息的期限和方式;(4)债券的发行日期。

发行无记名公司债券的,应当在公司债券存根簿上载明债券总额、利率、偿还期限和方式、发行日期及债券的编号。

发行可转换为股票的公司债券的,应当在公司债券存根簿上载明可转换公司债券的数额。

三、公司债券的转让和转换

(一) 公司债券的转让

公司债券可以转让,转让价格由转让人与受让人约定。公司债券在证券交

---

① 参见本书第六章第三节《证券法》。

易所上市交易的,按照证券交易所的交易规则转让。

记名公司债券,由债券持有人以背书方式或者法律、行政法规规定的其他方式转让;转让后由公司将受让人的姓名或者名称及住所记载于公司债券存根簿。

无记名公司债券的转让,由债券持有人将该债券交付给受让人后即发生转让的效力。

(二) 公司债券的转换

发行可转换为股票的公司债券,应当在公司债券募集办法中规定具体的转换办法。公司应当按照其转换办法向债券持有人换发股票,但债券持有人对转换股票或者不转换股票有选择权。

第七节　公司财务、会计

一、会计制度与财务会计报告

公司应当依照法律、行政法规和国务院财政部门的规定建立本公司的财务、会计制度。公司应当在每一会计年度终了时编制财务会计报告,并依法经会计师事务所审计。财务会计报告应当依照法律、行政法规和国务院财政部门的规定制作。公司除法定的会计账簿外,不得另立会计账簿。对公司资产,不得以任何个人名义开立账户存储。

有限责任公司应当依照公司章程规定的期限将财务会计报告送交各股东。股份有限公司的财务会计报告应当在召开股东大会年会的20日前置备于本公司,供股东查阅;公开发行股票的股份有限公司必须公告其财务会计报告。

二、公积金的提取、使用与利润分配

(一) 公积金的提取和使用

1. 公积金的提取

公积金,是公司为预防亏损和增加财力、扩大营业规模,依照法律和公司章程的规定或股东会、股东大会决议,从公司盈余或公司资本收益中提取的一种储备金。公积金分为资本公积金和盈余公积金。

资本公积金是直接由资本原因形成的公积金,股份有限公司以超过股票票面金额的发行价格发行股份所得的溢价款以及国务院财政部门规定列入资本公积金的其他收入,应当列为公司资本公积金。盈余公积金是从公司盈余中提取的公积金。盈余公积金又分为法定公积金和任意公积金。依照《公司法》的规定,法定公积金按照税后利润的10%提取,当公司法定公积金累计金额已达注册资本50%以上的可不再提取。公司从税后利润中提取法定公积金后,经股东

会或者股东大会决议,还可以从税后利润中提取任意公积金。

2. 公积金的使用

公司的公积金用于弥补公司的亏损、扩大公司生产经营或者转为增加公司资本。但是,资本公积金不得用于弥补公司的亏损。公司为了实现增加资本的目的,可以将公积金的一部分转为资本。但用法定公积金转增资本时,法律规定公司所留存的该项公积金不得少于转增前公司注册资本的25%。

(二)利润分配

公司利润,是指公司在一定时期内从事经营活动的财务成果,包括营业利润、投资净收益以及营业外收支净额。公司的税后利润在弥补亏损和提取法定公积金、任意公积金后,应当分配给股东。

根据《公司法》规定,有限责任公司股东按照实缴的出资比例分取红利;公司新增资本时,股东有权优先按照实缴的出资比例认缴出资。但是,全体股东约定不按照出资比例分取红利或者不按照出资比例优先认缴出资的除外。股份有限公司按照股东持有的股份比例分配,但股份有限公司章程规定不按持股比例分配的除外。公司持有的本公司股份不得分配利润。

股东会、股东大会或者董事会违反规定,在公司弥补亏损和提取法定公积金之前向股东分配利润的,股东必须将违反规定分配的利润退还公司。

三、会计师事务所的聘用与解聘

公司聘用、解聘承办公司审计业务的会计师事务所,依照公司章程的规定,由股东会、股东大会或者董事会决定。公司股东会、股东大会或者董事会就解聘会计师事务所进行表决时,应当允许会计师事务所陈述意见。

公司应当向聘用的会计师事务所提供真实、完整的会计凭证、会计账簿、财务会计报告及其他会计资料,不得拒绝、隐匿和谎报。

第八节 公司合并、分立、减资、增资

一、公司合并

公司合并,是指两个或者两个以上的公司依照法定程序变更为一个公司的法律行为。

公司合并可以采取吸收合并和新设合并两种形式。一个公司吸收其他公司为吸收合并,被吸收的公司解散。两个以上公司合并设立一个新的公司为新设合并,合并各方解散。

公司合并,应当由合并各方签订合并协议,并编制资产负债表及财产清单。

公司应当自作出合并决议之日起 10 日内通知债权人,并于 30 日内在报纸上公告。债权人自接到通知书之日起 30 日内,未接到通知书的自公告之日起 45 日内,可以要求公司清偿债务或者提供相应的担保。

公司合并时,合并各方的债权、债务,应当由合并后存续的公司或者新设的公司承继。

二、公司分立

公司分立,是指一个公司依照法定程序分为两个或两个以上公司的法律行为。

公司分立,其财产须作相应的分割。公司分立,应当编制资产负债表及财产清单。公司应当自作出分立决议之日起 10 日内通知债权人,并于 30 日内在报纸上公告。

公司分立前的债务由分立后的公司承担连带责任。但是,公司在分立前与债权人就债务清偿达成的书面协议另有约定的除外。

三、公司减资

公司需要减少注册资本时,必须编制资产负债表及财产清单。公司应当自作出减少注册资本决议之日起 10 日内通知债权人,并于 30 日内在报纸上公告。债权人自接到通知书之日起 30 日内,未接到通知书的自公告之日起 45 日内,有权要求公司清偿债务或者提供相应的担保。

四、公司增资

有限责任公司增加注册资本时,股东认缴新增资本的出资,依照《公司法》设立有限责任公司缴纳出资的有关规定执行。

股份有限公司为增加注册资本发行新股时,股东认购新股,依照《公司法》设立股份有限公司缴纳股款的有关规定执行。

五、公司合并、分立、减资、增资的决议、决定

公司的合并、分立、减资、增资是公司经营中的重大事项。有限责任公司,应当由公司的股东会作出决议,该决议必须经代表 2/3 以上表决权的股东通过。股份有限公司,应当由公司的股东大会作出决议,该决议必须经出席会议的股东所持表决权的 2/3 以上通过。国有独资公司,必须由国有资产监督管理机构决定;其中,重要的国有独资公司合并、分立,应当由国有资产监督管理机构审核后,报本级人民政府批准。

六、变更登记

公司合并或者分立,登记事项发生变更的,应当依法向公司登记机关办理变更登记;公司解散的,应当依法办理公司注销登记;设立新公司的,应当依法办理公司设立登记。公司增加或者减少注册资本,应当依法向公司登记机关办理变更登记。

公司增加或者减少注册资本,应当依法向公司登记机关办理变更登记。

第九节 公司解散和清算

一、公司的解散

根据《公司法》第180条的规定,公司因下列原因解散:

(1) 公司章程规定的营业期限届满或者公司章程规定的其他解散事由出现(在此情况下,公司也可以通过修改公司章程而存续。但修改公司章程,有限责任公司须经持有2/3以上表决权的股东通过,股份有限公司须经出席股东大会会议的股东所持表决权的2/3以上通过)。

(2) 股东会或者股东大会决议解散。

(3) 因公司合并或者分立需要解散。

(4) 依法被吊销营业执照、责令关闭或者被撤销。

(5) 公司经营管理发生严重困难,继续存续会使股东利益受到重大损失,通过其他途径不能解决的,持有公司全部股东表决权10%以上的股东,可以请求人民法院解散公司。

二、公司的清算

(一) 成立清算组

公司除因合并或者分立需要解散的外,应当在解散事由出现之日起15日内成立清算组,开始清算。有限责任公司的清算组由股东组成,股份有限公司的清算组由董事或者股东大会确定的人员组成。逾期不成立清算组进行清算的,债权人可以申请人民法院指定有关人员组成清算组进行清算。人民法院应当受理该申请,并及时组织清算组进行清算。

清算组在清算期间行使下列职权:(1) 清理公司财产,分别编制资产负债表和财产清单;(2) 通知、公告债权人;(3) 处理与清算有关的公司未了结的业务;(4) 清缴所欠税款以及清算过程中产生的税款;(5) 清理债权、债务;(6) 处理公司清偿债务后的剩余财产;(7) 代表公司参与民事诉讼活动。

（二）债权申报

清算组应当自成立之日起10日内通知债权人，并于60日内在报纸上公告。债权人应当自接到通知书之日起30日内，未接到通知书的自公告之日起45日内，向清算组申报其债权。债权人申报债权，应当说明债权的有关事项，并提供证明材料。清算组应当对债权进行登记。在申报债权期间，清算组不得对债权人进行清偿。

（三）开展清算

清算组在清理公司财产、编制资产负债表和财产清单后，应当制订清算方案，并报股东会、股东大会或者人民法院确认。

公司财产在分别支付清算费用、职工的工资、社会保险费用和法定补偿金，缴纳所欠税款，清偿公司债务后的剩余财产，有限责任公司按照股东的出资比例分配，股份有限公司按照股东持有的股份比例分配。

清算期间，公司存续，但不得开展与清算无关的经营活动。公司财产在未按前述情形清偿前，不得分配给股东。清算组在清理公司财产、编制资产负债表和财产清单后，发现公司财产不足清偿债务的，应当依法向人民法院申请宣告破产。公司经人民法院裁定宣告破产的，依照有关企业破产的法律实施破产清算，清算组应当将清算事务移交给人民法院。

公司清算结束后，清算组应当制作清算报告，报股东会、股东大会或者人民法院确认，并应当自公司清算结束之日起30日内向原公司登记机关申请注销登记。经公司登记机关注销登记，公司终止。

清算组成员应当忠于职守，依法履行清算义务。清算组成员不得利用职权收受贿赂或者其他非法收入，不得侵占公司财产。清算组成员因故意或者重大过失给公司或者债权人造成损失的，应当承担赔偿责任。

第十节 外国公司的分支机构

一、外国公司分支机构

外国公司，是指依照外国法律在中国境外设立的公司。外国公司分支机构，是指外国公司在中国境内设立的从事经营活动而不能独立承担民事责任的本公司的分支机构。外国公司分支机构不具有中国法人资格，外国公司对其分支机构在中国境内进行经营活动承担民事责任。

二、外国公司分支机构的设立

外国公司在中国境内设立分支机构，必须向中国主管机关提出申请，并提交其公司章程、所属国的公司登记证书等有关文件,经批准后,向公司登记机关依法办理登记,领取营业执照。外国公司分支机构的审批办法由国务院另行规定。

外国公司在中国境内设立分支机构,必须在中国境内指定负责该分支机构的代表人或者代理人,并向该分支机构拨付与其所从事的经营活动相适应的资金。对外国公司分支机构的经营资金需要规定最低限额的,由国务院另行规定。

外国公司的分支机构应当在其名称中标明该外国公司的国籍及责任形式。外国公司的分支机构应当在本机构中置备该外国公司章程。

三、外国公司分支机构的经营及债务承担

经批准设立的外国公司分支机构,在中国境内从事业务活动,必须遵守中国的法律,不得损害中国的社会公共利益,其合法权益受中国法律保护。

外国公司撤销其在中国境内的分支机构时,必须依法清偿债务,依照《公司法》有关公司清算程序的规定进行清算。未清偿债务之前,不得将其分支机构的财产移至中国境外。

第十一节　违反公司法的法律责任

一、公司发起人、股东的法律责任

1. 公司的发起人、股东虚假出资,未交付或者未按期交付作为出资的货币或者非货币财产的,由公司登记机关责令改正,处以虚假出资金额5%以上15%以下的罚款。

2. 公司的发起人、股东在公司成立后,抽逃其出资的,由公司登记机关责令改正,处以所抽逃出资金额5%以上15%以下的罚款。

二、公司的法律责任

1. 违反《公司法》规定,虚报注册资本、提交虚假材料或者采取其他欺诈手段隐瞒重要事实取得公司登记的,由公司登记机关责令改正,对虚报注册资本的公司,处以虚报注册资本金额5%以上15%以下的罚款;对提交虚假材料或者采取其他欺诈手段隐瞒重要事实的公司,处以5万元以上50万元以下的罚款;情节严重的,撤销公司登记或者吊销营业执照。

2. 公司违反《公司法》规定,在法定的会计账簿以外另立会计账簿的,由县级以上人民政府财政部门责令改正,处以5万元以上50万元以下的罚款。

3. 公司不依照《公司法》规定提取法定公积金的,由县级以上人民政府财政部门责令如数补足应当提取的金额,可以对公司处以20万元以下的罚款。

4. 公司在合并、分立、减少注册资本或者进行清算时,不依照《公司法》规定通知或者公告债权人的,由公司登记机关责令改正,对公司处以 1 万元以上 10 万元以下的罚款。

5. 公司在进行清算时,隐匿财产,对资产负债表或者财产清单作虚假记载或者在未清偿债务前分配公司财产的,由公司登记机关责令改正,对公司处以隐匿财产或者未清偿债务前分配公司财产金额 5% 以上 10% 以下的罚款。

6. 公司在清算期间开展与清算无关的经营活动的,由公司登记机关予以警告,没收违法所得。

7. 未依法登记为有限责任公司或者股份有限公司,而冒用有限责任公司或者股份有限公司名义的,或者未依法登记为有限责任公司或者股份有限公司的分公司,而冒用有限责任公司或者股份有限公司的分公司名义的,由公司登记机关责令改正或者予以取缔,可以并处 10 万元以下的罚款。

8. 公司成立后无正当理由超过 6 个月未开业的,或者开业后自行停业连续 6 个月以上的,可以由公司登记机关吊销营业执照。

9. 公司登记事项发生变更时,未依照《公司法》规定办理有关变更登记的,由公司登记机关责令限期登记;逾期不登记的,处以 1 万元以上 10 万元以下的罚款。

10. 外国公司违反《公司法》规定,擅自在中国境内设立分支机构的,由公司登记机关责令改正或者关闭,可以并处 5 万元以上 20 万元以下的罚款。

11. 利用公司名义从事危害国家安全、社会公共利益的严重违法行为的,吊销营业执照。

三、公司主管人员的法律责任

1. 公司在依法向有关主管部门提供的财务会计报告等材料上作虚假记载或者隐瞒重要事实的,由有关主管部门对直接负责的主管人员和其他直接责任人员处以 3 万元以上 30 万元以下的罚款。

2. 公司在进行清算时,隐匿财产,对资产负债表或者财产清单作虚假记载或者在未清偿债务前分配公司财产的,对直接负责的主管人员和其他直接责任人员处以 1 万元以上 10 万元以下的罚款。

四、清算组及其成员的法律责任

1. 清算组不依照《公司法》规定向公司登记机关报送清算报告,或者报送清算报告隐瞒重要事实或者有重大遗漏的,由公司登记机关责令改正。

2. 清算组成员利用职权徇私舞弊、谋取非法收入或者侵占公司财产的,由公司登记机关责令退还公司财产,没收违法所得,并可以处以违法所得 1 倍以上

5倍以下的罚款。

五、中介机构的法律责任

1. 承担资产评估、验资或者验证的机构提供虚假材料的,由公司登记机关没收违法所得,处以违法所得1倍以上5倍以下的罚款,并可以由有关主管部门依法责令该机构停业、吊销直接责任人员的资格证书,吊销营业执照。

2. 承担资产评估、验资或者验证的机构因过失提供有重大遗漏的报告的,由公司登记机关责令改正,情节较重的,处以所得收入1倍以上5倍以下的罚款,并可以由有关主管部门依法责令该机构停业、吊销直接责任人员的资格证书,吊销营业执照。

3. 承担资产评估、验资或者验证的机构因其出具的评估结果、验资或者验证证明不实,给公司债权人造成损失的,除能够证明自己没有过错的外,在其评估或者证明不实的金额范围内承担赔偿责任。

六、有关主管部门、机构和主管人员的法律责任

1. 公司登记机关对不符合《公司法》规定条件的登记申请予以登记,或者对符合《公司法》规定条件的登记申请不予登记的,对直接负责的主管人员和其他直接责任人员,依法给予行政处分。

2. 公司登记机关的上级部门强令公司登记机关对不符合《公司法》规定条件的登记申请予以登记,或者对符合《公司法》规定条件的登记申请不予登记的,或者对违法登记进行包庇的,对直接负责的主管人员和其他直接责任人员依法给予行政处分。

公司违反《公司法》规定,应当承担民事赔偿责任和缴纳罚款、罚金的,其财产不足以支付时,先承担民事赔偿责任。违反《公司法》规定,构成犯罪的,依法追究刑事责任。

第四章 企业破产法

第一节 企业破产法概述

一、破产与破产法

(一) 破产的概念

破产一词可在多种含义上理解,但通常都是在经济意义上或者法律意义上加以使用。经济意义上的破产是指债务人的一种特殊经济状态,即债务人已无力支付其到期债务,而最终不得不倾其所有以清偿债务,主体归于消灭。法律意义上的破产,指的是处理经济上破产时的一种法律手段和法律程序,通过这种手段和程序,概括性地解决债务人和众多债权人之间的债权债务关系。法律意义上的破产概念,经历了一个逐渐演变的过程。早期的破产概念主要是在清算意义上使用的,即当债务人不能清偿到期债务时,将债务人的全部财产用来公平清偿给全体债权人。在立法上则着眼于建立完备的破产清算制度,并对债务人持有比较明显的惩戒主义立法态度。现代社会视破产为一种正常的经济和社会现象,在破产立法上不仅着眼于破产清算,而且注重于对债务人的破产预防和破产挽救程序的建立和完善,以期最大限度地维护债权人、债务人和社会利益之间的平衡。因此,现代意义上的破产,是指当债务人不能清偿到期债务或有明显不能清偿到期债务的可能时,依法对债务人实施的预防挽救性程序以及就债务人的总财产实行的概括性清算程序的总称。

(二) 破产法的概念

破产法的概念有狭义和广义之分。狭义的破产法,是指当债务人不能清偿到期债务时,法院强制对债务人的总财产进行概括性破产清算的法律制度。广义的破产法,是规定当债务人出现破产原因时,对债务人实施的预防挽救性程序以及就债务人的全部财产实行的概括性清算程序的法律规范的总称。我国现行的破产法,是广义的破产法。破产法律制度主要包括以下三个方面的程序:

1. 破产重整程序

破产重整程序,是指对具有重整原因或破产原因而又具有挽救可能的债务人企业,经由债务人或债权人申请,在法院的主持和利害关系人的参与下,进行营业上的重组和债务上的整理,以使其摆脱财务困境,恢复营业能力的**破产挽救程序制度**。

2. 破产和解程序

破产和解程序,是指法院受理破产案件后作出破产宣告前,为预防和避免债务人被宣告破产,由债务人和债权人会议达成的中止破产程序进行的协议以及围绕该协议的履行而设置的一项程序性制度。

3. 破产清算程序

破产清算程序是指债务人达到破产宣告的界限后,法院依法宣告其破产,并对其全部财产进行变价,在债权人之间进行分配的程序性制度。

二、我国破产法立法概况

我国现行的破产法律制度是在计划经济体制向市场经济体制过渡中建立起来的。1986年12月2日,第六届全国人大常委会第十八次会议通过了《中华人民共和国企业破产法(试行)》,并于《全民所有制工业企业法》实施满3个月后,即1988年11月1日起正式试行。由于该法仅适用于全民所有制企业,1991年4月9日,第七届全国人大第4次会议通过的《中华人民共和国民事诉讼法》专门规定了企业法人破产还债程序,适用于非全民所有制企业法人的破产案件。为保障《企业破产法(试行)》的顺利实施,最高人民法院于1991年11月7日发布了《关于贯彻执行〈中华人民共和国企业破产法(试行)〉若干问题的意见》。1992年7月14日,最高人民法院发布《关于适用〈中华人民共和国民事诉讼法〉若干问题的意见》中,对《民事诉讼法》中的企业法人破产还债程序的适用作出了具体的司法解释,并规定人民法院审理破产还债案件,除适用《民事诉讼法》的规定外,可参照《企业破产法(试行)》的有关规定执行。1997年3月6日,最高人民法院又下发了《关于当前人民法院审理企业破产案件应当注意的几个问题的通知》,对破产案件的审理作了更为具体的规定。2002年7月18日,最高人民法院发布《关于审理企业破产案件若干问题的规定》。该规定较为全面地对破产案件审理中的一些重要问题作出详细规定,对人民法院正确适用《企业破产法(试行)》、《民事诉讼法》审理企业破产案件起到重要的指导作用。

随着我国经济体制改革的不断深入,《企业破产法(试行)》及《民事诉讼法》规定的企业法人破产还债程序,已经明显不能适应我国市场经济的发展和经济体制改革的需要。自1994年3月,全国人大着手组织新破产法的起草工作。经过12年的努力,第十届全国人民代表大会常务委员会第二十三次会议于2006年8月27日通过了新的《中华人民共和国企业破产法》(以下简称《企业破产法》),并于2007年6月1日生效实施。新的《企业破产法》结合近二十年来已经发生巨大变革的我国社会情势以及与市场经济相适应的企业运行机制和各类商事主体的财产结构,既吸收了我国相对成熟的破产法理论研究成果和国外比较成熟的立法经验,又反映了我国社会发展的时代特色。为正确适用《企业破产法》,最高人民法院结合审判实践,分别于 2011 年 9 月 9 日、2013 年 9 月 5 日公布了《最高人民法院关于适用〈中华人民共和国企业破产法〉若干问题的规定(一)》和《最高人民法院关于适用〈中华人民共和国企业破产法〉若干问题的规定(二)》。对人民法院正确适用《企业破产法》受理、审理企业破产案件起到重要的指导作用。

三、《企业破产法》的适用范围

《企业破产法》直接适用于所有的企业法人,包括具有法人资格的国有企业与民营企业、外商投资企业、有限责任公司与股份有限公司以及金融机构。但金融机构实施破产的,国务院可以依据《企业破产法》和其他有关法律的规定制定实施办法。

《企业破产法》不能直接适用于非法人组织。依照其他法律规定企业法人以外的组织的清算,属于破产清算的,参照适用《企业破产法》规定的程序。

第二节 破产案件的申请与受理

一、破产案件的申请

破产申请,是指法律规定的主体基于法定理由向人民法院提出重整、和解或者破产清算的请求。提出破产申请,必须符合下列条件:

(一) 申请人必须适格

依照《企业破产法》的规定,可以提出破产申请的主体包括以下四类:

1. 债务人

债务人不能清偿到期债务,并且资产不足以清偿全部债务或者明显缺乏清偿能力的,或者有明显丧失清偿能力可能的,可以向人民法院提出重整、和解或者破产清算申请。

2. 债权人

债务人不能清偿到期债务,债权人可以向人民法院提出对债务人进行重整或者破产清算的申请。

3. 清算责任人

企业法人已解散但未清算或者未清算完毕,资产不足以清偿债务的,依法负有清算责任的人应当向人民法院申请破产清算。

4. 国务院金融监督管理机构

商业银行、证券公司、保险公司等金融机构不能清偿到期债务,并且资产不足以清偿全部债务或者明显缺乏清偿能力的,或者有明显丧失清偿能力可能的,国务院金融监督管理机构可以向人民法院提出对该金融机构进行重整或者破产清算的申请。

（二）必须具有破产原因

破产原因,又称破产界限,是指人民法院据以确定债务人开始破产程序或者宣告债务人破产的依据,是破产程序适用所依据的特定的法律事实,也是法定的主体申请破产和人民法院受理破产案件的实质要件。《企业破产法》规定的破产原因有三种：

1. 债务人不能清偿到期债务,并且资产不足以清偿全部债务的

这是申请债务人重整、和解或者破产清算的破产原因。该破产原因要具备两项事实,一是债务人不能清偿到期债务。下列情形同时存在的,人民法院应当认定债务人不能清偿到期债务：（1）债权债务关系依法成立；（2）债务履行期限已经届满；（3）债务人未完全清偿债务。二是债务人资不抵债。债务人的资产负债表,或者审计报告、资产评估报告等显示其全部资产不足以偿付全部负债的,人民法院应当认定债务人资产不足以清偿全部债务,但有相反证据足以证明债务人资产能够偿付全部负债的除外。

2. 债务人不能清偿到期债务,并且明显缺乏清偿能力的

这主要是债权人申请对债务人进行重整或者破产清算的破产原因。债务人账面资产虽大于负债,但存在下列情形之一的,人民法院应当认定其明显缺乏清偿能力：（1）因资金严重不足或者财产不能变现等原因,无法清偿债务；（2）法定代表人下落不明且无其他人员负责管理财产,无法清偿债务；（3）经人民法院强制执行,无法清偿债务；（4）长期亏损且经营扭亏困难,无法清偿债务；（5）导致债务人丧失清偿能力的其他情形。另外,企业法人已解散但未清算或者未在合理期限内清算完毕,债权人也可以据此申请债务人破产清算,除非债务人在法定异议期限内举证证明其未出现破产原因。

3. 债务人有明显丧失清偿能力可能的

这是债务人申请对自己或国务院金融监督管理机构申请对金融机构进行重整的破产原因。

（三）破产申请必须以书面形式向人民法院提出

申请人向人民法院提出破产申请,应当提交破产申请书和有关证据。破产申请书应当载明下列事项：（1）申请人、被申请人的基本情况；（2）申请目的；（3）申请的事实和理由；（4）人民法院认为应当载明的其他事项。

债务人提出申请的,还应当向人民法院提交财产状况说明、债务清册、债权清册、有关财务会计报告、职工安置预案以及职工工资的支付和社会保险费用的缴纳情况。债权人申请债务人破产的,应当提交债务人不能清偿到期债务的有

关证据。

(四)应当向有管辖权的法院申请

申请人申请企业破产,必须向有管辖权的法院申请。依照《企业破产法》和最高人民法院《关于审理企业破产案件若干问题的规定》的规定,破产案件由债务人住所地人民法院管辖。债务人住所地指债务人的主要办事机构所在地。债务人无办事机构的,由其注册地人民法院管辖。基层人民法院一般管辖县、县级市或者区的工商行政管理机关核准登记企业的破产案件;中级人民法院一般管辖地区、地级市(含本级)以上的工商行政管理机关核准登记企业的破产案件;纳入国家计划调整的企业破产案件,由中级人民法院管辖。

人民法院受理破产申请前,申请人可以请求撤回申请。

二、破产案件的受理

(一)破产案件的审查和受理

人民法院收到破产申请后应当及时对申请人的主体资格、债务人的主体资格和破产原因,以及有关材料和证据等进行审查。人民法院认为申请人应当补充、补正相关材料的,应当自收到破产申请之日起5日内告知申请人。按期补充、补正材料的,破产受理程序继续进行,未按期补充、补正的,视为撤回申请。

人民法院应当自收到破产申请之日起15日内裁定是否受理。债权人提出破产申请的,人民法院应当自收到申请之日起5日内通知债务人。债务人对申请有异议的,应当自收到人民法院的通知之日起7日内向人民法院提出。人民法院应当自异议期满之日起10日内裁定是否受理。有特殊情况需要延长裁定受理期限的,经上一级人民法院批准,可以延长15日。

人民法院受理破产申请的,应当自裁定作出之日起5日内送达申请人。债权人提出申请的,人民法院应当自裁定作出之日起5日内送达债务人。债务人应当自裁定送达之日起15日内,向人民法院提交财产状况说明、债务清册、债权清册、有关财务会计报告以及职工工资的支付和社会保险费用的缴纳情况。

人民法院裁定不受理破产申请的,应当自裁定作出之日起5日内送达申请人并说明理由。申请人对裁定不服的,可以自裁定送达之日起10日内向上一级人民法院提起上诉。

另外,人民法院受理破产申请后至破产宣告前,经审查发现债务人不符合《企业破产法》规定的破产原因的,可以裁定驳回申请。申请人对裁定不服的,可以自裁定送达之日起10日内向上一级人民法院提起上诉。

(二)破产申请受理后对债权人的通知和公告

人民法院应当自裁定受理破产申请之日起25日内通知已知债权人,并在国家、地方有影响的报纸上刊登公告。通知和公告应当载明下列事项:(1)申请人、被申请人的名称或者姓名;(2)人民法院受理破产申请的时间;(3)申报债权的期限、地点和注意事项;(4)管理人的名称或者姓名及其处理事务的地址;(5)债务人的债务人或者财产持有人应当向管理人清偿债务或者交付财产的要求;(6)第一次债权人会议召开的时间和地点;(7)人民法院认为应当通知和公告的其他事项。

(三)破产案件受理的法律效力

1. 对债务人的效力

破产案件受理后,债务人对个别债权人的债务清偿无效;自人民法院受理破产申请的裁定送达债务人之日起至破产程序终结之日,债务人的有关人员(企业的法定代表人以及经人民法院决定的企业的财务管理人员和其他经营管理人员)承担下列义务:(1)妥善保管其占有和管理的财产、印章和账簿、文书等资料;(2)根据人民法院、管理人的要求进行工作,并如实回答询问;(3)列席债权人会议并如实回答债权人的询问;(4)未经人民法院许可,不得离开住所地;(5)不得新任其他企业的董事、监事、高级管理人员。

2. 对债权人的效力

破产案件受理后,债权人应当在规定的限期内,以法定方式向管理人申报债权(有关债权申报的具体规定将在本章第五节阐述)。

3. 对破产案件受理前已经开始的诉讼及仲裁程序的效力

(1)有关债务人财产的保全措施应当解除,执行程序应当中止;(2)已经开始而尚未终结的有关债务人的民事诉讼或者仲裁应当中止;在管理人接管债务人的财产后,该诉讼或者仲裁继续进行。此外,人民法院受理破产申请后,有关债务人的民事诉讼,只能向受理破产申请的人民法院提起。

4. 对第三人的效力

(1)破产案件受理后,债务人的债务人或者财产持有人应当向管理人清偿债务或者交付财产。债务人的债务人或者财产持有人故意违反上述规定向债务人清偿债务或者交付财产,使债权人受到损失的,不免除其清偿债务或者交付财产的义务。(2)管理人对破产申请受理前成立而债务人和对方当事人均未履行完毕的合同有权决定解除或者继续履行,并通知对方当事人。管理人自破产申请受理之日起2个月内未通知对方当事人,或者自收到对方当事人催告之日起30日内未答复的,视为解除合同。(3)管理人决定继续履行合同的,对方当事人应当履行;但是,对方当事人有权要求管理人提供担保。管理人不提供担保的,视为解除合同。

第三节 破产管理人

一、破产管理人概说

破产管理人,是指在破产程序中,由人民法院指定负责债务人必要的业务经营、事务管理,负责对破产财产进行管理、处置、分配等破产事务的机构或个人。

破产程序中的管理人制度在我国是一项全新的制度,《企业破产法(试行)》规定的清算组虽然在一定程度上也发挥了管理人的作用,但是由于存在清算组成立时间晚、独立性差、缺乏承担民事责任能力的缺点,不能满足高效、公正的破产程序的需求,因此,借鉴发达国家的立法经验,新的《企业破产法》引进了管理人制度。破产管理人具有以下特征:

1. 独立性

在破产程序中,任何一方利害关系人不能参与管理人,管理人是独立的机构。管理人受债权人会议监督,向人民法院报告工作,向人民法院负责。这就为排除政府干预,公平保护当事人的利益提供了条件和空间。

2. 专业性

《企业破产法》吸收了管理人应当具备专业资格的国际惯例,对管理人采用资格准入制度,即管理人必须由具备一定专业资格并具备一定职业道德的律师、会计师等专业人员担任。这可以从制度上保证管理人在破产过程中提高清算效率,降低破产费用。

3. 全程参与性

在破产程序启动后,债务人的财产由法院指定的管理人进行监督管理。破产宣告后,必须由管理人管理债务人的全部财产。这有效地改变了原破产程序中法院受理破产案件后宣告破产之前,债务人的财产仍然处于债务人的管理之下的状况,可以防止债务人转移破产财产,避免造成破产财产的损失。

4. 职责的法定性

根据《企业破产法》的规定,管理人负责管理债务人的全部财产以及对财产进行清算、补价、变价等工作。管理人对法院负责并报告工作,接受债权人会议监督。基于管理人的故意或重大过失,给债权人造成损失的应当承担民事赔偿责任,构成犯罪的应追究其刑事责任。

由此可见,在整个破产程序中,管理人始终处于中心地位,其他机关或者组织仅起监督或者辅助作用。破产程序能否在公正、公平和高效的基础上顺利进行,很大程度取决于管理人的设置是否合理以及管理人是否认真履行职责。

二、破产管理人的任职资格和指定

（一）破产管理人的任职资格

根据《企业破产法》和最高人民法院《关于审理企业破产案件指定管理人的规定》，管理人可以由有关部门、机构的人员组成的清算组或者依法设立的律师事务所、会计师事务所、破产清算事务所等社会中介机构担任。人民法院根据债务人的实际情况，可以在征询有关社会中介机构的意见后，指定该机构具备相关专业知识并取得执业资格的人员担任管理人。个人担任管理人的，应当参加执业责任保险。有下列情形之一的，不得担任管理人：

1. 因故意犯罪受过刑事处罚。
2. 曾被吊销相关专业执业证书。
3. 与本案有利害关系。所谓与本案有利害关系，主要是指：（1）社会中介机构、清算组成员与债务人、债权人有未了结的债权债务关系；在人民法院受理破产申请前3年内，曾为债务人提供相对固定的中介服务；现在是或者在人民法院受理破产申请前3年内曾经是债务人、债权人的控股股东或者实际控制人；现在担任或者在人民法院受理破产申请前3年内曾经担任债务人、债权人的财务顾问、法律顾问；（2）社会中介机构、清算组派出人员或个人管理人现在担任或者在人民法院受理破产申请前3年内曾经担任债务人、债权人的董事、监事、高级管理人员；与债权人或者债务人的控股股东、董事、监事、高级管理人员存在夫妻、直系血亲、3代以内旁系血亲或者近姻亲关系；以及人民法院认为可能影响其公正履行管理人职责的其他情形。
4. 人民法院认为不宜担任管理人的其他情形。主要包括：因执业、经营中故意或者重大过失行为，受到行政机关、监管机构或者行业自律组织行政处罚或者纪律处分之日起未逾3年；因涉嫌违法行为正被相关部门调查；因不适当履行职务或者拒绝接受人民法院指定等原因，被人民法院从管理人名册除名之日起未逾3年；缺乏担任管理人所应具备的专业能力；缺乏承担民事责任的能力；人民法院认为可能影响履行管理人职责的其他情形。

（二）破产管理人的指定

管理人由人民法院指定。人民法院裁定受理破产申请的，应当同时指定管理人。管理人应当从管理人名册中指定。高级人民法院应当根据本辖区律师事务所、会计师事务所、破产清算事务所等社会中介机构及专职从业人员数量和企业破产案件数量，确定由本院或者所辖中级人民法院编制管理人名册。

人民法院一般应当按照管理人名册所列名单采取轮候、抽签、摇号等随机方式公开指定管理人。受理企业破产案件的人民法院，一般应指定管理人名册中的社会中介机构担任管理人。对于事实清楚、债权债务关系简单、债务人财产相对集中的企业破产案件,人民法院可以指定管理人名册中的个人为管理人。企业破产案件有下列情形之一的,人民法院可以指定清算组为管理人:(1)破产申请受理前,根据有关规定已经成立清算组,人民法院认为符合最高人民法院《关于审理企业破产案件指定管理人的规定》第19条的规定;(2)审理《企业破产法》第133条规定的案件;(3)有关法律规定企业破产时成立清算组;(4)人民法院认为可以指定清算组为管理人的其他情形。

对于商业银行、证券公司、保险公司等金融机构或者在全国范围有重大影响、法律关系复杂、债务人财产分散的企业破产案件,人民法院可以采取公告的方式,邀请编入各地人民法院管理人名册中的社会中介机构参与竞争,从参与竞争的社会中介机构中指定管理人。参与竞争的社会中介机构不得少于3家。

债权人会议认为管理人不能依法、公正执行职务或者有其他不能胜任职务情形的,可以申请人民法院予以更换。

三、破产管理人的职责

管理人依照《企业破产法》规定执行职务,向人民法院报告工作,并接受债权人会议和债权人委员会的监督。管理人应当列席债权人会议,向债权人会议报告职务执行情况,并回答询问。依照《企业破产法》第25条的规定,管理人履行下列职责:

(1)接管债务人的财产、印章和账簿、文书等资料;
(2)调查债务人财产状况,制作财产状况报告;
(3)决定债务人的内部管理事务;
(4)决定债务人的日常开支和其他必要开支;
(5)在第一次债权人会议召开之前,决定继续或者停止债务人的营业;
(6)管理和处分债务人的财产;
(7)代表债务人参加诉讼、仲裁或者其他法律程序;
(8)提议召开债权人会议;
(9)人民法院认为管理人应当履行的其他职责。

在第一次债权人会议召开之前,管理人决定继续或者停止债务人的营业或者有《企业破产法》第69条规定的涉及土地、房屋等不动产权益的转让等10项行为之一的,应当经人民法院许可。

管理人应当勤勉尽责,忠实执行职务。管理人经人民法院许可,可以聘用必要的工作人员。管理人的报酬由人民法院依照《最高人民法院关于审理企业破产案件确定管理人报酬的规定》确定。债权人会议对管理人的报酬有异议的,有权向人民法院提出。管理人没有正当理由不得辞去职务。管理人辞去职务应当经人民法院许可。

第四节 债务人财产、破产费用和共益债务

一、债务人财产

（一）债务人财产的概念

债务人财产，是指破产申请受理时属于债务人的全部财产，以及破产申请受理后至破产程序终结前债务人取得的财产。债务人财产与破产财产含义不同，破产财产是债务人被宣告破产后，用于破产分配的破产企业的全部财产。在法院受理破产申请后，债务人并非必然被宣告破产而进入清算程序。只有在债务人被宣告破产后，债务人财产才被称为破产财产。

（二）债务人财产的范围

1. 从时间上看，债务人财产的范围是自破产申请受理时至破产程序终结前，债务人既存的和取得的全部财产。依照《最高人民法院关于适用〈中华人民共和国企业破产法〉若干问题的规定（二）》的规定，除债务人所有的货币、实物外，债务人依法享有的可以用货币估价并可以依法转让的债权、股权、知识产权、用益物权等财产和财产权益，人民法院均应认定为债务人财产。债务人已依法设定担保物权的特定财产，人民法院应当认定为债务人财产。对债务人的特定财产在担保物权消灭或者实现担保物权后的剩余部分，在破产程序中可用以清偿破产费用、共益债务和其他破产债权。债务人对按份享有所有权的共有财产的相关份额，或者共同享有所有权的共有财产的相应财产权利，以及依法分割共有财产所得部分，人民法院均应认定为债务人财产。破产申请受理后，有关债务人财产的执行程序未依照企业破产法第19条的规定中止的，采取执行措施的相关单位应当依法予以纠正。依法执行回转的财产，人民法院应当认定为债务人财产。

2. 为维护债权人的合法权益，《企业破产法》第31条规定：人民法院受理破产申请前1年内，涉及债务人财产的下列行为，管理人有权请求人民法院予以撤销：(1) 无偿转让财产的；(2) 明显不合理的价格进行交易的；(3) 对没有财产担保的债务提供财产担保的；(4) 对未到期的债务提前清偿的；(5) 放弃债权的。《企业破产法》第32条规定：人民法院受理破产申请前6个月内，债务人有本法第2条第1款规定的情形，仍对个别债权人进行清偿的，管理人有权请求人民法院予以撤销。但是，债务人为维系基本生产需要而支付水费、电费等的、债务人支付劳动报酬、人身损害赔偿金的及个别清偿使债务人财产受益的除外。《企业破产法》第33条规定，涉及债务人财产的下列行为无效：(1) 为逃避债务而隐匿、转移财产的；(2) 虚构债务或者承认不真实的债务的。上述涉及债务人财产的行为被确认无效或被撤销，管理人有权追回财产。

此外,人民法院受理破产申请后,债务人的出资人尚未完全履行出资义务的,管理人应当要求该出资人缴纳所认缴的出资,而不受出资期限的限制。债务人的董事、监事和高级管理人员利用职权从企业获取的非正常收入和侵占的企业财产,管理人应当追回。人民法院受理破产申请后,管理人可以通过清偿债务或者提供为债权人接受的担保,取回质物、留置物。债务清偿或者替代担保,在质物或者留置物的价值低于被担保的债权额时,以该质物或者留置物当时的市场价值为限。

3. 财产权利人和出卖人的取回权。(1)人民法院受理破产申请后,债务人占有的不属于债务人的财产,该财产的权利人可以通过管理人取回。但是,《企业破产法》另有规定的除外。(2)人民法院受理破产申请时,出卖人已将买卖标的物向作为买受人的债务人发运,债务人尚未收到且未付清全部价款的,出卖人可以取回在运途中的标的物。但是,管理人可以支付全部价款,请求出卖人交付标的物。

4. 债权人的抵销权。债权人在破产申请受理前对债务人负有债务的,可以向管理人主张抵销。但是,有下列情形之一的,不得抵销:(1)债务人的债务人在破产申请受理后取得他人对债务人的债权的;(2)债权人已知债务人有不能清偿到期债务或者破产申请的事实,对债务人负担债务的;但是,债权人因为法律规定或者有破产申请一年前所发生的原因而负担债务的除外;(3)债务人的债务人已知债务人有不能清偿到期债务或者破产申请的事实,对债务人取得债权的;但是,债务人的债务人因为法律规定或者有破产申请1年前所发生的原因而取得债权的除外。

二、破产费用和共益债务

（一）破产费用

破产费用,是指在破产程序中为全体债权人的共同利益及旨在保障破产程序顺利进行所必需支付的费用。破产费用包括人民法院受理破产申请后发生的下列费用:(1)破产案件的诉讼费用;(2)管理、变价和分配债务人财产的费用;(3)管理人执行职务的费用、报酬和聘用工作人员的费用。

（二）共益债务

共益债务,是指在破产程序中,为了全体债权人的共同利益以及破产程序顺利进行而发生的债务。共益债务包括人民法院受理破产申请后发生的下列债务:(1)因管理人或者债务人请求对方当事人履行双方均未履行完毕的合同所产生的债务;(2)债务人财产受无因管理所产生的债务;(3)因债务人不当得利所产生的债务;(4)为债务人继续营业而应支付的劳动报酬和社会保险费用以及由此产生的其他债务;(5)管理人或者相关人员执行职务致人损害所产生的债务;(6)债务人财产致人损害所产生的债务。

(三)破产费用和共益债务的清偿

破产费用和共益债务由债务人财产随时清偿。债务人财产不足以清偿所有破产费用和共益债务的,先行清偿破产费用。债务人财产不足以清偿所有破产费用或者共益债务的,按照比例清偿。债务人财产不足以清偿破产费用的,管理人应当提请人民法院终结破产程序。人民法院应当自收到请求之日起15日内裁定终结破产程序,并予以公告。

第五节 破产债权的申报

一、债权申报的概念

债权申报,是指法院受理破产案件后,债权人在法院指定的期限内主张并证明其债权的制度。具体内容包括申报期限、申报范围、申报内容及申报效力等。

申报债权是债权人参加破产程序的首要环节。债权虽客观存在,但仍须通过申报形式提出行使权利的请求。《企业破产法》第44条规定:"人民法院受理破产申请时对债务人享有债权的债权人,依照本法规定的程序行使权利。"债权通过有效申报,即取得破产债权的地位。债权人便作为破产债权人享有参加破产程序,行使破产法赋予的程序权利和实体权利。债权人未依照破产法规定申报债权的,不得依照破产法规定的程序行使权利。

二、债权申报的规则

(一)债权申报的期限

人民法院受理破产申请后,应当确定债权人申报债权的期限。债权申报期限自人民法院发布受理破产申请公告之日起计算,最短不得少于30日,最长不得超过3个月。

在人民法院确定的债权申报期限内,债权人未申报债权的,可以在破产财产最后分配前补充申报;但是,此前已进行的分配,不再对其补充分配。为审查和确认补充申报债权的费用,由补充申报人承担。

(二)债权申报的方式和申报接受人

债权申报应当采用书面的方式。债权人应当在人民法院确定的债权申报期限内向管理人申报债权。

(三)债权申报的内容

债权人申报债权时,应当书面说明债权的数额和有无财产担保,并提交有关证据。申报的债权是连带债权的,应当说明。

（四）连带关系中债权的特殊申报

连带债权人可以由其中一人代表全体连带债权人申报债权,也可以共同申报债权。

连带债务人数人被裁定适用破产法规定的程序的,其债权人有权就全部债权分别在各破产案件中申报债权。

三、特殊债权的申报

（一）未到期债权

在破产申请受理时未到期债权,在破产申请受理时视为到期,也可以申报债权。

（二）附条件、附期限的债权和诉讼、仲裁未决的债权

所附条件尚未成就或所附期限未到的附条件、附期限的债权以及诉讼、仲裁未决的债权,债权人均可以申报债权。

（三）附担保债权

不论是附担保物权的债权,还是附保证、定金担保的债权,均应申报债权。只是在破产清算程序中,申报的附担保物权的债权人,可以直接行使担保物权,就担保物变价优先受偿。

（四）追偿权

债务人的保证人或者其他连带债务人已经代替债务人清偿债务的,以其对债务人的求偿权申报债权。债务人的保证人或者其他连带债务人尚未代替债务人清偿债务的,以其对债务人的将来求偿权申报债权。但是,债权人已经向管理人申报全部债权的除外。

（五）未履行合同产生的债权

管理人或者债务人依照破产法规定解除合同的,对方当事人以因合同解除所产生的损害赔偿请求权申报债权。

（六）委托合同中的债权

债务人是委托合同的委托人,被裁定适用《企业破产法》规定的程序,受托人不知该事实,继续处理委托事务的,受托人以由此产生的请求权申报债权。

（七）票据关系产生的债权

债务人是票据的出票人,被裁定适用《企业破产法》规定的程序,该票据的付款人继续付款或者承兑的,付款人以由此产生的请求权申报债权。

依照《企业破产法》第48条第2款的规定,债务人所欠职工的工资和医疗、伤残补助、抚恤费用,所欠的应当划入职工个人账户的基本养老保险、基本医疗保险费用,以及法律、行政法规规定应当支付给职工的补偿金,不必申报,由管理人调查后列出清单并予以公示。职工对清单记载有异议的,可以要求管理人更正;管理人不予更正的,职工可以向人民法院提起诉讼。

四、破产债权的确认

管理人收到债权申报材料后,应当登记造册,对申报的债权进行审查,并编制债权表。债权表和债权申报材料由管理人保存,供利害关系人查阅。

管理人编制的债权表,应当提交第一次债权人会议核查。债务人、债权人对债权表记载的债权无异议的,由人民法院裁定确认。债务人、债权人对债权表记载的债权有异议的,可以向受理破产申请的人民法院提起诉讼。

第六节 债权人会议

一、债权人会议概述

债权人会议,是指在破产程序中,由全体债权人组成,以维护债权人共同利益为目的,参与、监督破产程序并对有关破产的重大事项进行决议,表达债权人意志的机构。从性质上讲,债权人会议是对内协调和形成全体债权人的共同意思,对外通过对破产程序的参与和监督来实现全体债权人的破产参与权的临时性会议体机构。设立债权人会议,有利于统一债权人的意志和行动,保证破产程序的有序化,同时,有利于公平地维护全体债权人的利益。

依法申报债权的债权人为债权人会议的成员,有权参加债权人会议,享有表决权。债权尚未确定的债权人,除人民法院能够为其行使表决权而临时确定债权额的外,不得行使表决权。对债务人的特定财产享有担保权的债权人,未放弃优先受偿权利的,对于通过和解协议和通过破产财产的分配方案不享有表决权。债权人会议应当有债务人的职工和工会的代表参加,对有关事项发表意见。债权人可以委托代理人出席债权人会议,行使表决权。代理人出席债权人会议,应当向人民法院或者债权人会议主席提交债权人的授权委托书。

债权人会议设主席一人,由人民法院从有表决权的债权人中指定。债权人会议主席主持债权人会议。

二、债权人会议的召集及其职权

(一)债权人会议的召集

第一次债权人会议由人民法院召集,自债权申报期限届满之日起 15 日内召开。以后的债权人会议,在人民法院认为必要时,或者管理人、债权人委员会、占债权总额 1/4 以上的债权人向债权人会议主席提议时召开。召开债权人会议,管理人应当提前 15 日通知已知的债权人。

（二）债权人会议的职权

依照《企业破产法》第61条的规定，债权人会议行使下列职权：(1) 核查债权；(2) 申请人民法院更换管理人，审查管理人的费用和报酬；(3) 监督管理人；(4) 选任和更换债权人委员会成员；(5) 决定继续或者停止债务人的营业；(6) 通过重整计划；(7) 通过和解协议；(8) 通过债务人财产的管理方案；(9) 通过破产财产的变价方案；(10) 通过破产财产的分配方案；(12) 人民法院认为应当由债权人会议行使的其他职权。

（三）债权人会议的议事规则

1. 债权人会议的决议，由出席会议的有表决权的债权人过半数通过，并且其所代表的债权额占无财产担保债权总额的1/2以上。但是，重整计划与和解协议的通过除外。债权人会议的决议，对于全体债权人均有约束力。债权人会议应当对所议事项的决议作成会议记录。债权人认为债权人会议的决议违反法律规定，损害其利益的，可以自债权人会议作出决议之日起15日内，请求人民法院裁定撤销该决议，责令债权人会议依法重新作出决议。

2. 对债务人财产的管理方案和破产财产的变价方案，经债权人会议表决未通过的，由人民法院裁定。人民法院对上述事项的裁定，可以在债权人会议上宣布或者另行通知债权人。债权人对人民法院上述事项的裁定不服的，可以自裁定宣布之日或者收到通知之日起15日内向该人民法院申请复议。复议期间不停止裁定的执行。

3. 对破产财产的分配方案经债权人会议二次表决仍未通过的，由人民法院裁定。人民法院对上述事项的裁定，可以在债权人会议上宣布或者另行通知债权人。债权额占无财产担保债权总额1/2以上的债权人对人民法院上述事项的裁定不服的，可以自裁定宣布之日或者收到通知之日起15日内向该人民法院申请复议。复议期间不停止裁定的执行。

三、债权人委员会

（一）债权人委员会的设置

债权人委员会是遵循债权人集体意志，负责管理人活动以及破产程序的日常监督，处理债权人会议授权事项的常设机构。因为债权人会议作为一个会议体机构行使权利和履行职责具有时间性，在其闭会的期间无法行使权利和履行职责，所以债权人会议无法对破产程序进行日常监督。另外，债权人会议的召开耗时、费资，频繁的召开债权人会议既不经济，又不利于破产程序的迅速进行。因此，有必要设置债权人委员会这样一个机构代表债权人会议履行日常的监督等诸项职能。

依照《企业破产法》第67条的规定，债权人会议可以决定设立债权人委员会。债权人委员会由债权人会议选任的债权人代表和 1 名债务人的职工代表或者工会代表组成。债权人委员会成员不得超过 9 人。债权人委员会成员应当经人民法院书面决定认可。

（二）债权人委员会的职权

依照《企业破产法》第 68 条的规定，债权人委员会行使下列职权：(1) 监督债务人财产的管理和处分；(2) 监督破产财产分配；(3) 提议召开债权人会议；(4) 债权人会议委托的其他职权。

债权人委员会执行职务时，有权要求管理人、债务人的有关人员对其职权范围内的事务作出说明或者提供有关文件。管理人、债务人的有关人员违反破产法规定拒绝接受监督的，债权人委员会有权就监督事项请求人民法院作出决定；人民法院应当在 5 日内作出决定。

此外，依照《企业破产法》第 69 条的规定，管理人实施下列行为，应当及时报告债权人委员会：(1) 涉及土地、房屋等不动产权益的转让；(2) 探矿权、采矿权、知识产权等财产权的转让；(3) 全部库存或者营业的转让；(4) 借款；(5) 设定财产担保；(6) 债权和有价证券的转让；(7) 履行债务人和对方当事人均未履行完毕的合同；(8) 放弃权利；(9) 担保物的取回；(10) 对债权人利益有重大影响的其他财产处分行为。未设立债权人委员会的，管理人实施上述行为应当及时报告人民法院。

第七节 破产重整

一、重整申请

（一）重整的概念

破产法上的重整，是指经由利害关系人的申请，在法院的主持和利害关系人的参与下，对于已经具有破产原因或具备破产可能而又具有挽救希望的债务人，进行生产经营上的整顿和债权债务关系上的清理，以期摆脱财务困境，重获经营能力的破产挽救程序。

（二）重整的申请

依照《企业破产法》的规定，债务人、债权人、债务人的出资人均可以提出重整申请。

债务人、债权人可以依照破产法规定，直接向人民法院申请对债务人进行重整。债权人申请对债务人进行破产清算的，在人民法院受理破产申请后、宣告债务人破产前，债务人或者出资额占债务人注册资本 1/10 以上的出资人，可以向人民法院申请重整。

人民法院经审查认为重整申请符合破产法规定的,应当裁定债务人重整,并予以公告。

二、重整期间

(一) 重整期间的营业

重整期间,是指自人民法院裁定债务人重整之日起至重整程序终止的期间。

在重整期间,经债务人申请,人民法院批准,债务人可以在管理人的监督下自行管理财产和营业事务。依照破产法规定已接管债务人财产和营业事务的管理人应当向债务人移交财产和营业事务,破产法规定的管理人的职权由债务人行使。

管理人负责管理财产和营业事务的,可以聘任债务人的经营管理人员负责营业事务。

在重整期间,对债务人的特定财产享有的担保权暂停行使。但是,担保物有损坏或者价值明显减少的可能,足以危害担保权人权利的,担保权人可以向人民法院请求恢复行使担保权。

在重整期间,债务人或者管理人为继续营业而借款的,可以为该借款设定担保。

债务人合法占有的他人财产,该财产的权利人在重整期间要求取回的,应当符合事先约定的条件。

在重整期间,债务人的出资人不得请求投资收益分配。在重整期间,债务人的董事、监事、高级管理人员不得向第三人转让其持有的债务人的股权。但是,经人民法院同意的除外。

(二) 重整的终止

在重整期间,有下列情形之一的,经管理人或者利害关系人请求,人民法院应当裁定终止重整程序,并宣告债务人破产:(1) 债务人的经营状况和财产状况继续恶化,缺乏挽救的可能性;(2) 债务人有欺诈、恶意减少债务人财产或者其他显著不利于债权人的行为;(3) 由于债务人的行为致使管理人无法执行职务。

三、重整计划的制订和批准

(一) 重整计划的制订

债务人或者管理人应当自人民法院裁定债务人重整之日起6个月内,同时向人民法院和债权人会议提交重整计划草案。债务人自行管理财产和营业事务的,由债务人制作重整计划草案。管理人负责管理财产和营业事务的,由管理人制作重整计划草案。期限届满,经债务人或者管理人请求,有正当理由的,人民法院可以裁定延期3个月。债务人或者管理人未按期提出重整计划草案的,人民法院应当裁定终止重整程序,并宣告债务人破产。

重整计划草案应当包括下列内容:(1)债务人的经营方案;(2)债权分类;(3)债权调整方案;(4)债权受偿方案;(5)重整计划的执行期限;(6)重整计划执行的监督期限;(7)有利于债务人重整的其他方案。

(二)重整计划的通过

人民法院应当自收到重整计划草案之日起30日内召开债权人会议,对重整计划草案进行表决。重整计划草案由债权人会议以分组表决的方式通过。《企业破产法》将债权人分为四个表决组,即有担保的债权组、劳动债权组、税收债权组和普通债权组。人民法院在必要时可以决定在普通债权组中设小额债权组对重整计划草案进行表决。重整计划草案涉及出资人权益调整事项的,应当设出资人组,对该事项进行表决。

债务人或者管理人应当向债权人会议就重整计划草案作出说明,并回答询问。债务人的出资人代表可以列席讨论重整计划草案的债权人会议。出席会议的同一表决组的债权人过半数同意重整计划草案,并且其所代表的债权额占该组债权总额的2/3以上的,即为该组通过重整计划草案。各表决组均通过重整计划草案时,重整计划即为通过。

自重整计划通过之日起10日内,债务人或者管理人应当向人民法院提出批准重整计划的申请。人民法院经审查认为符合破产法规定的,应当自收到申请之日起30日内裁定批准,终止重整程序,并予以公告。

部分表决组未通过重整计划草案的,债务人或者管理人可以同未通过重整计划草案的表决组协商。该表决组可以在协商后再表决一次。双方协商的结果不得损害其他表决组的利益。

依照《企业破产法》第87条的规定,未通过重整计划草案的表决组拒绝再次表决或者再次表决仍未通过重整计划草案,但重整计划草案符合下列条件的,债务人或者管理人可以申请人民法院批准重整计划草案:(1)按照重整计划草案,对债务人的特定财产享有担保权的债权就该特定财产将获得全额清偿,其因延期清偿所受的损失将得到公平补偿,并且其担保权未受到实质性损害,或者该表决组已经通过重整计划草案;(2)按照重整计划草案,破产法规定的劳动债权将获得全额清偿,或者相应表决组已经通过重整计划草案;(3)按照重整计划草案,普通债权所获得的清偿比例,不低于其在重整计划草案被提请批准时依照破产清算程序所能获得的清偿比例,或者该表决组已经通过重整计划草案;(4)重整计划草案对出资人权益的调整公平、公正,或者出资人组已经通过重整计划草案;(5)重整计划草案公平对待同一表决组的成员,并且所规定的债权清偿顺序不违反《企业破产法》第113条的规定;(6)债务人的经营方案具有可行性。人民法院经审查认为重整计划草案符合前款规定的,应当自收到申请之日起30日内裁定批准,终止重整程序,并予以公告。

重整计划草案未获得通过且未依照《企业破产法》第 87 条的规定获得批准,或者已通过的重整计划未获得批准的,人民法院应当裁定终止重整程序,并宣告债务人破产。

四、重整计划的执行和终止

(一) 重整计划的执行

重整计划由债务人负责执行。人民法院裁定批准重整计划后,已接管财产和营业事务的管理人应当向债务人移交财产和营业事务。

自人民法院裁定批准重整计划之日起,在重整计划规定的监督期内,由管理人监督重整计划的执行。在监督期内,债务人应当向管理人报告重整计划执行情况和债务人财务状况。监督期届满时,管理人应当向人民法院提交监督报告。自监督报告提交之日起,管理人的监督职责终止。管理人向人民法院提交的监督报告,重整计划的利害关系人有权查阅。经管理人申请,人民法院可以裁定延长重整计划执行的监督期限。

经人民法院裁定批准的重整计划,对债务人和全体债权人均有约束力。债权人未依照本法规定申报债权的,在重整计划执行期间不得行使权利;在重整计划执行完毕后,可以按照重整计划规定的同类债权的清偿条件行使权利。债权人对债务人的保证人和其他连带债务人所享有的权利,不受重整计划的影响。按照重整计划减免的债务,自重整计划执行完毕时起,债务人不再承担清偿责任。

(二) 重整计划的终止

债务人不能执行或者不执行重整计划的,人民法院经管理人或者利害关系人请求,应当裁定终止重整计划的执行,并宣告债务人破产。

人民法院裁定终止重整计划执行的,债权人在重整计划中作出的债权调整的承诺失去效力。为重整计划的执行提供的担保继续有效。债权人因执行重整计划所受的清偿仍然有效,债权未受清偿的部分作为破产债权。因执行重整计划受清偿债权人,只有在其他同顺位债权人同自己所受的清偿达到同一比例时,才能继续接受分配。

第八节 破产和解

一、破产和解申请

(一) 破产和解的意义

破产和解,是指具备破产原因的债务人,为避免破产清算,提出和解申请及延期偿还和减免债务的和解协议草案,经债权人会议通过及经法院认可后生效的法律程序。破产和解是一条成本较小的清理债务问题、化解债务危机的途径,有利于维护债权人的利益。破产和解可以使债务人避免因破产宣告带来的公法上的限制,从而有利于债务人的复苏和再生。破产和解还能够避免因债务人破产而发生的连锁反应,有利于整个社会经济秩序的稳定。

(二) 和解申请的提出

债务人可以依照破产法规定,直接向人民法院申请和解;也可以在人民法院受理破产申请后、宣告债务人破产前,向人民法院申请和解。债务人申请和解,应当提出和解协议草案。

人民法院经审查认为和解申请符合破产法规定的,应当裁定和解,予以公告,并召集债权人会议讨论和解协议草案。对债务人的特定财产享有担保权的权利人,自人民法院裁定和解之日起可以行使权利。

人民法院受理破产申请后,债务人与全体债权人就债权债务的处理自行达成协议的,可以请求人民法院裁定认可,并终结破产程序。

二、和解协议的通过、无效和执行

(一) 和解协议的通过

债权人会议通过和解协议的决议,由出席会议的有表决权的债权人过半数同意,并且其所代表的债权额占无财产担保债权总额的 2/3 以上。债权人会议通过和解协议的,由人民法院裁定认可,终止和解程序,并予以公告。管理人应当向债务人移交财产和营业事务,并向人民法院提交执行职务的报告。

和解协议草案经债权人会议表决未获得通过,或者已经债权人会议通过的和解协议未获得人民法院认可的,人民法院应当裁定终止和解程序,并宣告债务人破产。

(二) 和解协议的无效

因债务人的欺诈或者其他违法行为而成立的和解协议,人民法院应当裁定无效,并宣告债务人破产。有上述情形的,和解债权人因执行和解协议所受的清偿,在其他债权人所受清偿同等比例的范围内,不予返还。

(三) 和解协议的执行

经人民法院裁定认可的和解协议,对债务人和全体和解债权人均有约束力。和解债权人是指人民法院受理破产申请时对债务人享有无财产担保债权的人。和解债权人未依照破产法规定申报债权的,在和解协议执行期间不得行使权利;在和解协议执行完毕后,可以按照和解协议规定的清偿条件行使权利。和解债权人对债务人的保证人和其他连带债务人所享有的权利,不受和解协议的影响。债务人应当按照和解协议规定的条件清偿债务。

按照和解协议减免的债务,自和解协议执行完毕时起,债务人不再承担清偿责任。

三、和解协议的终止

债务人不能执行或者不执行和解协议的,人民法院经和解债权人请求,应当裁定终止和解协议的执行,并宣告债务人破产。

人民法院裁定终止和解协议执行的,和解债权人在和解协议中作出的债权调整的承诺失去效力。为和解协议的执行提供的担保继续有效。和解债权人因执行和解协议所受的清偿仍然有效,和解债权未受清偿的部分作为破产债权。上述债权人,只有在其他债权人同自己所受的清偿达到同一比例时,才能继续接受分配。

第九节 破 产 清 算

破产清算,是指破产债务人被法院依法宣告破产后,由破产管理人对破产财产进行收集、清理、变价,最终分配给债权人从而使债务人民事主体资格消灭的一种破产程序。破产清算程序包括破产宣告、破产财产变价分配和破产程序的终结三个环节。

一、破产宣告

(一)破产宣告的概念

破产宣告,是指人民法院依当事人申请或依职权,按照法定程序对于已经具备破产条件的债务人,裁定宣告其破产并进入破产清算程序的司法审判行为。法院对债务人进行破产宣告,意味着破产案件已经确定无疑地进入了清算程序,债务人将不可避免地陷入破产倒闭的境地,并会带来一系列其他的法律后果。因此,破产宣告法律制度在破产法上具有十分重要的地位。

(二)破产宣告的条件

1. 破产宣告的积极要件

破产宣告的积极要件包括实质要件和程序要件。实质要件是指具备破产能力和破产原因,如《企业破产法》第 2 条第 1 款规定:"企业法人不能清偿到期债务,并且资产不足以清偿全部债务或者明显缺乏清偿能力的,依照本法规定清理债务。"程序要件,是指债务人在程序上经过了申请、受理、重整或和解等环节,其间所发生的一切均符合宣告破产的程序要求的要件。

2. 破产宣告的消极要件

消极要件又称为障碍要件,是指阻却对债务人作出破产宣告的法定事由。

如《企业破产法》第 108 条规定:"破产宣告前,有下列情形之一的,人民法院应当裁定终结破产程序,并予以公告:(1)第三人为债务人提供足额担保或者为债务人清偿全部到期债务的;(2)债务人已清偿全部到期债务的。"

只有当债务人具备积极要件,而又没有消极要件时,法院才能作出破产宣告。

(三)破产宣告的作出

人民法院依照破产法规定宣告债务人破产的,应当自裁定作出之日起 5 日内送达债务人和管理人,自裁定作出之日起 10 日内通知已知债权人,并予以公告。债务人被宣告破产后,债务人称为破产人,债务人财产称为破产财产,人民法院受理破产申请时债权人对债务人享有的债权称为破产债权。

破产宣告作出时,对破产人的特定财产享有担保权的权利人,对该特定财产享有优先受偿的权利,即所谓别除权。债权人行使优先受偿权利未能完全受偿的,其未受偿的债权作为普通债权;放弃优先受偿权利的,其债权作为普通债权。

二、破产财产的变价和分配

(一)破产财产的变价

管理人应当及时拟订破产财产变价方案,提交债权人会议讨论。管理人应当按照债权人会议通过的或者人民法院裁定的破产财产变价方案,适时变价出售破产财产。

变价出售破产财产应当通过拍卖进行。但是,债权人会议另有决议的除外。破产企业可以全部或者部分变价出售。企业变价出售时,可以将其中的无形资产和其他财产单独变价出售。按照国家规定不能拍卖或者限制转让的财产,应当按照国家规定的方式处理。

(二)破产财产的分配

1. 破产财产的清偿顺序

依照《企业破产法》第 113 条的规定,破产财产在优先清偿破产费用和共益债务后,依照下列顺序清偿:(1)破产人所欠职工的工资和医疗、伤残补助、抚恤费用,所欠的应当划入职工个人账户的基本养老保险、基本医疗保险费用,以及法律、行政法规规定应当支付给职工的补偿金;破产企业的董事、监事和高级管理人员的工资按照该企业职工的平均工资计算。(2)破产人欠缴的除前项规定以外的社会保险费用和破产人所欠税款;(3)普通破产债权。破产财产不足以清偿同一顺序的清偿要求的,按照比例分配。

2. 破产财产的分配方案

管理人应当及时拟订破产财产分配方案,提交债权人会议讨论。破产财产分配方案应当载明下列事项:(1)参加破产财产分配的债权人名称或者姓名、住所;(2)参加破产财产分配的债权额;(3)可供分配的破产财产数额;(4)破产财产分配的顺序、比例及数额;(5)实施破产财产分配的方法。债权人会议通过破产财产分配方案后,由管理人将该方案提请人民法院裁定认可。

3. 破产财产分配方案的执行

破产财产分配方案经人民法院裁定认可后,由管理人执行。管理人按照破产财产分配方案实施多次分配的,应当公告本次分配的财产额和债权额。管理人实施最后分配的,应当在公告中指明,并载明关于附生效条件或者解除条件的债权分配的事项。

对于附生效条件或者解除条件的债权,管理人应当将其分配额提存。管理人依照前述规定提存的分配额,在最后分配公告日,生效条件未成就或者解除条件成就的,应当分配给其他债权人;在最后分配公告日,生效条件成就或者解除条件未成就的,应当交付给债权人。

债权人未受领的破产财产分配额,管理人应当提存。债权人自最后分配公告之日起满2个月仍不领取的,视为放弃受领分配的权利,管理人或者人民法院应当将提存的分配额分配给其他债权人。

破产财产分配时,对于诉讼或者仲裁未决的债权,管理人应当将其分配额提存。自破产程序终结之日起满2年仍不能受领分配的,人民法院应当将提存的分配额分配给其他债权人。

三、破产程序的终结

(一) 债权人同意的终结

债权人同意的终结,是指在破产程序进行的过程中,债务人取得债权人的同意时,依法申请法院废止破产程序,从而导致破产案件终结的制度。依照《企业破产法》第105条的规定,人民法院受理破产申请后,债务人与全体债权人就债权债务的处理自行达成协议的,可以请求人民法院裁定认可,并终结破产程序。

(二) 破产人无财产可供分配的终结

依照《企业破产法》第112条第1款的规定,破产人无财产可供分配的,管理人应当请求人民法院裁定终结破产程序。人民法院应当自收到管理人终结破产程序的请求之日起15日内作出是否终结破产程序的裁定。裁定终结的,应当予以公告。

(三) 破产财产分配完结的终结

依照《企业破产法》第112条第2款的规定,管理人在最后分配完结后,应当及时向人民法院提交破产财产分配报告,并提请人民法院裁定终结破产程序。人民法院应当自收到管理人终结破产程序的请求之日起15日内作出是否终结破产程序的裁定。裁定终结的,应当予以公告。

(四)破产程序终结的法律后果

管理人应当自破产程序终结之日起 10 日内,持人民法院终结破产程序的裁定,向破产人的原登记机关办理注销登记。管理人于办理注销登记完毕的次日终止执行职务。但是,存在诉讼或者仲裁未决情况的除外。

自破产程序依照破产法的规定终结之日起 2 年内,有下列情形之一的,债权人可以请求人民法院按照破产财产分配方案进行追加分配:(1)发现有依照破产法第 31 条、第 32 条、第 33 条、第 36 条规定应当追回的财产的;(2)发现破产人有应当供分配的其他财产的。有上述规定情形,但财产数量不足以支付分配费用的,不再进行追加分配,由人民法院将其上交国库。

破产人的保证人和其他连带债务人,在破产程序终结后,对债权人依照破产清算程序未受清偿的债权,依法继续承担清偿责任。

第十节 破产法律责任

一、企业负责人的破产责任

企业董事、监事或者高级管理人员违反忠实义务、勤勉义务,致使所在企业破产的,依法承担民事责任。有前款规定情形的人员,自破产程序终结之日起 3 年内不得担任任何企业的董事、监事、高级管理人员。

二、破产违法行为的责任

(一)违反说明义务的责任

有义务列席债权人会议的债务人的有关人员,经人民法院传唤,无正当理由拒不列席债权人会议的,人民法院可以拘传,并依法处以罚款。债务人的有关人员违反破产法规定,拒不陈述、回答,或者作虚假陈述、回答的,人民法院可以依法处以罚款。

(二)违反提交义务的责任

债务人违反破产法规定,拒不向人民法院提交或者提交不真实的财产状况说明、债务清册、债权清册、有关财务会计报告以及职工工资的支付情况和社会保险费用的缴纳情况的,人民法院可以对直接责任人员依法处以罚款。债务人违反破产法规定,拒不向管理人移交财产、印章和账簿、文书等资料的,或者伪造、销毁有关财产证据材料而使财产状况不明的,人民法院可以对直接责任人员依法处以罚款。

(三)违反行动限制的责任

债务人的有关人员违反破产法规定,擅自离开住所地的,人民法院可以予以训诫、拘留,可以依法并处罚款。

（四）破产欺诈的责任

债务人有破产法第 31 条、第 32 条、第 33 条规定的行为,损害债权人利益的,债务人的法定代表人和其他直接责任人员依法承担赔偿责任。

（五）管理人未尽勤勉、忠实义务的责任

管理人未依照破产法规定勤勉尽责,忠实执行职务的,人民法院可以依法处以罚款;给债权人、债务人或者第三人造成损失的,依法承担赔偿责任。

违反破产法规定,构成犯罪的,依法追究刑事责任。

第五章 工业产权法

第一节 工业产权法概述

一、工业产权的概念和特征

工业产权,是指人们对应用于商品生产和流通中的创造发明和显著标记等智力成果享有的专有权利。工业产权的范围十分广泛,主要包括发明、实用新型、外观设计、商标、服务标记、厂商名称、货源标记、原产地名称以及制止不正当竞争的权利。在我国,工业产权主要指专利权和商标权。

工业产权属于知识产权的范畴,是一种无形财产权,是人们对自己的脑力劳动所创造出的精神财富依法享有的权利,它与有形财产权相比,具有下列法律特征:

（一）专有性

专有性,又称排他性,是指依照法律规定取得的专利权和商标权专属于权利人所有,排除他人享有同样权利的可能性。享有该项权利的人有权行使或依其意志进行转让,其他任何人非经权利人同意不得使用,否则即为侵权。

（二）地域性

地域性,是指工业产权的法律保护具有域内效力,即一国授予的专利权和商标权只在该国领域内有效,在其他国家没有任何效力。一国的发明创造或商标要在他国获得专利权或商标权,必须依照他国的法律程序去申请并获得批准,否则,得不到他国法律的保护。

（三）时间性

时间性,是指工业产权的法律保护是有一定期限的,即权利人在法定期限内享有专有权,有效期限届满后,工业产权就不再受法律保护,成为社会财富,任何人都可以自由地使用而不发生侵权问题。

（四）确认性

确认性,是指工业产权必须是依据国家有关法律规定的程序确认的。如专利权、商标专用权的取得,必须依据专利法、商标法的规定,向国家的专门主管机关提出申请,经主管机关依法审查批准,并以法定形式正式确认后,才能给予法律保护。

二、工业产权法的概念

工业产权法,是指调整因确认、保护和使用工业产权而发生的各种社会关系的法律规范的总称。

工业产权法主要包括专利法和商标法以及与此相关的条例、细则等。我国调整工业产权的法律、法规主要有:《中华人民共和国专利法》《中华人民共和国专利法实施细则》《中华人民共和国商标法》《中华人民共和国商标法实施细则》等。《中华人民共和国民法通则》专设知识产权一节,对有关著作权、专利权、商标权、发现权、发明权或者其他科技成果权作了原则性规定。

三、工业产权的国际保护

工业产权的效力是有地域限制的,它只能在授予这种权利的国家内存在和行使。但在各国对外经济、政治、文化等方面交流日益增强的情况下,如果缺乏国家之间的有力协作,跨国界的侵权行为势必泛滥,如恶意抢注商标等。为此,有关工业产权保护的国际性、地区性国际条约先后出台。保护工业产权的条约主要有:1883年于巴黎缔结的《保护工业产权巴黎公约》,简称《巴黎公约》,我国于1985年3月19日正式成为其成员国;1891年于马德里缔结的《商标国际注册马德里协定》,简称《马德里协定》,1989年10月,我国正式加入《马德里协定》;1957年于尼斯缔结的《为商标注册目的而使用的商品与服务的国际分类协定》,简称《尼斯协定》,1994年8月,我国正式加入《尼斯协定》;1967年7月14日在斯德尔摩签订的《成立世界知识产权组织公约》,我国于1980年6月3日成为该公约成员国;1970年于华盛顿缔结的《专利合作条约》,1994年1月1日我国成为该条约成员国;1994年4月关贸总协定乌拉圭回合达成《与贸易有关的知识产权协议》,2001年12月11日我国成为该协定成员国。

第二节 专 利 法

一、专利法概述

(一)专利和专利权

专利一词,通常有两层含义,(1)专利是指受专利法保护的发明创造,一般包括发明、实用新型和外观设计三种专利;(2)专利是指专利法保护的对发明创造享有的专有权即专利权的简称。

专利权,是指国务院专利行政管理部门根据专利法的规定,授予发明人、设计人或其所属单位,在一定期限内,对某项发明创造享有的专有权。

（二）专利法的概念

专利法，是指调整在确认、保护发明创造的专有权，以及使用专有的发明创造过程中而形成的各种社会关系的法律规范的总称。

1984年3月12日第六届全国人民代表大会常务委员会第四次会议通过了《中华人民共和国专利法》（以下简称《专利法》），1992年9月4日、2000年8月25日和2008年12月27日，全国人大会常委会对《专利法》进行了三次修正。为了便于贯彻实施《专利法》，国务院发布了《中华人民共和国专利法实施细则》。

我国专利法的任务就是保护发明创造的专利权人的合法权益。专利法确认和保护专利权人的合法权益，是为了鼓励发明创造，推动发明创造的应用，提高创新能力，促进科学技术进步和经济社会发展。

二、专利权的主体和客体

（一）专利权的主体

专利权的主体，是指有权向国务院专利行政管理部门提出专利申请并取得专利权的单位和个人。根据《专利法》的规定，专利权的原始主体的确定有以下几种情况：

1. 职务发明创造

职务发明创造，是指执行本单位的任务或者主要是利用本单位的物质技术条件所完成的发明创造。

执行本单位的任务所完成的职务发明创造，包括：在本职工作中作出的发明创造；履行本单位交付的本职工作之外的任务所作出的发明创造；退职、退休或者调动工作后1年内作出的，与其在原单位承担的本职工作或者原单位分配的任务有关的发明创造。本单位的物质技术条件，是指本单位的资金、设备、零部件、原材料或者不对外公开的技术资料等。

职务发明创造申请专利的权利属于该单位；申请被批准后，该单位为专利权人。利用本单位的物质技术条件所完成的发明创造，单位与发明人或者设计人订有合同，对申请专利的权利和专利权的归属作出约定的，从其约定。

2. 非职务发明创造

非职务发明创造，是指不是为执行本单位的任务或者没有利用本单位的物质技术条件所完成的发明创造。

非职务发明创造，申请专利的权利属于发明人或者设计人。发明人或者设计人，是指对发明创造的实质性特点作出创造性贡献的人。申请被批准后，该发明人或者设计人为专利权人。在完成发明创造过程中，只负责组织工作的人、为物质技术条件的利用提供方便的人或者从事其他辅助工作的人，不是发明人或者设计人。

3. 共同发明创造

共同发明创造,是指两个以上单位或者个人合作完成的发明创造、一个单位或者个人接受其他单位或者个人委托所完成的发明创造。共同发明创造除另有协议的以外,申请专利的权利属于完成或者共同完成的单位或者个人;申请被批准后,申请的单位或者个人为专利权人。

专利申请权和专利权可以转让。中国单位或者个人向外国人、外国企业或者外国其他组织转让专利申请权或者专利权的,应当依照有关法律、行政法规的规定办理手续。转让专利申请权或者专利权的,当事人应当订立书面合同,并向国务院专利行政部门登记,由国务院专利行政部门予以公告。专利申请权或者专利权的转让自登记之日起生效。依法受让专利权的人,成为专利权人,又称为专利权的继受主体。

(二)专利权的客体

专利权的客体,是指依法可以取得专利权的发明创造。我国专利权的客体包括:

1. 发明

发明,是指对产品、方法或者其改进所提出的新的技术方案,发明包括产品发明、方法发明和改进发明。产品发明是指人工制造的各种产品的发明;方法发明则是指把一种对象改造成另一种对象所用的手段的发明。对于发明所授予的专利权,称发明专利权。

2. 实用新型

实用新型,是指对产品的形状、构造或者其结合所提出的适于实用的新的技术方案。实用新型的创造性比发明小,实用性的要求比发明低,申请和审批的手续比较简单,其专利有效期也比发明短,因此又称为"小发明"。实用新型仅仅涉及对有形物品的革新设计,不涉及无一定形状的物品,也不涉及制作的方法。对于实用新型所授予的专利权,称实用新型专利权。

3. 外观设计

外观设计,亦称工业品外观设计,是指对产品的形状、图案或者其结合以及色彩与形状、图案的结合所作出的富有美感并适于工业应用的新设计。外观设计只涉及产品外表的形状、图案、色彩或其结合,而不涉及设计技术与制造技术。对于外观设计所授予的专利权,称外观设计专利权。

三、授予专利权的条件

(一)授予专利权的发明和实用新型的条件

授予专利权的发明和实用新型应当具备新颖性、创造性和实用性。

1. 新颖性

新颖性，是指该发明或者实用新型不属于现有技术；也没有任何单位或者个人就同样的发明或者实用新型在申请日以前向国务院专利行政部门提出过申请，并记载在申请日以后公布的专利申请文件或者公告的专利文件中。申请专利的发明创造在申请日以前6个月内，有下列情形之一的，不丧失新颖性：(1)在中国政府主办或者承认的国际展览会上首次展出的。(2)在规定的学术会议或者技术会议上首次发表的。学术会议或者技术会议，是指国务院有关主管部门或者全国性学术团体组织召开的学术会议或者技术会议。(3)他人未经申请人同意而泄露其内容的。申请专利的发明创造有上述第(1)项或者第(2)项所列情形的，申请人应当在提出专利申请时声明，并自申请日起2个月内，提交有关国际展览会或者学术会议、技术会议的组织单位出具的有关发明创造已经展出或者发表，以及展出或者发表日期的证明文件。申请专利的发明创造有上述第(3)项所列情形的，国务院专利行政部门认为必要时，可以要求申请人在指定期限内提交证明文件。申请人未依照规定提出声明和提交证明文件的，或者未在指定期限内提交证明文件的，其申请则丧失新颖性。

2. 创造性

创造性，是指与现有技术相比，该发明具有突出的实质性特点和显著的进步，该实用新型具有实质性特点和进步。现有技术，是指申请日以前在国内外为公众所知的技术。

3. 实用性

实用性，是指该发明或者实用新型能够制造或者使用，并且能够产生积极效果。

(二) 授予专利权的外观设计的条件

授予专利权的外观设计，应当不属于现有设计；也没有任何单位或者个人就同样的外观设计在申请日以前向国务院专利行政部门提出过申请，并记载在申请日以后公告的专利文件中。现有设计，是指申请日以前在国内外为公众所知的设计。授予专利权的外观设计与现有设计或者现有设计特征的组合相比，应当具有明显区别。授予专利权的外观设计，应当同申请日以前在国内外出版物上公开发表过或者国内公开使用过的外观设计不相同和不相近似，并不得与他人在申请日以前已经取得的合法权利相冲突。

(三) 不授予专利权的发明创造或事项

1. 对违反法律、社会公德或者妨害公共利益的发明创造，不授予专利权。

2. 对违反法律、行政法规的规定获取或者利用遗传资源，并依赖该遗传资源完成的发明创造，不授予专利权。

3. 对下列各项，不授予专利权：(1)科学发现；(2)智力活动的规则和方法;(3)疾病的诊断和治疗方法;(4)动物和植物品种;(5)用原子核变换方法获得的物质;(6)对平面印刷品的图案、色彩或者二者的结合作出的主要起标识作用的设计。但是,对动物和植物品种的生产方法,可以依法授予专利权。

四、专利的申请

(一) 专利申请的原则

1. 先申请原则

两个以上的申请人分别就同样的发明创造申请专利的,专利权授予最先申请的人。两个以上的申请人在同一日分别就同样的发明创造申请专利的,应当在收到国务院专利行政部门的通知后自行协商确定申请人。

2. 申请单一性原则

一件发明或者实用新型专利申请应当限于一项发明或者实用新型。属于一个总的发明构思的两项以上的发明或者实用新型,可以作为一件申请提出,但应当在技术上相互关联,包含一个或者多个相同或者相应的特定技术特征。特定技术特征,是指每一项发明或者实用新型作为整体,对现有技术作出贡献的技术特征。

同样的发明创造只能授予一项专利权。但是,同一申请人同日对同样的发明创造既申请实用新型专利又申请发明专利,先获得的实用新型专利权尚未终止,且申请人声明放弃该实用新型专利权的,可以授予发明专利权。

一件外观设计专利申请应当限于一项外观设计。同一产品两项以上的相似外观设计,或者用于同一类别并且成套出售或者使用的产品的两项以上外观设计,可以作为一件申请提出。同一类别,是指产品属于分类表中同一小类;成套出售或者使用,是指各产品的设计构思相同,并且习惯上是同时出售、同时使用。

(二) 提交专利申请文件

因申请专利的客体不同,提交的文件也不同。

1. 申请发明或者实用新型专利的,应当提交请求书、说明书及其摘要和权利要求书等文件。

请求书应当写明发明或者实用新型的名称,发明人的姓名,申请人姓名或者名称、地址,以及其他事项。

说明书应当对发明或者实用新型作出清楚、完整的说明,以所属技术领域的技术人员能够实现为准;必要的时候,应当有附图。摘要应当简要说明发明或者实用新型的技术要点。

权利要求书应当以说明书为依据,清楚、简要地限定要求专利保护的范围。

依赖遗传资源完成的发明创造,申请人应当在专利申请文件中说明该遗传资源的直接来源和原始来源;申请人无法说明原始来源的,应当陈述理由。

2. 申请外观设计专利的,应当提交请求书以及该外观设计的图片或者照片等文件,并且应当写明使用该外观设计的产品及其所属的类别。申请人提交的有关图片或者照片应当清楚地显示要求专利保护的产品的外观设计。

(三) 申请日和优先权

国务院专利行政部门收到专利申请文件之日为申请日。如果申请文件是邮寄的,以寄出的邮戳日为申请日。

优先权,是指专利申请人就其发明创造第一次提出专利申请后,在专利法规定的期限内,又就同一主题的发明创造提出专利申请,申请人有权要求将第一次申请的日期视为后一次申请的申请日期。

优先权分为外国优先权和本国优先权两种:

1. 外国优先权

申请人自发明或者实用新型在外国第一次提出专利申请之日起 12 个月内,或者自外观设计在外国第一次提出专利申请之日起 6 个月内,又在中国就相同主题提出专利申请的,依照该外国同中国签订的协议或者共同参加的国际条约,或者依照相互承认优先权的原则,可以享有优先权。这种专利申请第一次是在外国提出的。

2. 本国优先权

申请人自发明或者实用新型在中国第一次提出专利申请之日起 12 个月内,又向国务院专利行政部门就相同主题提出专利申请的,可以享有优先权。这种专利申请第一次是在本国提出的。

申请人要求优先权的,应当在申请的时候提出书面声明,并且在 3 个月内提交第一次提出的专利申请文件的副本;未提出书面声明或者逾期未提交专利申请文件副本的,视为未要求优先权。

申请人在一件专利申请中,可以要求一项或者多项优先权;要求多项优先权的,该申请的优先权期限从最早的优先权日起计算。

申请人要求本国优先权,在先申请是发明专利申请的,可以就相同主题提出发明或者实用新型专利申请;在先申请是实用新型专利申请的,可以就相同主题提出实用新型或者发明专利申请。但是,提出后一申请时,在先申请的主题有下列情形之一的,不得作为要求本国优先权的基础:(1) 已经要求外国优先权或者本国优先权的;(2) 已经被授予专利权的;(3) 属于按照规定提出的分案申请的。

申请人要求本国优先权的,其在先申请自后一申请提出之日起即视为撤回。

(四) 专利申请的撤回和修改

申请人可以在被授予专利权之前随时撤回其专利申请。申请人撤回专利申请的,应当向国务院专利行政部门提出声明,写明发明创造的名称、申请号和申请日。

撤回专利申请的声明在国务院专利行政部门作好公布专利申请文件的印刷准备工作后提出的,申请文件仍予公布;但是,撤回专利申请的声明应当在以后出版的专利公报上予以公告。

申请人可以对其专利申请文件进行修改,但是,对发明和实用新型专利申请文件的修改不得超出原说明书和权利要求书记载的范围,对外观设计专利申请文件的修改不得超出原图片或者照片表示的范围。

(五) 在中国没有经常居所或者营业所的外国人的专利申请

在中国没有经常居所或者营业所的外国人、外国企业或者外国其他组织在中国申请专利的,依照其所属国同中国签订的协议或者共同参加的国际条约,或者依照互惠原则,根据《专利法》办理。在中国没有经常居所或者营业所的外国人、外国企业或者外国其他组织在中国申请专利和办理其他专利事务的,应当委托依法设立的专利代理机构办理。在中国没有经常居所或者营业所的申请人,申请专利或者要求外国优先权的,国务院专利行政部门认为必要时,可以要求其提供下列文件:国籍证明;申请人是企业或者其他组织的,其营业所或者总部所在地的证明文件;申请人的所属国,承认中国单位和个人可以按照该国国民的同等条件,在该国享有专利权、优先权和其他与专利有关的权利的证明文件。

五、专利申请的审查和批准

(一) 初步审查和早期公开

初步审查,也称形式审查,是指对申请文件、委托事项以及是否属于法律禁止授予专利权的情形等事项进行审查。

国务院专利行政部门收到发明专利申请后,经初步审查认为符合专利法要求的,自申请日起满18个月,即行公布。国务院专利行政部门可以根据申请人的请求早日公布其申请。

(二) 实质审查

实质审查,是指对发明创造是否具有新颖性、创造性和实用性进行审查。

发明专利申请自申请日起3年内,国务院专利行政部门可以根据申请人随时提出的请求,对其申请进行实质审查;申请人无正当理由逾期不请求实质审查的,该申请即被视为撤回。国务院专利行政部门认为必要的时候,可以自行对发明专利申请进行实质审查。发明专利的申请人请求实质审查的时候,应当提交在申请日前与其发明有关的参考资料。发明专利已经在外国提出过申请的,国务院专利行政部门可以要求申请人在指定期限内提交该国为审查其申请进行检索的资料或者审查结果的资料;无正当理由逾期不提交的,该申请即被视为撤回。

(三) 授予专利权

发明专利申请经实质审查没有发现驳回理由的,由国务院专利行政部门作出授予发明专利权的决定,发给发明专利证书,同时予以登记和公告。发明专利权自公告之日起生效。

实用新型和外观设计专利申请经初步审查没有发现驳回理由的,由国务院专利行政部门作出授予实用新型专利权或者外观设计专利权的决定,发给相应的专利证书,同时予以登记和公告。实用新型专利权和外观设计专利权自公告之日起生效。

(四) 专利申请的驳回

国务院专利行政部门对发明专利申请进行实质审查后,认为不符合专利法规定的,应当通知申请人,要求其在指定的期限内陈述意见,或者对其申请进行修改;无正当理由逾期不答复的,该申请即被视为撤回。发明专利申请经申请人陈述意见或者进行修改后,国务院专利行政部门仍然认为不符合专利法规定的,应当予以驳回。

发明专利申请经实质审查应当予以驳回的情形主要包括:发明专利申请不是对产品、方法或者其改进所提出的新的技术方案;属于违反法律、社会公德或者妨害公共利益的发明创造;属于《专利法》第25条规定的不授予专利权的事项;不具备新颖性、创造性和实用性的发明创造;违反了申请单一性原则;两个以上的申请人在同一日分别就同样的发明创造申请专利经自行协商未确定申请人的等。

(五) 专利申请的复审

国务院专利行政部门设立专利复审委员会。专利申请人对国务院专利行政部门驳回申请的决定不服的,可以自收到通知之日起3个月内,向专利复审委员会请求复审。专利复审委员会复审后,作出决定,并通知专利申请人。专利申请人对专利复审委员会的复审决定不服的,可以自收到通知之日起3个月内向人民法院起诉。

六、专利权的期限、终止和无效

(一) 专利权的期限、终止

发明专利权的期限为20年,实用新型专利权和外观设计专利权的期限为10年,均自申请日起计算。专利权人应当自被授予专利权的当年开始缴纳年费。

有下列情形之一的,专利权在期限届满前终止:
1. 没有按照规定缴纳年费的;
2. 专利权人以书面声明放弃其专利权的。

专利权在期限届满前终止的,由国务院专利行政部门登记和公告。

(二) 专利权的无效

自国务院专利行政部门公告授予专利权之日起,任何单位或者个人认为该专利权的授予不符合专利法有关规定的,可以请求专利复审委员会宣告该专利权无效。专利复审委员会对宣告专利权无效的请求应当及时审查和作出决定,并通知请求人和专利权人。宣告专利权无效的决定,由国务院专利行政部门登记和公告。

对专利复审委员会宣告专利权无效或者维持专利权的决定不服的,可以自收到通知之日起3个月内向人民法院起诉。人民法院应当通知无效宣告请求程序的对方当事人作为第三人参加诉讼。

宣告无效的专利权视为自始即不存在。宣告专利权无效的决定,对在宣告专利权无效前人民法院作出并已执行的专利侵权的判决、调解书,已经履行或者强制执行的专利侵权纠纷处理决定,以及已经履行的专利实施许可合同和专利权转让合同,不具有追溯力。但是因专利权人的恶意给他人造成的损失,应当给予赔偿。但如果相关当事人不返还专利侵权赔偿金、专利使用费、专利权转让费,明显违反公平原则的,应当全部或者部分返还。

七、专利权人的权利和义务

(一) 专利权人的权利

专利权申请人依法取得发明创造的专利权后,就享有了专利法所规定的各项权利。专利权人的专利权包括以下内容:

1. 独占权

专利权人有自己制造、使用和销售专利产品,或者使用专利方法的权利。专利申请权或者专利权的共有人对权利的行使有约定的,从其约定。没有约定的,共有人可以单独实施或者以普通许可方式许可他人实施该专利;许可他人实施该专利的,收取的使用费应当在共有人之间分配。除上述情形外,行使共有的专利申请权或者专利权应当取得全体共有人的同意。

《专利法》规定,发明和实用新型专利权被授予后,除《专利法》另有规定的以外,任何单位或者个人未经专利权人许可,都不得实施其专利,即不得为生产经营目的制造、使用、许诺销售、销售、进口其专利产品,或者使用其专利方法以及使用、许诺销售、销售、进口依照该专利方法直接获得的产品。外观设计专利权被授予后,任何单位或者个人未经专利权人许可,都不得实施其专利,即不得为生产经营目的制造、销售、进口其外观设计专利产品。

依照《专利法》第14条的规定,国有企业事业单位的发明专利,对国家利益或者公共利益具有重大意义的,国务院有关主管部门和省、自治区、直辖市人民政府报经国务院批准,可以决定在批准的范围内推广应用,允许指定的单位实施,由实施单位按照国家规定向专利权人支付使用费。

2. 转让权

专利权人有将自己的专利权转让给他人的权利。《专利法》规定,中国单位或者个人向外国人、外国企业或者外国其他组织转让专利申请权或者专利权的,应当依照有关法律、行政法规的规定办理手续。转让专利申请权或者专利权的,当事人应当订立书面合同,并向国务院专利行政部门登记,由国务院专利行政部门予以公告。专利申请权或者专利权的转让自登记之日起生效。

3. 许可权

专利权人有许可他人实施其专利并收取使用费的权利。《专利法》规定,任何单位或者个人实施他人专利的,应当与专利权人订立实施许可合同,向专利权人支付专利使用费。被许可人无权允许合同规定以外的任何单位或者个人实施该专利。发明专利申请公布后,申请人可以要求实施其发明的单位或者个人支付适当的费用。

4. 标记权

专利权人有权在其专利产品或者该产品的包装上标明专利标识。此外,发明人或者设计人无论是否为专利权人,都有在专利文件上写明自己是发明人或者设计人的权利。这种人身权利。不因专利权的转让而消灭。

5. 请求保护权

专利权人在自己的专利权受到侵犯时,有请求专利行政部门进行处理,或者直接向人民法院起诉的权利。

(二)专利权人的义务:

1. 有缴纳专利年费的义务

年费实际上是专利权人付给专利行政部门的管理费用。专利权人应从授予专利权的当年开始缴纳专利年费,不按规定缴纳年费的,专利权应予终止。

2. 被授予专利权的单位对发明人或者设计人奖励的义务

职务发明创造取得专利后,被授予专利权的单位应当对职务发明创造的发明人或者设计人给予奖励;发明创造专利实施后,根据其推广应用的范围和取得的经济效益,对发明人或者设计人给予合理的报酬。[①]

(三)专利实施的强制许可

专利实施的强制许可,又称非自愿许可,是指在法定的特殊条件下,不经专利权人的许可,他人可在履行法定手续后,由国务院专利行政部门依法强制给予其实施某项专利的许可。专利实施的强制许可主要适用于以下几种情况:

---

① 参见《中华人民共和国专利法实施细则》第6章。

1. 有下列情形之一的,国务院专利行政部门根据具备实施条件的单位或者个人的申请,可以给予实施发明专利或者实用新型专利的强制许可:(1) 专利权人自专利权被授予之日起满3年,且自提出专利申请之日起满4年,无正当理由未实施或者未充分实施其专利的①(申请强制许可的单位或者个人应当提供证据,证明其以合理的条件请求专利权人许可其实施专利,但未能在合理的时间内获得许可);(2) 专利权人行使专利权的行为被依法认定为垄断行为,为消除或者减少该行为对竞争产生的不利影响的。

2. 在国家出现紧急状态或者非常情况时,或者为了公共利益的目的,国务院专利行政部门可以给予实施发明专利或者实用新型专利的强制许可。

3. 为了公共健康目的,对取得专利权的药品②,国务院专利行政部门可以给予制造并将其出口到符合中华人民共和国参加的有关国际条约规定的国家或者地区的强制许可。

4. 一项取得专利权的发明或者实用新型比之前已经取得专利权的发明或者实用新型具有显著经济意义的重大技术进步,其实施又有赖于前一发明或者实用新型的实施的,国务院专利行政部门根据后一专利权人的申请,可以给予实施前一发明或者实用新型的强制许可。在依照上述规定给予实施强制许可的情形下,国务院专利行政部门根据前一专利权人的申请,也可以给予实施后一发明或者实用新型的强制许可(申请强制许可的单位或者个人应当提供证据,证明其以合理的条件请求专利权人许可其实施专利,但未能在合理的时间内获得许可)。

强制许可涉及的发明创造为半导体技术的,其实施限于公共利益的目的和专利权人行使专利权的行为被依法认定为垄断行为,为消除或者减少该行为对竞争产生的不利影响的情形。

除上述被依法认定为垄断行为和为了公共健康目的给予的强制许可外,强制许可的实施应当主要为了供应国内市场。

国务院专利行政部门作出的给予实施强制许可的决定,应当及时通知专利权人,并予以登记和公告。给予实施强制许可的决定,应当根据强制许可的理由规定实施的范围和时间。强制许可的理由消除并不再发生时,国务院专利行政部门应当根据专利权人的请求,经审查后作出终止实施强制许可的决定。

取得实施强制许可的单位或者个人不享有独占的实施权,并且无权允许他人实施。取得实施强制许可的单位或者个人应当付给专利权人合理的使用费,

---

① 未充分实施其专利,是指专利权人及其被许可人实施其专利的方式或者规模不能满足国内对专利产品或者专利方法的需求。

② 取得专利权的药品,是指解决公共健康问题所需的医药领域中的任何专利产品或者依照专利方法直接获得的产品,包括取得专利权的制造该产品所需的活性成分以及使用该产品所需的诊断用品。

或者依照中华人民共和国参加的有关国际条约的规定处理使用费问题。付给使用费的,其数额由双方协商;双方不能达成协议的,由国务院专利行政部门裁决。

专利权人对国务院专利行政部门关于实施强制许可的决定不服的,专利权人和取得实施强制许可的单位或者个人对国务院专利行政部门关于实施强制许可的使用费的裁决不服的,可以自收到通知之日起3个月内向人民法院起诉。

八、专利权的保护

(一)专利权的保护范围

发明或者实用新型专利权的保护范围以其权利要求的内容为准,说明书及附图可以用于解释权利要求。外观设计专利权的保护范围以表示在图片或者照片中的该产品的外观设计为准,简要说明可以用于解释图片或者照片所表示的该产品的外观设计。

(二)侵犯专利权的行为

侵犯专利权的行为,是指违背专利权人的意愿,以盈利为目的实施其专利的行为。专利侵权行为主要有以下几种:

1. 未经专利权人许可实施其专利的行为

下列行为属于未经专利权人许可实施其专利的行为:(1)为生产经营目的制造、使用、许诺销售、销售、进口其专利产品(2)使用专利方法以及使用、许诺销售、销售、进口依照该专利方法直接获得的产品(3)外观设计专利权被授予后,未经专利权人许可,为生产经营目的制造、销售、进口其外观设计专利产品。

2. 假冒他人专利的行为

下列行为属于假冒他人专利的行为:(1)未经许可,在其制造或者销售的产品、产品的包装上标注他人的专利号;(2)未经许可,在广告或者其他宣传材料中使用他人的专利号,使人将所涉及的技术误认为是他人的专利技术;(3)未经许可使用他人的专利号,使公众将所涉及的技术或者设计误认为是专利技术或者专利设计;(4)伪造或者变造他人的专利证书、专利文件或者专利申请文件。

3. 冒充专利产品、专利方法的行为

下列行为属于冒充专利产品、专利方法的行为:(1)制造或者销售标有专利标识的非专利产品;(2)专利权被宣告无效后,继续在制造或者销售的产品上标注专利标识;(3)在广告或者其他宣传材料中将非专利技术称为专利技术;(4)在合同中将非专利技术称为专利技术;(5)伪造或者变造专利证书、专利文件或者专利申请文件。

(三)不视为侵权的专利实施行为

根据我国《专利法》第69条的规定,有下列情形之一的,不视为侵犯专利权:

1. 专利产品或者依照专利方法直接获得的产品,由专利权人或者经其许可的单位、个人售出后,使用、许诺销售、销售、进口该产品的。

2. 专利申请日前已经制造相同产品、使用相同方法或者已经作好制造、使用的必要准备,并且仅在原有范围内继续制造、使用的。①

3. 临时通过中国领陆、领水、领空的外国运输工具,依照其所属国同中国签订的协议或者共同参加的国际条约,或者依照互惠原则,为运输工具自身需要而在其装置和设备中使用有关专利的。

4. 为科学研究和实验而使用有关专利的。

5. 为提供行政审批所需要的信息,制造、使用、进口专利药品或者专利医疗器械的,以及专门为其制造、进口专利药品或者专利医疗器械的。

在专利侵权纠纷中,被控侵权人有证据证明其实施的技术或者设计属于现有技术或者现有设计的,不构成侵犯专利权。

为生产经营目的使用或者销售不知道是未经专利权人许可而制造并售出的专利产品或者依照专利方法直接获得的产品,能证明其产品合法来源的,不承担赔偿责任。

(四)专利侵权证据的保全

为了制止专利侵权行为,在证据可能灭失或者以后难以取得的情况下,专利权人或者利害关系人可以在起诉前向人民法院申请保全证据。人民法院采取保全措施,可以责令申请人提供担保;申请人不提供担保的,驳回申请。人民法院应当自接受申请之时起 48 小时内作出裁定;裁定采取保全措施的,应当立即执行。申请人自人民法院采取保全措施之日起 15 日内不起诉的,人民法院应当解除该措施。

(五)违反《专利法》的法律责任

未经专利权人许可,实施其专利,即侵犯其专利权,引起纠纷的,由当事人协商解决;不愿协商或者协商不成的,专利权人或者利害关系人可以向人民法院起诉,也可以请求管理专利工作的部门处理。管理专利工作的部门处理时,认定侵权行为成立的,可以责令侵权人立即停止侵权行为,当事人不服的,可以自收到处理通知之日起 15 日内依照《中华人民共和国行政诉讼法》向人民法院起诉;侵权人期满不起诉又不停止侵权行为的,管理专利工作的部门可以申请人民法院强制执行。进行处理的管理专利工作的部门应当事人的请求,可以就侵犯专利权的赔偿数额进行调解;调解不成的,当事人可以依照《中华人民共和国民事

---

① 已经作好制造、使用的必要准备是指具备下列情形之一的:(1)已经完成实施发明创造所必需的主要技术图纸或者工艺文件;(2)已经制造或者购买实施发明创造所必需的主要设备或者原材料。原有范围,包括专利申请日前已有的生产规模以及利用已有的生产设备或者根据已有的生产准备可以达到的生产规模。

诉讼法》向人民法院起诉。

假冒他人专利的,除依法承担民事责任外,由管理专利工作的部门责令改正并予公告,没收违法所得,可以并处违法所得4倍以下的罚款,没有违法所得的,可以处20万元以下的罚款;构成犯罪的,依法追究刑事责任。

管理专利工作的部门根据已经取得的证据,对涉嫌假冒专利行为进行查处时,可以询问有关当事人,调查与涉嫌违法行为有关的情况;对当事人涉嫌违法行为的场所实施现场检查;查阅、复制与涉嫌违法行为有关的合同、发票、账簿以及其他有关资料;检查与涉嫌违法行为有关的产品,对有证据证明是假冒专利的产品,可以查封或者扣押。管理专利工作的部门依法行使前款规定的职权时,当事人应当予以协助、配合,不得拒绝、阻挠。

侵犯专利权的赔偿数额按照权利人因被侵权所受到的实际损失确定;实际损失难以确定的,可以按照侵权人因侵权所获得的利益确定。权利人的损失或者侵权人获得的利益难以确定的,参照该专利许可使用费的倍数合理确定。赔偿数额还应当包括权利人为制止侵权行为所支付的合理开支。权利人的损失、侵权人获得的利益和专利许可使用费均难以确定的,人民法院可以根据专利权的类型、侵权行为的性质和情节等因素,确定给予1万元以上100万元以下的赔偿。

专利权人或者利害关系人有证据证明他人正在实施或者即将实施侵犯专利权的行为,如不及时制止将会使其合法权益受到难以弥补的损害的,可以在起诉前向人民法院申请采取责令停止有关行为的措施。申请人提出申请时,应当提供担保;不提供担保的,驳回申请。人民法院应当自接受申请之时起48小时内作出裁定;有特殊情况需要延长的,可以延长48小时。裁定责令停止有关行为的,应当立即执行。当事人对裁定不服的,可以申请复议一次;复议期间不停止裁定的执行。申请人自人民法院采取责令停止有关行为的措施之日起15日内不起诉的,人民法院应当解除该措施。申请有错误的,申请人应当赔偿被申请人因停止有关行为所遭受的损失。

侵犯专利权的诉讼时效为2年,自专利权人或者利害关系人得知或者应当得知侵权行为之日起计算。发明专利申请公布后至专利权授予前使用该发明未支付适当使用费的,专利权人要求支付使用费的诉讼时效为2年,自专利权人得知或者应当得知他人使用其发明之日起计算,但是,专利权人于专利权授予之日前即已得知或者应当得知的,自专利权授予之日起计算。

任何单位或者个人将在中国完成的发明或者实用新型向外国申请专利的,应当事先报经国务院专利行政部门进行保密审查。违反该规定,向外国申请专利,泄露国家秘密的,由所在单位或者上级主管机关给予行政处分;构成犯罪的,依法追究刑事责任。

侵夺发明人或者设计人的非职务发明创造专利申请权和本法规定的其他权益的,由所在单位或者上级主管机关给予行政处分。

管理专利工作的部门不得参与向社会推荐专利产品等经营活动。管理专利工作的部门违反上述规定的,由其上级机关或者监察机关责令改正,消除影响,有违法收入的予以没收;情节严重的,对直接负责的主管人员和其他直接责任人员依法给予行政处分。

从事专利管理工作的国家机关工作人员以及其他有关国家机关工作人员玩忽职守、滥用职权、徇私舞弊,构成犯罪的,依法追究刑事责任;尚不构成犯罪的,依法给予行政处分。

第三节 商 标 法

一、商标法概述

（一）商标的概念

商标是商品或商业服务的标记,是商品生产者、经营者或者商品服务者用以标明自己所生产、经营的产品或者所提供的服务,与他人生产、经营的产品或者提供的服务区别的标记。这种标记,一般由文字、图形、字母、数字、三维标志、颜色组合和声音等,以及上述要素的组合来表示。

商标作为一种标志,使商品生产者、经营者或者商品服务者所生产、经营的产品或者所提供的服务,与他人生产、经营的产品或者提供的服务相区别,便于消费者选购。同时,在市场经济条件下,商标本身也能起到广告宣传、质量保证、市场竞争的作用。

（二）商标的种类

1. 商标按其构成可以划分为文字商标、图形商标、字母商标、数字商标、三维商标、颜色商标、声音商标以及组合商标。三维商标,是指由产品的外形或包装作为商标。

2. 商标按其使用对象可以划分为商品商标、服务商标、集体商标和证明商标。集体商标,是指以团体、协会或者其他组织名义注册,供该组织成员在商事活动中使用,以表明使用者在该组织中的成员资格的标志。证明商标,是指由对某种商品或者服务具有监督能力的组织所控制,而由该组织以外的单位或者个人使用于其商品或者服务,用以证明该商品或者服务的原产地、原料、制造方法、质量或者其他特定品质的标志。集体商标、证明商标注册和管理的特殊事项,由国务院工商行政管理部门规定。

(三) 商标法的概念

商标法是调整在确认、保护商标专用权和商标使用管理过程中发生的社会关系的法律规范的总称。

1982年8月23日第五届全国人民代表大会常务委员会第二十四次会议通过了《中华人民共和国商标法》(以下简称《商标法》),1993年2月22日、2001年10月27日和2013年8月30日,全国人大会常委会对《商标法》进行了三次修正。为了便于贯彻实施《商标法》,国务院发布了《中华人民共和国商标法实施条例》。

《商标法》的任务是加强商标管理,保护商标专用权,促使生产、经营者保证商品和服务质量,维护商标信誉,以保障消费者和生产、经营者的利益,促进社会主义市场经济的发展。

在我国,国务院工商行政管理部门商标局主管全国商标注册和管理的工作。国务院工商行政管理部门设立商标评审委员会,负责处理商标争议事宜。

二、商标注册

(一) 商标注册的概念

商标注册,是指自然人、法人或者其他组织为取得商标专用权,依照法定程序向国家商标局提出申请,经过审核予以注册,授予商标专用权的行为。经商标局核准注册的商标为注册商标,商标注册人享有商标专用权,受法律保护。商标国际注册遵循中华人民共和国缔结或者参加的有关国际条约确立的制度,具体办法由国务院规定。

(二) 商标注册的原则

1. 自愿注册和强制注册相结合的原则

我国大部分商标采取自愿注册原则,即是否注册,由商标使用人自主决定。自然人、法人或者其他组织在生产经营活动中,对其商品或者服务需要取得商标专用权的,应当向商标局申请商标注册。《商标法》有关商品商标的规定,适用于服务商标。但是,法律、行政法规规定必须使用注册商标的商品,必须申请商标注册,未经核准注册的,不得在市场销售。如人用药品、烟草制品。

2. 申请在先为主、使用在先为辅的原则

两个或者两个以上的商标注册申请人,在同一种商品或者类似商品上,以相同或者近似的商标申请注册的,初步审定并公告申请在先的商标;同一天申请的,初步审定并公告使用在先的商标,驳回其他人的申请,不予公告。

3. 诚实信用原则

申请注册和使用商标,应当遵循诚实信用原则。带有欺骗性,容易使公众对商品的质量等特点或者产地产生误认的标识,不得作为商标使用;申请商标注册不得损害他人现有的在先权利,也不得以不正当手段抢先注册他人已经使用并有一定影响的商标;以欺骗手段或者其他不正当手段取得注册的,相关单位或者个人可以请求商标评审委员会宣告该注册商标无效。

(三) 商标注册的申请

1. 商标注册的申请人

我国《商标法》规定,自然人、法人或者其他组织在生产经营活动中,对其商品或者服务需要取得商标专用权的,应当向商标局申请商标注册。两个以上的自然人、法人或者其他组织可以共同向商标局申请注册同一商标 共同享有和行使该商标专用权。

外国人或者外国企业在中国申请商标注册的,应当按其所属国和中华人民共和国签订的协议或者共同参加的国际条约办理,或者按对等原则办理。外国人或者外国企业,是指在中国没有经常居所或者营业所的外国人或者外国企业。外国人或者外国企业在中国申请商标注册和办理其他商标事宜的,应当委托依法设立的商标代理机构办理。

2. 商标代理机构

商标代理,是指接受委托人的委托,以委托人的名义办理商标注册申请、商标评审或者其他商标事宜。商标代理机构,包括经工商行政管理部门登记从事商标代理业务的服务机构和从事商标代理业务的律师事务所。商标代理机构从事商标局、商标评审委员会主管的商标事宜代理业务的,应当按照规定向商标局备案。

商标代理机构应当遵循诚实信用原则,遵守法律、行政法规,按照被代理人的委托办理商标注册申请或者其他商标事宜;对在代理过程中知悉的被代理人的商业秘密,负有保密义务。委托人申请注册的商标可能存在商标法规定不得注册情形的,商标代理机构应当明确告知委托人。商标代理机构知道或者应当知道委托人申请注册的商标属于《商标法》第15条和第32条规定情形的,不得接受其委托。商标代理机构除对其代理服务申请商标注册外,不得申请注册其他商标。

商标代理行业组织应当按照章程规定,严格执行吸纳会员的条件,对违反行业自律规范的会员实行惩戒。商标代理行业组织对其吸纳的会员和对会员的惩戒情况,应当及时向社会公布。

3. 商标注册的申请条件

申请商标注册,必须符合法律规定的条件,否则不能获准注册。申请商标注册的条件主要有:

(1) 按规定的商品分类表填报使用商标的商品类别和商品名称,提出注册申请。

商标注册申请人应当按规定的商品分类表填报使用商标的商品类别和商品

名称,提出注册申请。商标注册申请人可以通过一份申请就多个类别的商品申请注册同一商标。商标注册申请等有关文件,可以以书面方式或者数据电文方式提出。注册商标需要在核定使用范围之外的商品上取得商标专用权的,应当另行提出注册申请。注册商标需要改变其标志的,应当重新提出注册申请。

(2) 商标应当具有显著特征。

申请注册的商标,应当有显著特征,便于识别,并不得与他人在先取得的合法权利相冲突。商标的显著特征是指一个商标区别于其他商标的明显的标志,也就是商标应当具有的独特性或可识别性。《商标法》规定,下列标志不得作为商标注册:仅有本商品的通用名称、图形、型号的;仅仅直接表示商品的质量、主要原料、功能、用途、重量、数量及其他特点的;缺乏显著特征的。但上述所列标志经过使用取得显著特征,并便于识别的,可以作为商标注册。

以三维标志申请注册商标的,仅由商品自身的性质产生的形状、为获得技术效果而需有的商品形状或者使商品具有实质性价值的形状,不得注册。

(3) 商标应当具备法定的构成要素。

任何能够将自然人、法人或者其他组织的商品与他人的商品区别开的标志,包括文字、图形、字母、数字、三维标志、颜色组合和声音等,以及上述要素的组合,均可以作为商标申请注册。

(4) 商标不能违背法律的禁止性规定。

《商标法》规定,下列标志不得作为商标使用:同中华人民共和国的国家名称、国旗、国徽、军旗、勋章相同或者近似的,以及同中央国家机关所在地特定地点的名称或者标志性建筑物的名称、图形相同的;同外国的国家名称、国旗、国徽、军旗相同或者近似的,但该国政府同意的除外;同政府间国际组织的名称、旗帜、徽记相同或者近似的,但经该组织同意或者不易误导公众的除外;与表明实施控制、予以保证的官方标志、检验印记相同或者近似的,但经授权的除外;同"红十字""红新月"的名称、标志相同或者近似的;带有民族歧视性的;带有欺骗性,容易使公众对商品的质量等特点或者产地产生误认的;有害于社会主义道德风尚或者有其他不良影响的。县级以上行政区划的地名或者公众知晓的外国地名,不得作为商标。但是,地名具有其他含义或者作为集体商标、证明商标组成部分的除外;已经注册的使用地名的商标继续有效。

就相同或者类似商品申请注册的商标是复制、摹仿或者翻译他人未在中国注册的驰名商标,容易导致混淆的,不予注册并禁止使用。就不相同或者不相类似商品申请注册的商标是复制、摹仿或者翻译他人已经在中国注册的驰名商标,误导公众,致使该驰名商标注册人的利益可能受到损害的,不予注册并禁止使用。

未经授权,代理人或者代表人以自己的名义将被代理人或者被代表人的商标进行注册,被代理人或者被代表人提出异议的,不予注册并禁止使用。就同一种商品或者类似商品申请注册的商标与他人在先使用的未注册商标相同或者近似,申请人与该他人具有前述规定以外的合同、业务往来关系或者其他关系而明知该他人商标存在,该他人提出异议的,不予注册。

商标中有商品的地理标志,而该商品并非来源于该标志所标示的地区,误导公众的,不予注册并禁止使用;但是,已经善意取得注册的继续有效。地理标志,是指标示某商品来源于某地区,该商品的特定质量、信誉或者其他特征,主要由该地区的自然因素或者人文因素所决定的标志。

4. 优先权

商标注册申请人自其商标在外国第一次提出商标注册申请之日起6个月内,又在中国就相同商品以同一商标提出商标注册申请的,依照该外国同中国签订的协议或者共同参加的国际条约,或者按照相互承认优先权的原则,可以享有优先权。要求优先权的,应当在提出商标注册申请的时候提出书面声明,并且在3个月内提交第一次提出的商标注册申请文件的副本;未提出书面声明或者逾期未提交商标注册申请文件副本的,视为未要求优先权。

商标在中国政府主办的或者承认的国际展览会展出的商品上首次使用的,自该商品展出之日起6个月内,该商标的注册申请人可以享有优先权。要求优先权的,应当在提出商标注册申请的时候提出书面声明,并且在3个月内提交展出其商品的展览会名称、在展出商品上使用该商标的证据、展出日期等证明文件;未提出书面声明或者逾期未提交证明文件的,视为未要求优先权。

(四) 商标注册的审查和核准

1. 商标注册审查

我国《商标法》对商标注册的审查包括形式审查和实质审查。形式审查,是对商标注册申请的书件、手续是否符合法律规定的审查,主要是就申请书的填写是否属实、准确、清晰和有关手续是否完备进行审查。通过形式审查,决定商标注册申请能否受理。实质审查,是对申请注册的商标是否具备注册商标条件的审查,主要审查申请注册的商标是否违背商标法禁用条款;是否具备法定构成要素;是否具有显著特征;是否与他人在同一种或类似商品上注册的商标相混同等。

2. 初步审定和公告

申请注册的商标,经过形式审查和实质审查后,凡符合商标法有关规定的,由商标局初步审定,予以公告。在审查过程中,商标局认为商标注册申请内容需要说明或者修正的,可以要求申请人作出说明或者修正。申请人未作出说明或者修正的,不影响商标局作出审查决定。申请注册的商标,凡不符合商标法有关规定,或者同他人在同一种商品或者类似商品上已经注册的,或者初步审定的商标相同或者近似的,由商标局驳回申请,不予公告。

两个或者两个以上的商标注册申请人,在同一种商品或者类似商品上,以相同或者近似的商标申请注册的,初步审定并公告申请在先的商标;同一天申请的,初步审定并公告使用在先的商标,驳回其他人的申请,不予公告。

申请商标注册不得损害他人现有的在先权利,也不得以不正当手段抢先注册他人已经使用并有一定影响的商标。

对驳回申请、不予公告的商标,商标局应当书面通知商标注册申请人。商标注册申请人不服的,可以自收到通知之日起15日内向商标评审委员会申请复审。商标评审委员会应当自收到申请之日起9个月内作出决定,并书面通知申请人。有特殊情况需要延长的,经国务院工商行政管理部门批准,可以延长3个月。当事人对商标评审委员会的决定不服的,可以自收到通知之日起30日内向人民法院起诉。①

3. 商标异议

商标异议,就是对初步审定公告的商标提出反对意见,要求撤销初步审定,不予注册。

我国《商标法》规定,对初步审定公告的商标,自公告之日起3个月内,在先权利人、利害关系人认为违反《商标法》第13条第2款和第3款、第15条、第16条第1款、第30条、第31条、第32条规定的,或者任何人认为违反《商标法》第10条、第11条、第12条规定的,可以向商标局提出异议。

对商标局初步审定予以公告的商标提出异议的,异议人应当向商标局提交商标异议申请书、异议人的身份证明、异议人作为在先权利人或者利害关系人的证明材料一式两份并标明正、副本。商标异议书应当有明确的请求和事实依据,并附送有关证据材料。商标局收到商标异议申请书后,经审查,符合受理条件的,予以受理,向申请人发出受理通知书。

商标局应当将商标异议书副本及时送交被异议人,限其自收到商标异议书副本之日起30日内答辩。被异议人不答辩的,不影响商标局作出决定。

对初步审定公告的商标提出异议的,商标局应当听取异议人和被异议人陈述事实和理由,经调查核实后,自公告期满之日起12个月内作出是否准予注册的决定,并书面通知异议人和被异议人。有特殊情况需要延长的,经国务院工商行政管理部门批准,可以延长6个月。

商标局作出准予注册决定的,发给商标注册证,并予公告。异议人不服的,可以依照本法第44条、第45条的规定向商标评审委员会请求宣告该注册商标

---

① 不服商标评审委员会作出的复审决定或者裁定的行政案件及国家工商行政管理总局商标局作出的有关商标的具体行政行为案件,由北京市有关中级人民法院管辖。

无效。

商标局作出不予注册决定,被异议人不服的,可以自收到通知之日起 15 日内向商标评审委员会申请复审。商标评审委员会应当自收到申请之日起 12 个月内做出复审决定,并书面通知异议人和被异议人。有特殊情况需要延长的,经国务院工商行政管理部门批准,可以延长 6 个月。被异议人对商标评审委员会的决定不服的,可以自收到通知之日起 30 日内向人民法院起诉。人民法院应当通知异议人作为第三人参加诉讼。

商标评审委员会在依照前述规定进行复审的过程中,所涉及的在先权利的确定必须以人民法院正在审理或者行政机关正在处理的另一案件的结果为依据的,可以中止审查。中止原因消除后,应当恢复审查程序。

法定期限届满,当事人对商标局做出的驳回申请决定、不予注册决定不申请复审或者对商标评审委员会作出的复审决定不向人民法院起诉的,驳回申请决定、不予注册决定或者复审决定生效。

经审查异议不成立而准予注册的商标,商标注册申请人取得商标专用权的时间自初步审定公告 3 个月期满之日起计算。自该商标公告期满之日起至准予注册决定作出前,对他人在同一种或者类似商品上使用与该商标相同或者近似的标志的行为不具有追溯力;但是,因该使用人的恶意给商标注册人造成的损失,应当给予赔偿。

4. 核准注册

对初步审定的商标,自公告之日起经过 3 个月,没有异议或虽然有异议,但经商标局审查异议不成立的,予以核准注册,发给商标注册证,并予公告。核准注册标志着商标注册申请人取得商标专用权。商标一经注册,即为注册商标,受国家法律保护。

商标注册申请人取得商标专用权的时间自初审公告 3 个月期满之日起计算。

(五) 注册商标的无效宣告

已经注册的商标,违反《商标法》第 10 条、第 11 条、第 12 条规定的,或者是以欺骗手段或者其他不正当手段取得注册的,由商标局宣告该注册商标无效;其他单位或者个人可以请求商标评审委员会宣告该注册商标无效。

商标局作出宣告注册商标无效的决定,应当书面通知当事人。当事人对商标局的决定不服的,可以自收到通知之日起 15 日内向商标评审委员会申请复审。商标评审委员会应当自收到申请之日起 9 个月内作出决定,并书面通知当事人。有特殊情况需要延长的,经国务院工商行政管理部门批准,可以延长 3 个月。当事人对商标评审委员会的决定不服的,可以自收到通知之日起 30 日内向人民法院起诉。

其他单位或者个人请求商标评审委员会宣告注册商标无效的,商标评审委员会收到申请后,应当书面通知有关当事人,并限期提出答辩。商标评审委员会应当自收到申请之日起9个月内作出维持注册商标或者宣告注册商标无效的裁定,并书面通知当事人。有特殊情况需要延长的,经国务院工商行政管理部门批准,可以延长3个月。当事人对商标评审委员会的裁定不服的,可以自收到通知之日起30日内向人民法院起诉。人民法院应当通知商标裁定程序的对方当事人作为第三人参加诉讼。

已经注册的商标,违反《商标法》第13条第2款和第3款、第15条、第16条第1款、第30条、第31条、第32条规定的,自商标注册之日起5年内,在先权利人或者利害关系人可以请求商标评审委员会宣告该注册商标无效。对恶意注册的,驰名商标所有人不受5年的时间限制。

商标评审委员会收到宣告注册商标无效的申请后,应当书面通知有关当事人,并限期提出答辩。商标评审委员会应当自收到申请之日起12个月内作出维持注册商标或者宣告注册商标无效的裁定,并书面通知当事人。有特殊情况需要延长的,经国务院工商行政管理部门批准,可以延长6个月。当事人对商标评审委员会的裁定不服的,可以自收到通知之日起30日内向人民法院起诉。人民法院应当通知商标裁定程序的对方当事人作为第三人参加诉讼。

商标评审委员会在依照前款规定对无效宣告请求进行审查的过程中,所涉及的在先权利的确定必须以人民法院正在审理或者行政机关正在处理的另一案件的结果为依据的,可以中止审查。中止原因消除后,应当恢复审查程序。

法定期限届满,当事人对商标局宣告注册商标无效的决定不申请复审或者对商标评审委员会的复审决定、维持注册商标或者宣告注册商标无效的裁定不向人民法院起诉的,商标局的决定或者商标评审委员会的复审决定、裁定生效。

依照《商标法》的规定宣告无效的注册商标,由商标局予以公告,该注册商标专用权视为自始即不存在。宣告注册商标无效的决定或者裁定,对宣告无效前人民法院作出并已执行的商标侵权案件的判决、裁定、调解书和工商行政管理部门做出并已执行的商标侵权案件的处理决定以及已经履行的商标转让或者使用许可合同不具有追溯力。但是,因商标注册人的恶意给他人造成的损失,应当给予赔偿。依照前款规定不返还商标侵权赔偿金、商标转让费、商标使用费,明显违反公平原则的,应当全部或者部分返还。

三、注册商标的续展、变更、转让和使用许可

（一）注册商标的续展

注册商标的续展,是指延长注册商标有效期的法律程序。我国《商标法》规定,注册商标的有效期为10年,自核准注册之日起计算。注册商标有效期满,需

要继续使用的,商标注册人应当在期满前 12 个月内按照规定办理续展手续;在此期间未能办理的,可以给予 6 个月的宽展期。每次续展注册的有效期为 10 年,自该商标上一届有效期满次日起计算。期满未办理续展手续的,注销其注册商标。商标局应当对续展注册的商标予以公告。

(二) 注册商标的变更

注册商标需要变更注册人的名义、地址或者其他注册事项的,应当提出变更申请。

(三) 注册商标的转让

注册商标的转让,是指商标权人依法将其所有的注册商标转让给他人所有。通过转让,转让人失去商标权,受让人获得商标权,成为商标权所有人。

转让注册商标的,转让人和受让人应当签订转让协议,并共同向商标局提出申请。受让人应当保证使用该注册商标的商品质量。转让注册商标的,商标注册人对其在同一种商品上注册的近似的商标,或者在类似商品上注册的相同或者近似的商标,应当一并转让。对容易导致混淆或者有其他不良影响的转让,商标局不予核准,书面通知申请人并说明理由。

转让注册商标经核准后,予以公告。受让人自公告之日起享有商标专用权。

(四) 注册商标的使用许可

注册商标的使用许可,是指商标注册人通过签订使用许可合同,许可他人使用其注册商标。通过签订许可合同,被许可人获得注册商标的使用权,许可人取得使用许可费。

商标注册人可以通过签订商标使用许可合同,许可他人使用其注册商标。许可人应当监督被许可人使用其注册商标的商品质量。被许可人应当保证使用该注册商标的商品质量。经许可使用他人注册商标的,必须在使用该注册商标的商品上标明被许可人的名称和商品产地。

许可他人使用其注册商标的,许可人应当将其商标使用许可报商标局备案,由商标局公告。商标使用许可未经备案不得对抗善意第三人。

四、商标使用的管理

商标的使用,是指将商标用于商品、商品包装或者容器以及商品交易文书上,或者将商标用于广告宣传、展览以及其他商业活动中,用于识别商品来源的行为。

(一) 对使用注册商标的管理

商标注册人在使用注册商标的过程中,自行改变注册商标、注册人名义、地址或者其他注册事项的,由地方工商行政管理部门责令限期改正;期满不改正的,由商标局撤销其注册商标。

注册商标成为其核定使用的商品的通用名称或者没有正当理由连续3年不使用的,任何单位或者个人可以向商标局申请撤销该注册商标。商标局应当自收到申请之日起9个月内作出决定。有特殊情况需要延长的,经国务院工商行政管理部门批准,可以延长3个月。

注册商标被撤销、被宣告无效或者期满不再续展的,自撤销、宣告无效或者注销之日起1年内,商标局对与该商标相同或者近似的商标注册申请,不予核准。

对商标局撤销或者不予撤销注册商标的决定,当事人不服的,可以自收到通知之日起15日内向商标评审委员会申请复审。商标评审委员会应当自收到申请之日起9个月内作出决定,并书面通知当事人。有特殊情况需要延长的,经国务院工商行政管理部门批准,可以延长3个月。当事人对商标评审委员会的决定不服的,可以自收到通知之日起30日内向人民法院起诉。

法定期限届满,当事人对商标局作出的撤销注册商标的决定不申请复审或者对商标评审委员会作出的复审决定不向人民法院起诉的,撤销注册商标的决定、复审决定生效。

被撤销的注册商标,由商标局予以公告,该注册商标专用权自公告之日起终止。

(二) 对使用未注册商标的管理

《商标法》第6条规定:法律、行政法规规定必须使用注册商标的商品,必须申请商标注册,未经核准注册的,不得在市场销售。违反该规定的,由地方工商行政管理部门责令限期申请注册,违法经营额5万元以上的,可以处违法经营额20%以下的罚款,没有违法经营额或者违法经营额不足5万元的,可以处1万元以下的罚款。

将未注册商标冒充注册商标使用的,或者使用未注册商标违反《商标法》第10条规定,用不得作为商标使用的标志作为商标使用的,由地方工商行政管理部门予以制止,限期改正,并可以予以通报,违法经营额5万元以上的,可以处违法经营额20%以下的罚款,没有违法经营额或者违法经营额不足5万元的,可以处1万元以下的罚款。

《商标法》第14条第5款规定:生产、经营者不得将"驰名商标"字样用于商品、商品包装或者容器上,或者用于广告宣传、展览以及其他商业活动中。违反该规定的,由地方工商行政管理部门责令改正,处10万元罚款。

五、注册商标专用权的保护

(一) 注册商标专用权的概念

注册商标专用权,是指注册商标的所有人在一定期限内对其注册的商标享有的独占权。商标专用权包括商标使用权、处分权、受益权、标记权等。注册商标的专用权,以核准注册的商标和核定使用的商品为限。

(二)侵犯注册商标专用权的行为

《商标法》第57条规定:有下列行为之一的,均属侵犯注册商标专用权:

(1)未经商标注册人的许可,在同一种商品上使用与其注册商标相同的商标的;

(2)未经商标注册人的许可,在同一种商品上使用与其注册商标近似的商标,或者在类似商品上使用与其注册商标相同或者近似的商标,容易导致混淆的;[1]

(3)销售侵犯注册商标专用权的商品的;

(4)伪造、擅自制造他人注册商标标识或者销售伪造、擅自制造的注册商标标识的;

(5)未经商标注册人同意,更换其注册商标并将该更换商标的商品又投入市场的;

(6)故意为侵犯他人商标专用权行为提供便利条件,帮助他人实施侵犯商标专用权行为的[2];

(7)给他人的注册商标专用权造成其他损害的。

依照《商标法》第58条的规定,将他人注册商标、未注册的驰名商标作为企业名称中的字号使用,误导公众,构成不正当竞争行为的,依照《中华人民共和国反不正当竞争法》处理。

(三)侵犯注册商标专用权的排除

《商标法》第59条规定:注册商标中含有的本商品的通用名称、图形、型号,或者直接表示商品的质量、主要原料、功能、用途、重量、数量及其他特点,或者含有的地名,注册商标专用权人无权禁止他人正当使用。

三维标志注册商标中含有的商品自身的性质产生的形状、为获得技术效果而需有的商品形状或者使商品具有实质性价值的形状,注册商标专用权人无权禁止他人正当使用。

商标注册人申请商标注册前,他人已经在同一种商品或者类似商品上先于商标注册人使用与注册商标相同或者近似并有一定影响的商标的,注册商标专用权人无权禁止该使用人在原使用范围内继续使用该商标,但可以要求其附加适当区别标识。

---

[1] 在同一种商品或者类似商品上将与他人注册商标相同或者近似的标志作为商品名称或者商品装潢使用,误导公众的,属于《商标法》第57条第2项规定的侵犯注册商标专用权的行为。

[2] 为侵犯他人商标专用权提供仓储、运输、邮寄、印制、隐匿、经营场所、网络商品交易平台等,属于《商标法》第57条第6项规定的提供便利条件。

（三）侵犯注册商标专用权的法律责任

1. 行政责任

（1）行政查处

对侵犯注册商标专用权的行为，工商行政管理部门有权依法查处；涉嫌犯罪的，应当及时移送司法机关依法处理。

县级以上工商行政管理部门根据已经取得的违法嫌疑证据或者举报，对涉嫌侵犯他人注册商标专用权的行为进行查处时，可以行使下列职权：询问有关当事人，调查与侵犯他人注册商标专用权有关的情况；查阅、复制当事人与侵权活动有关的合同、发票、账簿以及其他有关资料；对当事人涉嫌从事侵犯他人注册商标专用权活动的场所实施现场检查；检查与侵权活动有关的物品；对有证据证明是侵犯他人注册商标专用权的物品，可以查封或者扣押。工商行政管理部门依法行使前款规定的职权时，当事人应当予以协助、配合，不得拒绝、阻挠。

在查处商标侵权案件过程中，对商标权属存在争议或者权利人同时向人民法院提起商标侵权诉讼的，工商行政管理部门可以中止案件的查处。中止原因消除后，应当恢复或者终结案件查处程序。

（2）行政处罚

因侵犯注册商标专用权行为引起纠纷的，由当事人协商解决；不愿协商或者协商不成的，商标注册人或者利害关系人可以向人民法院起诉，也可以请求工商行政管理部门处理。工商行政管理部门处理时，认定侵权行为成立的，责令立即停止侵权行为，没收、销毁侵权商品和专门用于制造侵权商品、伪造注册商标标识的工具，违法经营额5万元以上的，可以处违法经营额5倍以下的罚款，没有违法经营额或者违法经营额不足5万元的，可以处25万元以下的罚款。对5年内实施两次以上商标侵权行为或者有其他严重情节的，应当从重处罚。销售不知道是侵犯注册商标专用权的商品，能证明该商品是自己合法取得并说明提供者的①，由工商行政管理部门责令停止销售。

2. 民事责任

对侵犯注册商标专用权的行为，商标注册人或者利害关系人可以请求工商行政管理部门处理，也可以直接向人民法院起诉，要求侵权人承担民事责任。承担民事责任的方式有：停止侵害、消除影响、赔偿损失等。

（1）停止侵害、诉讼保全、证据保全

商标注册人或者利害关系人有证据证明他人正在实施或者即将实施侵犯其

---

① 下列情形属于能证明该商品是自己合法取得的情形：(1) 有供货单位合法签章的供货清单和货款收据且经查证属实或者供货单位认可的；(2) 有供销双方签订的进货合同且经查证已真实履行的；(3) 有合法进货发票且发票记载事项与涉案商品对应的；(4) 其他能够证明合法取得涉案商品的情形。

注册商标专用权的行为,如不及时制止将会使其合法权益受到难以弥补的损害的,可以依法在起诉前向人民法院申请采取责令停止有关行为和财产保全的措施。

为制止侵权行为,在证据可能灭失或者以后难以取得的情况下,商标注册人或者利害关系人可以依法在起诉前向人民法院申请保全证据。

(2) 损害赔偿

对侵犯商标专用权的赔偿数额的争议,当事人可以请求进行处理的工商行政管理部门调解,也可以依照《中华人民共和国民事诉讼法》向人民法院起诉。经工商行政管理部门调解,当事人未达成协议或者调解书生效后不履行的,当事人可以依照《中华人民共和国民事诉讼法》向人民法院起诉。[①]

侵犯商标专用权的赔偿数额,按照权利人因被侵权所受到的实际损失确定;实际损失难以确定的,可以按照侵权人因侵权所获得的利益确定;权利人的损失或者侵权人获得的利益难以确定的,参照该商标许可使用费的倍数合理确定。对恶意侵犯商标专用权,情节严重的,可以在按照上述方法确定数额的1倍以上3倍以下确定赔偿数额。赔偿数额应当包括权利人为制止侵权行为所支付的合理开支。人民法院为确定赔偿数额,在权利人已经尽力举证,而与侵权行为相关的账簿、资料主要由侵权人掌握的情况下,可以责令侵权人提供与侵权行为相关的账簿、资料;侵权人不提供或者提供虚假的账簿、资料的,人民法院可以参考权利人的主张和提供的证据判定赔偿数额。权利人因被侵权所受到的实际损失、侵权人因侵权所获得的利益、注册商标许可使用费难以确定的,由人民法院根据侵权行为的情节判决给予300万元以下的赔偿。

注册商标专用权人请求赔偿,被控侵权人以注册商标专用权人未使用注册商标提出抗辩的,人民法院可以要求注册商标专用权人提供此前3年内实际使用该注册商标的证据。注册商标专用权人不能证明此前3年内实际使用过该注册商标,也不能证明因侵权行为受到其他损失的,被控侵权人不承担赔偿责任。销售不知道是侵犯注册商标专用权的商品,能证明该商品是自己合法取得并说明提供者的,不承担赔偿责任。

3. 刑事责任

根据《商标法》和《中华人民共和国刑法》的有关规定,侵犯商标专用权构成犯罪的罪名主要有:假冒注册商标罪;销售假冒注册商标的商品罪;非法制造、销售注册商标标识罪。

[①] 第一审商标民事案件,由中级以上人民法院及最高人民法院指定的基层人民法院管辖。涉及对驰名商标保护的民事、行政案件,由省、自治区人民政府所在地市、计划单列市、直辖市辖区中级人民法院及最高人民法院指定的其他中级人民法院管辖。

根据《商标法》第 67 条的规定,构成犯罪的商标侵权行为主要有:

(1) 未经商标注册人许可,在同一种商品上使用与其注册商标相同的商标,构成犯罪的,除赔偿被侵权人的损失外,依法追究刑事责任。

(2) 伪造、擅自制造他人注册商标标识或者销售伪造、擅自制造的注册商标标识,构成犯罪的,除赔偿被侵权人的损失外,依法追究刑事责任。

(3) 销售明知是假冒注册商标的商品,构成犯罪的,除赔偿被侵权人的损失外,依法追究刑事责任。

六、商标代理机构与从事商标注册、管理和复审工作的国家机关工作人员的法律责任

(一) 商标代理机构的法律责任

商标代理机构有下列行为之一的,由工商行政管理部门责令限期改正,给予警告,处 1 万元以上 10 万元以下的罚款;对直接负责的主管人员和其他直接责任人员给予警告,处 5 千元以上 5 万元以下的罚款;构成犯罪的,依法追究刑事责任:(1) 办理商标事宜过程中,伪造、变造或者使用伪造、变造的法律文件、印章、签名的;(2) 以诋毁其他商标代理机构等手段招徕商标代理业务或者以其他不正当手段扰乱商标代理市场秩序的;(3) 违反《商标法》第 19 条第 3 款、第 4 款规定的。商标代理机构有上述规定行为的,由工商行政管理部门记入信用档案;情节严重的,商标局、商标评审委员会并可以决定停止受理其办理商标代理业务,予以公告。

商标代理机构违反诚实信用原则,侵害委托人合法利益的,应当依法承担民事责任,并由商标代理行业组织按照章程规定予以惩戒。

(二) 从事商标注册、管理和复审工作的国家机关工作人员的法律责任

商标局、商标评审委员会以及从事商标注册、管理和复审工作的国家机关工作人员不得从事商标代理业务和商品生产经营活动。

从事商标注册、管理和复审工作的国家机关工作人员玩忽职守、滥用职权、徇私舞弊,违法办理商标注册、管理和复审事项,收受当事人财物,牟取不正当利益,构成犯罪的,依法追究刑事责任;尚不构成犯罪的,依法给予处分。

七、驰名商标的认定和保护

(一) 驰名商标的概念

驰名商标,是指在中国为相关公众广为知晓并享有较高声誉的商标。相关公众包括与使用商标所标示的某类商品或者服务有关的消费者,生产前述商品或者提供服务的其他经营者以及经销渠道中所涉及的销售者和相关人员等。

为了保护驰名商标持有人的合法权益,我国《商标法》对驰名商标的认定标

准及其保护做了具体的规定,国家工商行政管理总局于 2003 年 4 月 17 日发布了《驰名商标认定和保护规定》,对驰名商标的认定和保护作了详细、具体的规定。

(二) 驰名商标的认定

根据《商标法》第 14 条的规定,认定驰名商标应当考虑下列因素:

(1) 相关公众对该商标的知晓程度;(2) 该商标使用的持续时间;(3) 该商标的任何宣传工作的持续时间、程度和地理范围;(4) 该商标作为驰名商标受保护的记录;(5) 该商标驰名的其他因素。

在商标注册审查、工商行政管理部门查处商标违法案件过程中,当事人依照《商标法》第 13 条规定主张权利的,商标局根据审查、处理案件的需要,可以对商标驰名情况作出认定。在商标争议处理过程中,当事人依照《商标法》第 13 条规定主张权利的,商标评审委员会根据处理案件的需要,可以对商标驰名情况作出认定。在商标民事、行政案件审理过程中,当事人依照《商标法》第 13 条规定主张权利的,最高人民法院指定的人民法院根据审理案件的需要,可以对商标驰名情况作出认定。

请求认定驰名商标须提供以下材料作为证明商标驰名的证据材料:(1) 证明相关公众对该商标知晓程度的有关材料;(2) 证明该商标使用持续时间的有关材料,包括该商标使用、注册的历史和范围的有关材料;(3) 证明该商标的任何宣传工作的持续时间、程度和地理范围的有关材料,包括广告宣传和促销活动的方式、地域范围、宣传媒体的种类以及广告投放量等有关材料;(4) 证明该商标作为驰名商标受保护记录的有关材料,包括该商标曾在中国或者其他国家和地区作为驰名商标受保护的有关材料;(5) 证明该商标驰名的其他证据材料,包括使用该商标的主要商品近 3 年的产量、销售量、销售收入、利税、销售区域等有关材料。

在认定驰名商标时,应当综合考虑商标法第 14 条规定的各项因素,但不以该商标必须满足该条规定的全部因素为前提。

未被认定为驰名商标的,自认定结果作出之日起 1 年内,当事人不得以同一商标就相同事实和理由再次提出认定请求。

(三) 对驰名商标的保护

我国《商标法》《驰名商标认定和保护规定》对驰名商标的保护作了具体的规定,主要有:

1. 当事人认为他人经初步审定并公告的商标违反《商标法》第 13 条规定的,可以依据《商标法》及其《实施条例》的规定向商标局提出异议,并提交证明其商标驰名的有关材料。

当事人认为他人已经注册的商标违反《商标法》第 13 条规定的,可以依据

《商标法》及其《实施条例》的规定向商标评审委员会请求宣告该注册商标无效，并提交证明其商标驰名的有关材料。对恶意注册的，驰名商标所有人不受 5 年的时间限制。

2. 在商标管理工作中，当事人认为他人使用的商标属于《商标法》第 13 条规定的情形，请求保护其驰名商标的，可以向案件发生地的市（地、州）以上工商行政管理部门提出禁止使用的书面请求，并提交证明其商标驰名的有关材料。同时，抄报其所在地省级工商行政管理部门。

工商行政管理部门在商标管理工作中收到保护驰名商标的申请后，应当对案件是否属于《商标法》第 13 条规定的下列情形进行审查：（1）他人在相同或者类似商品上擅自使用与当事人未在中国注册的驰名商标相同或者近似的商标，容易导致混淆的；（2）他人在不相同或者不类似的商品上擅自使用与当事人已经在中国注册的驰名商标相同或者近似的商标，容易误导公众，致使该驰名商标注册人的利益可能受到损害的。

对认为属于上述情形的案件，市（地、州）工商行政管理部门应当自受理当事人请求之日起 15 个工作日内，将全部案件材料报送所在地省（自治区、直辖市）工商行政管理部门，并向当事人出具受理案件通知书；省（自治区、直辖市）工商行政管理部门应当自受理当事人请求之日起 15 个工作日内，将全部案件材料报送商标局。当事人所在地省级工商行政管理部门认为所发生的案件属于上述情形的，也可以报送商标局。

对认为不属于上述情形的案件，应当依据《商标法》及《实施条例》的有关规定及时作出处理。

对认为属于上述（1）所列情形的案件，应当自收到本辖区内市（地、州）工商行政管理部门报送的案件材料之日起 15 个工作日内报送商标局。

对认为不属于上述（1）所列情形的案件，应当将有关材料退回原受案机关，由其依据《商标法》及《实施条例》的有关规定及时作出处理。

商标局应当自收到有关案件材料之日起 6 个月内作出认定，并将认定结果通知案件发生地的省（自治区、直辖市）工商行政管理部门，抄送当事人所在地的省（自治区、直辖市）工商行政管理部门。

商标局、商标评审委员会以及地方工商行政管理部门在保护驰名商标时，应当考虑该商标的显著性和驰名程度。

当事人要求依据《商标法》第 13 条对其商标予以保护时，可以提供该商标曾被我国有关主管机关作为驰名商标予以保护的记录。

3. 当事人认为他人将其未注册的驰名商标作为企业名称中的字号使用，误导公众，构成不正当竞争行为的，可以请求工商行政管理机关依照《中华人民共和国反不正当竞争法》处理。

第六章　金融法律制度

　　金融即"货币资金融通"的简称,一般指与货币流通、货币信用和银行信用有关的经济活动。它包括货币的发行与回笼,存款的吸收与付出,贷款的发放与收回,内外汇兑往来,金银、外汇的买卖,有价证券的发行与交易,国内、国际的货币支付结算,票据的贴现和银行同业拆借,各种财产和人身保险,信托投资,融资租赁以及外汇管理等内容。

　　金融法是调整货币流通和信用等金融业务关系以及国家在金融管理中发生的金融管理关系的法律规范的总称。新中国成立以来,特别是改革开放以来,我国陆续制定了一系列金融法律、法规和规章,推动了金融法的发展。其中有全国人大及其常委会发布的《中华人民共和国中国人民银行法》(以下简称《中国人民银行法》)、《中华人民共和国商业银行法》(以下简称《商业银行法》)、《中华人民共和国票据法》(以下简称《票据法》)、《中华人民共和国证券法》(以下简称《证券法》)、《中华人民共和国保险法》(以下简称《保险法》)等重要法律;国务院发布的《金银管理条例》《现金管理暂行条例》《储蓄管理条例》《股票发行与交易管理暂行条例》《企业债券管理条例》《中华人民共和国外资金融机构管理条例》《中华人民共和国外汇管理条例》(以下简称《外汇管理条例》)等重要行政法规;还有由国务院各有关部委和地方政府发布的行政规章与地方法规,如中国人民银行发布的《支付结算办法》等。这些金融法律、法规和规章等构成了我国的金融法体系。

第一节　银　行　法

一、中国人民银行法

(一) 中国人民银行法概述

　　中国人民银行法是确立中国人民银行的地位和职责,调整中国人民银行在制定和执行货币政策、防范和化解金融风险,维护金融稳定等活动中所发生的经济关系的法律规范的总称。1995年3月18日第八届全国人大第三次会议通过并公布实施了《中国人民银行法》。该法的颁布和实施,确立了中国人民银行的地位和职责,促进了我国中央银行体制的完善,对于保障中国人民银行制定和执行货币政策的科学性、权威性,建立和完善中央银行宏观调控体系,维护金融稳定有重大意义,是我国金融法制建设的里程碑。2003年12月27日第十届全国人民代表大会常务委员会第六次会议对《中国人民银行法》进行了修正。

(二) 中国人民银行的法律地位、职责和组织机构

1. 中国人民银行的法律地位

中国人民银行是中华人民共和国的中央银行,处于金融组织体系的最高地位。中国人民银行的全部资本由国家出资,属于国家所有。中国人民银行在国务院领导下,制定和执行货币政策,防范和化解金融风险,维护金融稳定。中国人民银行在国务院领导下依法独立执行货币政策,履行职责,开展业务,不受地方政府、各级政府部门、社会团体和个人的干涉。中国人民银行是我国的中央银行,是全国唯一的发行银行、国家银行、储备银行、银行的银行。发行银行是指中国人民银行享有人民币的独占发行权;国家银行是指中国人民银行由国家掌握,由中央人民政府即国务院领导;储备银行是指中国人民银行享有持有、管理、经营国家外汇储备和黄金储备的权力;银行的银行主要是指中国人民银行以商业银行为业务对象,保管其存款准备金、发放再贷款、提供清算服务等。

中国人民银行就年度货币供应量、利率、汇率和国务院规定的其他重要事项作出的决定,报国务院批准后执行。中国人民银行就前款规定以外的其他有关货币政策事项作出决定后,即予执行,并报国务院备案。

中国人民银行应当向全国人民代表大会常务委员会提出有关货币政策情况和金融业运行情况的工作报告。

2. 中国人民银行的职责范围

根据《中国人民银行法》,中国人民银行履行下列职责:

(1) 发布与履行其职责有关的命令和规章;

(2) 依法制定和执行货币政策;

(3) 发行人民币,管理人民币流通;

(4) 监督管理银行间同业拆借市场和银行间债券市场;

(5) 实施外汇管理,监督管理银行间外汇市场;

(6) 监督管理黄金市场;

(7) 持有、管理、经营国家外汇储备、黄金储备;

(8) 经理国库;

(9) 维护支付、清算系统的正常运行;

(10) 指导、部署金融业反洗钱工作,负责反洗钱的资金监测;

(11) 负责金融业的统计、调查、分析和预测;

(12) 作为国家的中央银行,从事有关的国际金融活动;

(13) 国务院规定的其他职责。

中国人民银行为执行货币政策,可以依照《中国人民银行法》的有关规定从

事金融业务活动。

3. 中国人民银行的组织机构

中国人民银行的组织机构包括领导机构、外部分支机构和咨询机构。

(1) 领导机构。中国人民银行设行长1人,副行长若干人。中国人民银行实行行长负责制。行长领导中国人民银行的工作,副行长协助行长工作。

(2) 分支机构。中国人民银行根据履行职责的需要设立分支机构,作为中国人民银行的派出机构。中国人民银行对分支机构实行统一领导和管理。分支机构根据中国人民银行的授权,维护本辖区的金融稳定,承办有关业务。

(3) 咨询机构。中国人民银行设立货币政策委员会,作为其制定货币政策的咨询议事机构。中国人民银行货币政策委员会应当在国家宏观调控、货币政策制定和调整中发挥重要作用。

(三) 人民币的发行和管理

1. 我国的货币政策目标

我国的货币政策目标是保持货币币值的稳定,并以此促进经济增长。中国人民银行为实现货币政策目标,在执行货币政策时可采用以下六类货币政策工具:

(1) 要求银行业金融机构[①]按照规定的比例交存存款准备金;

(2) 确定中央银行基准利率;

(3) 为在中国人民银行开立账户的银行业金融机构办理再贴现;

(4) 向商业银行提供贷款;

(5) 在公开市场上买卖国债、其他政府债券和金融债券及外汇;

(6) 国务院确定的其他货币政策工具。

中国人民银行为执行货币政策,运用上述货币政策工具时,可以规定具体的条件和程序。

2. 人民币的法律地位

中华人民共和国的法定货币是人民币。人民币是我国境内流通使用的唯一合法货币。以人民币支付中华人民共和国境内的一切公共的和私人的债务,任何单位和个人不得拒收。

3. 人民币的发行

人民币由中国人民银行统一印制、发行。长期以来,我国对人民币的发行坚持实行以下三项原则,以保障正常的货币金融秩序:

(1) 集中统一发行原则。是指人民币的发行权属于国家,由法律授权中国

---

① 银行业金融机构,是指在中华人民共和国境内设立的商业银行、城市信用合作社、农村信用合作社等吸收公众存款的金融机构以及政策性银行。在中华人民共和国境内设立的金融资产管理公司、信托投资公司、财务公司、金融租赁公司以及经国务院银行业监督管理机构批准设立的其他金融机构,适用《中国人民银行法》对银行业金融机构的规定。

人民银行统一发行人民币,管理人民币的流通。

(2) 计划发行原则。是指人民币的发行必须按国家规定的货币发行计划进行,发行量由国务院统一掌握。

(3) 经济发行原则,又称信用发行原则。是指根据国民经济发展的正常需要,来决定货币发行的数量。

中国人民银行设立人民币发行库,在其分支机构设立分支库。分支库调拨人民币发行基金,应当按照上级库的调拨命令办理。任何单位和个人不得违反规定,动用发行基金。

4. 人民币的管理

禁止伪造、变造人民币。禁止出售、购买伪造、变造的人民币。禁止运输、持有、使用伪造、变造的人民币。禁止故意毁损人民币。禁止在宣传品、出版物或者其他商品上非法使用人民币图样。任何单位和个人不得印制、发售代币票券,以代替人民币在市场上流通。

残缺、污损的人民币,按照中国人民银行的规定兑换,并由中国人民银行负责收回、销毁。

(四) 中国人民银行的业务范围

中国人民银行的业务活动主要有:依法制定和执行货币政策、对金融业实施监督和管理、提供金融服务等。

1. 作为政府银行的业务

(1) 依照法律、行政法规的规定经理国库;

(2) 代理国务院财政部门向各金融机构组织发行、兑付国债和其他政府债券;

(3) 持有、管理、经营国家外汇储备、黄金储备;

(4) 中国人民银行作为政府银行从事的其他业务。

2. 作为银行的银行的业务

(1) 可以根据需要,为银行业金融机构开立账户,但不得对银行业金融机构的账户透支。

(2) 组织或者协助组织金融机构相互之间的清算系统,协调金融机构相互之间的清算事项,提供清算服务。中国人民银行会同国务院银行业监督管理机构制定支付结算规则。

(3) 根据执行货币政策的需要,可以决定对商业银行贷款的数额、期限、利率和方式,但贷款的期限不得超过 1 年。

(4) 中国人民银行作为银行的银行从事的其他业务。

3. 对金融业监督管理的业务

中国人民银行依法监测金融市场的运行情况,对金融市场实施宏观调控,促

进其协调发展。中国人民银行有权对金融机构以及其他单位和个人的下列行为进行检查监督:

(1) 执行有关存款准备金管理规定的行为;

(2) 与中国人民银行特种贷款有关的行为①;

(3) 执行有关人民币管理规定的行为;

(4) 执行有关银行间同业拆借市场、银行间债券市场管理规定的行为;

(5) 执行有关外汇管理规定的行为;

(6) 执行有关黄金管理规定的行为;

(7) 代理中国人民银行经理国库的行为;

(8) 执行有关清算管理规定的行为;

(9) 执行有关反洗钱规定的行为。

中国人民银行根据执行货币政策和维护金融稳定的需要,可以建议国务院银行业监督管理机构对银行业金融机构进行检查监督。国务院银行业监督管理机构应当自收到建议之日起30日内予以回复。

当银行业金融机构出现支付困难,可能引发金融风险时,为了维护金融稳定,中国人民银行经国务院批准,有权对银行业金融机构进行检查监督。

中国人民银行根据履行职责的需要,有权要求银行业金融机构报送必要的资产负债表、利润表以及其他财务会计、统计报表和资料。

中国人民银行应当和国务院银行业监督管理机构、国务院其他金融监督管理机构建立监督管理信息共享机制。

中国人民银行在开展业务活动中,必须遵守下列规定:

(1) 不得对政府财政透支,不得直接认购、包销国债和其他政府债券;

(2) 不得向地方政府、各级政府部门提供贷款,不得向非银行金融机构以及其他单位和个人提供贷款,但国务院决定中国人民银行可以向特定的非银行金融机构提供贷款的除外;

(3) 不得向任何单位和个人提供担保。

(五) 财务会计

中国人民银行实行独立的财务预算管理制度。中国人民银行的预算经国务院财政部门审核后,纳入中央预算,接受国务院财政部门的预算执行监督。

中国人民银行每一会计年度的收入减除该年度支出,并按照国务院财政部门核定的比例提取总准备金后的净利润,全部上缴中央财政。中国人民银行的亏损由中央财政拨款弥补。

---

① 中国人民银行特种贷款,是指国务院决定的由中国人民银行向金融机构发放的用于特定目的的贷款。

中国人民银行的财务收支和会计事务,应当执行法律、行政法规和国家统一的财务、会计制度,接受国务院审计机关和财政部门依法分别进行的审计和监督。

中国人民银行应当于每一会计年度结束后的三个月内,编制资产负债表、损益表和相关的财务会计报表,并编制年度报告,按照国家有关规定予以公布。

(五)法律责任

1. 违反人民币管理的法律责任

(1)伪造、变造人民币,出售伪造、变造的人民币,或者明知是伪造、变造的人民币而运输,构成犯罪的,依法追究刑事责任;尚不构成犯罪的,由公安机关处15日以下拘留、1万元以下罚款。

(2)购买伪造、变造的人民币或者明知是伪造、变造的人民币而持有、使用,构成犯罪的,依法追究刑事责任;尚不构成犯罪的,由公安机关处15日以下拘留、1万元以下罚款。

(3)在宣传品、出版物或者其他商品上非法使用人民币图样的,中国人民银行应当责令改正,并销毁非法使用的人民币图样,没收违法所得,并处5万元以下罚款。

(4)印制、发售代币票券,以代替人民币在市场上流通的,中国人民银行应当责令停止违法行为,并处20万元以下罚款。

2. 违反金融管理的法律责任

《中国人民银行法》第32条所列行为违反有关规定,有关法律、行政法规有处罚规定的,依照其规定给予处罚;有关法律、行政法规未作处罚规定的,由中国人民银行区别不同情形给予警告,没收违法所得,违法所得50万元以上的,并处违法所得1倍以上5倍以下罚款;没有违法所得或者违法所得不足50万元的,处50万元以上200万元以下罚款;对负有直接责任的董事、高级管理人员和其他直接责任人员给予警告,处5万元以上50万元以下罚款;构成犯罪的,依法追究刑事责任。

3. 中国人民银行、地方政府等及其工作人员的法律责任

(1)中国人民银行有下列行为之一的,对负有直接责任的主管人员和其他直接责任人员,依法给予行政处分;构成犯罪的,依法追究刑事责任:① 违反《中国人民银行法》第30条第1款的规定提供贷款的;② 对单位和个人提供担保的;③ 擅自动用发行基金的。有上述所列行为之一,造成损失的,负有直接责任的主管人员和其他直接责任人员应当承担部分或者全部赔偿责任。

(2)地方政府、各级政府部门、社会团体和个人强令中国人民银行及其工作人员违反法律规定提供贷款或者担保的,对负有直接责任的主管人员和其他直接责任人员,依法给予行政处分;构成犯罪的,依法追究其刑事责任;造成损失

的,应当承担部分或者全部赔偿责任。

(3) 中国人民银行的工作人员泄露国家秘密或者所知悉的商业秘密,构成犯罪的,依法追究刑事责任;尚不构成犯罪的,依法给予行政处分。

(4) 中国人民银行的工作人员贪污受贿、徇私舞弊、滥用职权、玩忽职守,构成犯罪的、依法追究其刑事责任;情节轻微的,依法给予行政处分。

二、商业银行法

(一) 商业银行、商业银行法的概念

《商业银行法》第2条规定:"商业银行是指依照本法和《中华人民共和国公司法》设立的吸收公众存款、发放贷款、办理结算等业务的企业法人。"可见,商业银行是依法成立的,以营利为目的的法人组织,是经营货币的特殊企业。①

商业银行法是调整商业银行的组织及其业务关系的法律规范的总称。

1995年5月10日,第八届全国人大常委会第十三次会议通过了《商业银行法》,并于1995年7月1日起施行。2003年12月27日,第十届全国人民代表大会常务委员会第六次会议对《商业银行法》进行了修正。《商业银行法》的立法目的是为了保护商业银行、存款人和其他客户的合法权益,规范商业银行的行为,提高信贷资产质量,加强监督管理,保障商业银行的稳健运行,维护金融秩序,促进社会主义市场经济的发展。

(二) 商业银行的法律地位和业务范围

1. 商业银行的法律地位

商业银行是指依照《商业银行法》和《中华人民共和国公司法》设立的吸收公众存款、发放贷款、办理结算等业务的企业法人。

商业银行以安全性、流动性、效益性为经营原则,实行自主经营,自担风险,自负盈亏,自我约束。商业银行依法开展业务,不受任何单位和个人的干涉。商业银行以其全部法人财产独立承担民事责任。

商业银行与客户的业务往来,应当遵循平等、自愿、公平和诚实信用的原则。商业银行应当保障存款人的合法权益不受任何单位和个人的侵犯。商业银行开展信贷业务,应当严格审查借款人的资信,实行担保,保障按期收回贷款。商业银行依法向借款人收回到期贷款的本金和利息,受法律保护。商业银行开展业务,应当遵守法律、行政法规的有关规定,不得损害国家利益、社会公共利益。商业银行开展业务,应当遵守公平竞争的原则,不得从事不正当竞争。

---

① 外资商业银行、中外合资商业银行、外国商业银行分行适用《商业银行法》规定,法律、行政法规另有规定的,依照其规定。城市信用合作社、农村信用合作社办理存款、贷款和结算等业务,适用《商业银行法》有关规定。邮政企业办理商业银行的有关业务,适用《商业银行法》有关规定。

商业银行依法接受国务院银行业监督管理机构的监督管理,但法律规定其有关业务接受其他监督管理部门或者机构监督管理的,依照其规定。

2. 商业银行的业务范围

商业银行可以经营下列部分或者全部业务:

(1)吸收公众存款;(2)发放短期、中期和长期贷款;(3)办理国内外结算;(4)办理票据承兑与贴现;(5)发行金融债券;(6)代理发行、代理兑付、承销政府债券;(7)买卖政府债券、金融债券;(8)从事同业拆借;(9)买卖、代理买卖外汇;(10)从事银行卡业务;(12)提供信用证服务及担保;(12)代理收付款项及代理保险业务;(13)提供保管箱服务;(14)经国务院银行业监督管理机构批准的其他业务。

商业银行的经营范围由商业银行章程规定,报国务院银行业监督管理机构批准。商业银行经中国人民银行批准,可以经营结汇、售汇业务。

(三)商业银行的设立和组织机构

1. 商业银行的设立

设立商业银行,应当经国务院银行业监督管理机构审查批准。未经国务院银行业监督管理机构批准,任何单位和个人不得从事吸收公众存款等商业银行业务,任何单位不得在名称中使用"银行"字样。设立商业银行,应当具备下列条件:

(1)有符合《商业银行法》和《公司法》规定的章程;
(2)有符合《商业银行法》规定最低限额的注册资本;
(3)有具备任职专业知识和业务工作经验的董事、高级管理人员;
(4)有健全的组织机构和管理制度;
(5)有符合要求的营业场所、安全防范措施和与业务有关的其他设施。

设立商业银行,还应当符合其他审慎性条件。

中国人民银行审查设立申请时,应当考虑经济发展的需要和银行业竞争的状况。

根据《商业银行法》的规定,设立全国性商业银行的注册资本最低限额为10亿元人民币。设立城市商业银行的注册资本最低限额为1亿元人民币,设立农村商业银行的注册资本最低限额为5千万元人民币。注册资本应当是实缴资本。国务院银行业监督管理机构根据审慎监管的要求可以调整注册资本最低限额,但不得少于前款规定的限额。

设立商业银行,申请人应当向国务院银行业监督管理机构提交申请书、可行性研究报告以及国务院银行业监督管理机构规定提交的其他文件、资料。

经批准设立的商业银行,由国务院银行业监督管理机构颁发经营许可证,并凭该许可证向工商行政管理部门办理登记,领取营业执照。

2. 商业银行的组织形式

商业银行的组织形式、组织机构适用《公司法》的规定。就是说,商业银行的组织形式主要采取有限责任公司、股份有限公司和国有独资公司形式。国有独资商业银行设立监事会。监事会的产生办法由国务院规定。监事会对国有独资商业银行的信贷资产质量、资产负债比例、国有资产保值增值等情况以及高级管理人员违反法律、行政法规或者章程的行为和损害银行利益的行为进行监督。

商业银行根据业务需要可以在中华人民共和国境内外设立分支机构。设立分支机构必须经中国人民银行审查批准。在中国境内的分支机构,不按行政区划设立。商业银行在中国境内设立分支机构,应当按照规定拨付与其经营规模相适应的营运资金额。拨付各分支机构营运资金额的总和,不得超过总行资本金总额的60%。

经批准设立的商业银行分支机构,由国务院银行业监督管理机构颁发经营许可证,并凭该许可证向工商行政管理部门办理登记,领取营业执照。商业银行对其分支机构实行全行统一核算、统一调度资金、分级管理的财务制度。商业银行的分支机构不具有法人资格,其在总行授权范围内依法开展业务,其民事责任由总行承担。

3. 商业银行的组织机构和管理人员

按照《商业银行法》和《公司法》的规定,商业银行设股东会(股东大会)、董事会、监事会。董事会可聘任总经理。国有独资商业银行不设股东会,其监事会由国务院依照有关规定派出,对国务院负责,代表国家对国有独资商业银行的信贷资产质量、资产负债比例、国有资产保值增值等情况以及董事、行长(经理)等主要负责人的经营管理行为进行监督。

根据《商业银行法》规定,下列人员不得担任商业银行的董事、高级管理人员:(1)因犯有贪污、贿赂、侵占财产、挪用财产罪或者破坏社会经济秩序罪,被判处刑罚,或者因犯罪被剥夺政治权利的;(2)担任因经营不善破产清算的公司、企业的董事或者厂长、经理,并对该公司、企业破产负有个人责任的;(3)担任因违法被吊销营业执照的公司、企业的法定代表人,并负有个人责任的;(4)个人所负数额较大的债务到期未清偿的。

(三)商业银行的业务管理规定

1. 存款业务

商业银行办理个人储蓄存款业务,应当遵循存款自愿、取款自由、存款有息、为存款人保密的原则。对个人储蓄存款,商业银行有权拒绝任何单位或者个人查询、冻结、扣划,但法律另有规定的除外。对单位存款,商业银行有权拒绝任何单位或者个人查询、冻结、扣划,但法律另有规定的除外。商业银行应当按照中国人民银行规定的存款利率的上下限,确定存款利率,并予以公告。商业银行应当按照中国人民银行的规定,向中国人民银行交存存款准备金,留足备付金。商业银行应当保证存款本金和利息的支付,不得拖延、拒绝支付存款本金和利息。

2. 贷款业务

商业银行开展信贷业务,应当遵循下列原则:

(1) 根据国民经济和社会发展的需要,在国家产业政策指导下开展贷款业务;

(2) 对借款人的借款用途、偿还能力、还款方式等情况进行严格审查,实行审贷分离、分级审批的制度;

(3) 严格贷款的担保,以担保贷款为原则,信用贷款为例外。应当对保证人的偿还能力、抵押物、质物的权属和价值以及实现抵押权、质权的可行性进行严格审查;

(4) 按计划贷款,坚持综合平衡;

(5) 对借款人区别对待、择优扶持;

(6) 信贷资金按期归还、收取利息、不得豁免。

商业银行贷款,应当遵守下列资产负债比例管理的规定:

(1) 资本充足率不得低于8%;

(2) 贷款余额与存款余额的比例不得超过75%;

(3) 流动性资产余额与流动性负债余额的比例不得低于25%;

(4) 对同一借款人的贷款余额与商业银行资本余额的比例不得超过10%;

(5) 国务院银行业监督管理机构对资产负债比例管理的其他规定。

商业银行贷款,应当与借款人订立书面合同。合同应当约定贷款种类、借款用途、金额、利率、还款期限、还款方式、违约责任和双方认为需要约定的其他事项。商业银行应当按照中国人民银行规定的贷款利率的上下限,确定贷款利率。

商业银行不得向关系人发放信用贷款,向关系人发放担保贷款的条件不得优于其他借款人同类贷款的条件。这里所说的关系人是指:商业银行的董事、监事、管理人员、信贷业务人员及其近亲属,上述人员投资或者担任高级管理职务的公司、企业和其他经济组织。

任何单位和个人不得强令商业银行发放贷款或者提供担保。

3. 中介业务

中介业务,是指商业银行不需运用自有资金,只代替客户承办交付、收取和其他委托事项而收取手续费的业务。《商业银行法》规定了商业银行可以从事的中介业务主要有:办理国内外结算;发行金融债券;代理发行、兑付、承销政府债券;买卖、代理买卖外汇;提供信用证服务及担保;代理收付款项及代理保险业务;提供保险箱服务等。但不得向非自用不动产投资或者向非银行金融机构和企业投资,但国家另有规定的除外。

依照《商业银行法》的规定,商业分行办理票据承兑、汇兑、委托收款等结算业务,应当按照规定的期限兑现,收付入账,不得压单、压票或者违反规定退票。有关兑现、收付入账期限的规定应当公布。商业银行发行金融债券或者到境外借款,应当依照法律、行政法规的规定报经批准。商业银行办理业务,提供服务,按照规定收取手续费。收费项目和标准由国务院银行业监督管理机构、中国人民银行根据职责分工,分别会同国务院价格主管部门制定。

(四) 对商业银行工作人员的行为约束

根据《商业银行法》的规定,商业银行工作人员应当遵守法律、行政法规和其他各项业务管理的规定,不得有下列行为:(1) 利用职务上的便利,索取、收受贿赂或者违反国家规定收受各种名义的回扣、手续费;(2) 利用职务上的便利,贪污、挪用、侵占本行或者客户的资金;(3) 违反规定徇私向亲属、朋友发放贷款或者提供担保;(4) 在其他经济组织兼职;(5) 违反法律、行政法规和业务管理规定的其他行为。

商业银行的工作人员不得泄露其在任职期间知悉的国家秘密、商业秘密。

商业银行工作人员违反上述规定,将视其行为后果追究其民事责任、行政责任和刑事责任。

(五) 监督管理

商业银行应当按照有关规定,制定本行的业务规则,建立、健全本行的风险管理和内部控制制度。商业银行应当建立、健全本行对存款、贷款、结算、呆账等各项情况的稽核、检查制度。

商业银行应当按照规定向国务院银行业监督管理机构、中国人民银行报送资产负债表、利润表以及其他财务会计、统计报表和资料。

国务院银行业监督管理机构有权依照《商业银行法》的规定,随时对商业银行的存款、贷款、结算、呆账等情况进行检查监督。检查监督时,检查监督人员应当出示合法的证件。商业银行应当按照国务院银行业监督管理机构的要求,提供财务会计资料、业务合同和有关经营管理方面的其他信息。中国人民银行有权依照《中国人民银行法》的规定对商业银行进行检查监督。商业银行应当依法接受审计机关的审计监督。

(六) 接管和终止

1. 对商业银行的接管

商业银行已经或者可能发生信用危机,严重影响存款人的利益时,国务院银行业监督管理机构可以对该银行实行接管。接管的目的是对被接管的商业银行采取必要措施,以保护存款人的利益,恢复商业银行的正常经营能力。被接管的商业银行的债权债务关系不因接管而变化。接管由国务院银行业监督管理机构决定,并组织实施。

接管自接管决定实施之日起开始。自接管开始之日起,由接管组织行使商业银行的经营管理权力。

接管期限届满,国务院银行业监督管理机构可以决定延期,但接管期限最长不得超过2年。有下列情形之一的,接管终止:(1)接管决定规定的期限届满或者国务院银行业监督管理机构决定的接管延期届满;(2)接管期限届满前,该商业银行已恢复正常经营能力;(3)接管期限届满前,该商业银行被合并或者被依法宣告破产。

2. 商业银行的终止

商业银行因分立、合并或者出现公司章程规定的解散事由需要解散的,应当向国务院银行业监督管理机构提出申请,并附解散的理由和支付存款的本金和利息等债务清偿计划。经国务院银行业监督管理机构批准后解散。商业银行解散的,应当依法成立清算组,进行清算,按照清偿计划及时偿还存款本金和利息等债务。国务院银行业监督管理机构监督清算过程。

商业银行因吊销经营许可证被撤销的,国务院银行业监督管理机构应当依法及时组织成立清算组,进行清算,按照清偿计划及时偿还存款本金和利息等债务。

商业银行不能支付到期债务,经国务院银行业监督管理机构同意,由人民法院依法宣告其破产。商业银行被宣告破产的,由人民法院组织国务院银行业监督管理机构等有关部门和有关人员成立清算组,进行清算。商业银行破产清算时,在支付清算费用、所欠职工工资和劳动保险费用后,应当优先支付个人储蓄存款的本金和利息。

商业银行因解散、被撤销和被宣告破产而终止。

(七) 法律责任

1. 法律责任主体

《商业银行法》规定的违反《商业银行法》,应当承担法律责任的主体有:商业银行、对商业银行违法行为直接负责的董事、高级管理人员和其他直接责任人员、商业银行工作人员、借款人、强令商业银行发放贷款或者提供担保的单位的直接负责的主管人员和其他直接责任人员或者个人等。

2. 违反《商业银行法》的违法行为

《商业银行法》第8章列举了违反《商业银行法》的17类违法行为,并规定了相应的责任后果。[①]

3. 法律责任的形式

违反《商业银行法》规定,应当承担的法律责任有国务院银行业监督管理机

[①] 参见《商业银行法》第八章:法律责任。

构、中国人民银行及有关行政机关给予的行政处罚,损害赔偿等民事责任,构成犯罪的,依法追究刑事责任。商业银行违反《商业银行法》规定的,国务院银行业监督管理机构可以区别不同情形,取消其直接负责的董事、高级管理人员一定期限直至终身的任职资格,禁止直接负责的董事、高级管理人员和其他直接责任人员一定期限直至终身从事银行业工作。

当事人对证券监督管理机构或者国务院授权的部门的行政处罚决定不服的,可以依法申请复议,或者依法直接向人民法院提起诉讼。

第二节 票 据 法

一、票据和票据法

（一）票据的概念、种类和特征

票据是出票人依票据法签发的,由自己或委托他人于见票时或指定日期无条件支付一定金额给收款人或持票人的一种有价证券。我国《票据法》中的票据包括汇票、本票和支票三种。

票据具有以下法律特征：

（1）票据是设权证券,票据的签发,是为了创设一种权利。票据权利义务因出票人签发票据而产生。

（2）票据是债权证券,票据权利是以请求票据债务人支付票面所载金额这一债权为内容的证券。

（3）票据是要式证券,票据的格式与记载事项必须符合法律规定的形式才能发生效力。

（4）票据是文义证券,票据的一切权利与义务,必须严格依照票据上记载的文字而定,不得以票据以外的任何事由变更其效力。

（5）票据是无因证券,票据权利与取得票据的原因严格分离,票据的持票人行使票据权利时,无须证明其取得票据的原因。

（6）票据是流通证券,在票据到期日前,票据权利可以依据背书或单纯交付而转让,并不必通知债务人。

（二）票据法的概念和特征

票据法有广义和狭义之分。广义的票据法,是指调整因票据活动产生的各种社会关系的法律规范的总称。狭义的票据法,是指国家制定的专门用以调整票据关系以及与票据行为有关联的非票据关系的法律。本书所称票据法即指狭义的票据法。

票据法和其他法律相比,具有如下特征：

(1) 强制性。票据法与其他民事法律规范不同,票据法规范绝大多数为强制性规范。首先,票据的种类是法定的,当事人不得任意创设;其次,票据本身是严格的要式证券,不得任意签发;最后,票据行为是严格的要式行为。

(2) 技术性。票据是为便利商品交易和商业信用而创设的,票据法作为规范票据关系和票据行为的法律规范表现为一种纯技术规范,本身不表示善恶,这与具有明显道德伦理色彩的刑事、民事规范不同。

(3) 国际统一性。票据法虽然是国内法,但同时具有国际统一性特征。现代经济的发展是全球一体化,各国间的经济交往越密切,作为国际支付手段和信用工具的票据应用也就越广泛。这从客观上要求各国票据立法应遵循统一的票据规范,以利于促进国际经济的发展。

1995年5月10日我国第八届全国人民代表大会常务委员会第十三次会议通过《票据法》,并于1996年1月1日起施行。2004年8月28日第十届全国人民代表大会常务委员会第十一次会议对《票据法》进行修正。

二、票据行为和有关票据的法律关系

（一）票据行为

票据行为,是指以发生票据上的权利义务为目的所实施的要式法律行为。我国票据法上规定了五种票据行为:出票、背书、承兑、保证和付款。票据行为分为基本票据行为和附属票据行为。出票是创设票据权利义务的基本票据行为,票据上的权利义务都是由出票行为产生的。背书、承兑等其他票据行为则是以出票为前提而发生的,所以属于附属票据行为。

票据行为具有以下法律特征:

(1) 要式性。当事人实施票据行为必须采取书面形式,并按照一定的格式填写、签章,票据上的签章,为签名、盖章或者签名加盖章。法人和其他使用票据的单位在票据上的签章,为该法人或者该单位的盖章加其法定代表人或者其授权的代理人的签章。在票据上的签名,应当为该当事人的本名。

(2) 抽象性。票据行为只需具备抽象的形式即可生效,而不用问其原因和实质如何。

(3) 文义性。票据行为的内容完全以票据上的文字记载为准。

(4) 独立性。同一票据上如有数个票据行为,每一个票据行为各自独立发生效力,不因其他票据行为无效而受影响。

票据行为也可以由他人代理实施,这就是票据行为的代理。为保护持票人的利益,票据代理除应符合民事代理的一般规定外,还应当符合《票据法》的特殊规定:首先,票据代理应具备严格的形式要件,代理人应当在票据上签章,并应在票据上表明其代理关系;其次,没有代理权而以代理人名义在票据上签章的,应当由签章人承担票据责任;最后,代理人超越代理权限的,应当就其超越权限的部分承担票据责任。

(二)票据关系

票据关系,是指当事人之间基于票据行为而直接发生的债权债务关系。如基于出票行为而发生的出票人与收款人之间的关系;收款人与付款人之间的关系;基于汇票承兑行为而发生的持票人与承兑人之间的关系等。

票据关系的构成要素包括主体、客体和内容三个方面:

1. 票据关系的主体,是指票据债权人和票据债务人。持有票据并据此享有权利的人为票据债权人;实施一定的票据行为而在票据上签章的人为票据债务人。票据关系主体还可以进一步划分为基本当事人和非基本当事人。基本当事人,是指签发票据时就已经存在的当事人,如汇票和支票的出票人、付款人、收款人等。非基本当事人,是指签发票据后通过各种票据行为加入到票据关系中的当事人,如背书人、被背书人、票据保证人等。

2. 票据关系的客体,是指票据当事人权利义务所共同指向的对象,即一定数额的货币。

3. 票据关系的内容,是指票据当事人因票据行为依法享有的票据权利和承担的票据义务。按照行使程序先后可分为两个层次:第一层次是付款请求权和付款义务;第二层次是追索权和偿付义务。

(三)票据法上的非票据关系

票据法上的非票据关系,是指由票据法所规定的、不是基于票据行为直接发生的法律关系。如票据正当权利人对于恶意或重大过失而取得票据的人行使票据返还请求权的关系;因时效期间届满或手续欠缺而丧失票据权利的持票人对于出票人或承兑人行使利益偿还请求权的关系等。

票据法上的非票据关系直接根据票据法的规定而发生,而不是根据当事人的票据行为而发生,非票据关系内容中的权利不是票据权利,该项权利的行使不以持有票据为必要。票据法之所以对非票据关系作出规定,其目的在于保障票据关系和票据权利的实现。

(四)票据基础关系

票据关系当事人之间之所以发生授受票据的行为,是基于一定的原因或前提,这种授受票据的原因或前提关系即票据基础关系。

票据基础关系决定票据关系,但票据关系产生后即与票据基础关系相分离。票据基础关系包括票据原因关系、票据资金关系和票据预约关系:

1. 票据原因关系,是指基于票据当事人之间授受票据的原因而发生的关系。如导致使用支票的商品买卖关系。

2. 票据资金关系,是指票据的出票人与付款人之间事先约定的、由付款人出票人为付款的关系。如商业汇票的出票人与银行之间约定的由银行为商业汇票付款的委托协议等。

3. 票据预约关系,是指票据当事人之间以授受票据为标的的合同关系。如商品买卖双方关于使用票据的种类、金额和到期日的约定等。

三、票据权利和票据抗辩

（一）票据权利

1. 票据权利的概念和种类

票据权利,是指持票人向票据债务人请求支付票据金额的权利,票据权利包括付款请求权和追索权。票据权利体现为二次请求权。

付款请求权,是指持票人对票据主债务人行使的权利,是票据权利的第一次请求权。票据主债务人,就汇票而言是指汇票的付款人或承兑人及其保证人;就本票而言是指本票出票人及其保证人;就支票而言是指支票的付款人。票据主债务人对票据负有绝对的付款责任。

追索权又称为偿还请求权,是指持票人在第一次请求权(即付款请求权)得不到满足时,在保全票据权利的基础上,向除主债务人以外的前手人请求偿还票据金额及损失的权利。追索权是票据的第二次请求权,持票人只能在首先向主债务人行使付款请求权而得不到付款时,才可以行使追索权。

持票人对票据债务人行使票据权利,或者保全票据权利,应当在票据当事人的营业场所和营业时间内进行,票据当事人无营业场所的,应当在其住所进行。

2. 票据权利的取得

票据权利的取得主要有两种方式:一是原始取得,即因票据的创设(出票)而取得票据权利;二是继受取得,从持有票据的人处受让票据。如通过转让、赠与、继承、税收、企业合并等方式获得票据。

根据《票据法》的规定,票据的签发、取得和转让,应当遵循诚实信用的原则,具有真实的交易关系和债权债务关系。票据的取得,必须给付对价,即应当给付票据双方当事人认可的相对应的代价。因税收、继承、赠与可以依法无偿取得票据的,不受给付对价的限制。但是,所享有的票据权利不得优于其前手的权利。前手是指在票据签章人或者持票人之前签章的其他票据债务人。以欺诈、偷盗或者胁迫等手段取得票据的,或者明知有前列情形,出于恶意取得票据的,不得享有票据权利。持票人因重大过失取得不符合《票据法》规定的票据的,也不得享有票据权利。

3. 票据的伪造、变造和丧失

（1）票据的伪造。票据的伪造,是指假借他人名义而实施票据行为。票据伪造不产生法律上的效力,但伪造的票据有其他真实签章的,真实签章人应对自己所为的票据行为负责。

(2) 票据的变造。票据的变造,是指无票据变更权限的人变更票据上除签章以外的记载事项的行为。发生票据变造时,在变造之前签章的人,对原记载事项负责;在变造之后签章的人,对变造之后的记载事项负责;不能辨别签章在变造之前或之后的,视为在变造之前签章。

(3) 票据的丧失。票据的丧失,是指票据权利人丧失对票据的占有。票据丧失的原因有票据灭失、遗失、被盗等。

4. 票据权利的补救

票据丧失,失票人可以及时通知票据的付款人挂失止付,但是,未记载付款人或者无法确定付款人及其代理付款人①的票据除外。收到挂失止付通知的付款人,应当暂停支付。但付款人或者代理付款人自收到挂失止付通知书之日起 12 日内没有收到人民法院的止付通知书的,自第 13 日起,挂失止付通知书失效。

失票人应当在通知挂失止付后 3 日内,也可以在票据丧失后,依法向人民法院申请公示催告,或者向人民法院提起诉讼。

5. 票据权利的消灭时效

票据的出票日、到期日由票据当事人依法确定。票据权利在下列期限内不行使而消灭:

(1) 持票人对票据的出票人和承兑人的权利,自票据到期日起 2 年。见票即付的汇票、本票,自出票日起 2 年。

(2) 持票人对支票出票人的权利,自出票日起 6 个月。

(3) 持票人对前手的追索权,自被拒绝承兑或者被拒绝付款之日起 6 个月。

(4) 持票人对前手的再追索权,自清偿日或者被提起诉讼之日起 3 个月。

(二) 票据抗辩

1. 票据抗辩的概念和种类

票据抗辩,是指票据债务人根据《票据法》的规定对票据债权人拒绝履行义务的行为。根据票据抗辩事由的不同,票据抗辩可分为物的抗辩和人的抗辩两种:

(1) 物的抗辩,又称为绝对抗辩,是指基于票据本身所存在的事由而发生的抗辩。因抗辩事由是基于票据这个物的本身而发生,故称为物的抗辩;又因该抗辩事由可以对一切持票人主张,所以又称为绝对抗辩。依提出抗辩的债务人的不同,物的抗辩分为两类:一是一切票据债务人(被请求人)可以对一切票据债

---

① 代理付款人,是指根据付款人的委托,代其支付票据金额的银行、城市信用合作社和农村信用合作社。

权人(持票人)主张的抗辩。这类抗辩主要有:① 因欠缺法定要件而票据无效的抗辩,如欠缺票据上应当记载的事项或记载了不得记载的事项等。② 依票据记载不能提出请求的抗辩,如票据未到期、付款地不符等。③ 票据债权已消灭抗辩,如票据债权因付款、除权判决而消灭等。二是只有特定票据债务人可以提出,可以对一切票据债权人主张的抗辩。这类抗辩主要有:① 欠缺有效票据行为的抗辩,如实施票据行为的无行为能力人的法定代理人可以主张票据行为人无行为能力,所为票据行为无效等。② 票据上有伪造、变造、更改情形的抗辩,被伪造签名的人,可以主张不负票据责任;票据变造、更改前的背书人、出票人等可以主张仅对变造、更改前的票据文义负责,而对变造、更改后的票据文义不负责。③ 票据权利的保全手续欠缺的抗辩,追索人未依法律规定保全票据权利时,相关的被追索人可以此主张不负票据责任。④ 因时效而消灭票据债权的抗辩,承兑人、出票人、背书人等可以分别适用于自己的时效期间届满而进行抗辩。

(2) 人的抗辩,又称为相对抗辩,是指票据债务人仅可以对特定的票据债权人主张的抗辩。这类抗辩是基于票据当事人之间的特定关系而产生的,只能对特定的票据债权人主张。当票据债权人(持票人)发生变更,这种抗辩便被切断,票据债务人不得再以原来的事由对新的票据债权人主张抗辩。按照抗辩人的不同,人的抗辩可以分为两类:一是一切票据债务人可以对特定的票据债权人主张的抗辩,这种抗辩主要有:① 持票人或收款人缺乏受领能力的抗辩,如持票人被依法宣告破产;人民法院依法扣押持票人所持的票据,并禁止持票人接受票载金额等。② 持票人缺乏实质性受领资格的抗辩,《票据法》第 12 条规定:"以欺诈、偷盗或者胁迫等手段取得票据的,或者明知有前列情形,出于恶意取得票据的,不得享有票据权利。持票人因重大过失取得不符合本法规定的票据的,也不得享有票据权利。"二是特定票据债务人可以向特定票据债权人主张的抗辩,这种抗辩主要是基于特定当事人之间的原因关系或特约关系而产生的抗辩,主要情形有:① 基于原因关系的抗辩。票据虽为无因证券,但在直接当事人之间,原因关系与票据关系仍有牵连,直接的票据债务人可以原因关系不合法、失效或消灭等作为抗辩事由对直接的票据债权人主张抗辩。② 欠缺对价的抗辩。如果直接的票据当事人之间以一定的对价作为签发票据的条件,则与票据债务人有直接债权债务关系并且不履行约定义务的,票据债务人可以此为由向对方当事人主张抗辩。③ 抵销或免除的抗辩。在直接的票据当事人之间,票据债务人可以票据债务被抵销或被对方当事人免除为由向对方当事人主张抗辩。④ 违反特约的抗辩。在直接的票据当事人之间如果有票据债务承担条件的特约时,票据债务人可以对方当事人违反特约而主张抗辩。

2. 票据抗辩的限制及其例外

票据抗辩的限制又称为票据抗辩的切断,是指票据流转给直接当事人以外的其他人后,直接当事人之间的抗辩原则上被切断。即不得以直接当事人之间的抗辩事由对抗非直接当事人。票据抗辩的限制仅存在于人的抗辩中。

依照《票据法》的规定,票据债务人不得以自己与出票人或者与持票人的前手之间的抗辩事由,对抗持票人。

票据抗辩的限制的意义,在于保障善意取得人的票据权利,保证票据的信用性不因个别原因而受损,保障票据流通和交易安全。

但票据抗辩的限制也有例外,主要有两种情形:一是恶意抗辩,即持票人明知存在抗辩事由而取得票据的,不适用票据抗辩的限制;二是无对价抗辩,即因税收、继承、赠与等依法无偿取得票据的,虽不受给付对价的限制,但是,所享有的票据权利不得优于其前手的权利。就是说,票据债务人有权以自己与依法无偿取得票据的持票人的前手所存在的抗辩事由对抗无偿取得票据的持票人。

四、汇票

(一) 汇票的概念和种类

汇票是出票人签发的,委托付款人在见票时或者在指定日期无条件支付确定的金额给收款人或者持票人的票据。

根据签发人的不同,汇票分为银行汇票和商业汇票两种。银行汇票是由银行签发的一种汇票;商业汇票是由银行以外的人签发的一种汇票。

(二) 出票

出票,是指出票人签发票据并将其交付给收款人的一种票据行为。汇票的出票人必须与付款人具有真实的委托付款关系,并且具有支付汇票金额的可靠资金来源。出票人依据票据法规定的要件作成票据并交付后,出票行为即发生票据法上的效力,票据债权债务关系成立。

出票对收款人、付款人、出票人具有不同的法律的效力:在出票行为有效成立后,收款人即享有票据上的权利;出票行为的成立虽然并不使付款人承担承兑义务,但是基于出票人的付款委托而使其具有承兑的地位,在其对汇票进行承兑后,即成为汇票上的主债务人;对出票人来说,则成为票据上的债务人。

(三) 汇票的记载事项

票据记载相关事项是票据行为的一项重要内容。票据记载事项一般分为绝对应记载事项、相对应记载事项、非法定记载事项等。

1. 绝对应记载事项

绝对应记载事项,是指票据法明文规定必须记载的,如无记载,票据即为无效的事项。根据《票据法》的规定,汇票的绝对应记载事项包括:

(1) 表明"汇票"的字样;

(2) 无条件支付的委托;

(3) 确定的金额；
(4) 付款人名称；
(5) 收款人名称；
(6) 出票日期；
(7) 出票人签章。

银行汇票的出票人，必须是经中国人民银行批准办理银行汇票业务的银行。上述绝对应记载事项，缺一则票据无效。票据金额以中文和数码同时记载，两者必须一致，不一致时，票据无效。不得签发无对价的汇票用以骗取银行或其他票据当事人的资金。

2. 相对应记载事项

相对应记载事项，是指某些应该记载，而如未记载，适用法律的有关规定而不使票据失效的事项。相对应记载的事项也是汇票记载的内容，与绝对应记载事项的区别之处是：相对应记载事项如果未在汇票上记载，并不影响汇票本身的效力，可依法律规定推定。根据《票据法》的规定，汇票的相对应记载事项主要有：

(1) 付款日期。未记载付款日期的，视为见票即付。

(2) 付款地。未记载付款地的，以付款人的营业场所、住所或者经常居住地为付款地。

(3) 出票地。未记载出票地的，以出票人的营业场所、住所或经常居住地为出票地。

3. 非法定记载事项

非法定记载事项，是指票据法规定由当事人任意记载的事项。汇票上可以记载《票据法》规定事项以外的其他出票事项，但是该记载事项不具有汇票上的效力。如签发票据的原因或用途、该票据项下的交易合同号码、该票据项下的有关单证的名称及号码、开户银行名称及账号等。

（四）背书

背书，是指持票人在票据背面或者粘单上记载有关事项并签章的一种票据行为。背书可以分为转让背书和非转让背书。

1. 转让背书

转让背书，是指以转让票据权利为目的的背书。转让背书应记载的事项有：背书人的签章，被背书人的名称和背书的日期。其中，前两项属于绝对应记载事项；背书日期如未记载，则视为在汇票到期日前背书。《票据法》规定，转让背书必须作成记名背书，不允许以空白背书或无记名背书方式转让票据权利。另外，背书不得附条件，否则所附条件不具有汇票上的效力；将汇票金额的一部分转让或者将汇票金额分别转让给两人以上的背书无效。

出票人在汇票上记载"不得转让"字样的,汇票不得转让。背书人在汇票上记载"不得转让"字样,其后手再背书转让的,原背书人对后手的被背书人不承担保证责任。

汇票被拒绝承兑、被拒绝付款或者超过付款提示期限的,不得背书转让;背书转让的,背书人应当承担汇票责任。

2. 非转让背书

非转让背书,是指以转让票据权利以外的目的而作的背书。非转让背书包括委任背书和质押背书。

(1) 委任背书,是指背书人授权由被背书人代理自己行使票据权利(通常为代背书人收款)的背书。对委任收款背书,被背书人不得再以背书转让汇票权利。

(2) 质押背书又称设质背书,是指背书人以票据权利为被背书人设定质权而作成的背书。质押背书的背书人必须以背书记载"质押"字样,否则不发生质押的效力。

3. 背书的效力

(1) 票据权利的转移。背书成立后,汇票上的一切权利均由背书人转移给被背书人。后者成为汇票的债权人,前者则成为票据的债务人。

(2) 票据权利的担保。背书人应按照汇票的文义,担保汇票的承兑和付款。汇票不获承兑或不获付款时,背书人对于被背书人及其所有后手均负有偿还票款的义务。

(3) 票据权利的证明。指票据权利的有效转移,可以用背书连续的形式予以证明。所谓"背书连续",是指在票据转让中,转让票据的背书人与受让票据的被背书人在票据上的签章依次前后衔接。以背书转让的汇票,后手应当对其直接前手背书的真实性负责。后手是指在票据签章人之后签章的其他票据债务人。持票人以背书的连续,证明其汇票权利;非经背书转让,而以其他合法方式取得汇票的,依法举证,证明其汇票权利。

(五) 承兑

承兑是指汇票付款人承诺在汇票到期日支付汇票金额的票据行为。付款人承兑汇票,不得附有条件;承兑附有条件的,视为拒绝承兑。付款人承兑汇票后,应当承担到期付款的责任。

1. 承兑记载的事项和记载方法

(1) 承兑记载的事项。承兑记载的事项包括三项,即承兑文句、承兑日期、承兑人签章。承兑文句、承兑人签章是绝对应记载事项,承兑日期属于相对记载事项,但见票后定期付款的汇票,则必须记载日期。

(2) 承兑的记载方法。付款人承兑汇票的,应当在汇票正面记载"承兑"字样和承兑日期并签章。见票后定期付款的汇票,应当在承兑时记载付款日期。

2. 汇票的提示承兑

提示承兑,是指持票人向付款人出示汇票,并要求付款人承诺付款的行为。根据付款形式的不同,汇票可分为必须提示承兑、无需提示承兑以及可以提示承兑三种。

(1) 必须提示承兑的汇票。见票后定期付款的汇票属于必须提示承兑的汇票。

(2) 无需提示承兑的汇票。见票即付的汇票属于无需提示承兑的汇票。这类汇票有两种:一是汇票上明确记载见票即付的汇票;二是汇票上没有记载付款日期,视为见票即付的汇票,目前主要是指银行汇票。

(3) 可以提示承兑的汇票。定日付款和出票后定期付款的汇票属于可以提示承兑的汇票。持票人可以在汇票到期日前提示承兑,也可以不提示承兑而于到期日直接请求付款。但我国《票据法》规定,除见票即付的汇票外,其他汇票都必须提示承兑。

3. 承兑的效力

承兑的效力在于确定汇票付款人的付款责任。承兑人于汇票到期日必须向持票人无条件地支付汇票上的金额。承兑人在到期日拒绝付款的,必须向持票人承担迟延责任,支付迟延付款的利息及其他有关费用。承兑人不得以其与出票人之间的资金关系来对抗持票人,拒绝支付汇票金额。承兑人的票据责任不因持票人未在法定期限提示付款而解除,承兑人仍要对持票人承担票据责任。

(六) 汇票的保证

汇票的保证,是指票据债务人以外的第三人为担保票据债务的履行所作的一种附属票据行为。保证不得附有条件;附有条件的,不影响对汇票的保证责任。

1. 保证的记载事项与记载方法

保证应记载事项分为绝对应记载事项与相对应记载事项两种。绝对应记载事项主要有:表明"保证"的字样,保证人签章。相对应记载事项主要有:保证人的名称和地址,被保证人的名称,保证日期。缺少保证人的名称和地址,保证人名称可由其签章认定,保证人地址可以推定为保证人的营业场所、住所;缺少被保证人的名称,承兑人或出票人为被保证人;缺少保证日期,以出票日为保证日期。保证的记载方法是记载在汇票上或者其粘单上。

2. 保证人的责任和权利

(1) 保证人的责任。被保证的汇票,保证人应当与被保证人对持票人承担连带责任。汇票到期后得不到付款的,持票人有权向保证人请求付款,保证人应当足额付款。票据保证人的票据责任从属于被保证人的债务,同时又不随被保证人的债务因实质原因无效而无效,只有当被保证人的债务因欠缺票据形式要件而无效时,保证人的债务才归于无效,保证人的票据责任因此而被免除。保证人为两人以上的,保证人之间承担连带责任。

(2)保证人清偿汇票债务后的权利。保证人向持票人清偿债务后,取得票据而成为持票人,享有票据上的权利,有权对被保证人及其前手行使再追索权。

(七)汇票的付款

付款是汇票的承兑人或付款人向持票人支付汇票金额,以消灭票据关系的行为,它不属于票据行为。

1. 付款的提示

付款的提示是指持票人向付款人或承兑人现实地出示票据,请求其付款的行为。付款的提示是票据权利的保全和行使,如果持票人不按照法定期限提示付款的,则丧失对其前手的追索权,但经作出说明后,承兑人或者付款人仍应对持票人承担付款责任。持票人应当按下列期限提示付款:

(1)见票即付的汇票,自出票日起的1个月内向付款人提示付款。

(2)定日付款、出票后定期付款或者见票后定期付款的汇票,自到期日起10日内向承兑人提示付款。

通过委托收款银行或者通过票据交换系统向付款人提示付款的,视同持票人提示付款。

2. 付款的方法

(1)付款日期。付款人或者承兑人必须在持票人请求付款的当日足额付款,不允许延期付款。

(2)付款手续。汇票获得付款时,应当由持票人在汇票上签收,并将汇票交给付款人。持票人委托银行收款的,托收银行将代收的汇票金额转账收入持票人的账户,视同签收。

3. 付款的效力

持票人委托的收款银行的责任,限于按照汇票上记载事项将汇票金额转入持票人账户。付款人委托的付款银行的责任,限于按照汇票上记载事项从付款人账户支付汇票金额。对于汇票当事人之间的纠纷或其他原因造成的损失,受托银行不承担任何责任。付款人依法足额付款后,全体汇票债务人的责任解除。

付款人或代理付款人在付款时,必须承担审查义务。审查包括两个方面:一是审查提示付款人的合法身份证明或者有效证件;二是审查汇票上诸项背书是否连续。付款人或代理付款人付款时,有恶意或重大过失造成当事人损失的,应自行承担责任。对定日付款、出票后定期付款或者见票后定期付款的汇票,付款人在到期日前付款的,由付款人自行承担所产生的责任。

(八) 追索权

追索权,是指持票人在票据得不到承兑或者付款,或有其他法定原因,持票人向其前手请求偿还票据金额、利息及其他法定费用的一种票据权利。

1. 追索权的当事人

追索权的当事人包括追索权人和偿还义务人。追索权人包括最后的持票人和已为清偿的票据债务人。偿还义务人包括出票人、背书人、承兑人、保证人。

2. 追索权的行使的原因

追索权的行使的原因,又称为追索权行使的实质要件。根据《票据法》的规定,汇票到期被拒绝付款的,持票人可以对背书人、出票人以及汇票的其他债务人行使追索权。汇票到期日前,有下列情形之一的,持票人也可以行使追索权:(1) 汇票被拒绝承兑的;(2) 承兑人或者付款人死亡、逃匿的;(3) 承兑人或者付款人被依法宣告破产或者因违法被责令终止业务活动的。

3. 追索权行使的形式要件

(1) 取得拒绝证明、退票理由书或其他合法证明。这是持票人保全票据权利所必需的。拒绝证明是证明持票人已在法定期限内行使票据权利而不获实现,或无从为票据权利的一种书面证明。① 拒绝证明具有证明事实和保全追索权的效力。依据《票据法》的规定,持票人提示承兑或提示付款被拒绝的,承兑人或付款人必须出具拒绝证明,或者出具退票理由书②,否则应承担由此产生的民事责任。持票人因承兑人或者付款人死亡、逃匿或者其他原因,不能取得拒绝证明的,可以依法取得其他有关证明。③ 承兑人或者付款人被人民法院依法宣告破产的,人民法院的有关司法文书具有拒绝证明的效力。承兑人或者付款人因违法被责令终止业务活动的,有关行政主管部门的处罚决定具有拒绝证明的效力。持票人不能出示拒绝证明、退票理由书或者未按照规定期限提供其他合法证明的,丧失对其前手的追索权。但是,承兑人或者付款人仍应当对持票人承担责任。

(2) 在法定期限内发出追索通知。持票人应当自收到被拒绝承兑或者被拒绝付款的有关证明之日起3日内,将被拒绝事由书面通知其前手;其前手应当自收到通知之日起3日内书面通知其再前手。持票人也可以同时向各汇票债务人发出书面通知。在规定期限内将通知按照法定地址或者约定的地址邮寄的,视

---

① 拒绝证明应当包括下列事项:(1) 被拒绝承兑、付款的票据的种类及其主要记载事项;(2) 拒绝承兑、付款的事实依据和法律依据;(3) 拒绝承兑、付款的时间;(4) 拒绝承兑人、拒绝付款人的签章。

② 退票理由书应当包括下列事项:(1) 所退票据的种类;(2) 退票的事实依据和法律依据;(3) 退票时间;(4) 退票人签章。

③ 其他有关证明是指:(1) 人民法院出具的宣告承兑人、付款人失踪或者死亡的证明、法律文书;(2) 公安机关出具的承兑人、付款人逃匿或者下落不明的证明;(3) 医院或者有关单位出具的承兑人、付款人死亡的证明;(4) 公证机构出具的具有拒绝证明效力的文书。

为已经发出通知。通知的意义在于:告知行使追索权的原因事实,通知其将要行使追索权,以使被追索人预先知道追索开始,从而为被追索作好准备,或者为自动偿还筹集资金,以防止偿还金额的扩大,并准备再追索等。未按照法定期限通知的,持票人仍可以行使追索权。因延期通知给其前手或者出票人造成损失的,由没有按照规定期限通知的汇票当事人,承担对该损失的赔偿责任,但是所赔偿的金额以汇票金额为限。

4. 追索金额

追索金额是指持票人或者其他追索权人向偿还义务人行使追索权,请求其支付的金额。

持票人的追索金额包括:(1)被拒绝付款的汇票金额;(2)汇票金额从到期日或者提示付款日起至清偿日止,按照中国人民银行规定的流动资金贷款利率计算的利息;(3)取得有关拒绝证明和发出通知书的费用。被追索人清偿债务时,持票人应当交出汇票和有关拒绝证明,并出具所收到利息和费用的收据。

被追索人按照上述要求清偿后,可以向其他汇票债务人行使再追索权,请求其他汇票债务人支付下列金额和费用:(1)已清偿的全部金额;(2)汇票金额自清偿日起至再追索清偿日止,按照中国人民银行规定的流动资金贷款利率计算的利息;(3)发出通知书的费用。行使再追索权的被追索人获得清偿时,应当交出汇票和有关拒绝证明,并出具所收到利息和费用的收据。

5. 追索权的效力和限制

对追索人的效力主要有:持票人可以不按照汇票债务人的先后顺序,对其中任何人、数人或者全体行使追索权;持票人对汇票债务人中的一人或者数人已经开始进行追索的,对其他汇票债务人仍可以行使追索权。

对被追索人的效力主要有:汇票的出票人、背书人、承兑人和保证人对持票人承担连带责任;被追索人清偿债务后,其责任解除,与持票人享有同一权利,同时享有再追索权。

追索权的限制是:持票人为出票人的,对其前手无追索权;持票人为背书人的,对其后手无追索权。

五、本票

(一)本票的概念

本票,是指出票人签发的,承诺自己在见票时无条件支付确定的金额给收款人或持票人的票据。我国《票据法》上的本票限于见票即付的银行本票。本票除了适用《票据法》对本票的专门规定外,在很多方面,如本票的出票行为、背书、保证、付款和追索权的行使等都适用有关汇票的规定。

（二）本票的记载事项

本票绝对应记载的事项有：(1) 表明"本票"的字样；(2) 无条件支付的承诺；(3) 确定的金额；(4) 收款人名称；(5) 出票日期；(6) 出票人签章。本票上未记载前述规定事项之一的，则本票无效。

本票相对应记载事项有：(1) 付款地。本票上未记载付款地的，出票人的营业场所为付款地。(2) 出票地。本票上未记载出票地的，出票人的营业场所为出票地。

（三）本票的付款

本票的出票人必须具有支付本票金额的可靠资金来源，并保证支付。按照我国《票据法》的规定，本票自出票之日起，付款期限最长不得超过2个月。本票的出票人在持票人提示见票时，必须承担付款的责任。持票人未按规定期限提示见票的，丧失对出票人以外的前手的追索权。

六、支票

（一）支票的概念和种类

支票，是指出票人签发的，委托办理支票存款业务的银行或者其他金融机构在见票时，无条件支付确定的金额给收款人或持票人的票据。除《票据法》对支票的专门规定外，支票的出票行为、背书、付款行为和追索权的行使，适用有关汇票的规定。

按照支付票款的方式可以将支票分为普通支票、现金支票和转账支票。

普通支票既可以转账，也可以支取现金。用于转账的，可在普通支票左上角加划两条平行线，亦称划线支票；未划线的普通支票，可用于支取现金。

现金支票专门用于支取现金。这种支票在印制时，已在支票的上端印明了现金字样。

转账支票专门用于转账，不得用于支取现金，这种支票印制时，在支票的上端已印明转账字样。

（二）支票的记载事项

支票绝对应记载的事项有：(1) 表明"支票"的字样；(2) 无条件支付的委托；(3) 确定的金额；(4) 付款人名称；(5) 出票日期；(6) 出票人签章。支票上未记载前述6项规定事项之一的，则支票无效。支票上的金额可以由出票人授权补记，未补记前的支票，不得使用。

支票相对应记载的事项有：(1) 付款地。未记载付款地的，以付款人营业场所为付款地。(2) 出票地。未记载出票地的，以出票人的营业场所、住所或者经常居住地为出票地。(3) 收款人名称。支票上未记载收款人名称的，经出票人授权，可以补记。出票人可以在支票上记载自己为收款人。

（三）禁止签发的支票

1. 空头支票。空头支票,是指出票人签发的支票金额超过其付款时在付款人处实有的存款金额的支票。我国《票据法》规定,禁止签发空头支票。

2. 与预留签章不符的支票。支票的出票人不得签发与其预留本名的签名式样或者印鉴不符的支票。

签发空头支票或印章与预留印鉴不符的支票,不以骗取财物为目的的,由中国人民银行处以票面金额5%但不低于1000元的罚款;持票人有权要求出票人赔偿支票金额2%的赔偿金。

（四）支票的付款

出票人必须按照签发的支票金额承担保证向该持票人付款的责任,出票人在付款人处的存款足以支付支票金额时,付款人应当在当日足额付款。支票限于见票即付,不得另行记载付款日期。另行记载付款日期的,该记载无效。持票人应当自出票日起10日内提示付款,异地使用的支票,其提示付款的期限由中国人民银行另行规定。超过提示付款期限的,付款人可以不予付款;付款人不予付款的,出票人仍应当对持票人承担票据责任。付款人依法支付支票金额的,对出票人不再承担受委托付款的责任,对持票人不再承担付款的责任。但是,付款人以恶意或者有重大过失付款的除外。

七、涉外票据的法律适用

（一）涉外票据的概念

涉外票据,是指出票、背书、承兑、保证、付款等行为中,既有发生在中国境内的,又有发生在中国境外的票据。

（二）涉外票据的法律适用

对于涉外票据,首先是适用我国缔结或者参加的国际条约,但我国声明保留的条款除外;其次适用我国有关法律、法规;若以上两者都没有规定,则可以适用国际惯例。我国《票据法》规定涉外票据的法律适用如下:

1. 票据债务人的民事行为能力,适用其本国法律。票据债务人的民事行为能力,依照其本国法律为无民事行为能力或者为限制民事行为能力而依照行为地法律为完全民事行为能力的,适用行为地法律。

2. 汇票、本票出票时的记载事项,适用出票地法律。支票出票时的记载事项,适用出票地法律,经当事人协议,也可以适用付款地法律。票据追索权的行使期限,适用出票地法律。

3. 票据的背书、承兑、付款和保证行为,适用行为地法律。

4. 票据的提示期限、有关拒绝证明的方式、出具拒绝证明的期限,适用付款地法律。票据丧失时,失票人请求保全票据权利的程序,适用付款地法律。

八、违反《票据法》的法律责任

有下列票据欺诈行为之一的,依法追究刑事责任:
(1) 伪造、变造票据的;
(2) 故意使用伪造、变造的票据的;
(3) 签发空头支票或者故意签发与其预留的本名签名式样或者印鉴不符的支票,骗取财物的;
(4) 签发无可靠资金来源的汇票、本票,骗取资金的;
(5) 汇票、本票的出票人在出票时作虚假记载,骗取财物的;
(6) 冒用他人的票据,或者故意使用过期或者作废的票据,骗取财物的;
(7) 付款人同出票人、持票人恶意串通,实施前六项所列行为之一的。

有上面所列行为之一,情节轻微,不构成犯罪的,依照国家有关规定给予行政处罚。

金融机构的工作人员在票据业务中玩忽职守,对违反票据法规定的票据予以承兑、付款、保证或者贴现的,对直接负责的主管人员和其他直接责任人员给予警告、记过、撤职或者开除的处分;造成重大损失,构成犯罪的,依法追究刑事责任。由于金融机构工作人员因前述行为给当事人造成损失的,由该金融机构和直接责任人员依法承担赔偿责任。

票据的付款人对见票即付或者到期的票据,故意压票、拖延支付的,由中国人民银行处以压票、拖延支付期间内每日票据金额 0.7‰ 的罚款;对直接负责的主管人员和其他直接责任人员给予警告、记过、撤职或者开除的处分。票据的付款人故意压票,拖延支付,给持票人造成损失的,依法承担赔偿责任。

依照《票据法》规定承担赔偿责任以外的其他违反《票据法》规定的行为,给他人造成损失的,应当依法承担民事责任。

第三节 证 券 法

一、证券法概述

(一) 证券的概念和特征

证券,是指证明或设定民事、经济权益的法律凭证,是相应财产所有权或债权凭证的通称。证券有广义和狭义之分。广义的证券通常包括资本证券,如股票、债券;货币证券,如票据、银行卡;商品证券,如提单、仓单。狭义的证券仅指资本证券。我国《证券法》所调整的和本节所指的证券即为狭义的证券。我国《证券法》所调整的证券为股票、公司债券、国务院认定的其他证券等三类。

股票,是指股份有限公司签发的证明股东所持公司股份的凭证。公司债券是债券的一种,是指公司为筹集资金,依法发行的、约定在一定期限还本付息的债权凭证。国务院认定的其他证券,如投资基金券,即证券投资信托基金发起人向投资者发行的证明其持有基金单位的凭证等。

狭义证券有三方面的法律特征:

(1) 证券是一种投资凭证。证券是投资者权利的载体,投资者的权利是通过证券记载,并凭借证券获取相应收益。

(2) 证券是一种权益凭证。证券体现一定的权利,如股票体现的是股权,债券则代表着债权。

(3) 证券是一种可转让的权利凭证。证券具有流通性,其持有者可以依法随时将证券转让给他人,收回证券上的财产利益。

(二) 证券法的概念

证券法有广义和狭义之分。广义的证券法是指调整因证券的发行、交易、管理、监督及其他相关活动而产生的社会关系的法律规范的总称。狭义的证券法是指专门的证券法典,在我国是指1998年12月29日第九届全国人民代表大会常务委员会第六次会议通过的,自1999年7月1日起施行的《中华人民共和国证券法》。我国《证券法》颁布后,第十届全国人民代表大会常务委员会第十一次会议、第十八次会议、第十二届全国人民代表大会常务委员会第三次会议分别于2004年8月28日、2005年10月27日、2013年6月29日对《证券法》进行了三次修正。

(三)《证券法》的基本原则

1. 公开、公平、公正的原则

证券的发行、交易活动,必须实行公开、公平、公正的原则,即通常所说的"三公原则"。公开原则的核心是要求实现证券市场信息的公开化。公平原则是指发行、证券交易活动中所有的参加者的法律地位平等,各自的合法权益能够得到同等的保护。公正原则是要求证券监管部门对一切被监管对象给以公正待遇。

2. 自愿、有偿、诚实信用原则

该原则要求参与证券发行和证券交易活动的当事人在地位平等的基础上,自主自愿、诚实守信地按照等价交换的规则参与证券发行的交易活动。

3. 分业经营、分业管理原则

证券业和银行业、信托业、保险业分业经营、分业管理。证券公司与银行、信托、保险业务机构分别设立。国家另有规定的除外。

4. 合法原则

证券发行、交易活动,必须遵守法律、行政法规;禁止欺诈、内幕交易和操纵证券交易市场的行为。

5. 集中统一监管和自律管理相结合原则

国务院证券监督管理机构依法对全国证券市场实行集中统一监督管理。根据需要可以设立派出机构,按照授权履行监督管理职能。在国家对证券发行、交易活动实行集中统一监督管理的前提下,依法设立证券业协会,实行自律性管理。

6. 审计监督原则

国家审计机关依法对证券交易所、证券公司、证券登记结算机构、证券监督管理机构进行审计监督。

二、证券的发行

(一) 证券发行的一般规定

1. 公开发行与保荐制度

有下列情形之一的,为公开发行:(1) 向不特定对象发行证券;(2) 向累计超过 200 人的特定对象发行证券;(3) 法律、行政法规规定的其他发行行为。

公开发行证券,必须符合法律、行政法规规定的条件,并依法报经国务院证券监督管理机构或者国务院授权的部门核准;未经依法核准,任何单位和个人不得公开发行证券。

依照《证券法》的规定,发行人申请公开发行股票、可转换为股票的公司债券,依法采取承销方式的,或者公开发行法律、行政法规规定实行保荐制度的其他证券的,应当聘请具有保荐资格的机构担任保荐人。

保荐制度,是指由保荐人(符合保荐人条件,负责证券发行的主承销工作的综合类证券公司)负责证券发行人上市推荐和辅导,核实发行文件中所载资料的真实、准确和完整,督导发行人规范运作,并对其推荐上市发行的证券承担相应责任的制度。保荐制度的建立,将进一步提高上市公司质量和证券经营机构执业水平,保护投资者的合法权益,促进证券市场健康发展。《证券法》规定,保荐人应当遵守业务规则和行业规范,诚实守信,勤勉尽责,对发行人的申请文件和信息披露资料进行审慎核查,督导发行人规范运作。2008 年 10 月 17 日中国证券监督管理委员会发布的《证券发行上市保荐业务管理办法》对保荐人的资格及其管理办法作出了相应的规定。

2. 非公开发行

非公开发行证券,是指公司采用非公开方式,向特定对象发行股票的行为。非公开发行证券,不得采用广告、公开劝诱和变相公开方式。

(二) 公开发行股票

1. 设立股份有限公司公开发行股票的条件和申请

设立股份有限公司公开发行股票,应当符合《公司法》规定的条件和经国务院批准的国务院证券监督管理机构规定的其他条件。

设立股份有限公司公开发行股票应当向国务院证券监督管理机构报送募股申请和下列文件:(1)公司章程;(2)发起人协议;(3)发起人姓名或者名称,发起人认购的股份数、出资种类及验资证明;(4)招股说明书;(5)代收股款银行的名称及地址;(6)承销机构名称及有关的协议。

依照《证券法》规定聘请保荐人的,还应当报送保荐人出具的发行保荐书。法律、行政法规规定设立公司必须报经批准的,还应当提交相应的批准文件。

2. 公开发行新股的条件和申请

公司公开发行新股,应当符合下列条件:

(1)具备健全且运行良好的组织机构;

(2)具有持续盈利能力,财务状况良好;

(3)最近3年财务会计文件无虚假记载,无其他重大违法行为;

(4)经国务院批准的国务院证券监督管理机构规定的其他条件。

上市公司非公开发行新股,应当符合经国务院批准的国务院证券监督管理机构规定的条件,并报国务院证券监督管理机构核准。

公司公开发行新股,应当向国务院证券监督管理机构报送募股申请和下列文件:(1)公司营业执照;(2)公司章程;(3)股东大会决议;(4)招股说明书;(5)财务会计报告;(6)代收股款银行的名称及地址;(7)承销机构名称及有关的协议。依照《证券法》规定聘请保荐人的,还应当报送保荐人出具的发行保荐书。

公司对公开发行股票所募集资金,必须按照招股说明书所列资金用途使用。改变招股说明书所列资金用途,必须经股东大会作出决议。擅自改变用途而未作纠正的,或者未经股东大会认可的,不得公开发行新股,上市公司也不得非公开发行新股。

(三)公开发行公司债券的条件和申请

1. 公开发行公司债券的条件

公开发行公司债券,应当符合下列条件:(1)股份有限公司的净资产不低于人民币3000万元,有限责任公司的净资产不低于人民币6000万元;(2)累计债券余额不超过公司净资产的40%;(3)最近3年平均可分配利润足以支付公司债券1年的利息;(4)筹集的资金投向符合国家产业政策;(5)债券的利率不超过国务院限定的利率水平;(6)国务院规定的其他条件。

公开发行公司债券筹集的资金,必须用于核准的用途,不得用于弥补亏损和非生产性支出。上市公司发行可转换为股票的公司债券,除应当符合上述规定的条件外,还应当符合《证券法》关于公开发行股票的条件,并报国务院证券监督管理机构核准。

2. 公开发行公司债券的申请

申请公开发行公司债券,应当向国务院授权的部门或者国务院证券监督管理机构报送下列文件:(1)公司营业执照;(2)公司章程;(3)公司债券募集办法;(4)资产评估报告和验资报告;(5)国务院授权的部门或者国务院证券监督管理机构规定的其他文件。依照《证券法》规定聘请保荐人的,还应当报送保荐人出具的发行保荐书。

《证券法》第18条规定,有下列情形之一的,不得再次公开发行公司债券:(1)前一次公开发行的公司债券尚未募足;(2)对已公开发行的公司债券或者其他债务有违约或者延迟支付本息的事实,仍处于继续状态;(3)违反证券法规定,改变公开发行公司债券所募资金的用途。

发行人依法申请核准发行证券所报送的申请文件的格式、报送方式,由依法负责核准的机构或者部门规定。发行人向国务院证券监督管理机构或者国务院授权的部门报送的证券发行申请文件,必须真实、准确、完整。为证券发行出具有关文件的证券服务机构和人员,必须严格履行法定职责,保证其所出具文件的真实性、准确性和完整性。

发行人申请首次公开发行股票的,在提交申请文件后,应当按照国务院证券监督管理机构的规定预先披露有关申请文件。

(四)上市公司发行证券

中国证券监督管理委员会发布的于2006年5月8日起施行的《上市公司证券发行管理办法》,对上市公司证券发行行为进行了规范。

上市公司在境内发行证券,可以向不特定对象公开发行,也可以向特定对象非公开发行。上市公司发行证券,必须真实、准确、完整、及时、公平地披露或者提供信息,不得有虚假记载、误导性陈述或者重大遗漏。

1. 上市公司公开发行证券

依照《上市公司证券发行管理办法》,上市公司公开发行证券的一般条件为:

上市公司的组织机构健全、运行良好,符合下列规定:(1)公司章程合法有效,股东大会、董事会、监事会和独立董事制度健全,能够依法有效履行职责;(2)公司内部控制制度健全,能够有效保证公司运行的效率、合法合规性和财务报告的可靠性,内部控制制度的完整性、合理性、有效性不存在重大缺陷;(3)现任董事、监事和高级管理人员具备任职资格,能够忠实和勤勉地履行职务,不存在违反《公司法》第148条、第149条规定的行为,且最近36个月内未受到过中国证监会的行政处罚、最近12个月内未受到过证券交易所的公开谴责;(4)上市公司与控股股东或实际控制人的人员、资产、财务分开,机构、业务独立,能够自主经营管理;(5)最近12个月内不存在违规对外提供担保的行为。

上市公司的盈利能力具有可持续性,符合下列规定:(1)最近3个会计年度连续盈利。扣除非经常性损益后的净利润与扣除前的净利润相比,以低者作为计算依据;(2)业务和盈利来源相对稳定,不存在严重依赖于控股股东、实际控制人的情形;(3)现有主营业务或投资方向能够可持续发展,经营模式和投资计划稳健,主要产品或服务的市场前景良好,行业经营环境和市场需求不存在现实或可预见的重大不利变化;(4)高级管理人员和核心技术人员稳定,最近12个月内未发生重大不利变化;(5)公司重要资产、核心技术或其他重大权益的取得合法,能够持续使用,不存在现实或可预见的重大不利变化;(6)不存在可能严重影响公司持续经营的担保、诉讼、仲裁或其他重大事项;(7)最近24个月内曾公开发行证券的,不存在发行当年营业利润比上年下降50%以上的情形。

上市公司的财务状况良好,符合下列规定:(1)会计基础工作规范,严格遵循国家统一会计制度的规定;(2)最近3年及一期财务报表未被注册会计师出具保留意见、否定意见或无法表示意见的审计报告;被注册会计师出具带强调事项段的无保留意见审计报告的,所涉及的事项对发行人无重大不利影响或者在发行前重大不利影响已经消除;(3)资产质量良好。不良资产不足以对公司财务状况造成重大不利影响;(4)经营成果真实,现金流量正常。营业收入和成本费用的确认严格遵循国家有关企业会计准则的规定,最近3年资产减值准备计提充分合理,不存在操纵经营业绩的情形;(5)最近3年以现金或股票方式累计分配的利润不少于最近3年实现的年均可分配利润的20%。

上市公司最近36个月内财务会计文件无虚假记载,且不存在下列重大违法行为:(1)违反证券法律、行政法规或规章,受到中国证监会的行政处罚,或者受到刑事处罚;(2)违反工商、税收、土地、环保、海关法律、行政法规或规章,受到行政处罚且情节严重,或者受到刑事处罚;(3)违反国家其他法律、行政法规且情节严重的行为。

上市公司募集资金的数额和使用应当符合下列规定:(1)募集资金数额不超过项目需要量;(2)募集资金用途符合国家产业政策和有关环境保护、土地管理等法律和行政法规的规定;(3)除金融类企业外,本次募集资金使用项目不得为持有交易性金融资产和可供出售金融资产、借予他人、委托理财等财务性投资,不得直接或间接投资于以买卖有价证券为主要业务的公司。(4)投资项目实施后,不会与控股股东或实际控制人产生同业竞争或影响公司生产经营的独立性;(5)建立募集资金专项存储制度,募集资金必须存放于公司董事会决定的专项账户。

上市公司存在下列情形之一的,不得公开发行证券:(1)本次发行申请文件有虚假记载、误导性陈述或重大遗漏;(2)擅自改变前次公开发行证券募集资金的用途而未作纠正;(3)上市公司最近12个月内受到过证券交易所的公开谴责;(4)上市公司及其控股股东或实际控制人最近12个月内存在未履行向投资者作出的公开承诺的行为;(5)上市公司或其现任董事、高级管理人员因涉嫌犯罪被司法机关立案侦查或涉嫌违法违规被中国证监会立案调查;(6)严重损害投资者的合法权益和社会公共利益的其他情形。

2. 上市公司非公开发行股票

依照《上市公司证券发行管理办法》,上市公司非公开发行股票的条件为:

非公开发行股票的特定对象应当符合下列规定:(1)特定对象符合股东大会决议规定的条件;(2)发行对象不超过10名。发行对象为境外战略投资者的,应当经国务院相关部门事先批准。

上市公司非公开发行股票,应当符合下列规定:(1)发行价格不低于定价基准日前20个交易日公司股票均价的90%;(2)本次发行的股份自发行结束之日起,12个月内不得转让;控股股东、实际控制人及其控制的企业认购的股份,36个月内不得转让;(3)募集资金使用符合上市公司公开发行证券对募集资金的数额和使用的规定;(4)本次发行将导致上市公司控制权发生变化的,还应当符合中国证监会的其他规定。

上市公司存在下列情形之一的,不得非公开发行股票:(1)本次发行申请文件有虚假记载、误导性陈述或重大遗漏;(2)上市公司的权益被控股股东或实际控制人严重损害且尚未消除;(3)上市公司及其附属公司违规对外提供担保且尚未解除;(4)现任董事、高级管理人员最近36个月内受到过中国证监会的行政处罚,或者最近12个月内受到过证券交易所公开谴责;(5)上市公司或其现任董事、高级管理人员因涉嫌犯罪正被司法机关立案侦查或涉嫌违法违规正被中国证监会立案调查;(6)最近一年及一期财务报表被注册会计师出具保留意见、否定意见或无法表示意见的审计报告。保留意见、否定意见或无法表示意见所涉及事项的重大影响已经消除或者本次发行涉及重大重组的除外;(7)严重损害投资者合法权益和社会公共利益的其他情形。

(四)证券发行的审核

1. 审核机构

国务院证券监督管理机构设发行审核委员会,依法审核股票发行申请。发行审核委员会由国务院证券监督管理机构的专业人员和所聘请的该机构外的有关专家组成,以投票方式对股票发行申请进行表决,提出审核意见。发行审核委员会的具体组成办法、组成人员任期、工作程序,由国务院证券监督管理机构规定。

2. 核准程序

国务院证券监督管理机构依照法定条件负责核准股票发行申请。核准程序应当公开,依法接受监督。参与审核和核准股票发行申请的人员,不得与发行申请人有利害关系,不得直接或者间接接受发行申请人的馈赠,不得持有所核准的发行申请的股票,不得私下与发行申请人进行接触。国务院授权的部门对公司债券发行申请的核准,参照上述规定执行。发行人申请核准公开发行股票、公司债券,应当按照规定缴纳审核费用。

国务院证券监督管理机构或者国务院授权的部门应当自受理证券发行申请文件之日起3个月内,依照法定条件和法定程序作出予以核准或者不予核准的决定,发行人根据要求补充、修改发行申请文件的时间不计算在内;不予核准的,应当说明理由。

证券发行申请经核准,发行人应当依照法律、行政法规的规定,在证券公开发行前,公告公开发行募集文件,并将该文件置备于指定场所供公众查阅。发行证券的信息依法公开前,任何知情人不得公开或者泄露该信息。发行人不得在公告公开发行募集文件前发行证券。

国务院证券监督管理机构或者国务院授权的部门对已作出的核准证券发行的决定,发现不符合法定条件或者法定程序,尚未发行证券的,应当予以撤销,停止发行。已经发行尚未上市的,撤销发行核准决定,发行人应当按照发行价并加算银行同期存款利息返还证券持有人;保荐人应当与发行人承担连带责任,但是能够证明自己没有过错的除外;发行人的控股股东、实际控制人有过错的,应当与发行人承担连带责任。

国务院证券监督管理机构或者国务院授权的部门对证券发行的核准,不表明其对该证券的投资价值或者投资者的收益作出实质性判断或者保证。股票依法发行后,发行人经营与收益的变化,由发行人自行负责;由此变化引致的投资风险,由投资者自行负责。

(五) 证券的承销

1. 证券承销的方式

证券承销,是指具有证券承销业务资格的证券公司接受证券发行人的委托,在法定或约定的期限内将拟发行的证券发售出去,并因此收取一定费用的一系列活动。《证券法》规定,发行人向不特定对象公开发行的证券,法律、行政法规规定应当由证券公司承销的,发行人应当同证券公司签订承销协议。

证券承销业务采取代销或者包销方式。

证券代销,是指证券公司代发行人发售证券,在承销期结束时,将未售出的证券全部退还给发行人的承销方式。股票发行采用代销方式,代销期限届满,向投资者出售的股票数量未达到拟公开发行股票数量70%的,为发行失败。发行人应当按照发行价并加算银行同期存款利息返还股票认购人。

证券包销,是指证券公司将发行人的证券按照协议全部购入或者在承销期结束时将售后剩余证券全部自行购入的承销方式。证券的代销、包销期限最长不得超过 90 日。

证券公司在代销、包销期内，对所代销、包销的证券应当保证先行出售给认购人，证券公司不得为本公司预留所代销的证券和预先购入并留存所包销的证券。

公开发行证券的发行人有权依法自主选择承销的证券公司。证券公司不得以不正当竞争手段招揽证券承销业务。

2. 承销协议

证券公司承销证券，应当同发行人签订代销或者包销协议。签订代销或者包销协议应载明下列事项：

（1）当事人的名称、住所及法定代表人姓名；

（2）代销、包销证券的种类、数量、金额及发行价格，股票发行采取溢价发行的，其发行价格由发行人与承销的证券公司协商确定；

（3）代销、包销的期限及起止日期；

（4）代销、包销的付款方式及日期；

（5）代销、包销的费用和结算办法；

（6）违约责任；

（7）国务院证券监督管理机构规定的其他事项。

3. 对承销行为的规范

证券公司承销证券，应当对公开发行募集文件的真实性、准确性、完整性进行核查；发现有虚假记载、误导性陈述或者重大遗漏的，不得进行销售活动；已经销售的，必须立即停止销售活动，并采取纠正措施。

依照《证券法》的规定，向不特定对象公开发行的证券票面总值超过人民币5000万元的，应当由承销团承销。承销团应当由主承销和参与承销的证券公司组成。

公开发行股票，代销、包销期限届满，发行人应当在规定的期限内将股票发行情况报国务院证券监督管理机构备案。

三、证券交易

（一）证券交易的一般规定

1. 证券交易标的必须合法

依照《证券法》的规定，证券交易当事人依法买卖的证券，必须是依法发行并交付的证券。非依法发行的证券，不得买卖。所谓依法发行并交付，是指证券的发行是完全按照有关法律的规定进行的，符合法律规定的条件和程序，具有法律依据，通过发行程序并将证券已经交付给购买者。依法发行的股票、公司债券及其他证券，法律对其转让期限有限制性规定的，在限定的期限内不得买卖。

2. 证券交易的场所和方式

依法公开发行的股票、公司债券及其他证券,应当在依法设立的证券交易所上市交易或者在国务院批准的其他证券交易场所转让。证券交易以现货和国务院规定的其他方式进行交易。目前,我国依法公开发行的股票、公司债券及其他证券,都在上海、深圳两个证券交易所挂牌交易,并以现货进行交易。证券在证券交易所挂牌交易,应当采用公开的集中竞价交易方式。证券交易的集中竞价应当实行价格优先、时间优先的原则,即出价最低的卖方与出价最高的买方优先成交、最先出价者优先成交。

证券交易当事人买卖的证券可以采用纸面形式或者国务院证券监督管理机构规定的其他形式。

3. 对证券从业机构和从业人员的一般要求

(1) 证券交易所、证券公司和证券登记结算机构的从业人员、证券监督管理机构的工作人员以及法律、行政法规禁止参与股票交易的其他人员,在任期或者法定限期内,不得直接或者以化名、借他人名义持有、买卖股票,也不得收受他人赠送的股票。任何人在成为上述所列人员时,其原已持有的股票,必须依法转让。

(2) 为股票发行出具审计报告、资产评估报告或者法律意见书等文件的证券服务机构和人员,在该股票承销期内和期满后 6 个月内,不得买卖该种股票。

(3) 为上市公司出具审计报告、资产评估报告或者法律意见书等文件的证券服务机构和人员,自接受上市公司委托之日起至上述文件公开后 5 日内,不得买卖该种股票。

(4) 上市公司董事、监事、高级管理人员、持有上市公司股份 5% 以上的股东,将其持有的该公司的股票在买入后 6 个月内卖出,或者在卖出后 6 个月内又买入,由此所得收益归该公司所有,公司董事会应当收回其所得收益。但是,证券公司因包销购入售后剩余股票而持有 5% 以上股份的,卖出该股票不受 6 个月时间限制。公司董事会不按照上述规定执行的,股东有权要求董事会在 30 日内执行。公司董事会未在上述期限内执行的,股东有权为了公司的利益以自己的名义直接向人民法院提起诉讼。公司董事会不按照上述的规定执行的,负有责任的董事依法承担连带责任。

(5) 证券交易所、证券公司、证券登记结算机构必须依法为客户开立的账户保密。

(6) 证券交易的收费必须合理,并公开收费项目、收费标准和收费办法。证券交易的收费项目、收费标准和管理办法由国务院有关主管部门统一规定。

(二) 证券上市

证券上市,是指已经依法发行的证券经证券交易所核准后,在证券交易所公开挂牌交易。《证券法》规定,申请证券上市交易,应当向证券交易所提出申请,由证券交易所依法审核同意,并由双方签订上市协议。证券交易所根据国务院授权的部门的决定安排政府债券上市交易。申请股票、可转换为股票的公司债券或者法律、行政法规规定实行保荐制度的其他证券上市交易,应当聘请具有保荐资格的机构担任保荐人。

1. 股票上市的条件和程序

股份有限公司申请股票上市,应当符合下列条件:

(1) 股票经国务院证券监督管理机构核准已公开发行。

(2) 公司股本总额不少于人民币3000万元。

(3) 公开发行的股份达到公司股份总数的25%以上;公司股本总额超过人民币4亿元的,公开发行股份的比例为10%以上。

(4) 公司最近3年无重大违法行为,财务会计报告无虚假记载。

证券交易所可以规定高于上述规定的上市条件,并报国务院证券监督管理机构批准。

申请股票上市交易,应当向证券交易所报送下列文件:(1) 上市报告书;(2) 申请股票上市的股东大会决议;(3) 公司章程;(4) 公司营业执照;(5) 依法经会计师事务所审计的公司最近3年的财务会计报告;(6) 法律意见书和上市保荐书;(7) 最近一次的招股说明书;(8) 证券交易所上市规则规定的其他文件。

股票上市交易申请经证券交易所审核同意后,签订上市协议的公司应当在规定的期限内公告股票上市的有关文件,并将该文件置备于指定场所供公众查阅。签订上市协议的公司除公告前条规定的文件外,还应当公告下列事项:(1) 股票获准在证券交易所交易的日期;(2) 持有公司股份最多的前10名股东的名单和持股数额;(3) 公司的实际控制人;(4) 董事、监事、高级管理人员的姓名及其持有本公司股票和债券的情况。

上市公司有下列情形之一的,由证券交易所决定暂停其股票上市交易:(1) 公司股本总额、股权分布等发生变化不再具备上市条件;(2) 公司不按照规定公开其财务状况,或者对财务会计报告作虚假记载,可能误导投资者;(3) 公司有重大违法行为;(4) 公司最近3年连续亏损;(5) 证券交易所上市规则规定的其他情形。

上市公司有下列情形之一的,由证券交易所决定终止其股票上市交易:(1) 公司股本总额、股权分布等发生变化不再具备上市条件,在证券交易所规定的期限内仍不能达到上市条件;(2) 公司不按照规定公开其财务状况,或者对财务会计报告作虚假记载,且拒绝纠正;(3) 公司最近3年连续亏损,在其后一个年度内未能恢复盈利;(4) 公司解散或者被宣告破产;(5) 证券交易所上市规则规定的其他情形。

2. 公司债券上市的条件和程序

公司申请公司债券上市交易,应当符合下列条件:

(1) 公司债券的期限为 1 年以上;

(2) 公司债券实际发行额不少于人民币 5000 万元;

(3) 公司申请债券上市时仍符合法定的公司债券发行条件。

申请公司债券上市交易,应当向证券交易所报送下列文件:(1) 上市报告书;(2) 申请公司债券上市的董事会决议;(3) 公司章程;(4) 公司营业执照;(5) 公司债券募集办法;(6) 公司债券的实际发行数额;(7) 证券交易所上市规则规定的其他文件。

申请可转换为股票的公司债券上市交易,还应当报送保荐人出具的上市保荐书。

公司债券上市交易申请经证券交易所审核同意后,签订上市协议的公司应当在规定的期限内公告公司债券上市文件及有关文件,并将其申请文件置备于指定场所供公众查阅。

公司债券上市交易后,公司有下列情形之一的,由证券交易所决定暂停其公司债券上市交易:(1) 公司有重大违法行为;(2) 公司情况发生重大变化不符合公司债券上市条件;(3) 公司债券所募集资金不按照核准的用途使用;(4) 未按照公司债券募集办法履行义务;(5) 公司最近 2 年连续亏损。

公司有上述第(1)项、第(4)项所列情形之一经查实后果严重的,或者有上述第(2)项、第(3)项、第(5)项所列情形之一,在限期内未能消除的,由证券交易所决定终止其公司债券上市交易。公司解散或者被宣告破产的,由证券交易所终止其公司债券上市交易。

对证券交易所作出的不予上市、暂停上市、终止上市决定不服的,可以向证券交易所设立的复核机构申请复核。

(三) 持续信息公开制度

信息公开制度又称为信息披露制度,是指证券发行人及其他证券主体,依照法律规定的方式,将与证券发行和交易有关的重大事项予以公开的一种法律制度。证券发行时的信息公开称为初次公开或发行公开,证券上市时及上市期间的信息公开称为持续公开或继续公开。信息公开有利于证券发行和交易价格的合理形成,有利于维护投资者的利益,有利于证券监督管理机构对市场的监控,也有利于上市公司自身改善经营管理。

《证券法》对持续信息公开的主要规定包括:

1. 发行人、上市公司依法披露的信息,必须真实、准确、完整,不得有虚假记载、误导性陈述或者重大遗漏。

2. 经国务院证券监督管理机构核准依法公开发行股票,或者经国务院授权的部门核准依法公开发行公司债券,应当公告招股说明书、公司债券募集办法。依法公开发行新股或者公司债券的,还应当公告财务会计报告。

3. 上市公司和公司债券上市交易的公司,应当在每一会计年度的上半年结束之日起2个月内,向国务院证券监督管理机构和证券交易所报送记载以下内容的中期报告,并予公告:(1)公司财务会计报告和经营情况;(2)涉及公司的重大诉讼事项;(3)已发行的股票、公司债券变动情况;(4)提交股东大会审议的重要事项;(5)国务院证券监督管理机构规定的其他事项。

4. 上市公司和公司债券上市交易的公司,应当在每一会计年度结束之日起4个月内,向国务院证券监督管理机构和证券交易所报送记载以下内容的年度报告,并予公告:(1)公司概况;(2)公司财务会计报告和经营情况;(3)董事、监事、高级管理人员简介及其持股情况;(4)已发行的股票、公司债券情况,包括持有公司股份最多的前10名股东名单和持股数额;(5)公司的实际控制人;(6)国务院证券监督管理机构规定的其他事项。

5. 发生可能对上市公司股票交易价格产生较大影响的重大事件,投资者尚未得知时,上市公司应当立即将有关该重大事件的情况向国务院证券监督管理机构和证券交易所报送临时报告,并予公告,说明事件的起因、目前的状态和可能产生的法律后果。

下列情况为上述所称重大事件:(1)公司的经营方针和经营范围的重大变化;(2)公司的重大投资行为和重大的购置财产的决定;(3)公司订立重要合同,可能对公司的资产、负债、权益和经营成果产生重要影响;(4)公司发生重大债务和未能清偿到期重大债务的违约情况;(5)公司发生重大亏损或者重大损失;(5)公司生产经营的外部条件发生的重大变化;(7)公司的董事、1/3以上监事或者经理发生变动;(8)持有公司5%以上股份的股东或者实际控制人,其持有股份或者控制公司的情况发生较大变化;(9)公司减资、合并、分立、解散及申请破产的决定;(10)涉及公司的重大诉讼,股东大会、董事会决议被依法撤销或者宣告无效;(11)公司涉嫌犯罪被司法机关立案调查,公司董事、监事、高级管理人员涉嫌犯罪被司法机关采取强制措施;(12)国务院证券监督管理机构规定的其他事项。

6. 上市公司董事、高级管理人员应当对公司定期报告签署书面确认意见。上市公司监事会应当对董事会编制的公司定期报告进行审核并提出书面审核意见。上市公司董事、监事、高级管理人员应当保证上市公司所披露的信息真实、准确、完整。

7. 发行人、上市公司公告的招股说明书、公司债券募集办法、财务会计报告、上市报告文件、年度报告、中期报告、临时报告以及其他信息披露资料,有虚假记载、误导性陈述或者重大遗漏,致使投资者在证券交易中遭受损失的,发行人、上市公司应当承担赔偿责任;发行人、上市公司的董事、监事、高级管理人员和其他直接责任人员以及保荐人、承销的证券公司,应当与发行人、上市公司承担连带赔偿责任,但是能够证明自己没有过错的除外;发行人、上市公司的控股股东、实际控制人有过错的,应当与发行人、上市公司承担连带赔偿责任。

8. 依法必须披露的信息,应当在国务院证券监督管理机构指定的媒体发布,同时将其置备于公司住所、证券交易所,供社会公众查阅。

9. 国务院证券监督管理机构对上市公司年度报告、中期报告、临时报告以及公告的情况进行监督,对上市公司分派或者配售新股的情况进行监督,对上市公司控股股东及其他信息披露义务人的行为进行监督。证券监督管理机构、证券交易所、保荐人、承销的证券公司及有关人员,对公司依照法律、行政法规规定必须作出的公告,在公告前不得泄露其内容。

10. 证券交易所决定暂停或者终止证券上市交易的,应当及时公告,并报国务院证券监督管理机构备案。

(四)禁止的交易行为

1. 禁止内幕交易

内幕交易,是指证券交易内幕信息的知情人和非法获取内幕信息的人利用内幕信息从事证券交易活动。

依据《证券法》第74条的规定,证券交易内幕信息的知情人包括:(1)发行人的董事、监事、高级管理人员;(2)持有公司5%以上股份的股东及其董事、监事、高级管理人员,公司的实际控制人及其董事、监事、高级管理人员;(3)发行人控股的公司及其董事、监事、高级管理人员;(4)由于所任公司职务可以获取公司有关内幕信息的人员;(5)证券监督管理机构工作人员以及由于法定职责对证券的发行、交易进行管理的其他人员;(6)保荐人、承销的证券公司、证券交易所、证券登记结算机构、证券服务机构的有关人员;(7)国务院证券监督管理机构规定的其他人。

证券交易活动中,涉及公司的经营、财务或者对该公司证券的市场价格有重大影响的尚未公开的信息,为内幕信息。依据《证券法》第75条的规定,下列信息皆属内幕信息:(1)前述的应当予以公告的可能对上市公司股票交易价格产生较大影响的重大事件;(2)公司分配股利或者增资的计划;(3)公司股权结构的重大变化;(4)公司债务担保的重大变更;(5)公司营业用主要资产的抵押、出售或者报废一次超过该资产的30%;(6)公司的董事、监事、高级管理人员的行为可能依法承担重大损害赔偿责任;(7)上市公司收购的有关方案;(8)国务院证券监督管理机构认定的对证券交易价格有显著影响的其他重要信息。

证券交易内幕信息的知情人和非法获取内幕信息的人,在内幕信息公开前,不得买卖该公司的证券,或者泄露该信息,或者建议他人买卖该证券。持有或者通过协议、其他安排与他人共同持有公司5%以上股份的自然人、法人、其他组织收购上市公司的股份,《证券法》另有规定的,适用其规定。

内幕交易行为给投资者造成损失的,行为人应当依法承担赔偿责任。

2. 禁止操纵市场

操纵市场,是指单位和个人以获取利益和减少损失为目的,利用其资金、信息、持股等优势或者滥用职权影响证券市场,人为地制造证券市场行情,诱导或者致使一般投资者在不了解真相的情况下盲目跟从、参与买卖证券,扰乱证券市场秩序的行为。

《证券法》第77条规定,禁止任何人以下列手段操纵证券市场:(1) 单独或者通过合谋,集中资金优势、持股优势或者利用信息优势联合或者连续买卖,操纵证券交易价格或者证券交易量;(2) 与他人串通,以事先约定的时间、价格和方式相互进行证券交易,影响证券交易价格或者证券交易量;(3) 在自己实际控制的账户之间进行证券交易,影响证券交易价格或者证券交易量;(4) 以其他手段操纵证券市场。

操纵证券市场行为给投资者造成损失的,行为人应当依法承担赔偿责任。

3. 禁止虚假陈述

虚假陈述包括编造、传播虚假信息和进行虚假陈述或信息误导两种。

《证券法》第78条规定,禁止国家工作人员、传播媒介从业人员和有关人员编造、传播虚假信息,扰乱证券市场。禁止证券交易所、证券公司、证券登记结算机构、证券服务机构及其从业人员,证券业协会、证券监督管理机构及其工作人员,在证券交易活动中作出虚假陈述或者信息误导。各种传播媒介传播证券市场信息必须真实、客观,禁止误导。

4. 禁止欺诈客户

欺诈客户,是指证券公司及其从业人员在证券交易中违背客户的真实意愿进行代理,损害客户利益的行为。

《证券法》第79条规定,禁止证券公司及其从业人员从事下列损害客户利益的欺诈行为:(1) 违背客户的委托为其买卖证券;(2) 不在规定时间内向客户提供交易的书面确认文件;(3) 挪用客户所委托买卖的证券或者客户账户上的资金;(4) 未经客户的委托,擅自为客户买卖证券,或者假借客户的名义买卖证券;(5) 为牟取佣金收入,诱使客户进行不必要的证券买卖;(6) 利用传播媒介或者通过其他方式提供、传播虚假或者误导投资者的信息;(7) 其他违背客户真实意思表示,损害客户利益的行为。

欺诈客户行为给客户造成损失的,行为人应当依法承担赔偿责任。

5. 其他禁止的交易行为

(1) 禁止法人非法利用他人账户从事证券交易;(2) 禁止法人出借自己或者他人的证券账户;(3) 禁止资金违规流入股市;(4) 禁止任何人挪用公款买卖证券。

国有企业和国有资产控股的企业买卖上市交易的股票,必须遵守国家有关规定。

证券交易所、证券公司、证券登记结算机构、证券服务机构及其从业人员对证券交易中发现的禁止的交易行为,应当及时向证券监督管理机构报告。

四、上市公司的收购

(一) 上市公司收购的概念和方式

上市公司收购,是指收购人通过在证券交易所的股份转让活动持有一个上市公司的股份达到一定比例、通过证券交易所股份转让活动以外的其他合法途径控制一个上市公司的股份达到一定程度,导致其获得或者可能获得对该公司的实际控制权的行为。实施收购行为的投资人称为收购人,作为收购目标的上市公司称为被收购公司或目标公司。

根据《证券法》的规定,投资者可以采取要约收购、协议收购及其他合法方式收购上市公司。

(二) 大量购买信息披露制度

大量购买信息披露制度,是指依照法律规定,当投资者购买一个公司的股份达到法定比例时,应当向证券监督管理机构报告并公告的制度。该制度主要是为了使投资者在充分掌握同等信息的基础上及时作出投资决策,而不至于让大股东利用其在公司中的特殊地位或资金优势而形成事实上的信息垄断和操纵股价。

根据《证券法》的规定,通过证券交易所的证券交易,投资者持有或者通过协议、其他安排与他人共同持有一个上市公司已发行的股份达到5%时,应当在该事实发生之日起3日内,向国务院证券监督管理机构、证券交易所作出书面报告,通知该上市公司,并予公告;在上述期限内,不得再行买卖该上市公司的股票。投资者持有或者通过协议、其他安排与他人共同持有一个上市公司已发行的股份达到5%后,其所持该上市公司已发行的股份比例每增加或者减少5%,应当依照上述规定进行报告和公告。在报告期限内和作出报告、公告后2日内,不得再行买卖该上市公司的股票。上述的书面报告和公告,应当包括下列内容:(1) 持股人的名称、住所;(2) 所持有的股票的名称、数额;(3) 持股达到法定比例或者持股增减变化达到法定比例的日期。

(三) 要约收购

要约收购,是指收购人通过向被收购公司的全体股东发出收购要约的方式收购该公司股票的一种上市公司收购方式。

根据《证券法》第 88 条规定,通过证券交易所的证券交易,投资者持有或者通过协议、其他安排与他人共同持有一个上市公司已发行的股份达到 30% 时,继续进行收购的,应当依法向该上市公司所有股东发出收购上市公司全部或者部分股份的要约。收购上市公司部分股份的收购要约应当约定,被收购公司股东承诺出售的股份数额超过预定收购的股份数额的,收购人按比例进行收购。

依照上述规定发出收购要约,收购人必须事先向国务院证券监督管理机构报送上市公司收购报告书,并载明下列事项:(1) 收购人的名称、住所;(2) 收购人关于收购的决定;(3) 被收购的上市公司名称;(4) 收购目的;(5) 收购股份的详细名称和预定收购的股份数额;(6) 收购期限、收购价格;(7) 收购所需资金额及资金保证;(8) 报送上市公司收购报告书时所持有被收购公司股份数占该公司已发行的股份总数的比例。收购人还应当将上市公司收购报告书同时提交证券交易所。

收购人在依照上述规定报送上市公司收购报告书之日起 15 日后,公告其收购要约。在上述期限内,国务院证券监督管理机构发现上市公司收购报告书不符合法律、行政法规规定的,应当及时告知收购人,收购人不得公告其收购要约。收购要约约定的收购期限不得少于 30 日,并不得超过 60 日。

在收购要约确定的承诺期限内,收购人不得撤销其收购要约。收购人需要变更收购要约的,必须事先向国务院证券监督管理机构及证券交易所提出报告,经批准后,予以公告。收购要约提出的各项收购条件,适用于被收购公司的所有股东。采取要约收购方式的,收购人在收购期限内,不得卖出被收购公司的股票,也不得采取要约规定以外的形式和超出要约的条件买入被收购公司的股票。

(四) 协议收购

协议收购,是指由收购人与被收购公司的股票持有人订立股票买卖协议的方式收购被收购公司的一种上市公司收购方式。

根据《证券法》的规定,采取协议收购方式的,收购人可以依照法律、行政法规的规定同被收购公司的股东以协议方式进行股份转让。以协议方式收购上市公司时,达成协议后,收购人必须在 3 日内将该收购协议向国务院证券监督管理机构及证券交易所作出书面报告,并予公告。在公告前不得履行收购协议。

采取协议收购方式的,协议双方可以临时委托证券登记结算机构保管协议转让的股票,并将资金存放于指定的银行。

采取协议收购方式的,收购人收购或者通过协议、其他安排与他人共同收购一个上市公司已发行的股份达到 30% 时,继续进行收购的,应当向该上市公司所有股东发出收购上市公司全部或者部分股份的要约。但是,经国务院证券监督管理机构免除发出要约的除外。收购人依照上述规定以要约方式收购上市公司股份,应当遵守《证券法》关于要约收购的相关规定。

(五)收购股份的转让限制及收购结束后事项的处理

1. 在上市公司收购中,收购人持有的被收购的上市公司的股票,在收购行为完成后的12个月内不得转让。这一限制性规定的目的,是为了防止收购人利用其控股股东的地位操纵股市,损害其他股东的利益。

2. 收购期限届满,被收购公司股权分布不符合上市条件的,该上市公司的股票应当由证券交易所依法终止上市交易;其余仍持有被收购公司股票的股东,有权向收购人以收购要约的同等条件出售其股票,收购人应当收购。收购行为完成后,被收购公司不再具备股份有限公司条件的,应当依法变更企业形式。如由于收购行为,公司股东的人数已不符合《公司法》规定的股份有限公司的股东人数的,应当依法对公司形式进行变更登记。

3. 收购行为完成后,收购人与被收购公司合并,并将该公司解散的,被解散公司的原有股票由收购人依法更换。收购行为完成后,收购人应当在15日内将收购情况报告国务院证券监督管理机构和证券交易所,并予公告。

收购上市公司中由国家授权投资的机构持有的股份,应当按照国务院的规定,经有关主管部门批准。

上市公司收购是事关证券投资者利益和证券市场秩序的复杂行为。为规范上市公司收购活动,促进证券市场资源的优化配置,保护投资者的合法权益,维护证券市场的正常秩序。中国证券监督管理委员会2002年9月28日发布的于2002年12月1日起施行的《上市公司收购管理办法》对上市公司收购的管理、要求等作了具体规定。

五、证券交易所

(一)证券交易所的设立和组织机构

1. 证券交易所的概念

证券交易所是为证券集中交易提供场所和设施,组织和监督证券交易,实行自律管理的法人。我国的证券交易所是不以营利为目的的,仅为证券的集中和有组织的交易提供场所和设施,并履行相关职责,实行自律性管理的会员制的事业法人。目前,我国有两家证券交易所,即1990年12月设立的上海证券交易所和1991年7月设立的深圳证券交易所。

2. 证券交易所的设立

证券交易所的设立和解散,由国务院决定。设立证券交易所必须制定章程。证券交易所章程的制定和修改,必须经国务院证券监督管理机构批准。

证券交易所可以自行支配的各项费用收入,应当首先用于保证其证券交易场所和设施的正常运行并逐步改善。实行会员制的证券交易所的财产积累归会员所有,其权益由会员共同享有,在其存续期间,不得将其财产积累分配给会员。

3. 证券交易所的组织机构

证券交易所设理事会。证券交易所设总经理1人,由国务院证券监督管理机构任免。

《证券法》规定,有《公司法》第148条规定的情形或者下列情形之一的,不得担任证券交易所的负责人:(1)因违法行为或者违纪行为被解除职务的证券交易所、证券登记结算机构的负责人或者证券公司的董事、监事、高级管理人员,自被解除职务之日起未逾5年;(2)因违法行为或者违纪行为被撤销资格的律师、注册会计师或者投资咨询机构、财务顾问机构、资信评级机构、资产评估机构、验证机构的专业人员,自被撤销资格之日起未逾5年。

因违法行为或者违纪行为被开除的证券交易所、证券登记结算机构、证券服务机构、证券公司的从业人员和被开除的国家机关工作人员,不得招聘为证券交易所的从业人员。

(二)证券交易所的职责和交易规则

1. 证券交易所的职责

(1)证券交易所应当为组织公平的集中交易提供保障,公布证券交易即时行情,并按交易日制作证券市场行情表,予以公布。未经证券交易所许可,任何单位和个人不得发布证券交易即时行情。

(2)因突发性事件而影响证券交易的正常进行时,证券交易所可以采取技术性停牌的措施;因不可抗力的突发性事件或者为维护证券交易的正常秩序,证券交易所可以决定临时停市。证券交易所采取技术性停牌或者决定临时停市,必须及时报告国务院证券监督管理机构。

(3)证券交易所对证券交易实行实时监控,并按照国务院证券监督管理机构的要求,对异常的交易情况提出报告。证券交易所应当对上市公司及相关信息披露义务人披露信息进行监督,督促其依法及时、准确地披露信息。证券交易所根据需要,可以对出现重大异常交易情况的证券账户限制交易,并报国务院证券监督管理机构备案。

(4)证券交易所应当从其收取的交易费用和会员费、席位费中提取一定比例的金额设立风险基金。风险基金由证券交易所理事会管理。风险基金提取的具体比例和使用办法,由国务院证券监督管理机构会同国务院财政部门规定。证券交易所应当将收存的风险基金存入开户银行专门账户,不得擅自使用。

(5)证券交易所依照证券法律、行政法规制定上市规则、交易规则、会员管理规则和其他有关规则,并报国务院证券监督管理机构批准。

（6）证券交易所的负责人和其他从业人员在执行与证券交易有关的职务时，与其本人或者其亲属有利害关系的，应当回避。

2. 证券交易所的交易规则

（1）进入证券交易所参与集中交易的，必须是证券交易所的会员。

（2）投资者应当与证券公司签订证券交易委托协议，并在证券公司开立证券交易账户，以书面、电话以及其他方式，委托该证券公司代其买卖证券。

（3）证券公司根据投资者的委托，按照证券交易规则提出交易申报，参与证券交易所场内的集中交易，并根据成交结果承担相应的清算交收责任；证券登记结算机构根据成交结果，按照清算交收规则，与证券公司进行证券和资金的清算交收，并为证券公司客户办理证券的登记过户手续。

（4）按照依法制定的交易规则进行的交易，不得改变其交易结果。对交易中违规交易者应负的民事责任不得免除；在违规交易中所获利益，依照有关规定处理。

（5）在证券交易所内从事证券交易的人员，违反证券交易所有关交易规则的，由证券交易所给予纪律处分；对情节严重的，撤销其资格，禁止其入场进行证券交易。

六、证券公司

（一）证券公司的概念和分类

证券公司，是指依照法律规定的条件和程序设立的从事证券经营业务的有限责任公司或者股份有限公司。

国家对证券公司实行分类管理，分为综合类证券公司和经纪类证券公司，并由国务院证券监督管理机构按照其分类颁发业务许可证。综合类证券公司是依法可以经营证券承销、自营和经纪等业务的证券公司。经纪类证券公司是依法专门从事证券经纪业务的证券公司。经纪类证券公司必须在其名称中标明经纪字样。

（二）证券公司的设立及业务范围

设立证券公司，必须经国务院证券监督管理机构审查批准。未经国务院证券监督管理机构批准，不得经营证券业务。

设立证券公司，应当具备下列条件：

1. 有符合法律、行政法规规定的公司章程。

2. 经纪类证券公司必须在其名称中标明经纪字样。主要股东具有持续盈利能力，信誉良好，最近3年无重大违法违规记录，净资产不低于人民币2亿元。

3. 有符合本法规定的注册资本。

4. 董事、监事、高级管理人员具备任职资格，从业人员具有证券从业资格。

5. 有完善的风险管理与内部控制制度。

6. 有合格的经营场所和业务设施。

7. 法律、行政法规规定的和经国务院批准的国务院证券监督管理机构规定的其他条件。

经国务院证券监督管理机构批准,证券公司可以经营下列部分或者全部业务:(1)证券经纪;(2)证券投资咨询;(3)与证券交易、证券投资活动有关的财务顾问;(4)证券承销与保荐;(5)证券自营;(6)证券资产管理;(7)其他证券业务。

综合类证券公司和经纪类证券公司所从事的业务范围有所不同。一般说来,经纪类证券公司只能从事上述第(1)项业务;综合类证券公司可以从事上述全部业务。证券公司经营上述第(1)项至第(3)项业务的,注册资本最低限额为人民币 5000 万元;经营第(4)项至第(7)项业务之一的,注册资本最低限额为人民币 1 亿元;经营第(4)项至第(7)项业务中两项以上的,注册资本最低限额为人民币 5 亿元。证券公司的注册资本应当是实缴资本。国务院证券监督管理机构根据审慎监管原则和各项业务的风险程度,可以调整注册资本最低限额,但不得少于上述规定的限额。

国务院证券监督管理机构应当自受理证券公司设立申请之日起 6 个月内,依照法定条件和法定程序并根据审慎监管原则进行审查,作出批准或者不予批准的决定,并通知申请人;不予批准的,应当说明理由。证券公司设立申请获得批准的,申请人应当在规定的期限内向公司登记机关申请设立登记,领取营业执照。证券公司应当自领取营业执照之日起 15 日内,向国务院证券监督管理机构申请经营证券业务许可证。未取得经营证券业务许可证,证券公司不得经营证券业务。

证券公司设立、收购或者撤销分支机构,变更业务范围,增加注册资本且股权结构发生重大调整,减少注册资本,变更持有 5% 以上股权的股东、实际控制人,变更公司章程中的重要条款,合并、分立、停业、解散、破产,必须经国务院证券监督管理机构批准。

证券公司在境外设立、收购或者参股证券经营机构,必须经国务院证券监督管理机构批准。

国家设立证券投资者保护基金。证券投资者保护基金由证券公司缴纳的资金及其他依法筹集的资金组成,其筹集、管理和使用的具体办法由国务院规定。证券公司从每年的税后利润中提取交易风险准备金,用于弥补证券交易的损失,其提取的具体比例由国务院证券监督管理机构规定。

(三)证券公司的董事、监事、高级管理人员及从业人员的任职资格

证券公司的董事、监事、高级管理人员,应当正直诚实,品行良好,熟悉证

法律、行政法规,具有履行职责所需的经营管理能力,并在任职前取得国务院证券监督管理机构核准的任职资格。有《公司法》第148条规定的情形或者下列情形之一的,不得担任证券公司的董事、监事、高级管理人员:(1)因违法行为或者违纪行为被解除职务的证券交易所、证券登记结算机构的负责人或者证券公司的董事、监事、高级管理人员,自被解除职务之日起未逾5年;(2)因违法行为或者违纪行为被撤销资格的律师、注册会计师或者投资咨询机构、财务顾问机构、资信评级机构、资产评估机构、验证机构的专业人员,自被撤销资格之日起未逾5年。

因违法行为或者违纪行为被开除的证券交易所、证券登记结算机构、证券服务机构、证券公司的从业人员和被开除的国家机关工作人员,不得招聘为证券公司的从业人员。

国家机关工作人员和法律、行政法规规定的禁止在公司中兼职的其他人员,不得在证券公司中兼任职务。

(四)证券公司的业务规则

1. 证券公司应当建立健全内部控制制度,采取有效隔离措施,防范公司与客户之间、不同客户之间的利益冲突。证券公司必须将其证券经纪业务、证券承销业务、证券自营业务和证券资产管理业务分开办理,不得混合操作。

2. 证券公司的自营业务必须以自己的名义进行,不得假借他人名义或者以个人名义进行。证券公司的自营业务必须使用自有资金和依法筹集的资金。证券公司不得将其自营账户借给他人使用。证券公司不得为其股东或者股东的关联人提供融资或者担保。

3. 证券公司客户的交易结算资金应当存放在商业银行,以每个客户的名义单独立户管理。具体办法和实施步骤由国务院规定。证券公司不得将客户的交易结算资金和证券归入其自有财产。禁止任何单位或者个人以任何形式挪用客户的交易结算资金和证券。证券公司破产或者清算时,客户的交易结算资金和证券不属于其破产财产或者清算财产。非因客户本身的债务或者法律规定的其他情形,不得查封、冻结、扣划或者强制执行客户的交易结算资金和证券。

4. 证券公司办理经纪业务,应当置备统一制定的证券买卖委托书,供委托人使用。采取其他委托方式的,必须作出委托记录。客户的证券买卖委托,不论是否成交,其委托记录应当按照规定的期限,保存于证券公司。

5. 证券公司接受证券买卖的委托,应当根据委托书载明的证券名称、买卖数量、出价方式、价格幅度等,按照交易规则代理买卖证券,如实进行交易记录;买卖成交后,应当按照规定制作买卖成交报告单交付客户。证券交易中确认交易行为及其交易结果的对账单必须真实,并由交易经办人员以外的审核人员逐笔审核,保证账面证券余额与实际持有的证券相一致。

6. 证券公司为客户买卖证券提供融资融券服务,应当按照国务院的规定并经国务院证券监督管理机构批准。

7. 证券公司办理经纪业务,不得接受客户的全权委托而决定证券买卖、选择证券种类、决定买卖数量或者买卖价格。

8. 证券公司不得以任何方式对客户证券买卖的收益或者赔偿证券买卖的损失作出承诺。

9. 证券公司及其从业人员不得未经过其依法设立的营业场所私下接受客户委托买卖证券。

10. 证券公司的从业人员在证券交易活动中,执行所属的证券公司的指令或者利用职务违反交易规则的,由所属的证券公司承担全部责任。

11. 证券公司应当妥善保存客户开户资料、委托记录、交易记录和与内部管理、业务经营有关的各项资料,任何人不得隐匿、伪造、篡改或者毁损。上述资料的保存期限不得少于 20 年。

12. 证券公司应当按照规定向国务院证券监督管理机构报送业务、财务等经营管理信息和资料。国务院证券监督管理机构有权要求证券公司及其股东、实际控制人在指定的期限内提供有关信息、资料。证券公司及其股东、实际控制人向国务院证券监督管理机构报送或者提供的信息、资料,必须真实、准确、完整。

(五) 对证券公司的监管

1. 国务院证券监督管理机构认为有必要时,可以委托会计师事务所、资产评估机构对证券公司的财务状况、内部控制状况、资产价值进行审计或者评估。具体办法由国务院证券监督管理机构会同有关主管部门制定。

2. 证券公司的净资本或者其他风险控制指标不符合规定的,国务院证券监督管理机构应当责令其限期改正;逾期未改正,或者其行为严重危及该证券公司的稳健运行、损害客户合法权益的,国务院证券监督管理机构可以区别情形,对其采取下列措施:(1) 限制业务活动,责令暂停部分业务,停止批准新业务;(2) 停止批准增设、收购营业性分支机构;(3) 限制分配红利,限制向董事、监事、高级管理人员支付报酬、提供福利;(4) 限制转让财产或者在财产上设定其他权利;(5) 责令更换董事、监事、高级管理人员或者限制其权利;(6) 责令控股股东转让股权或者限制有关股东行使股东权利;(7) 撤销有关业务许可。

证券公司整改后,应当向国务院证券监督管理机构提交报告。国务院证券监督管理机构经验收,符合有关风险控制指标的,应当自验收完毕之日起 3 日内解除对其采取的前款规定的有关措施。

3. 证券公司的股东有虚假出资、抽逃出资行为的,国务院证券监督管理机构应当责令其限期改正,并可责令其转让所持证券公司的股权。在上述规定的股东按照要求改正违法行为、转让所持证券公司的股权前,国务院证券监督管理机构可以限制其股东权利。

4. 证券公司的董事、监事、高级管理人员未能勤勉尽责,致使证券公司存在重大违法违规行为或者重大风险的,国务院证券监督管理机构可以撤销其任职资格,并责令公司予以更换。

5. 证券公司违法经营或者出现重大风险,严重危害证券市场秩序、损害投资者利益的,国务院证券监督管理机构可以对该证券公司采取责令停业整顿、指定其他机构托管、接管或者撤销等监管措施。

6. 在证券公司被责令停业整顿、被依法指定托管、接管或者清算期间,或者出现重大风险时,经国务院证券监督管理机构批准,可以对该证券公司直接负责的董事、监事、高级管理人员和其他直接责任人员采取以下措施:(1)通知出境管理机关依法阻止其出境;(2)申请司法机关禁止其转移、转让或者以其他方式处分财产,或者在财产上设定其他权利。

2008年4月23日国务院颁布的《证券公司监督管理条例》对证券公司的设立与变更、组织机构、业务规则与风险控制、监督管理措施、法律责任等作出了具体规定。

七、证券公司证券登记结算机构

(一)证券登记结算机构

证券登记结算机构是为证券交易提供集中登记、存管与结算服务,不以营利为目的的法人。

(二)证券结算登记机构的设立

设立证券登记结算机构必须经国务院证券监督管理机构批准。设立证券登记结算机构,应当具备下列条件:(1)自有资金不少于人民币2亿元;(2)具有证券登记、存管和结算服务所必需的场所和设施;(3)主要管理人员和从业人员必须具有证券从业资格;(4)国务院证券监督管理机构规定的其他条件。证券登记结算机构的名称中应当标明证券登记结算字样。

(三)证券登记结算机构职能

证券登记结算机构履行下列职能:(1)证券账户、结算账户的设立;(2)证券的存管和过户;(3)证券持有人名册登记;(4)证券交易所上市证券交易的清算和交收;(5)受发行人的委托派发证券权益;(6)办理与上述业务有关的查询;(7)国务院证券监督管理机构批准的其他业务。证券登记结算采取全国集中统一的运营方式。证券登记结算机构章程、业务规则应当依法制定,并经国务院证券监督管理机构批准。

（四）证券登记结算机构的工作规则

1. 证券持有人持有的证券，在上市交易时，应当全部存管在证券登记结算机构。证券登记结算机构不得挪用客户的证券。

2. 证券登记结算机构应当向证券发行人提供证券持有人名册及其有关资料。证券登记结算机构应当根据证券登记结算的结果，确认证券持有人持有证券的事实，提供证券持有人登记资料。证券登记结算机构应当保证证券持有人名册和登记过户记录真实、准确、完整，不得隐匿、伪造、篡改或者毁损。

3. 证券登记结算机构应当采取下列措施保证业务的正常进行：（1）具有必备的服务设备和完善的数据安全保护措施；（2）建立完善的业务、财务和安全防范等管理制度；（3）建立完善的风险管理系统。

4. 证券登记结算机构应当妥善保存登记、存管和结算的原始凭证及有关文件和资料。其保存期限不得少于20年。

5. 证券登记结算机构应当设立证券结算风险基金，用于垫付或者弥补因违约交收、技术故障、操作失误、不可抗力造成的证券登记结算机构的损失。证券结算风险基金从证券登记结算机构的业务收入和收益中提取，并可以由结算参与人按照证券交易业务量的一定比例缴纳。证券结算风险基金的筹集、管理办法，由国务院证券监督管理机构会同国务院财政部门规定。证券结算风险基金应当存入指定银行的专门账户，实行专项管理。证券登记结算机构以证券结算风险基金赔偿后，应当向有关责任人追偿。

6. 投资者委托证券公司进行证券交易，应当申请开立证券账户。证券登记结算机构应当按照规定以投资者本人的名义为投资者开立证券账户。投资者申请开立账户，必须持有证明中国公民身份或者中国法人资格的合法证件。国家另有规定的除外。

7. 证券登记结算机构为证券交易提供净额结算服务时，应当要求结算参与人按照货银对付的原则，足额交付证券和资金，并提供交收担保。在交收完成之前，任何人不得动用用于交收的证券、资金和担保物。结算参与人未按时履行交收义务的，证券登记结算机构有权按照业务规则处理前款所述财产。

8. 证券登记结算机构按照业务规则收取的各类结算资金和证券，必须存放于专门的清算交收账户，只能按业务规则用于已成交的证券交易的清算交收，不得被强制执行。

八、证券服务机构

（一）证券服务机构的概念

证券服务机构，是指为证券发行和上市交易提供服务的专业性咨询、顾问、评估、审计等中介机构。证券服务机构包括投资咨询机构、财务顾问机构、资信评级机构、资产评估机构、会计师事务所以及律师事务所。

(二) 证券服务机构及其从业人员的资格

投资咨询机构、财务顾问机构、资信评级机构、资产评估机构、会计师事务所以及律师事务所从事证券服务业务，必须经国务院证券监督管理机构和有关主管部门批准。投资咨询机构、财务顾问机构、资信评级机构、资产评估机构、会计师事务所从事证券服务业务的审批管理办法，由国务院证券监督管理机构和有关主管部门制定。

投资咨询机构、财务顾问机构、资信评级机构从事证券服务业务的人员，必须具备证券专业知识和从事证券业务或者证券服务业务2年以上经验。认定其证券从业资格的标准和管理办法，由国务院证券监督管理机构制定。

(三) 证券服务机构行为规范

投资咨询机构及其从业人员从事证券服务业务不得有下列行为：(1) 代理委托人从事证券投资；(2) 与委托人约定分享证券投资收益或者分担证券投资损失；(3) 买卖本咨询机构提供服务的上市公司股票；(4) 利用传播媒介或者通过其他方式提供、传播虚假或者误导投资者的信息；(5) 法律、行政法规禁止的其他行为。有上述所列行为之一，给投资者造成损失的，依法承担赔偿责任。

从事证券服务业务的投资咨询机构和资信评级机构，应当按照国务院有关主管部门规定的标准或者收费办法收取服务费用。

证券服务机构为证券的发行、上市、交易等证券业务活动制作、出具审计报告、资产评估报告、财务顾问报告、资信评级报告或者法律意见书等文件，应当勤勉尽责，对所制作、出具的文件内容的真实性、准确性、完整性进行核查和验证。其制作、出具的文件有虚假记载、误导性陈述或者重大遗漏，给他人造成损失的，应当与发行人、上市公司承担连带赔偿责任，但是能够证明自己没有过错的除外。

九、证券业协会

(一) 证券业协会的性质及组织机构

证券业协会是证券业的自律性组织，是社会团体法人。证券公司应当加入证券业协会。证券业协会章程由会员大会制定，并报国务院证券监督管理机构备案。证券业协会的权力机构为全体会员组成的会员大会。证券业协会设理事会。理事会成员依章程的规定由选举产生。

(二) 证券业协会的职责

证券业协会履行下列职责：

1. 教育和组织会员遵守证券法律、行政法规；
2. 依法维护会员的合法权益，向证券监督管理机构反映会员的建议和要求；

3. 收集整理证券信息，为会员提供服务；

4. 制定会员应遵守的规则，组织会员单位的从业人员的业务培训，开展会员间的业务交流；

5. 对会员之间、会员与客户之间发生的证券业务纠纷进行调解；

6. 组织会员就证券业的发展、运作及有关内容进行研究；

7. 监督、检查会员行为，对违反法律、行政法规或者协会章程的，按照规定给予纪律处分；

8. 证券业协会章程规定的其他职责。

十、证券监督管理机构

（一）证券监督管理机构的意义

《证券法》中所称的国务院证券监督管理机构是指中国证券监督委员会。中国证券监督委员会是国务院直属事业单位，是全国证券期货市场的主管部门。《证券法》规定，国务院证券监督管理机构依法对证券市场实行监督管理，维护证券市场秩序，保障其合法运行。

（二）证券监督管理机构的职责

依据《证券法》的规定，国务院证券监督管理机构在对证券市场实施监督管理中履行下列职责：（1）依法制定有关证券市场监督管理的规章、规则，并依法行使审批或者核准权；（2）依法对证券的发行、上市、交易、登记、存管、结算，进行监督管理；（3）依法对证券发行人、上市公司、证券交易所、证券公司、证券登记结算机构、证券投资基金管理公司、证券服务机构的证券业务活动，进行监督管理；（4）依法制定从事证券业务人员的资格标准和行为准则，并监督实施；（5）依法监督检查证券发行、上市和交易的信息公开情况；（6）依法对证券业协会的活动进行指导和监督；（7）依法对违反证券市场监督管理法律、行政法规的行为进行查处；（8）法律、行政法规规定的其他职责。

国务院证券监督管理机构可以和其他国家或者地区的证券监督管理机构建立监督管理合作机制，实施跨境监督管理。

国务院证券监督管理机构依法履行职责，有权采取下列措施：（1）对证券发行人、上市公司、证券公司、证券投资基金管理公司、证券服务机构、证券交易所、证券登记结算机构进行现场检查；（2）进入涉嫌违法行为发生场所调查取证；（3）询问当事人和与被调查事件有关的单位和个人，要求其对与被调查事件有关的事项作出说明；（4）查阅、复制与被调查事件有关的财产权登记、通讯记录等资料；（5）查阅、复制当事人和与被调查事件有关的单位和个人的证券交易记录、登记过户记录、财务会计资料及其他相关文件和资料；对可能被转移、隐匿或者毁损的文件和资料,可以予以封存;(6)查询当事人和与被调查事件有关的单位和个人的资金账户、证券账户和银行账户;对有证据证明已经或者可能转移或者隐匿违法资金、证券等涉案财产或者隐匿、伪造、毁损重要证据的,经国务院证券监督管理机构主要负责人批准,可以冻结或者查封;(7)在调查操纵证券市场、内幕交易等重大证券违法行为时,经国务院证券监督管理机构主要负责人批准,可以限制被调查事件当事人的证券买卖,但限制的期限不得超过 15 个交易日;案情复杂的,可以延长 15 个交易日。

(三) 证券监督管理机构的工作规则

1. 国务院证券监督管理机构工作人员必须忠于职守,依法办事,公正廉洁,不得利用职务便利牟取不正当利益,不得泄露所知悉的有关单位和个人的商业秘密。国务院证券监督管理机构的人员不得在被监管的机构中任职。

2. 国务院证券监督管理机构依法制定的规章、规则和监督管理工作制度应当公开。国务院证券监督管理机构依据调查结果,对证券违法行为作出的处罚决定,应当公开。

3. 国务院证券监督管理机构依法履行职责,进行监督检查或者调查,其监督检查、调查的人员不得少于 2 人,并应当出示合法证件和监督检查、调查通知书。监督检查、调查的人员少于 2 人或者未出示合法证件和监督检查、调查通知书的,被检查、调查的单位有权拒绝。

4. 国务院证券监督管理机构依法履行职责,被检查、调查的单位和个人应当配合,如实提供有关文件和资料,不得拒绝、阻碍和隐瞒。

5. 国务院证券监督管理机构应当与国务院其他金融监督管理机构建立监督管理信息共享机制。

6. 国务院证券监督管理机构依法履行职责,发现证券违法行为涉嫌犯罪的,应当将案件移送司法机关处理。

十一、违反《证券法》的法律责任

(一) 法律责任主体

《证券法》规定的违反《证券法》,应当承担法律责任的主体有:证券发行人;发行人的控股股东、实际控制人;上市公司及其控股股东、实际控制人;保荐人;信息披露义务人;内幕知情人;禁止参与股票交易的人;证券公司及其股东、实际控制人;证券结算登记机构及主管负责人;有证券从业资格的证券服务机构及其主管负责人和从业人员;证券监督管理机构的工作人员和发行审核委员会的组成人员;证券业协会的工作人员等。

(二) 证券违法行为

《证券法》对违反《证券法》的行为采取的是列举式的方法,共列举 46 项证券违法行为,并规定了相应的责任后果。[①]

(三) 法律责任的形式

违反《证券法》规定,应当承担的法律责任有民事责任、行政责任和刑事责任。违反法律、行政法规或者国务院证券监督管理机构的有关规定,情节严重的,国务院证券监督管理机构可以对有关责任人员采取证券市场禁入的措施,即在一定期限内直至终身不得从事证券业务或者不得担任上市公司董事、监事、高级管理人员的制度。

当事人违反《证券法》规定,应当承担民事赔偿责任和缴纳罚款、罚金,其财产不足以同时支付时,先承担民事赔偿责任。对证券发行、交易违法行为没收的违法所得和罚款,全部上缴国库。

当事人对证券监督管理机构或者国务院授权的部门的行政处罚决定不服的,可以依法申请复议,或者依法直接向人民法院提起诉讼。

第四节 保 险 法

一、保险法概述

(一) 保险与保险法的概念

保险,是指投保人根据合同约定,向保险人支付保险费,保险人对于合同约定的可能发生的事故因其发生所造成的财产损失承担赔偿保险金责任或者当被保险人死亡、伤残、疾病或者达到合同约定的年龄、期限时承担给付保险金责任的商业行为。

广义的保险法是指调整保险的权利义务关系和监督管理保险企业的法律规范的总称。狭义的保险法是指保险法典。1995 年 6 月 30 日第八届全国人民代表大会常务委员会第十四次会议通过并于 10 月 1 日起实施的《中华人民共和国保险法》(以下简称《保险法》)是我国保险的基本法典,对保险合同和保险业作了全面的规定。2002 年 10 月 28 日第九届全国人民代表大会常务委员会第三十次会议、2009 年 2 月 28 日第十一届全国人民代表大会常务委员会第七次会议对《保险法》进行了两次修正。

(二) 保险的分类

依照不同的标准,保险可以作多种分类。主要分类有:

1. 以投保人是否自愿,保险分为自愿保险和强制保险

自愿保险是投保人和保险人在自愿、平等、互利的基础上,通过协商一致订

---

① 详见《证券法》第十一章:法律责任。

立保险合同。强制保险又称法定保险,是依据国家法律规定发生效力或者必须投保的保险。

2. 以保险标的的不同,保险分为财产保险和人身保险

财产保险是以财产和与财产有关的利益为保险标的的保险,可具体划分为财产损失保险、责任保险、信用保险、保证保险、海上保险等险种。人身保险是以人的生命或身体健康为保险标的的保险,主要有人寿保险、意外伤害保险和健康保险三类。

3. 以是否将标的物重复投保,保险分为单保险和复保险

单保险是投保人对于同一保险标的、同一保险利益、同一保险事故,与一个保险人订立保险合同的行为。复保险即重复保险,是投保人对同一保险标的、同一保险利益、同一保险事故,与数个保险人分别订立数个保险合同的行为。

4. 以保险人是否转移保险责任,保险分为原保险和再保险

原保险是相对于再保险而言的,是指保险人和投保人之间订立的,作为再保险标的的保险。再保险是保险人以其承担的保险责任的一部分或全部作为保险标的,向其他保险人转保而订立保险合同的行为。

二、保险合同

(一)保险合同概述

1. 保险合同的概念

保险合同,是指投保人与保险人约定保险权利义务关系的协议。保险合同可分为财产保险合同和人身保险合同两种。在财产保险合同中,保险人按照损害补偿的原则支付保险金,这种支付一般不超过被保险人实际遭受的损失,在人身保险合同中,保险人按照给付性原则给付保险金。投保人和保险人订立保险合同,应当协商一致,遵循公平原则确定各方的权利和义务。除法律、行政法规规定必须保险的外,保险合同自愿订立。

2. 保险合同的当事人和关系人

保险合同的当事人和关系人包括保险人、投保人、被保险人和受益人。

保险人,是指与投保人订立保险合同,并承担赔偿或者给付保险金责任的保险公司。保险公司与投保人签订保险合同后,即成为保险合同的保险人,承担法律规定的、在一定条件下给付保险金或承担赔偿责任的义务,并享有依据合同要求投保人支付保险费的权利。

投保人,是指与保险人订立保险合同,并按照保险合同负有支付保险费义务的人。作为投保人,必须有相应的权利能力和行为能力。

被保险人,是指其财产或者人身受保险合同保障,享有保险金请求权的人。被保险人与投保人的关系通常有两种情况:一是投保人为本人利益而订立保险合同时,保险合同一经成立,投保人即为被保险人;二是投保人为他人利益而订

立保险合同时,投保人与被保险人为不同的人。

受益人,是指人身保险合同中由被保险人或者投保人指定的,享有保险金请求权的人。受益人仅在人身保险合同中存在。受益人与投保人、被保险人的关系可能有三种情况:一是被保险人本身是受益人;二是投保人为受益人;三是受益人为指定的第三人。被保险人或投保人经保险人同意,可以指定任何人为受益人。受益人可以是一人或数人。受益人为数人的,指定人可以确定受益顺序和受益份额;未确定受益份额的,受益人按照相等份额享有受益权。

3. 保险合同的标的

保险合同的标的,是指保险合同双方当事人即保险人和投保人的权利义务共同指向的对象。财产保险合同的标的是财产及其有关利益;人身保险合同的标的是人的寿命和身体。

4. 保险利益

保险利益,是指投保人或者被保险人对保险标的具有的法律上承认的利益。《保险法》规定:人身保险的投保人在保险合同订立时,对被保险人应当具有保险利益。财产保险的被保险人在保险事故发生时,对保险标的应当具有保险利益。

(二) 保险合同的订立、变更和解除

1. 保险合同的订立程序、形式和内容

订立保险合同,投保人提出保险要求,经保险人同意承保,保险合同成立。投保人应先提出保险请求,简称投保。投保是投保人向保险人提出的订立保险合同的意思表示,在性质上属于要约。投保由投保人填写投保单。保险人收到投保单后,经必要的审核或与投保人协商后,没有异议而在投保单上签字盖章的即为承保,承保在性质上属于承诺,保险合同即告成立。保险合同成立后,保险人应当及时向投保人签发保险单或者其他保险凭证,保险单或者其他保险凭证应当载明当事人双方约定的合同内容。当事人也可以约定采用其他书面形式载明合同内容。依法成立的保险合同,自成立时生效。投保人和保险人可以对合同的效力约定附条件或者附期限。保险合同成立后,投保人按照约定交付保险费,保险人按照约定的时间开始承担保险责任。

根据《保险法》的规定,保险合同应包括下列事项:(1) 保险人名称和住所;(2) 投保人、被保险人名称和住所,以及人身保险的受益人的名称和住所;(3) 保险标的;(4) 保险责任和责任免除;(5) 保险期间和保险责任开始时间;(6) 保险金额①;(7) 保险费以及支付办法;(8) 保险金赔偿或者给付办法;(9) 违约责任和争议处理;(10) 订立合同的年、月、日。除上述内容外,投保人

---

① 保险金额是指保险人承担赔偿或者给付保险金责任的最高限额。

和保险人可以约定与保险有关的其他事项。

订立保险合同,采用保险人提供的格式条款的,保险人向投保人提供的投保单应当附格式条款,保险人应当向投保人说明合同的内容。对保险合同中免除保险人责任的条款,保险人在订立合同时应当在投保单、保险单或者其他保险凭证上作出足以引起投保人注意的提示,并对该条款的内容以书面或者口头形式向投保人作出明确说明;未作提示或者明确说明的,该条款不产生效力。

需要指出的是,订立保险合同,保险人就保险标的或者被保险人的有关情况提出询问的,投保人应当如实告知。投保人故意或者因重大过失未履行上述的如实告知义务,足以影响保险人决定是否同意承保或者提高保险费率的,保险人有权解除合同。

上述的合同解除权,自保险人知道有解除事由之日起,超过 30 日不行使而消灭。自合同成立之日起超过 2 年的,保险人不得解除合同;发生保险事故的,保险人应当承担赔偿或者给付保险金的责任。即所谓保险人的"不可抗辩规则"。

投保人故意不履行如实告知义务的,保险人对于合同解除前发生的保险事故,不承担赔偿或者给付保险金的责任,并不退还保险费。投保人因重大过失未履行如实告知义务,对保险事故的发生有严重影响的,保险人对于合同解除前发生的保险事故,不承担赔偿或者给付保险金的责任,但应当退还保险费。保险人在合同订立时已经知道投保人未如实告知的情况的,保险人不得解除合同;发生保险事故的,保险人应当承担赔偿或者给付保险金的责任。

投保人、被保险人或者受益人知道保险事故发生后,应当及时通知保险人。故意或者因重大过失未及时通知,致使保险事故的性质、原因、损失程度等难以确定的,保险人对无法确定的部分,不承担赔偿或者给付保险金的责任,但保险人通过其他途径已经及时知道或者应当及时知道保险事故发生的除外。

2. 保险合同的变更

保险合同成立后,投保人和保险人经协商一致,可以变更保险合同的有关内容。变更保险合同的,应当由保险人在原保险单或者其他保险凭证上批注或者附贴批单,或者由投保人和保险人订立变更的书面协议。

3. 保险合同的解除

保险合同的解除,是指保险合同成立后,当事人因一定事由,行使解除权,使保险合同终止的法律行为。保险合同成立后,除《保险法》另有规定或者保险合同另有约定外,投保人可以解除合同,保险人不得解除合同。

根据《保险法》的规定,保险合同成立后,有下列情形之一,保险人可以解除合同:(1)投保人故意隐瞒事实,不履行如实告知义务或者因过失未履行如实告知义务,足以影响保险人决定是否同意承保或者提高保险费率的;(2)被保险人或者受益人在未发生保险事故的情况下,谎称发生了保险事故和投保人、被保险人故意制造保险事故的;(3) 投保人、被保险人故意制造保险事故的;(4) 投保人、被保险人未按约定履行其对保险标的安全应尽责任的;(5) 在保险合同有效期内,保险标的危险程度显著增加的;(6) 自保险合同效力中止之日起 2 年内,投保人与保险人双方未达成恢复合同效力的协议。①

4. 保险金请求权诉讼时效期间

人寿保险以外的其他保险的被保险人或者受益人,向保险人请求赔偿或者给付保险金的诉讼时效期间为 2 年,自其知道或者应当知道保险事故发生之日起计算。

人寿保险的被保险人或者受益人向保险人请求给付保险金的诉讼时效期间为 5 年,自其知道或者应当知道保险事故发生之日起计算。

(三) 财产保险合同

1. 财产保险合同的概念

财产保险合同是以财产及其有关利益为保险标的的保险合同。财产保险合同的标的是财产和与财产有关的利益;财产保险的目的在于填补事故损害所造成的损失;财产保险合同适用保险代位权。

2. 保险事故

保险事故是指按照保险合同的约定导致保险人对保险标的的损失承担保险责任的各种事故和事件。保险事故发生时,被保险人有责任尽力采取必要的措施,防止或者减少损失。保险事故发生后,被保险人为防止或者减少保险标的的损失所支付的必要的、合理的费用,由保险人承担;保险人所承担的数额在保险标的损失赔偿金额以外另行计算,最高不超过保险金额的数额。

3. 保险责任

保险责任是指保险合同中约定的保险事故发生时,保险人依约向被保险人给付保险赔偿金的责任。保险人承担保险责任,必须是在保险合同有效期内,并且约定的保险事故已经发生。保险人承担的保险责任,以保险合同约定的金额为限。保险金额不得超过保险标的价值。

投保人、被保险人或者受益人知道保险事故发生后,应当及时通知保险人。财产保险的被保险人或者受益人,对保险人请求赔偿或者给付保险金的权利,自其知道保险事故发生之日起 2 年不行使而消灭。

4. 保险代位求偿权

保险代位求偿权,是指保险人向被保险人支付保险金后,有权向造成保险标的损害并负有赔偿责任的第三人请求赔偿的权利。《保险法》规定:因第三者对

---

① 参见《保险法》第 16 条、第 27 条、第 32 条、第 37 条、第 49 条、第 51 条、第 52 条。

保险标的的损害而造成保险事故的,保险人自向被保险人赔偿保险金之日起,在赔偿金额范围内代位行使被保险人对第三者请求赔偿的权利。保险事故发生后,保险人未赔偿保险金之前,被保险人放弃对第三者的请求赔偿的权利的,保险人不承担赔偿保险金的责任。

(四) 人身保险合同

1. 人身保险合同的概念

人身保险合同是以人的寿命和身体为保险标的的保险合同。

2. 保险利益

《保险法》规定,投保人只能为具有保险利益的人的寿命和身体投保。订立合同时,投保人对被保险人不具有保险利益的,合同无效。在人身保险中,投保人对下列人员具有保险利益:(1) 本人;(2) 配偶、子女、父母;(3) 前项以外与投保人有抚养、赡养或者扶养关系的家庭其他成员、近亲属;(4) 与投保人有劳动关系的劳动者。除上述人员外,被保险人同意投保人为其订立合同的,视为投保人对被保险人具有保险利益。其中,以死亡为给付保险金条件的合同,未经被保险人同意并认可保险金额的,合同无效,父母为其未成年子女投保的人身保险除外。按照以死亡为给付保险金条件的合同所签发的保险单,未经被保险人书面同意,不得转让或者质押。

3. 投保人的责任

投保人应当如实申报被保险人的年龄。投保人申报的被保险人年龄不真实,并且其真实年龄不符合合同约定的年龄限制的,保险人可以解除合同,并在扣除手续费后,向投保人退还保险费,但自保险人知道有解除事由之日起,超过30日不行使解除权或自合同成立之日起逾2年的除外。

投保人申报的被保险人年龄不真实,致使投保人支付的保险费少于应付保险费的,保险人有权更正并要求投保人补交保险费,或者在给付保险金时按照实付保险费与应付保险费的比例支付。投保人申报的被保险人年龄不真实,致使投保人实付保险费多于应付保险费的,保险人应当将多收的保险费退还投保人。

投保人不得为无民事行为能力人投保以死亡为给付保险金条件的人身保险,保险人也不得承保。父母为其未成年子女投保的人身保险,不受前述规定限制,但是,因被保险人死亡给付的保险金总和不得超过国务院保险监督管理机构规定的限额。

4. 保险费的支付

投保人于合同成立后,投保人可以按照合同约定向保险人一次支付全部保险费或者分期支付保险费。合同约定分期支付保险费,投保人支付首期保险费后,除合同另有约定外,投保人自保险人催告之日起超过30日未支付当期保险费,或者超过约定的期限60日未支付当期保险费的,合同效力中止,或者由保险人按照合同约定的条件减少保险金额。被保险人在前述规定期限内发生保险事故的,保险人应当按照合同约定给付保险金,但可以扣减欠交的保险费。

合同效力中止的,经保险人与投保人协商并达成协议,在投保人补交保险费后,合同效力恢复。但是,自合同效力中止之日起满2年双方未达成协议的,保险人有权解除合同。合同解除的,保险人应当按照合同约定退还保险单的现金价值。

保险人对人身保险的保险费,不得用诉讼方式要求投保人支付。

5. 保险受益人

人身保险的受益人由被保险人或者投保人指定。投保人指定受益人时须经被保险人同意。投保人为与其有劳动关系的劳动者投保人身保险,不得指定被保险人及其近亲属以外的人为受益人。

被保险人为无民事行为能力人或者限制民事行为能力人的,可以由其监护人指定受益人。被保险人或者投保人可以指定一人或者数人为受益人。受益人为数人的,被保险人或者投保人可以确定受益顺序和受益份额;未确定受益份额的,受益人按照相等份额享有受益权。

被保险人或者投保人可以变更受益人并书面通知保险人。保险人收到变更受益人的书面通知后,应当在保险单或者其他保险凭证上批注或者附贴批单。投保人变更受益人时须经被保险人同意。

被保险人死亡后,遇有下列情形之一的,保险金作为被保险人的遗产,由保险人依照我国《继承法》的规定履行给付保险金的义务:(1) 没有指定受益人,或者受益人指定不明无法确定的;(2) 受益人先于被保险人死亡,没有其他受益人的;(3) 受益人依法丧失受益权或者放弃受益权,没有其他受益人的。受益人与被保险人在同一事件中死亡,且不能确定死亡先后顺序的,推定受益人死亡在先。

投保人故意造成被保险人死亡、伤残或者疾病的,保险人不承担给付保险金的责任。投保人已交足2年以上保险费的,保险人应当按照合同约定向其他权利人退还保险单的现金价值。受益人故意造成被保险人死亡、伤残、疾病的,或者故意杀害被保险人未遂的,该受益人丧失受益权。

6. 保险金给付

以被保险人死亡为给付保险金条件的合同,自合同成立或者合同效力恢复之日起2年内,被保险人自杀的,保险人不承担给付保险金的责任,但被保险人自杀时为无民事行为能力人的除外。保险人不承担给付保险金责任的,应当按照合同约定退还保险单的现金价值。

因被保险人故意犯罪或者抗拒依法采取的刑事强制措施导致其伤残或者死亡的,保险人不承担给付保险金的责任。投保人已交足2年以上保险费的,保险人应当按照合同约定退还保险单的现金价值。

被保险人因第三者的行为而发生死亡、伤残或者疾病等保险事故的,保险人向被保险人或者受益人给付保险金后,不享有向第三者追偿的权利,但被保险人或者受益人仍有权向第三者请求赔偿。

投保人解除合同的,保险人应当自收到解除合同通知之日起30日内,按照合同约定退还保险单的现金价值。

7. 保险金请求权诉讼时效

人寿保险的被保险人或者受益人向保险人请求给付保险金的诉讼时效期间为5年,自其知道或者应当知道保险事故发生之日起计算。

三、保险公司

保险业和银行业、证券业、信托业实行分业经营、分业管理,保险公司与银行、证券、信托业务机构分别设立。国家另有规定的除外。

（一）保险公司的设立

设立保险公司应当经国务院保险监督管理机构批准。设立保险公司,应当具备下列条件:(1) 主要股东具有持续盈利能力,信誉良好,最近3年内无重大违法违规记录,净资产不低于人民币2亿元;(2) 有符合《保险法》和《公司法》规定的章程;(3) 有符合《保险法》规定的注册资本。保险公司的注册资本必须为实缴货币资本,注册资本的最低限额为人民币2亿元;(4) 有具备任职专业知识和业务工作经验的董事、监事和高级管理人员;(5) 有健全的组织机构和管理制度;(5) 有符合要求的营业场所和与经营业务有关的其他设施;(7) 法律、行政法规和国务院保险监督管理机构规定的其他条件。

申请设立保险公司,应当向国务院保险监督管理机构提出书面申请,并提交下列材料:(1) 设立申请书,申请书应当载明拟设立的保险公司的名称、注册资本、业务范围等;(2) 可行性研究报告;(3) 筹建方案;(4) 投资人的营业执照或者其他背景资料,经会计师事务所审计的上一年度财务会计报告;(5) 投资人认可的筹备组负责人和拟任董事长、经理名单及本人认可证明;(6) 国务院保险监督管理机构规定的其他材料。

国务院保险监督管理机构应当对设立保险公司的申请进行审查,自受理之日起6个月内作出批准或者不批准筹建的决定,并书面通知申请人。决定不批准的,应当书面说明理由。

申请人应当自收到批准筹建通知之日起1年内完成筹建工作;筹建期间不得从事保险经营活动。筹建工作完成后,申请人具备上述设立条件的,可以向国务院保险监督管理机构提出开业申请。

国务院保险监督管理机构应当自受理开业申请之日起60日内,作出批准或者不批准开业的决定。决定批准的,颁发经营保险业务许可证;决定不批准的,应当书面通知申请人并说明理由。

保险公司在中华人民共和国境内设立分支机构,应当经保险监督管理机构批准。保险公司分支机构不具有法人资格,其民事责任由保险公司承担。

经批准设立的保险公司及其分支机构,凭经营保险业务许可证向工商行政管理机关办理登记,领取营业执照。保险公司及其分支机构自取得经营保险业务许可证之日起6个月内,无正当理由未向工商行政管理机关办理登记的,其经营保险业务许可证失效。

保险公司在中华人民共和国境外设立子公司、分支机构、代表机构,应当经国务院保险监督管理机构批准。

保险公司成立后有下列情形之一的,应当经保险监督管理机构批准:(1)变更名称;(2)变更注册资本;(3)变更公司或者分支机构的营业场所;(4)撤销分支机构;(5)公司分立或者合并;(6)修改公司章程;(7)变更出资额占有限责任公司资本总额5%以上的股东,或者变更持有股份有限公司股份5%以上的股东;(8)国务院保险监督管理机构规定的其他情形。

(二)保险公司的董事、监事和高级管理人员

保险公司的董事、监事和高级管理人员,应当品行良好,熟悉与保险相关的法律、行政法规,具有履行职责所需的经营管理能力,并在任职前取得保险监督管理机构核准的任职资格。有《中华人民共和国公司法》第148条规定的情形或者下列情形之一的,不得担任保险公司的董事、监事、高级管理人员:(1)因违法行为或者违纪行为被金融监督管理机构取消任职资格的金融机构的董事、监事、高级管理人员,自被取消任职资格之日起未逾5年的;(2)因违法行为或者违纪行为被吊销执业资格的律师、注册会计师或者资产评估机构、验证机构等机构的专业人员,自被吊销执业资格之日起未逾5年的。

保险公司的董事、监事、高级管理人员执行公司职务时违反法律、行政法规或者公司章程的规定,给公司造成损失的,应当承担赔偿责任。保险公司高级管理人员的范围由国务院保险监督管理机构规定。

(三)保险公司的终止

保险公司因分立、合并需要解散,或者股东会、股东大会决议解散,或者公司章程规定的解散事由出现,经国务院保险监督管理机构批准后解散。经营有人寿保险业务的保险公司,除因分立、合并或者被依法撤销外,不得解散。保险公司解散,应当依法成立清算组进行清算。

保险公司有《中华人民共和国企业破产法》第2条规定情形的,经国务院保险监督管理机构同意,保险公司或者其债权人可以依法向人民法院申请重整、和解或者破产清算;国务院保险监督管理机构也可以依法向人民法院申请对该保

险公司进行重整或者破产清算。

破产财产在优先清偿破产费用和共益债务后,按照下列顺序清偿:(1) 所欠职工工资和医疗、伤残补助、抚恤费用,所欠应当划入职工个人账户的基本养老保险、基本医疗保险费用,以及法律、行政法规规定应当支付给职工的补偿金;(2) 赔偿或者给付保险金;(3) 保险公司欠缴的除第(1)项规定以外的社会保险费用和所欠税款;(4) 普通破产债权。

破产财产不足以清偿同一顺序的清偿要求的,按照比例分配。破产保险公司的董事、监事和高级管理人员的工资,按照该公司职工的平均工资计算。

经营有人寿保险业务的保险公司被依法撤销或者被依法宣告破产的,其持有的人寿保险合同及责任准备金,必须转让给其他经营有人寿保险业务的保险公司;不能同其他保险公司达成转让协议的,由国务院保险监督管理机构指定经营有人寿保险业务的保险公司接受转让。转让或者由国务院保险监督管理机构指定接受转让上述规定的人寿保险合同及责任准备金的,应当维护被保险人、受益人的合法权益。

保险公司依法终止其业务活动,应当注销其经营保险业务许可证。

(三) 保险公司的经营规则

1. 保险公司的业务范围

保险公司的业务范围包括:(1) 人身保险业务,包括人寿保险、健康保险、意外伤害保险等保险业务;(2) 财产保险业务,包括财产损失保险、责任保险、信用保险、保证保险等保险业务;(3) 国务院保险监督管理机构批准的与保险有关的其他业务。

保险人不得兼营人身保险业务和财产保险业务。但是,经营财产保险业务的保险公司经国务院保险监督管理机构批准,可以经营短期健康保险业务和意外伤害保险业务。保险公司应当在国务院保险监督管理机构依法批准的业务范围内从事保险经营活动。

经国务院保险监督管理机构批准,保险公司可以经营保险业务的下列再保险业务:(1) 分出保险;(2) 分入保险。

2. 保证金、责任准备金、保险保障金的提取和缴纳

保险公司应当按照其注册资本总额的20%提取保证金,存入国务院保险监督管理机构指定的银行,除公司清算时用于清偿债务外,不得动用。

险公司应当根据保障被保险人利益、保证偿付能力的原则,提取各项责任准备金。保险公司提取和结转责任准备金的具体办法,由国务院保险监督管理机构制定。

保险公司应当缴纳保险保障基金。保险保障基金应当集中管理,并在下列情形下统筹使用:(1) 在保险公司被撤销或者被宣告破产时,向投保人、被保险

人或者受益人提供救济;(2)在保险公司被撤销或者被宣告破产时,向依法接受其人寿保险合同的保险公司提供救济;(3)国务院规定的其他情形。保险保障基金筹集、管理和使用的具体办法,由国务院制定。

3. 保险公司的资金运作

保险公司应当具有与其业务规模和风险程度相适应的最低偿付能力。保险公司的认可资产减去认可负债的差额不得低于国务院保险监督管理机构规定的数额;低于规定数额的,应当按照国务院保险监督管理机构的要求采取相应措施达到规定的数额。经营财产保险业务的保险公司当年自留保险费,不得超过其实有资本金加公积金总和的4倍。保险公司对每一危险单位,即对一次保险事故可能造成的最大损失范围所承担的责任,不得超过其实有资本金加公积金总和的10%;超过的部分应当办理再保险。保险公司应当按照国务院保险监督管理机构的规定办理再保险,并审慎选择再保险接受人。

保险公司的资金运用必须稳健,遵循安全性原则。保险公司的资金运用限于下列形式:(1)银行存款;(2)买卖债券、股票、证券投资基金份额等有价证券;(3)投资不动产;(4)国务院规定的其他资金运用形式。

经国务院保险监督管理机构会同国务院证券监督管理机构批准,保险公司可以设立保险资产管理公司。保险资产管理公司从事证券投资活动,应当遵守《中华人民共和国证券法》等法律、行政法规的规定。

(四)保险公司及其工作人员的行为约束

保险公司应当按照国务院保险监督管理机构的规定,公平、合理拟定保险条款和保险费率,不得损害投保人、被保险人和受益人的合法权益。保险公司应当按照合同约定和《保险法》规定,及时履行赔偿或者给付保险金义务。保险公司开展业务,应当遵循公平竞争的原则,不得从事不正当竞争。

保险公司及其工作人员在保险业务活动中不得有下列行为:(1)欺骗投保人、被保险人或者受益人;(2)对投保人隐瞒与保险合同有关的重要情况;(3)阻碍投保人履行本法规定的如实告知义务,或者诱导其不履行本法规定的如实告知义务;(4)给予或者承诺给予投保人、被保险人、受益人保险合同约定以外的保险费回扣或者其他利益;(5)拒不依法履行保险合同约定的赔偿或者给付保险金义务;(6)故意编造未曾发生的保险事故、虚构保险合同或者故意夸大已经发生的保险事故的损失程度进行虚假理赔,骗取保险金或者牟取其他不正当利益;(7)挪用、截留、侵占保险费;(8)委托未取得合法资格的机构或者个人从事保险销售活动;(9)利用开展保险业务为其他机构或者个人牟取不正当利益;(10)利用保险代理人、保险经纪人或者保险评估机构,从事以虚构保险中介业务或者编造退保等方式套取费用等违法活动;(11)以捏造、散布虚假事实等方式损害竞争对手的商业信誉,或者以其他不正当竞争行为扰乱保险市场秩序;(12)泄露在业务活动中知悉的投保人、被保险人的商业秘密;(13)违反法律、行政法规和国务院保险监督管理机构规定的其他行为。

(五)保险代理人和保险经纪人

保险代理人是根据保险人的委托,向保险人收取佣金,并在保险人授权的范围内代为办理保险业务的机构或者个人。保险代理机构包括专门从事保险代理业务的保险专业代理机构和兼营保险代理业务的保险兼业代理机构。

保险人委托保险代理人代为办理保险业务的,应当与保险代理人签订委托代理协议,依法约定双方的权利和义务。保险代理人根据保险人的授权代为办理保险业务的行为,由保险人承担责任。保险代理人没有代理权、超越代理权或者代理权终止后以保险人名义订立合同,使投保人有理由相信其有代理权的,该代理行为有效。保险人可以依法追究越权的保险代理人的责任。个人保险代理人在代为办理人寿保险业务时,不得同时接受两个以上保险人的委托。

保险经纪人是基于投保人的利益,为投保人与保险人订立保险合同提供中介服务,并依法收取佣金的机构。保险经纪人因过错给投保人、被保险人造成损失的,依法承担赔偿责任。

保险代理机构、保险经纪人应当具备国务院保险监督管理机构规定的条件,取得保险监督管理机构颁发的经营保险代理业务许可证、保险经纪业务许可证。保险专业代理机构、保险经纪人凭保险监督管理机构颁发的许可证向工商行政管理机关办理登记,领取营业执照。保险兼业代理机构凭保险监督管理机构颁发的许可证,向工商行政管理机关办理变更登记。

保险专业代理机构、保险经纪人的高级管理人员,应当品行良好,熟悉保险法律、行政法规,具有履行职责所需的经营管理能力,并在任职前取得保险监督管理机构核准的任职资格。个人保险代理人、保险代理机构的代理从业人员、保险经纪人的经纪从业人员,应当具备国务院保险监督管理机构规定的资格条件,取得保险监督管理机构颁发的资格证书。

保险代理机构、保险经纪人应当按照国务院保险监督管理机构的规定缴存保证金或者投保职业责任保险。未经保险监督管理机构批准,保险代理机构、保险经纪人不得动用保证金。

保险代理人、保险经纪人及其从业人员在办理保险业务活动中不得有下列行为:(1)欺骗保险人、投保人、被保险人或者受益人;(2)隐瞒与保险合同有关的重要情况;(3)阻碍投保人履行本法规定的如实告知义务,或者诱导其不履行本法规定的如实告知义务;(4)给予或者承诺给予投保人、被保险人或者受益人保险合同约定以外的利益;(5)利用行政权力、职务或者职业便利以及其他不正当手段强迫、引诱或者限制投保人订立保险合同;(6)伪造、擅自变更保险合同,或者为保险合同当事人提供虚假证明材料;(7)挪用、截留、侵占保险费或者保险金;(8)利用业务便利为其他机构或者个人牟取不正当利益;(9)串通投保人、被保险人或者受益人,骗取保险金;(10)泄露在业务活动中知悉的保险人、投保人、被保险人的商业秘密。

四、保险业的监督管理

我国保险业的监督机构是国务院保险监督管理机构。其监管的职权主要有：

(1)依照法律、行政法规制定并发布有关保险业监督管理的规章。

(2)依法审批关系社会公众利益的保险险种、依法实行强制保险的险种和新开发的人寿保险险种等的保险条款和保险费率。其他保险险种的保险条款和保险费率,应当报保险监督管理机构备案。

(3)保险公司使用的保险条款和保险费率违反法律、行政法规或者国务院保险监督管理机构的有关规定的,由保险监督管理机构责令停止使用,限期修改;情节严重的,可以在一定期限内禁止申报新的保险条款和保险费率。

(4)建立健全保险公司偿付能力监管体系,对保险公司的偿付能力实施监控。对偿付能力不足的保险公司,保险监督管理机构应当将其列为重点监管对象,并可以根据具体情况采取下列措施:①责令增加资本金、办理再保险;②限制业务范围;③限制向股东分红;④限制固定资产购置或者经营费用规模;⑤限制资金运用的形式、比例;⑥限制增设分支机构;⑦责令拍卖不良资产、转让保险业务;⑧限制董事、监事、高级管理人员的薪酬水平;⑨限制商业性广告;⑩责令停止接受新业务。

(5)保险公司未依照《保险法》规定提取或者结转各项责任准备金,或者未依照《保险法》规定办理再保险,或者严重违反《保险法》关于资金运用的规定的,由保险监督管理机构责令限期改正,并可以责令调整负责人及有关管理人员。保险公司逾期未改正的,国务院保险监督管理机构可以决定选派保险专业人员和指定该保险公司的有关人员组成整顿组,对公司进行整顿。

(6)保险公司有下列情形之一的,国务院保险监督管理机构可以对其实行接管:①公司的偿付能力严重不足的;②违反本法规定,损害社会公共利益,可能严重危及或者已经严重危及公司的偿付能力的。

(7)保险公司因违法经营被依法吊销经营保险业务许可证的,或者偿付能力低于国务院保险监督管理机构规定标准,不予撤销将严重危害保险市场秩序、损害公共利益的,由国务院保险监督管理机构予以撤销并公告,依法及时组织清算组进行清算。

(8)国务院保险监督管理机构有权要求保险公司股东、实际控制人在指定的期限内提供有关信息和资料。

(9)保险公司的股东利用关联交易严重损害公司利益,危及公司偿付能力的,由国务院保险监督管理机构责令改正。在按照要求改正前,国务院保险监督管理机构可以限制其股东权利;拒不改正的,可以责令其转让所持的保险公司股权。

(10)保险监督管理机构根据履行监督管理职责的需要,可以与保险公司董事、监事和高级管理人员进行监督管理谈话,要求其就公司的业务活动和风险管理的重大事项作出说明。

(11)保险公司在整顿、接管、撤销清算期间,或者出现重大风险时,国务院保险监督管理机构可以对该公司直接负责的董事、监事、高级管理人员和其他直接责任人员采取以下措施:① 通知出境管理机关依法阻止其出境;② 申请司法机关禁止其转移、转让或者以其他方式处分财产,或者在财产上设定其他权利。

(12)保险监督管理机构依法履行职责,可以采取下列措施:① 对保险公司、保险代理人、保险经纪人、保险资产管理公司、外国保险机构的代表机构进行现场检查;② 进入涉嫌违法行为发生场所调查取证;③ 询问当事人及与被调查事件有关的单位和个人,要求其对与被调查事件有关的事项作出说明;④ 查阅、复制与被调查事件有关的财产权登记等资料;⑤ 查阅、复制保险公司、保险代理人、保险经纪人、保险资产管理公司、外国保险机构的代表机构以及与被调查事件有关的单位和个人的财务会计资料及其他相关文件和资料;对可能被转移、隐匿或者毁损的文件和资料予以封存;⑥ 查询涉嫌违法经营的保险公司、保险代理人、保险经纪人、保险资产管理公司、外国保险机构的代表机构以及与涉嫌违法事项有关的单位和个人的银行账户;⑦ 对有证据证明已经或者可能转移、隐匿违法资金等涉案财产或者隐匿、伪造、毁损重要证据的,经保险监督管理机构主要负责人批准,申请人民法院予以冻结或者查封。保险监督管理机构采取上述第①项、第②项、第⑤项措施的,应当经保险监督管理机构负责人批准;采取第⑥项措施的,应当经国务院保险监督管理机构负责人批准。

保险监督管理机构依法履行职责,被检查、调查的单位和个人应当配合。保险监督管理机构依法履行职责,进行监督检查、调查时,有关部门应当予以配合。

五、违反《保险法》的法律责任[①]

(一)法律责任主体

《保险法》规定的违反《保险法》,应当承担法律责任的主体有:保险公司、保险资产管理公司、保险专业代理机构保险经纪人及其直接负责的主管人员和其

---

① 参见《保险法》第七章:法律责任。

他直接责任人员;擅自设立保险公司、保险资产管理公司或者非法经营商业保险业务的单位、个人;擅自设立保险专业代理机构、保险经纪人,或者未取得经营保险代理业务许可证、保险经纪业务许可证从事保险代理业务、保险经纪业务的单位和个人;个人保险代理人、个人、外国保险机构、投保人、被保险人、保险事故的鉴定人、评估人、证明人、保险监督管理机构从事监督管理工作的人员等等。

(二) 违反《保险法》的违法行为

《保险法》第7章列举了违反《保险法》的23类违法行为,并规定了相应的责任后果。

(三) 法律责任的形式

违反《保险法》规定,应当承担的法律责任有国务院保险监督管理机构及有关行政机关给予的行政处罚,损害赔偿等民事责任,构成犯罪的,依法追究刑事责任。违反法律、行政法规的规定,情节严重的,国务院保险监督管理机构可以禁止有关责任人员一定期限直至终身进入保险业。

第七章 会计法律制度

第一节 会计法概述

一、会计法的概念

会计法是调整会计关系的法律规范的总称。所谓会计关系,是指企业、事业单位、国家机关、社会团体开展的经济活动和财务收支进行核算、分析、检查的一种经济管理关系。第六届全国人大常委会第九次会议于1985年1月21日通过《中华人民共和国会计法》(以下简称《会计法》)。该法1993年12月29日在第八届全国人大常委会第五次会议上作了修正。1999年10月31日在第九届全国人大常委会第十二次会议上再次作了修正。广义的会计法还包括国家有关机关颁布的一切会计法规、规章等,如《会计人员职权条例》《会计人员工作规则》《企业财务通则》《企业会计准则》《关于惩治违反会计法犯罪的决定》等。

二、会计法的适用范围

《会计法》规定:国家机关、社会团体、公司、企业、事业单位和其他组织(以下统称单位)必须依照本法办理会计事务。根据会计法的规定,《会计法》的适用范围范围是:适用于国家机关、社会团体、公司、企业、事业单位和其他组织。这里的"企业、事业单位"既包括国有企业、事业单位,也包括集体所有制企业、事业单位和外商投资企业、在我国境内的外国企业。由于个体工商户在经营管理和会计核算上有一定的特殊性,会计法的适用范围不包括这些企业,但会计法的基本原则是适用的,对个体工商户会计核算的具体管理办法,由国务院专门规定。

三、会计工作的管理体制

(一)会计工作的领导体制

《会计法》规定,国务院财政部门主管全国的会计工作。县级以上地方各级人民政府财政部门管理本行政区域内的会计工作。

(二) 会计制度的制定权限

国家实行统一的会计制度。国家统一的会计制度由国务院财政部门根据《会计法》制定并公布。国务院有关部门可以依照《会计法》和国家统一的会计制度制定对会计核算和会计监督有特殊要求的行业实施国家统一的会计制度的具体办法或者补充规定,报国务院财政部门审核批准。中国人民解放军总后勤部可以依照《会计法》和国家统一的会计制度制定军队实施国家统一的会计制度的具体办法,报国务院财政部门备案。

(三) 会计人员的管理

对会计人员的管理包括对会计人员的业务管理和人事管理。财政部门负责会计人员的业务管理,包括会计的从业资格管理、会计专业技术资格管理、岗位会计人员评优表彰以及会计人员继续教育。对会计人员的人事管理,由会计人员所在单位负责。

第二节　会　计　核　算

一、会计核算的概念

会计核算是会计的基本职能之一,是会计工作的重要环节。会计核算有广义和狭义之分。广义的会计核算是对国家机关、社会团体、公司、企业、事业单位和其他组织的经济活动全过程的核算,包括对经济活动全过程的记录、计算、预测、决策、控制、分析、考核等全部内容。狭义的会计核算是指以货币为主要计量单位,通过专门的程序和方法,对国家机关、公司、企业、事业单位等组织的经济活动和财务收支情况进行审核和计算。它只是对经济活动和财务收支情况进行连续、系统、全面、综合的记录、计算、分析,并根据记录和计算的资料,编制会计报表,不包括预测、决策、控制等其他方面的内容。《会计法》规定,各单位必须根据实际发生的经济业务事项进行会计核算,填制会计凭证,登记会计账簿,编制财务会计报告。任何单位不得以虚假的经济业务事项或者资料进行会计核算。

二、会计核算的内容

《会计法》规定:下列经济业务事项,应当办理会计手续,进行会计核算:(1)款项和有价证券的收付;(2)财物的收发、增减和使用;(3)债权债务的发生和结算;(4)资本、基金的增减;(5)收入、支出、费用、成本的计算;(6)财务成果的计算和处理;(7)需要办理会计手续、进行会计核算的其他事项。

三、会计年度与记账本位币

会计年度,是指以年度为单位进行会计核算的时间区间。我国《会计法》规定,会计年度自公历1月1日起至12月31日止。

记账本位币,是指日常登记账簿和编制财务会计报告用以计量的货币,也就是单位进行会计核算业务时所使用的货币。《会计法》规定,会计核算以人民币为记账本位币。业务收支以人民币以外的货币为主的单位,可以选定其中一种货币作为记账本位币,但是编报的财务会计报告应当折算为人民币。

四、会计核算的方法、程序

(一) 一般要求

会计凭证、会计账簿、财务会计报告和其他会计资料,必须符合国家统一的会计制度的规定。使用电子计算机进行会计核算的,其软件及其生成的会计凭证、会计账簿、财务会计报告和其他会计资料,也必须符合国家统一的会计制度的规定。任何单位和个人不得伪造、变造会计凭证、会计账簿及其他会计资料,不得提供虚假的财务会计报告。

(二) 填制和审核会计凭证

会计凭证包括原始凭证和记账凭证。办理需要进行会计核算的经济业务事项,必须填制或者取得原始凭证并及时送交会计机构。

会计机构、会计人员必须按照国家统一的会计制度的规定对原始凭证进行审核,对不真实、不合法的原始凭证有权不予接受,并向单位负责人报告;对记载不准确、不完整的原始凭证予以退回,并要求按照国家统一的会计制度的规定更正、补充。

原始凭证记载的各项内容均不得涂改;原始凭证有错误的,应当由出具单位重开或者更正;更正处应当加盖出具单位印章。原始凭证金额有错误的,应当由出具单位重开,不得在原始凭证上更正。记账凭证应当根据经过审核的原始凭证及有关资料编制。

(三) 会计账簿登记

会计账簿登记,必须以经过审核的会计凭证为依据,并符合有关法律、行政法规和国家统一的会计制度的规定。会计账簿包括总账、明细账、日记账和其他辅助性账簿。

会计账簿应当按照连续编号的页码顺序登记。会计账簿记录发生错误或者隔页、缺号、跳行的,应当按照国家统一的会计制度规定的方法更正,并由会计人员和会计机构负责人(会计主管人员)在更正处盖章。使用电子计算机进行会计核算的,其会计账簿的登记、更正,应当符合国家统一的会计制度的规定。

(四)会计核算的规则要求

1. 各单位发生的各项经济业务事项应当在依法设置的会计账簿上统一登记、核算,不得违反《会计法》和国家统一的会计制度的规定私设会计账簿登记、核算。各单位应当定期将会计账簿记录与实物、款项及有关资料相互核对,保证会计账簿记录与实物及款项的实有数额相符、会计账簿记录与会计凭证的有关内容相符、会计账簿之间相对应的记录相符、会计账簿记录与会计报表的有关内容相符。

2. 各单位采用的会计处理方法,前后各期应当一致,不得随意变更;确有必要变更的,应当按照国家统一的会计制度的规定变更,并将变更的原因、情况及影响在财务会计报告中说明。单位提供的担保、未决诉讼等或有事项,应当按照国家统一的会计制度的规定,在财务会计报告中予以说明。

3. 财务会计报告应当根据经过审核的会计账簿记录和有关资料编制,并符合《会计法》和国家统一的会计制度关于财务会计报告的编制要求、提供对象和提供期限的规定;其他法律、行政法规另有规定的,从其规定。财务会计报告由会计报表、会计报表附注和财务情况说明书组成。向不同的会计资料使用者提供的财务会计报告,其编制依据应当一致。有关法律、行政法规规定会计报表、会计报表附注和财务情况说明书须经注册会计师审计的,注册会计师及其所在的会计师事务所出具的审计报告应当随同财务会计报告一并提供。

4. 财务会计报告应当由单位负责人和主管会计工作的负责人、会计机构负责人(会计主管人员)签名并盖章;设置总会计师的单位,还须由总会计师签名并盖章。单位负责人应当保证财务会计报告真实、完整。

5. 会计记录的文字应当使用中文。在民族自治地方,会计记录可以同时使用当地通用的一种民族文字。在中国境内的外商投资企业、外国企业和其他外国组织的会计记录可以同时使用一种外国文字。

(五)会计档案的保管

各单位每年形成的会计档案,都应由财务会计部门按照归档要求,负责整理立卷或装订成册。档案部门接受保管的会计档案,原则上应当保持原卷册的封装,个别需要拆封重新整理的,应当会同原财务会计部门和经办人员共同拆封整理,以分清责任。向外单位提供利用时,档案原件原则上不得借出,如有特殊需要,须报经上级主管单位批准,但不得拆散卷册,并应限期归还。会计档案保管期满需要销毁时,由本单位档案部门提供销毁意见,会同财务会计部门共同鉴定,严格审查,编制会计档案销毁清册。

各种会计档案的保管期限,根据其特点分为永久、定期两类。定期保管期又分为3年、5年、10年、15年、25年五种。会计档案管理办法还按预算会计、建设银行会计、企业会计和建设单位会计,具体规定了会计档案保管期限表,以适应不同专业会计特点的需要。

（六）公司、企业会计核算的特别规定

公司、企业进行会计核算,除应当遵守《会计法》关于会计核算的规定外,还必须根据实际发生的经济业务事项,按照国家统一的会计制度的规定确认、计量和记录资产、负债、所有者权益、收入费用、成本和利润。

公司、企业进行会计核算不得有下列行为:(1)随意改变资产、负债、所有者权益的确认标准或者计量方法,虚列、多列、不列或者少列资产、负债、所有者权益;(2)虚列或者隐瞒收入,推迟或者提前确认收入;(3)随意改变费用、成本的确认标准或者计量方法,虚列、多列、不列或者少列费用、成本;(4)随意调整利润的计算、分配方法,编造虚假利润或者隐瞒利润;(5)违反国家统一的会计制度规定的其他行为。

第三节 会计监督

一、会计监督的概念

会计监督,是指会计机构、会计人员在办理财务会计事务过程中,对本单位执行国家财政制度和财务制度的情况以及生产经营活动所实行的监察督促。会计监督是会计工作的又一重要职能。会计监督的机构和人员,可分为内部和外部。内部监督机构和人员,是指各单位的会计机构、会计人员,他们对本单位实行会计监督。外部监督机构和人员,是指本单位以外的负有监督职权的国家机关、部门和人员。

二、内部会计监督机构和人员

单位内部会计监督制度应当符合下列要求:(1)记账人员与经济业务事项和会计事项的审批人员、经办人员、财务保管人员的职责权限应当明确,并相互分离、相互制约;(2)重大对外投资、资产处置、资金调度和其他重要经济业务的决策和执行的相互监督、相互制约程序应当明确;(3)财产清查的范围、期限和组织程序应当明确;(4)对会计资料定期进行内部审计的办法和程序应当明确。

单位负责人应当保证会计机构、会计人员依法履行职责,不得授意、指使、强令会计机构、会计人员违法办理会计事项。会计机构、会计人员对违反《会计法》和国家统一的会计制度规定的会计事项,有权拒绝办理或者按照职权予以纠正。

会计机构、会计人员发现会计账簿记录与实物、款项及有关资料不相符的,按照国家统一的会计制度的规定有权自行处理的,应当及时处理;无权处理的,应当立即向单位负责人报告,请求查明原因,作出处理。

任何单位和个人对违反《会计法》和国家统一的会计制度规定的行为,有权检举。收到检举的部门有权处理的,应当依法按照职责分工及时处理;无权处理的,应当及时移送有权处理的部门处理。收到检举的部门、负责处理的部门应当为检举人保密,不得将检举人姓名和检举材料转给被检举单位和被检举人个人。

三、会计工作的国家监督

财政部门有权对会计师事务所出具审计报告的程序和内容进行监督。财政部门有权对各单位的下列情况实施监督:(1) 是否依法设置会计账簿;(2) 会计凭证、会计账簿、财务会计报告和其他会计资料是否真实、完整;(3) 会计核算是否符合《会计法》和国家统一的会计制度的规定;(4) 从事会计工作的人员是否具备从业资格。在对前述第(2)项所列事项实施监督时,发现重大违法嫌疑时,国务院财政部门及其派出机构可以向与被监督单位有经济业务往来的单位和被监督单位开立账户的金融机构查询有关情况,有关单位和金融机构应当给予支持。

除财政部门的监督外,审计、税务、人民银行、证券监管、保险监管等部门也应当依照有关法律、行政法规规定的职责,对有关单位的会计资料实施监督检查。上述所列监督检查部门对有关单位的会计资料依法实施监督检查后,应当出具检查结论。有关监督检查部门已经作出的检查结论能够满足其他监督检查部门履行本部门职责需要的,其他监督检查部门应当加以利用,避免重复查账。

依法对有关单位的会计资料实施监督检查的部门及其工作人员对在监督检查中知悉的国家秘密和商业秘密负有保密义务。

各单位必须依照有关法律、行政法规的规定,接受有关监督检查部门依法实施的监督检查,如实提供会计凭证、会计账簿、财务会计报告和其他会计资料以及有关情况,不得拒绝、隐匿、谎报。

四、会计工作的社会监督

会计工作的社会监督,主要是指由注册会计师及其所在的会计师事务所依法对受托单位的经济活动进行审计、鉴证的一种监督制度。

根据《会计法》的规定,有关法律、行政法规规定,须经注册会计师进行审计的单位,应当向受委托的会计师事务所如实提供会计凭证、会计账簿、财务会计报告和其他会计资料以及有关情况。任何单位或者个人不得以任何方式要求或者示意注册会计师及其所在的会计师事务所出具不实或者不当的审计报告。

第四节 会计机构和会计人员

一、会计机构和会计人员的设置

各单位应当根据会计业务的需要,设置会计机构,或者在有关机构中设置会计人员并指定会计主管人员;不具备设置条件的,应当委托经批准设立从事会计代理记账业务的中介机构代理记账。国有的和国有资产占控股地位或者主导地位的大、中型企业必须设置总会计师。总会计师的任职资格、任免程序、职责权限由国务院规定。

会计机构内部应当建立稽核制度。出纳人员不得兼任稽核、会计档案保管和收入、支出、费用、债权债务账目的登记工作。

二、会计人员的资格

从事会计工作的人员,必须取得会计从业资格证书。担任单位会计机构负责人(会计主管人员)的,除取得会计从业资格证书外,还应当具备会计师以上专业技术职务资格或者从事会计工作3年以上经历。会计人员从业资格管理办法由国务院财政部门规定。因有提供虚假财务会计报告,做假账,隐匿或者故意销毁会计凭证、会计账簿、财务会计报告,贪污,挪用公款,职务侵占等与会计职务有关的违法行为被依法追究刑事责任的人员,不得取得或者重新取得会计从业资格证书。除前款规定的人员外,因违法违纪行为被吊销会计从业资格证书的人员,自被吊销会计从业资格证书之日起5年内,不得重新取得会计从业资格证书。会计人员应当遵守职业道德,提高业务素质。

三、会计人员的工作交接

会计人员调动工作或者离职,必须与接管人员办清交接手续。

一般会计人员办理交接手续,由会计机构负责人(会计主管人员)监交;会计机构负责人(会计主管人员)办理交接手续,由单位负责人监交,必要时主管单位可以派人会同监交。

第五节 法律责任

一、违反会计核算规定的法律责任

有下列行为之一的,由县级以上人民政府财政部门责令限期改正,可以对单位并处3000元以上5万元以下的罚款;对其直接负责的主管人员和其他直接责任人员,可以处2000元以上2万元以下的罚款;属于国家工作人员的,还应当由其所在单位或者有关单位依法给予行政处分:(1)不依法设置会计账簿的;(2)私设会计账簿的;(3)未按照规定填制、取得原始凭证或者填制、取得的原始凭证不符合规定的;(4)以未经审核的会计凭证为依据登记会计账簿或者登记会计账簿不符合规定的;(5)随意变更会计处理方法的;(6)向不同的会计资料使用者提供的财务会计报告编制依据不一致的;(7)未按照规定使用会计记录文字或者记账本位币的;(8)未按照规定保管会计资料,致使会计资料毁损、灭失的;(9)未按照规定建立并实施单位内部会计监督制度或者拒绝依法实施的监督或者不如实提供有关会计资料及有关情况的;(10)任用会计人员不符合《会计法》规定的。会计人员有第(1)款所列行为之一,情节严重的,由县级以上人民政府财政部门吊销会计从业资格证书。有前面所列行为之一,构成犯罪的,依法追究刑事责任。

二、违反会计监督的法律责任

1. 伪造、变造会计凭证、会计账簿,编制虚假财务会计报告,构成犯罪的,依法追究刑事责任。有上述行为,尚不构成犯罪的,由县级以上人民政府财政部门予以通报,可以对单位并处5000元以上10万元以下的罚款;对其直接负责的主管人员和其他直接责任人员,可以处3000元以上5万元以下的罚款;属于国家工作人员的,还应当由其所在单位或者有关单位依法给予撤职直至开除的行政处分;对其中的会计人员,并由县级以上人民政府财政部门吊销会计从业资格证书。

2. 隐匿或者故意销毁依法应当保存的会计凭证、会计账簿、财务会计报告,构成犯罪的,依法追究刑事责任。有上述行为,尚不构成犯罪的,由县级以上人民政府财政部门予以通报,可以对单位并处5000元以上10万元以下的罚款;对其直接负责的主管人员和其他直接责任人员,可以处3000元以上5万元以下的罚款;属于国家工作人员的,还应当由其所在单位或者有关单位依法给予撤职直至开除的行政处分;对其中的会计人员,并由县级以上人民政府财政部门吊销会计从业资格证书。

3. 授意、指使、强令会计机构、会计人员及其他人员伪造、变造会计凭证、会计账簿,编制虚假财务会计报告或者隐匿、故意销毁依法应当保存的会计凭证、会计账簿、财务会计报告,构成犯罪的,依法追究刑事责任;尚不构成犯罪的,可以处5000元以上5万元以下的罚款;属于国家工作人员的,还应当由其所在单位或者有关单位依法给予降级、撤职、开除的行政处分。

三、侵犯会计人员职权的法律责任

单位负责人对依法履行职责、抵制违反《会计法》规定行为的会计人员以降级、撤职、调离工作岗位、解聘或者开除等方式实行打击报复,构成犯罪的,依法追究刑事责任;尚不构成犯罪的,由其所在单位或者有关单位依法给予行政处分。对受打击报复的会计人员,应当恢复其名誉和原有职务、级别。

四、监督部门的法律责任

财政部门及有关行政部门的工作人员在实施监督管理中滥用职权、玩忽职守、徇私舞弊或者泄露国家秘密、商业秘密,构成犯罪的,依法追究刑事责任;尚不构成犯罪的,依法给予行政处分。

将检举人姓名和检举材料转给被检举单位和被检举个人的,由所在单位或者有关单位依法给予行政处分。

违反《会计法》规定,同时违反其他法律规定的,由有关部门在各自职权范围内依法进行处罚。

第八章 市场秩序管理法

市场管理,是指国家行政机关对商品交易市场实行指导、监督和管理活动的总称。市场管理法就是调整市场管理关系的法律规范的总称。从我国目前已颁布的法律来看,市场秩序管理法包括《中华人民共和国反不正当竞争法》(以下简称《反不正当竞争法》)、《中华人民共和国反垄断法》(以下简称反垄断法)、《中华人民共和国消费者权益保护法》(以下简称《消费者权益保护法》)、《中华人民共和国产品质量法》(以下简称《产品质量法》)、《中华人民共和国计量法》《中华人民共和国标准化法》《中华人民共和国广告法》等所构成。因篇幅所限,本章仅介绍前四部法律的有关内容。

第一节 反不正当竞争法

一、反不正当竞争法概述

竞争,是指在市场经济条件下,商品生产经营者为实现其商品的价值和获得自身的经济利益所进行的产生优胜劣汰结果的商业性行为。市场竞争是市场经济条件下的一种普遍经济现象,也是市场经济的显著特征。有竞争就有正当与不正当之分。正当竞争即公平竞争,是指依照法律的、公认的社会道德规范所为的公平、合法有序的竞争行为。正当竞争有利于促进社会主义市场经济的培育和发展。不正当竞争,是指违反诚实信用原则和社会公认的商业道德规范所为的损害国家、其他经营者和消费者利益,扰乱社会经济秩序的竞争行为。不正当竞争损害他人的合法权益,并将导致社会主义市场经济秩序的混乱,阻碍市场的发育和完善,影响社会经济的健康发展。因此,国家必须对不正当竞争行为进行必要的法律干预。

为保障社会主义市场经济健康发展,鼓励和保护公平竞争,制止不正当竞争行为,保护经营者和消费者的合法权益,1993年9月2日第八届全国人民代表大会常务委员会第三次会议通过并颁布了《反不正当竞争法》,自1993年12月1日起施行。这标志着我国保护公平竞争、反不正当竞争的法制建设迈出了新的步伐,推向了新的阶段。为了正确审理不正当竞争民事案件,依法保护经营者的合法权益,维护市场竞争秩序,2007年1月12日,最高人民法院公布了《关于审理不正当竞争民事案件应用法律若干问题的解释》。

二、不正当竞争行为

根据《反不正当竞争法》的规定,不正当竞争行为可以概括为以下11种:

(一) 欺骗性交易行为

欺骗性交易行为,是指生产经营者采用假冒、仿冒或其他虚假手段从事交易,牟取非法利益的行为。《反不正当竞争法》规定,经营者不得采用下列不正当手段从事市场交易,损害竞争对手:(1)假冒他人的注册商标;(2)擅自使用知名商品特有的名称、包装、装潢,或者使用与知名商品①近似的名称、包装、装潢,造成和他人的知名商品相混淆,使购买者误认为是该知名商品;(3)擅自使用他人的企业名称或者姓名,引人误认为是他人的商品;(4)在商品上伪造或者冒用认证标志、名优标志等质量标志,伪造产地,对商品质量作引人误解的虚假表示。

(二) 商业贿赂行为

商业贿赂行为,是指经营者在经营活动中采取秘密的手段向交易相对人的负责人、代理人、采购人员以及对交易业务具有决定权的人秘密提供个人收入或其他报酬,以引诱他们在交易过程中作出有利于行贿者的决定,以挤掉同业竞争者或使其占有经营优势的一系列活动。《反不正当竞争法》规定:"经营者不得采用财物或者其他手段进行贿赂以销售或者购买商品。在账外暗中给予对方单位或者个人回扣的,以行贿论处;对方单位或者个人在账外暗中收受回扣的,以受贿论处。""经营者销售或者购买商品,可以以明示方式给对方折扣,可以给中间人佣金。经营者给对方折扣、给中间人佣金的,必须如实入账。接受折扣、佣金的经营者必须如实入账。"

(三) 引人误解的虚假宣传行为

引人误解的虚假宣传行为,是指经营者通过商品标签和广告对其商品或服务进行夸大宣传,诱导消费者购买或接受服务的行为。②《反不正当竞争法》规定:"经营者不得利用广告或者其他方法,对商品的质量、制作成分、性能、用途、生产者、有效期限、产地等作引人误解的虚假宣传。""广告的经营者不得在明知或者应知的情况下,代理、设计、制作、发布虚假广告。"

(四) 侵犯商业秘密的行为

商业秘密,是指不为公众所知,能为权利人带来经济利益,具有实用性并经权利人采取保密措施的技术信息和经常信息。根据《反不正当竞争法》规定,经

---

① 知名商品,是指在中国境内具有一定的市场知名度,为相关公众所知悉的商品。
② 引人误解的虚假宣传行为包括:(1)对商品作片面的宣传或者对比;(2)将科学上未定论的观点、现象等当做定论的事实用于商品宣传;(3)以歧义性语言或者其他引人误解的方式进行商品宣传。

营者不得采用下列手段侵犯商业秘密：(1) 以盗窃、利诱、胁迫或者其他不正当手段获取权利人的商业秘密；(2) 披露、使用或者允许他人使用前项手段获取的权利人的商业秘密；(3) 违反约定或者违反权利人有关保守商业秘密的要求，披露、使用或者允许他人使用其所掌握的商业秘密。第三人明知或者应知上述所列违法行为，获取、使用或者披露他人的商业秘密，视为侵犯商业秘密。

（五）不正当有奖销售行为

不正当有奖销售行为，是指经营者在有奖销售的市场交易中，违反法律规定的限额向购买者提供奖励，或在有奖销售中采用欺骗手段推销商品的行为。具体是指：(1) 采用谎称有奖或者故意让内定人员中奖的欺骗方式进行有奖销售；(2) 利用有奖销售的手段推销质次价高的商品；(3) 抽奖式的有奖销售，最高奖的金额超过5000元。

（六）诋毁竞争对手的行为

诋毁竞争对手的行为，是指生产经营者针对同业竞争对象，故意制造和歪曲事实，通过各种手段，公开以言论、文字、图形等形式散布有损同业竞争者的生产、经营、服务或产品声誉的消息，致使其无法正常参与市场交易活动，以削弱其市场竞争能力的行为。《反不正当竞争法》规定，经营者不得捏造、散布虚伪事实，损害竞争对手的商业信誉、商品声誉。

（七）压价排挤竞争对手行为

压价排挤竞争对手的行为，是指以排挤竞争对手为目的，以低于成本的价格销售商品。生产经营者是要通过故意压价，吸引顾客，挤垮对手，占领市场，然后再进行价格反弹，获取利益。《反不正当竞争法》规定："经营者不得以排挤竞争对手为目的，以低于成本的价格销售商品。"

但有下列情形之一的，不属于不正当竞争行为：(1) 销售鲜活商品；(2) 处理有效期限即将到期的商品或者其他积压的商品；(3) 季节性降价；(4) 因清偿债务、转产、歇业降价销售商品。

（八）附条件交易行为

附条件交易行为，是指经营者利用其经济优势，在提供商品或服务时，违背交易相对人的意愿，搭售其他商品或附加其他不合理交易条件的行为。《反不正当竞争法》规定：经营者销售商品，不得违背购买者的意愿搭售商品或者附加其他不合理的条件。

（九）公用企业强行交易行为

公用企业强行交易行为，是指公用企业利用自己的经济优势，垄断地位，用胁迫或其他强制手段从事市场交易的行为。《反不正当竞争法》规定：公用企业或者其他依法具有独占地位的经营者，不得限定他人购买其指定的经营者的商品，以排挤其他经营者的公平竞争。

(十) 串通招标投标行为

串通招标投标行为,是指在招投标活动中经营者以损害招标人或者投标人为目的,协议串通的行为。《反不正当竞争法》规定:投标者不得串通投标,抬高标价或者压低标价。投标者和招标者不得相互勾结,以排挤竞争对手的公平竞争。

(十一) 滥用行政权力限制竞争行为

滥用行政权力限制竞争行为,是指地方政府或其职能部门通过行政手段,滥用行政权力,限制正常的市场竞争行为。《反不正当竞争法》规定:政府及其所属部门不得滥用行政权力,限定他人购买其指定的经营者的商品,限制其他经营者正当的经营活动。政府及其所属部门不得滥用行政权力,限制外地商品进入本地市场,或者本地商品流向外地市场。

三、不正当竞争的监督检查

县级以上工商行政管理部门是主管市场监督管理的部门,也是对不正当竞争行为的监督检查部门。县级以上工商行政管理部门在监督检查不正当竞争行为时,有下列职权:

(1) 按照规定程序询问被检查的经营者、利害关系人、证明人,并要求提供证明材料或者与不正当竞争行为有关的其他资料;

(2) 查询、复制与不正当竞争行为有关的协议、账册、单据、文件、记录、业务函电和其他资料;

(3) 检查与不正当竞争行为有关的财物,必要时可以责令被检查的经营者说明该商品的来源和数量,暂停销售,听候检查,不得转移、隐匿、销毁该财物。

监督检查部门工作人员监督检查不正当竞争行为时,应当出示检查证件。监督检查部门在监督检查不正当竞争行为时,被检查的经营者、利害关系人和证明人应当如实提供有关资料或者情况。

四、法律责任

(一) 经济赔偿责任

经营者违反《反不正当竞争法》规定,给被侵害的经营者造成损害的,应当承担损害赔偿责任,被侵害的经营者的损失难以计算的,赔偿额为侵权人在侵权期间因侵权所获得的利润;并应当承担被侵害的经营者因调查该经营者侵害其合法权益的不正当竞争行为所支付的合理费用。被侵害的经营者的合法权益受到不正当竞争行为损害的,可以向人民法院提起诉讼。

(二) 行政责任

1. 欺骗性交易行为

经营者假冒他人的注册商标,擅自使用他人的企业名称或者姓名,伪造或者冒用认证标志、名优标志等质量标志，伪造产地，对商品质量作引人误解的虚假表示的，依照《商标法》《产品质量法》的规定处罚。

经营者擅自使用知名商品特有的名称、包装、装潢，或者使用与知名商品近似的名称、包装、装潢，造成和他人的知名商品相混淆，使购买者误认为是该知名商品的，监督检查部门应当责令停止违法行为，没收违法所得，可以根据情节处以违法所得1倍以上3倍以下的罚款；情节严重的，可以吊销营业执照。

2. 商业贿赂行为

经营者采用财物或者其他手段进行贿赂以销售或者购买商品，不构成犯罪的，监督检查部门可以根据情节处以1万元以上20万元以下的罚款，有违法所得的，予以没收。

3. 公用企业强行交易行为

公用企业或者其他依法具有独占地位的经营者，限定他人购买其指定的经营者的商品，以排挤其他经营者的公平竞争的，省级或者设区的市的监督检查部门应当责令停止违法行为，可以根据情节处以5万元以上20万元以下的罚款。被指定的经营者借此销售质次价高商品或者滥收费用的，监督检查部门应当没收违法所得，可以根据情节处以违法所得1倍以上3倍以下的罚款。

4. 引人误解的虚假宣传行为

经营者利用广告或者其他方法，对商品作引人误解的虚假宣传的，监督检查部门应当责令停止违法行为，消除影响，可以根据情节处以1万元以上20万元以下的罚款。广告的经营者，在明知或者应知的情况下，代理、设计、制作、发布虚假广告的，监督检查部门应当责令停止违法行为，没收违法所得，并依法处以罚款。

5. 侵犯商业秘密行为

违反《反不正当竞争法》第10条的规定侵犯商业秘密的，监督检查部门应当责令停止违法行为，可以根据情节处以1万元以上20万元以下的罚款。

6. 不正当有奖销售行为

经营者违反《反不正当竞争法》第13条的规定进行有奖销售的，监督检查部门应当责令停止违法行为，可以根据情节处以1万元以上10万元以下的罚款。

7. 串通招投标行为

投标者串通投标，抬高标价或者压低标价；投标者和招标者相互勾结，以排挤竞争对手的公平竞争的，其中标无效。监督检查部门可以根据情节处以1万元以上20万元以下的罚款。

8. 滥用行政权力限制竞争行为

政府及其所属部门违反《反不正当竞争法》第7条的规定，限定他人购买其指定的经营者的商品、限制其他经营者正当的经营活动,或者限制商品在地区之间正常流通的,由上级机关责令其改正;情节严重的,由同级或者上级机关对直接责任人员给予行政处分。被指定的经营者借此销售质次价高商品或者滥收费用的,监督检查部门应当没收违法所得,可以根据情节处以违法所得1倍以上3倍以下的罚款。

当事人对监督检查部门作出的处罚决定不服的,可以自收到处罚决定之日起15日内向上一级主管机关申请复议;对复议决定不服的,可以自收到复议决定书之日起15日内向人民法院提起诉讼;也可以直接向人民法院提起诉讼。

(三) 刑事责任

销售伪劣商品,构成犯罪的,依法追究刑事责任。经营者采用财物或者其他手段进行贿赂以销售或者购买商品,构成犯罪的,依法追究刑事责任。

监督检查不正当竞争行为的国家机关工作人员滥用职权、玩忽职守,构成犯罪,依法追究刑事责任;不构成犯罪的,给予行政处分。

监督检查不正当竞争行为的国家机关工作人员徇私舞弊,对明知有违反本法规定构成犯罪的经营者故意包庇不使他受追诉的,依法追究刑事责任。

第二节 反 垄 断 法

一、反垄断法概述

(一) 垄断与反垄断法

垄断是市场经济的产物。经济学上的垄断,通常是指少数大企业或若干企业的联合独占生产和市场。这种联合或者独家的企业,控制着某一个甚至几个部门的生产和流通,在该部门中占统治地位。从经济学上看,垄断是一种利弊兼有的经济现象。一方面,它能带来规模经济,促进垄断企业改进生产技术,从而降低生产成本。另一方面,垄断企业为追求高额垄断利润,排除、限制竞争,损害消费者的利益和社会公共利益。法律上禁止的垄断,是指违反国家法律、法规和社会公共利益,通过合谋性协议、安排和协同行动,或者通过滥用经济优势地位,排斥或者控制其他经营者正当的经济活动,在某一生产或流通领域内实质上排斥或限制竞争的行为。法律上禁止的垄断有两个特征:一个是危害性,即这种行为和状态将会导致某一生产和流通领域的竞争受到实质性的限制和损害;二是违法性,即这种行为和状态是违反法律条文的明确规定的。

反垄断法,是指通过对限制竞争的垄断行为的规制,进而预防和制止垄断行为,保护市场公平竞争,提高经济运行效率,维护消费者利益和社会公共利益的法律规范体系。

2007年8月30日,第十届全国人民代表大会常务委员会第二十九次会议通过《中华人民共和国反垄断法》,自2008年8月1日起施行。反垄断法是保护市场竞争,维护市场竞争秩序,充分发挥市场配置资源基础性作用的重要法律制度,素有"经济宪法"之称。同时,反垄断法也是市场经济国家调控经济的重要政策工具。特别是在经济全球化的条件下,世界各国普遍重视利用反垄断法律制度,防止和制止来自国内国外的垄断行为,维护经营者和消费者合法权益,促进技术创新和技术进步,提高企业竞争力,保证国民经济的健康、持续、协调发展。市场经济是竞争经济,竞争机制是市场经济的根本机制。但市场本身并不具备维护公平自由竞争的机制。恰恰相反,处于竞争中的企业为了减少竞争的压力和逃避风险,总试图通过某种手段谋求垄断地位,限制、排除竞争,进而获取超额的垄断利润。在市场垄断的情况下,经营者滥用市场支配地位,不仅损害消费者利益,而且损害社会公共利益,破坏正常有序的竞争环境。反垄断法就是要通过禁止限制竞争的行为,保持市场竞争机制的良性运转,鼓励创新发展,形成和谐有序的竞争环境,促进社会主义市场经济健康发展。反垄断法与反不正当竞争法都是规制市场经济秩序的法律,反不正当竞争法的价值理念是保护公平竞争,反垄断法的价值理念是保护自由竞争。反不正当竞争法是通过制止不正当竞争行为,避免有失诚信的不正当竞争行为对经营者和消费者的危害,以维护市场秩序的稳定。反垄断法通过对垄断和限制竞争的规制,防止出现少数经营者控制和操纵市场、限制竞争的行为,保障市场上的自由、有效的竞争,为经营者创造良好的外部竞争环境。

关于我国反垄断法的适用范围,《反垄断法》第2条规定:"中华人民共和国境内经济活动中的垄断行为,适用本法;中华人民共和国境外的垄断行为,对境内市场竞争产生排除、限制影响的,适用本法。"

(二) 反垄断法执法机构

根据《反垄断法》的规定,国务院设立反垄断委员会,负责组织、协调、指导反垄断工作,履行下列职责:(1)研究拟订有关竞争政策;(2)组织调查、评估市场总体竞争状况,发布评估报告;(3)制定、发布反垄断指南;(4)协调反垄断行政执法工作;(5)国务院规定的其他职责。国务院反垄断委员会的组成和工作规则由国务院规定。

国务院规定的承担反垄断执法职责的机构(以下统称国务院反垄断执法机构)依照《反垄断法》规定,负责反垄断执法工作。国务院反垄断执法机构根据工作需要,可以授权省、自治区、直辖市人民政府相应的机构,依照《反垄断法》规定负责有关反垄断执法工作。

二、《反垄断法》禁止的垄断行为和排除、限制竞争行为

(一) 垄断协议

垄断协议就是通常所说的卡特尔,是指经营者达成或者采取的旨在排除、限制竞争的协议、决定或者其他协同行为。经营者达成垄断协议是经济生活中一种最常见、最典型的垄断行为,往往造成固定价格、划分市场以及阻碍、限制其他经营者进入市场等排除、限制竞争的后果,对市场竞争危害很大,为各国反垄断法所禁止。《反垄断法》第13条第2款的规定:"本法所称垄断协议,是指排除、限制竞争的协议、决定或者其他协同行为。"

《反垄断法》禁止具有竞争关系的经营者达成下列垄断协议:(1) 固定或者变更商品价格;(2) 限制商品的生产数量或者销售数量;(3) 分割销售市场或者原材料采购市场;(4) 限制购买新技术、新设备或者限制开发新技术、新产品;(5) 联合抵制交易;(6) 国务院反垄断执法机构认定的其他垄断协议。

《反垄断法》禁止经营者与交易相对人达成下列垄断协议:(1) 固定向第三人转售商品的价格;(2) 限定向第三人转售商品的最低价格;(3) 国务院反垄断执法机构认定的其他垄断协议。

此外,行业协会不得组织本行业的经营者从事《反垄断法》禁止的垄断协议行为。

(二) 滥用市场支配地位

《反垄断法》所称市场支配地位,是指经营者在相关市场内具有能够控制商品价格、数量或者其他交易条件,或者能够阻碍、影响其他经营者进入相关市场能力的市场地位。

对于如何认定经营者具有市场支配地位,《反垄断法》第18条、19条作了相关的规定。根据《反垄断法》第18条的规定,认定经营者具有市场支配地位,应当依据下列因素:(1) 该经营者在相关市场的市场份额,以及相关市场的竞争状况;(2) 该经营者控制销售市场或者原材料采购市场的能力;(3) 该经营者的财力和技术条件;(4) 其他经营者对该经营者在交易上的依赖程度;(5) 其他经营者进入相关市场的难易程度;(6) 与认定该经营者市场支配地位有关的其他因素。根据《反垄断法》第19条的规定:有下列情形之一的,可以推定经营者具有市场支配地位:(1) 一个经营者在相关市场的市场份额达到1/2的;(2) 两个经营者在相关市场的市场份额合计达到2/3的;(3) 三个经营者在相关市场的市场份额合计达到3/4的。《反垄断法》第19条的规定,为我国反垄断执法机关认定经营者具有市场支配地位提供了一个量化的标准,使我国反垄断法具有可操作性。同时,《反垄断法》第19条第2款对共同市场支配地位的推定规定了微量不计的标准:有前述第2项、第3项规定的情形,其中有的经营者市场份额

不足 1/10 的,不应当推定该经营者具有市场支配地位。对于法律上的推定,法律允许被推定者举证辩驳自己不存在法律推定的事实。根据《反垄断法》第19条第3款的规定,被推定具有市场支配地位的经营者,有证据证明不具有市场支配地位的,不应当认定其具有市场支配地位。

经营者具有市场支配地位本身并不违法,也不必然导致排除、限制竞争,损害消费者权益的后果。从各国反垄断法对市场支配地位进行规制的立法上看,有结构主义和行为主义两种立法模式。结构主义的立法模式不仅对具有市场支配地位的经营者的限制竞争行为进行规制,而且还对不利于开展有效竞争的市场结构予以规制。行为主义立法模式只规制滥用市场支配地位的行为,而不禁止市场支配地位本身。目前行为主义立法模式已经成为各国反垄断法的主流。我国《反垄断法》采用了行为主义立法模式。不反对经营者具有市场支配地位本身,但严格禁止经营者滥用其市场支配地位实施垄断价格、掠夺性定价、拒绝交易、强制交易、搭售、实行差别待遇以及反垄断执法机构认定的其他排除、限制竞争的行为。这样规定,既不妨碍、不限制大公司、大企业的存在和发展,符合我国鼓励企业做大做强、发展规模经济的政策,又能够有效制止经营者滥用其市场支配地位破坏竞争的行为,有利于创造和维护公平竞争的市场环境,保护消费者权益。

根据《反垄断法》第17条的规定,禁止具有市场支配地位的经营者从事下列滥用市场支配地位的行为:(1)以不公平的高价销售商品或者以不公平的低价购买商品;(2)没有正当理由,以低于成本的价格销售商品;(3)没有正当理由,拒绝与交易相对人进行交易;(4)没有正当理由,限定交易相对人只能与其进行交易或者只能与其指定的经营者进行交易;(5)没有正当理由搭售商品,或者在交易时附加其他不合理的交易条件;(6)没有正当理由,对条件相同的交易相对人在交易价格等交易条件上实行差别待遇;(7)国务院反垄断执法机构认定的其他滥用市场支配地位的行为。

(三) 经营者集中

经营者集中,是指经营者合并、经营者通过取得其他经营者的股份、资产以及通过合同等方式取得对其他经营者的控制权,或者能够对其他经营者施加决定性影响的情形。《反垄断法》规定的经营者集中有三种情形:(1)经营者合并;(2)经营者通过取得股权或者资产的方式取得对其他经营者的控制权;(3)经营者通过合同等方式取得对其他经营者的控制权或者能够对其他经营者施加决定性影响。

经营者集中是经济活动中的普遍现象。由于经营者集中的结果具有两面性,一方面有利于形成规模经济,提高经营者的竞争力;另一方面又可能产生或者加强市场支配地位,对市场竞争产生不利影响。因此,反垄断法需要对经营者集中实行必要的控制,以防止因经济力的过于集中而影响市场竞争。控制的主要手段是对经营者集中实行事先申报制度,并由反垄断执法机构进行审查,决定是否允许经营者实施集中。

1. 经营者集中的申报

根据《国务院关于经营者集中申报标准的规定》,经营者集中达到下列标准之一的,经营者应当事先向国务院商务主管部门申报,未申报的不得实施集中:(1) 参与集中的所有经营者上一会计年度在全球范围内的营业额合计超过100亿元人民币,并且其中至少两个经营者上一会计年度在中国境内的营业额均超过4亿元人民币;(2) 参与集中的所有经营者上一会计年度在中国境内的营业额合计超过20亿元人民币,并且其中至少两个经营者上一会计年度在中国境内的营业额均超过4亿元人民币。营业额的计算,应当考虑银行、保险、证券、期货等特殊行业、领域的实际情况,具体办法由国务院商务主管部门会同国务院有关部门制定。

根据《反垄断法》的规定,经营者集中达到国务院规定的申报标准的,经营者应当事先向国务院反垄断执法机构申报,未申报的不得实施集中。经营者集中有下列情形之一的,可以不向国务院反垄断执法机构申报:(1) 参与集中的一个经营者拥有其他每个经营者50%以上有表决权的股份或者资产的;(2) 参与集中的每个经营者50%以上有表决权的股份或者资产被同一个未参与集中的经营者拥有的。

经营者向国务院反垄断执法机构申报集中,应当提交下列文件、资料:(1) 申报书;(2) 集中对相关市场竞争状况影响的说明;(3) 集中协议;(4) 参与集中的经营者经会计师事务所审计的上一会计年度财务会计报告;(5) 国务院反垄断执法机构规定的其他文件、资料。申报书应当载明参与集中的经营者的名称、住所、经营范围、预定实施集中的日期和国务院反垄断执法机构规定的其他事项。经营者提交的文件、资料不完备的,应当在国务院反垄断执法机构规定的期限内补交文件、资料。经营者逾期未补交文件、资料的,视为未申报。

2. 对经营者集中申报的审查

根据《反垄断法》的规定,国务院反垄断执法机构应当自收到经营者提交的符合法律规定的文件、资料之日起30日内,对申报的经营者集中进行初步审查,作出是否实施进一步审查的决定,并书面通知经营者。国务院反垄断执法机构作出决定前,经营者不得实施集中。国务院反垄断执法机构作出不实施进一步审查的决定或者逾期未作出决定的,经营者可以实施集中。

国务院反垄断执法机构决定实施进一步审查的,应当自决定之日起90日内审查完毕,作出是否禁止经营者集中的决定,并书面通知经营者。作出禁止经营者集中的决定,应当说明理由。审查期间,经营者不得实施集中。有下列情形之一的,国务院反垄断执法机构经书面通知经营者,可以延长审查期限,但最长不得超过60日:(1)经营者同意延长审查期限的;(2)经营者提交的文件、资料不准确,需要进一步核实的;(3)经营者申报后有关情况发生重大变化的。国务院反垄断执法机构逾期未作出决定的,经营者可以实施集中。

审查经营者集中,应当考虑下列因素:(1)参与集中的经营者在相关市场的市场份额及其对市场的控制力;(2)相关市场的市场集中度;(3)经营者集中对市场进入、技术进步的影响;(4)经营者集中对消费者和其他有关经营者的影响;(5)经营者集中对国民经济发展的影响;(6)国务院反垄断执法机构认为应当考虑的影响市场竞争的其他因素。对外资并购境内企业或者以其他方式参与经营者集中,涉及国家安全的,除依照《反垄断法》的规定进行经营者集中审查外,还应当按照国家有关规定进行国家安全审查。

经营者集中具有或者可能具有排除、限制竞争效果的,国务院反垄断执法机构应当作出禁止经营者集中的决定。但是,经营者能够证明该集中对竞争产生的有利影响明显大于不利影响,或者符合社会公共利益的,国务院反垄断执法机构可以作出对经营者集中不予禁止的决定。对不予禁止的经营者集中,国务院反垄断执法机构可以决定附加减少集中对竞争产生不利影响的限制性条件。

国务院反垄断执法机构应当将禁止经营者集中的决定或者对经营者集中附加限制性条件的决定,及时向社会公布。①

(四) 滥用行政权力排除、限制竞争

滥用行政权力排除、限制竞争主要是指政机关和法律、法规授权的具有管理公共事务职能的组织滥用行政权力实施的限定交易、地区封锁等排除、限制竞争的行为。对滥用行政权力排除、限制竞争的规制,是我国《反垄断法》的一个特色。我国正处在建立和完善社会主义市场经济体制过程之中,一些行政机关和法律、法规授权的具有管理公共事务职能的组织滥用行政权力排除、限制竞争的现象还不同程度地存在,这是影响经济发展和社会进步的一个重要制约因素,它妨碍了全国统一市场的形成,破坏了公平竞争的市场秩序,侵害了消费者的利益,有必要加以规制。

《反垄断法》通过列举的方式,对滥用行政权力排除、限制竞争的行为进行规制。

1. 行政机关和法律、法规授权的具有管理公共事务职能的组织不得滥用行政权力,限定或者变相限定单位或者个人经营、购买、使用其指定的经营者提供的商品。

2. 行政机关和法律、法规授权的具有管理公共事务职能的组织不得滥用行

---

① 对经营者集中申报审查的具体规定,参见商务部《经营者集中审查办法》。

政权力,实施下列行为,妨碍商品在地区之间的自由流通:(1)对外地商品设定歧视性收费项目、实行歧视性收费标准,或者规定歧视性价格;(2)对外地商品规定与本地同类商品不同的技术要求、检验标准,或者对外地商品采取重复检验、重复认证等歧视性技术措施,限制外地商品进入本地市场;(3)采取专门针对外地商品的行政许可,限制外地商品进入本地市场;(4)设置关卡或者采取其他手段,阻碍外地商品进入或者本地商品运出;(5)妨碍商品在地区之间自由流通的其他行为。

3. 行政机关和法律、法规授权的具有管理公共事务职能的组织不得滥用行政权力,以设定歧视性资质要求、评审标准或者不依法发布信息等方式,排斥或者限制外地经营者参加本地的招标投标活动。

4. 行政机关和法律、法规授权的具有管理公共事务职能的组织不得滥用行政权力,采取与本地经营者不平等待遇等方式,排斥或者限制外地经营者在本地投资或者设立分支机构。

5. 行政机关和法律、法规授权的具有管理公共事务职能的组织不得滥用行政权力,强制经营者从事本法规定的垄断行为。

6. 行政机关不得滥用行政权力,制定含有排除、限制竞争内容的规定。

三、反垄断法的适用除外制度

反垄断法适用除外制度,又称豁免制度,是指国家为了维护经济运行效率、提高国民经济竞争力、保护社会整体利益、保障市场经济健康发展,通过以反垄断法为核心的相关法律规定,对某些特定行业或领域中的垄断不予禁止的法律制度。适用除外制度在本质上是反垄断法的目标与其他经济、社会目标协调的结果。一般来说,在各国反垄断法中,适用除外制度的对象主要是那些对维护本国整体经济利益和社会公共利益有重大关系的行业或领域,以及那些对市场竞争关系影响不大但对整体利益有利的垄断状态与垄断行为。由此可见,适用除外制度在协调反垄断法与发展规模经济的关系,实现国家产业政策,维护国家整体经济利益和社会公共利益方面,发挥着举足轻重的作用。不管是适用还是除外适用反垄断法,出发点都是追求有序竞争、实现社会整体利益的最大化。适用除外制度是市场经济国家反垄断法的重要组成部分,其具体落实往往取决于一国国情,取决于国家据此而制定的产业、竞争等经济政策。因此,从表面上看,适用除外制度是国家不禁止某些行业或领域中垄断的一种制度;从本质上来说,适用除外制度是国家基于"公平与效率"的价值追求,通过竞争、产业等经济政策的法律化保证市场经济的正常运行,以协调反垄断与实现规模经济效益的关系、构建有序竞争的市场结构、维护国家整体经济利益和社会公共利益。

我国《反垄断法》中关于适用除外制度,主要表现在以下几个方面:

1. 对某些特定行业的国有经济予以保护

根据《反垄断法》第7条规定,国有经济占控制地位的关系国民经济命脉和国家安全的行业以及依法实行专营专卖的行业,国家对其经营者的合法经营活动予以保护,并对经营者的经营行为及其商品和服务的价格依法实施监管和调控,维护消费者利益,促进技术进步。但上述行业的经营者应当依法经营,诚实守信,严格自律,接受社会公众的监督,不得利用其控制地位或者专营专卖地位损害消费者利益。

2. 对一些垄断协议的适用除外

根据《反垄断法》第15条规定,如果经营者能够证明所达成的协议属于下列情形之一的,法律不予禁止:(1)为改进技术、研究开发新产品的;(2)为提高产品质量、降低成本、增进效率,统一产品规格、标准或者实行专业化分工的;(3)为提高中小经营者经营效率,增强中小经营者竞争力的;(4)为实现节约能源、保护环境、救灾救助等社会公共利益的;(5)因经济不景气,为缓解销售量严重下降或者生产明显过剩的;(6)为保障对外贸易和对外经济合作中的正当利益的;(7)法律和国务院规定的其他情形。属于上述第1项至第5项情形,经营者还应当证明所达成的协议不会严重限制相关市场的竞争,并且能够使消费者分享由此产生的利益。《反垄断法》第56条规定:"农业生产者及农村经济组织在农产品生产、加工、销售、运输、储存等经营活动中实施的联合或者协同行为,不适用本法。"

3. 对依法行使知识产权行为的保护

《反垄断法》第55条规定:"经营者依照有关知识产权的法律、行政法规规定行使知识产权的行为,不适用本法;但是,经营者滥用知识产权,排除、限制竞争的行为,适用本法。"

4. 经营者集中的豁免情形

根据《反垄断法》第28条的规定,经营者能够证明该集中对竞争产生的有利影响明显大于不利影响,或者符合社会公共利益的,国务院反垄断执法机构可以作出对经营者集中不予禁止的决定。

四、对垄断案件的处理程序

(一) 调查、处理程序

对涉嫌垄断行为,由反垄断执法机构依法进行调查。对涉嫌垄断行为,任何单位和个人有权向反垄断执法机构举报。举报采用书面形式并提供相关事实和证据的,反垄断执法机构应当进行必要的调查。反垄断执法机构应当为举报人保密。

反垄断执法机构调查涉嫌垄断行为,可以采取下列措施:(1)进入被调查的经营者的营业场所或者其他有关场所进行检查;(2)询问被调查的经营者、利害关系人或者其他有关单位或者个人,要求其说明有关情况;(3)查阅、复制被调查的经营者、利害关系人或者其他有关单位或者个人的有关单证、协议、会计账簿、业务函电、电子数据等文件、资料;(4)查封、扣押相关证据;(5)查询经营者的银行账户。采取上述措施,应当向反垄断执法机构主要负责人书面报告,并经批准。反垄断执法机构调查涉嫌垄断行为,执法人员不得少于2人,并应当出示执法证件。执法人员进行询问和调查,应当制作笔录,并由被询问人或者被调查人签字。反垄断执法机构及其工作人员对执法过程中知悉的商业秘密负有保密义务。

被调查的经营者、利害关系人或者其他有关单位或者个人应当配合反垄断执法机构依法履行职责,不得拒绝、阻碍反垄断执法机构的调查。被调查的经营者、利害关系人有权陈述意见。反垄断执法机构应当对被调查的经营者、利害关系人提出的事实、理由和证据进行核实。

反垄断执法机构对涉嫌垄断行为调查核实后,认为构成垄断行为的,应当依法作出处理决定,并可以向社会公布。

对反垄断执法机构调查的涉嫌垄断行为,被调查的经营者承诺在反垄断执法机构认可的期限内采取具体措施消除该行为后果的,反垄断执法机构可以决定中止调查。中止调查的决定应当载明被调查的经营者承诺的具体内容。反垄断执法机构决定中止调查的,应当对经营者履行承诺的情况进行监督。经营者履行承诺的,反垄断执法机构可以决定终止调查。有下列情形之一的,反垄断执法机构应当恢复调查:(1)经营者未履行承诺的;(2)作出中止调查决定所依据的事实发生重大变化的;(3)中止调查的决定是基于经营者提供的不完整或者不真实的信息作出的。

(二)行政复议和行政诉讼程序

对反垄断执法机构依据《反垄断法》第28条、第29条作出的决定不服的,可以先依法申请行政复议;对行政复议决定不服的,可以依法提起行政诉讼。

对反垄断执法机构作出的上述决定以外的决定不服的,可以依法申请行政复议或者提起行政诉讼。

五、法律责任

(一)对实施垄断行为的法律责任

1. 达成并实施垄断协议的法律责任

经营者违反《反垄断法》规定,达成并实施垄断协议的,由反垄断执法机构责令停止违法行为,没收违法所得,并处上一年度销售额1%以上10%以下的罚款;尚未实施所达成的垄断协议的,可以处50万元以下的罚款。

经营者主动向反垄断执法机构报告达成垄断协议的有关情况并提供重要证据的,反垄断执法机构可以酌情减轻或者免除对该经营者的处罚。

行业协会违反本法规定,组织本行业的经营者达成垄断协议的,反垄断执法机构可以处 50 万元以下的罚款;情节严重的,社会团体登记管理机关可以依法撤销登记。

2. 滥用市场支配地位的法律责任

经营者违反《反垄断法》规定,滥用市场支配地位的,由反垄断执法机构责令停止违法行为,没收违法所得,并处上一年度销售额 1% 以上 10% 以下的罚款。

3. 经营者违法实施集中的法律责任

经营者违反《反垄断法》规定实施集中的,由国务院反垄断执法机构责令停止实施集中、限期处分股份或者资产、限期转让营业以及采取其他必要措施恢复到集中前的状态,可以处 50 万元以下的罚款。

对上述垄断行为进行罚款,反垄断执法机构确定具体罚款数额时,应当考虑违法行为的性质、程度和持续的时间等因素。

4. 经营者实施垄断行为的民事责任

根据《反垄断法》第 50 条的规定,经营者实施垄断行为,给他人造成损失的,依法承担民事责任。据此,因经营者实施垄断行为而受有损失的利害关系人,可以就其损害赔偿,提起民事诉讼,追究实施垄断行为的经营者的民事赔偿责任。

(二) 滥用行政权力,实施排除、限制竞争行为的法律责任

行政机关和法律、法规授权的具有管理公共事务职能的组织滥用行政权力,实施排除、限制竞争行为的,由上级机关责令改正;对直接负责的主管人员和其他直接责任人员依法给予处分。反垄断执法机构可以向有关上级机关提出依法处理的建议。

法律、行政法规对行政机关和法律、法规授权的具有管理公共事务职能的组织滥用行政权力实施排除、限制竞争行为的处理另有规定的,依照其规定。

(三) 妨碍反垄断执法机构依法实施的审查和调查的法律责任

对反垄断执法机构依法实施的审查和调查,拒绝提供有关材料、信息,或者提供虚假材料、信息,或者隐匿、销毁、转移证据,或者有其他拒绝、阻碍调查行为的,由反垄断执法机构责令改正,对个人可以处 2 万元以下的罚款,对单位可以处 20 万元以下的罚款;情节严重的,对个人处 2 万元以上 10 万元以下的罚款,对单位处 20 万元以上 100 万元以下的罚款;构成犯罪的,依法追究刑事责任。

(四) 反垄断执法机构工作人员渎职行为的法律责任

反垄断执法机构工作人员滥用职权、玩忽职守、徇私舞弊或者泄露执法过程

中知悉的商业秘密,构成犯罪的,依法追究刑事责任;尚不构成犯罪的,依法给予处分。

第三节 产品质量法

一、产品质量法的概念及适用范围

产品质量法是调整因产品质量所发生的经济关系的法律规范的总称。产品质量是指国家有关法规、质量标准以及合同规定的产品的可靠性、安全性、耐用性等内在性能与外观形态的总和。

为了加强对产品质量的监督管理,提高产品质量水平,明确产品质量责任,保护消费者的合法权益,维护社会经济秩序,1993年2月22日第七届全国人民代表大会常务委员会第三十次会议通过《产品质量法》。2000年7月8日第九届全国人民代表大会常务委员会第十六次会议对《产品质量法》进行了修正。

在我国境内从事产品生产、销售活动,必须遵守《产品质量法》。这里的产品是指经过加工、制作,用于销售的产品。建设工程不适用《产品质量法》规定;但是,建设工程使用的建筑材料、建筑构配件和设备,属于上述的产品范围的,适用《产品质量法》规定。

二、产品质量监督管理

(一) 产品质量监督管理体制

产品质量监督管理体制是产品质量监督管理机构及其职权的统称。依照产品质量法的规定,产品质量监督管理体制包括以下基本内容:国务院产品质量监督部门,负责全国产量质量监督管理工作。国务院有关部门在各自的职责范围内负责产品质量监督工作。县级以上地方产品质量监督部门主管本行政区域内的产品质量监督工作。县级以上地方人民政府有关部门在各自的职责范围内负责产品质量监督工作。

(二) 企业质量体系认证制度

企业质量体系认证制度,是指国务院产品质量监督管理部门或者由它授权的部门认可的机构,依据国际通用的质量管理和质量保证系列标准,对企业的质量体系和质量保证能力进行审核,合格者颁发企业质量体系认证书,以兹证明的制度。《产品质量法》第14条规定:国家根据国际通用的质量管理标准,推行企业质量体系认证制度。企业根据自愿原则可以向国务院产品质量监督部门认可的或者国务院产品质量监督部门授权的部门认可的认证机构申请企业质量体系认证。经认证合格的,由认证机构颁发企业质量体系认证证书。

按照产品质量法的规定,企业质量体系认证的依据是国际通用的质量管理标准,1987年,国际标准化组织颁布了 ISO9000《质量管理和质量保证》系列国际标准,为开展国际质量体系认证提供了统一依据。1992年5月,国家技术监督局决定,将 ISO9000 等同采用我国国家标准 GB/T19000—ISO9000。等同采用的国家标准,其技术内容与 ISO9000 完全相同,编写方法也完全一致。

（三）产品质量认证制度

产品质量认证制度,是指依据具有国际水平的产品标准和技术要求,经过认证机构确认并经过颁发证书和产品质量认证标志的形式,证明产品符合相应标准和技术要求的制度。《产品质量法》规定,国家参照国际先进的产品标准和技术要求,推行产品质量认证制度。企业根据自愿原则可以向国务院产品质量监督部门认可的或者国务院产品质量监督部门授权的部门认可的认证机构申请产品质量认证。经认证合格的,由认证机构颁发产品质量认证证书,准许企业在产品或者其包装上使用产品质量认证标志。

国家鼓励推行科学的质量管理方法,采用先进的科学技术,鼓励企业产品质量达到并且超过行业标准、国家标准和国际标准。对产品质量管理先进和产品质量达到国际先进水平、成绩显著的单位和个人,给予奖励。

三、产品质量义务

产品质量义务即产品质量瑕疵担保责任,是指产品的生产者、销售者应保证其生产、销售的产品符合适用、安全的要求,不得存在不合理的危险。产品质量义务是一种法定义务,《产品质量法》对生产者的产品质量义务和销售者的产品质量义务分别作了规定。

（一）生产者的产品质量义务

生产者的产品质量义务主要包括以下内容:

1. 保证产品内在质量

《产品质量法》规定:产品质量应当检验合格,不得以不合格产品冒充合格产品。可能危及人体健康和人身、财产安全的工业产品,必须符合保障人体健康和人身、财产安全的国家标准、行业标准;未制定国家标准、行业标准的,必须符合保障人体健康和人身、财产安全的要求。禁止生产、销售不符合保障人体健康和人身、财产安全的标准和要求的工业产品。

《产品质量法》规定:生产者应当对其生产的产品质量负责。产品质量应当符合下列要求:(1)不存在危及人身、财产安全的不合理的危险,有保障人体健康和人身、财产安全的国家标准、行业标准的,应当符合该标准;(2)具备产品应当具备的使用性能,但是,对产品存在使用性能的瑕疵作出说明的除外;(3)符合在产品或者其包装上注明采用的产品标准,符合以产品说明、实物样品等方式表明的质量状况。

2. 产品包装标识应当符合法律规定

产品标识是表明产品的名称、产地、质量状况等信息的表述和标示。产品标识可以标注在产品上,也可以标注在产品的包装上。《产品质量法》规定:产品或者其包装上的标识必须真实,并符合下列要求:(1)有产品质量检验合格证明;(2)有中文标明的产品名称、生产厂厂名和厂址;(3)根据产品的特点和使用要求,需要标明产品规格、等级、所含主要成分的名称和含量的,用中文相应予以标明;需要事先让消费者知晓的,应当在外包装上标明,或者预先向消费者提供有关资料;(4)限期使用的产品,应当在显著位置清晰地标明生产日期和安全使用期或者失效日期;(5)使用不当,容易造成产品本身损坏或者可能危及人身、财产安全的产品,应当有警示标志或者中文警示说明。裸装的食品和其他根据产品的特点难以附加标识的裸装产品,可以不附加产品标识。

《产品质量法》规定:易碎、易燃、易爆、有毒、有腐蚀性、有放射性等危险物品以及储运中不能倒置和其他有特殊要求的产品,其包装质量必须符合相应要求,依照国家有关规定作出警示标志或者中文警示说明,标明储运注意事项。

3. 生产者的禁止性义务

根据《产品质量法》的规定,产品生产者的禁止性义务主要有:(1)不得生产国家明令淘汰的产品;(2)不得伪造产地、不得伪造或者冒用他人的厂名、厂址;(3)不得伪造或者冒用认证标志等质量标志;(4)生产产品,不得掺杂、掺假,不得以假充真、以次充好,不得以不合格产品冒充合格产品。

(二)销售者的产品质量义务

产品质量法对销售者的产品质量义务作了专门规定。这些义务有:(1)销售者应当认真执行进货检查验收制度;(2)销售者应当采取措施,保持销售产品的质量;(3)销售者不得销售国家明令淘汰并停止销售的产品和失效、变质的产品;(4)销售者销售的产品的标识应当符合产品质量法的有关规定;(5)销售者不得伪造产地,不得伪造或冒用他人的厂名、厂址;(6)销售者不得伪造或者冒用认证标志等质量标志;(7)销售者销售产品,不得掺杂、掺假、不得以假充真、以次充好,不得以不合格产品冒充合格产品。

四、产品质量的监督

1. 对产品质量的抽查

国家对产品质量实行以抽查为主要方式的监督检查制度,对可能危及人体健康和人身、财产安全的产品,影响国计民生的重要工业产品以及消费者、有关组织反映有质量问题的产品进行抽查。抽查的样品应当在市场上或者企业成品仓库内的待销产品中随机抽取。监督抽查工作由国务院产品质量监督部门规划和组织。县级以上地方产品质量监督部门在本行政区域内也可以组织监督抽查。法律对产品质量的监督检查另有规定的,依照有关法律的规定执行。国家监督抽查的产品,地方不得另行重复抽查;上级监督抽查的产品,下级不得另行重复抽查。

根据监督抽查的需要,可以对产品进行检验。检验抽取样品的数量不得超过检验的合理需要,并不得向被检查人收取检验费用。监督抽查所需检验费用按照国务院规定列支。生产者、销售者对抽查检验的结果有异议的,可以自收到检验结果之日起15日内向实施监督抽查的产品质量监督部门或者其上级产品质量监督部门申请复检,由受理复检的产品质量监督部门作出复检结论。

对依法进行的产品质量监督检查,生产者、销售者不得拒绝。

2. 对产品质量不合格的处理

依照《产品质量法》规定进行监督抽查的产品质量不合格的,由实施监督抽查的产品质量监督部门责令其生产者、销售者限期改正。逾期不改正的,由省级以上人民政府产品质量监督部门予以公告;公告后经复查仍不合格的,责令停业,限期整顿;整顿期满后经复查产品质量仍不合格的,吊销营业执照。监督抽查的产品有严重质量问题的,依照《产品质量法》的有关规定处罚。

3. 产品质量监督部门的职权

县级以上产品质量监督部门根据已经取得的违法嫌疑证据或者举报,对涉嫌违反《产品质量法》规定的行为进行查处时,可以行使下列职权:(1)对当事人涉嫌从事违反本法的生产、销售活动的场所实施现场检查;(2)向当事人的法定代表人、主要负责人和其他有关人员调查、了解与涉嫌从事违反本法的生产、销售活动有关的情况;(3)查阅、复制当事人有关的合同、发票、账簿以及其他有关资料;(4)对有根据认为不符合保障人体健康和人身、财产安全的国家标准、行业标准的产品或者有其他严重质量问题的产品,以及直接用于生产、销售该项产品的原辅材料、包装物、生产工具,予以查封或者扣押。

县级以上工商行政管理部门按照国务院规定的职责范围,对涉嫌违反《产品质量法》规定的行为进行查处时,可以行使上述职权。

4. 产品质量检验机构、认证机构的职责

产品质量检验机构必须具备相应的检测条件和能力,经省级以上人民政府产品质量监督部门或者其授权的部门考核合格后,方可承担产品质量检验工作。法律、行政法规对产品质量检验机构另有规定的,依照有关法律、行政法规的规定执行。

从事产品质量检验、认证的社会中介机构必须依法设立,不得与行政机关和其他国家机关存在隶属关系或者其他利益关系。

产品质量检验机构、认证机构必须依法按照有关标准,客观、公正地出具检验结果或者认证证明。产品质量认证机构应当依照国家规定对准许使用认证标志的产品进行认证后的跟踪检查;对不符合认证标准而使用认证标志的,要求其改正;情节严重的,取消其使用认证标志的资格。

产品质量监督部门或者其他国家机关以及产品质量检验机构不得向社会推荐生产者的产品;不得以对产品进行监制、监销等方式参与产品经营活动。

五、损害赔偿

(一)损害赔偿责任

损害赔偿是产品的生产者、销售者因产品质量缺陷对他人造成财产、人身损害的,应当承担的补偿受害人损失的民事责任。

《产品质量法》规定,售出的产品有下列情形之一的,销售者应当负责修理、更换、退货;给购买产品的消费者造成损失的,销售者应当赔偿损失:(1)不具备产品应当具备的使用性能而事先未作说明的;(2)不符合在产品或者其包装上注明采用的产品标准的;(3)不符合以产品说明、实物样品等方式表明的质量状况的。销售者依照上述规定负责修理、更换、退货、赔偿损失后,属于生产者的责任或者属于向销售者提供产品的其他销售者(以下简称供货者)的责任的,销售者有权向生产者、供货者追偿。销售者未按照规定给予修理、更换、退货或者赔偿损失的,由产品质量监督部门或者工商行政管理部门责令改正。

生产者之间,销售者之间,生产者与销售者之间订立的买卖合同、承揽合同有不同约定的,合同当事人按照合同约定执行。

因产品存在缺陷造成人身、缺陷产品以外的其他财产(以下简称他人财产)损害的,生产者应当承担赔偿责任。生产者能够证明有下列情形之一的,不承担赔偿责任:(1)未将产品投入流通的;(2)产品投入流通时,引起损害的缺陷尚不存在的;(3)将产品投入流通时的科学技术水平尚不能发现缺陷的存在的。

由于销售者的过错使产品存在缺陷,造成人身、他人财产损害的,销售者应当承担赔偿责任。销售者不能指明缺陷产品的、生产者也不能指明缺陷产品的供货者的,销售者应当承担赔偿责任。

因产品存在缺陷造成人身、他人财产损害的,受害人可以向产品的生产者要求赔偿,也可以向产品的销售者要求赔偿。属于产品的生产者责任的,产品的销售者赔偿后,产品的销售者有权向产品的生产者追偿。属于产品的销售者责任的,产品的生产者赔偿后,产品的生产者有权向产品的销售者追偿。

(二)赔偿范围

因产品存在缺陷造成受害人人身伤害的,侵害人应当赔偿医疗费、治疗期间的护理费、因误工减少的收入等费用;造成残疾的,还应当支付残疾者生活自助具费、生活补助费、残疾赔偿金以及由其扶养的人所必需的生活费等费用;造成受害人死亡的,并应当支付丧葬费、死亡赔偿金以及由死者生前扶养的人所必需的生活费等费用。

因产品存在缺陷造成受害人财产损失的,侵害人应当恢复原状或者折价赔偿。受害人因此遭受其他重大损失的,侵害人应当赔偿损失。

(三) 诉讼时效期间和请求权存续期间

因产品存在缺陷造成损害要求赔偿的诉讼时效期间为2年,自当事人知道或者应当知道其权益受到损害时起计算。

因产品存在缺陷造成损害要求赔偿的请求权,在造成损害的缺陷产品交付最初消费者满10年丧失;但是,尚未超过明示的安全使用期的除外。这里所称缺陷,是指产品存在危及人身、他人财产安全的不合理的危险;产品有保障人体健康和人身、财产安全的国家标准、行业标准的,是指不符合该标准。

产品质量发生民事纠纷时,当事人可以通过协商或者调解解决。当事人不愿通过协商、调解解决或者协商、调解不成的,可以根据当事人各方的协议向仲裁机构申请仲裁;当事人各方没有达成仲裁协议或者仲裁协议无效的,可以直接向人民法院起诉。仲裁机构或者人民法院可以委托《产品质量法》规定的产品质量检验机构,对有关产品质量进行检验。

因核设施、核产品造成损害的赔偿责任,法律、行政法规另有规定的,依照其规定。

六、违反《产品质量法》法律责任

(一) 产品生产者、销售者的责任

1. 生产、销售不符合保障人体健康和人身、财产安全的国家标准、行业标准的产品的,责令停止生产、销售,没收违法生产、销售的产品,并处违法生产、销售产品(包括已售出和未售出的产品,下同)货值金额等值以上3倍以下的罚款;有违法所得的,并处没收违法所得;情节严重的,吊销营业执照;构成犯罪的,依法追究刑事责任。

2. 在产品中掺杂、掺假,以假充真,以次充好,或者以不合格产品冒充合格产品的,责令停止生产、销售,没收违法生产、销售的产品,并处违法生产、销售产品货值金额50% 以上3倍以下的罚款;有违法所得的,并处没收违法所得;情节严重的,吊销营业执照;构成犯罪的,依法追究刑事责任。

3. 生产国家明令淘汰的产品的,销售国家明令淘汰并停止销售的产品的,责令停止生产、销售,没收违法生产、销售的产品,并处违法生产、销售产品货值金额等值以下的罚款;有违法所得的,并处没收违法所得;情节严重的,吊销营业执照。

4. 销售失效、变质的产品的,责令停止销售,没收违法销售的产品,并处违法销售产品货值金额 2 倍以下的罚款;有违法所得的,并处没收违法所得;情节严重的,吊销营业执照;构成犯罪的,依法追究刑事责任。

5. 伪造产品产地的,伪造或者冒用他人厂名、厂址的,伪造或者冒用认证标志等质量标志的,责令改正,没收违法生产、销售的产品,并处违法生产、销售产品货值金额等值以下的罚款;有违法所得的,并处没收违法所得;情节严重的,吊销营业执照。

6. 产品标识不符合《产品质量法》第 27 条规定的,责令改正;有包装的产品标识不符合《产品质量法》第 27 条第(4)项、第(5)项规定,情节严重的,责令停止生产、销售,并处违法生产、销售产品货值金额 30% 以下的罚款;有违法所得的,并处没收违法所得。

7. 销售者销售《产品质量法》第 49 条至第 53 条规定禁止销售的产品,有充分证据证明其不知道该产品为禁止销售的产品并如实说明其进货来源的,可以从轻或者减轻处罚。

8. 拒绝接受依法进行的产品质量监督检查的,给予警告,责令改正;拒不改正的,责令停业整顿;情节特别严重的,吊销营业执照。

对生产者专门用于生产《产品质量法》第 49 条、第 51 条所列的产品或者以假充真的产品的原材料、包装物、生产工具,应当予以没收。

(二) *产品质量检验机构、认证机构的责任*

1. 产品质量检验机构、认证机构伪造检验结果或者出具虚假证明的,责令改正,对单位处 5 万元以上 10 万元以下的罚款,对直接负责的主管人员和其他直接责任人员处 1 万元以上 5 万元以下的罚款;有违法所得的,并处没收违法所得;情节严重的,取消其检验资格、认证资格;构成犯罪的,依法追究刑事责任。

2. 产品质量检验机构、认证机构出具的检验结果或者证明不实,造成损失的,应当承担相应的赔偿责任;造成重大损失的,撤销其检验资格、认证资格。

3. 产品质量认证机构违反《产品质量法》的规定,对不符合认证标准而使用认证标志的产品,未依法要求其改正或者取消其使用认证标志资格的,对因产品不符合认证标准给消费者造成的损失,与产品的生产者、销售者承担连带责任;情节严重的,撤销其认证资格。

(三) *其他部门、社会组织的责任*

1. 社会团体、社会中介机构对产品质量作出承诺、保证,而该产品又不符合其承诺、保证的质量要求,给消费者造成损失的,与产品的生产者、销售者承担连带责任。

2. 在广告中对产品质量作虚假宣传,欺骗和误导消费者的,依照《中华人民共和国广告法》的规定追究法律责任。

3. 知道或者应当知道属于《产品质量法》规定禁止生产、销售的产品而为其提供运输、保管、仓储等便利条件的,或者为以假充真的产品提供制假生产技术的,没收全部运输、保管、仓储或者提供制假生产技术的收入,并处违法收入50%以上3倍以下的罚款;构成犯罪的,依法追究刑事责任。

4. 服务业的经营者将《产品质量法》第49条至第52条规定禁止销售的产品用于经营性服务的,责令停止使用;对知道或者应当知道所使用的产品属于本法规定禁止销售的产品的,按照违法使用的产品(包括已使用和尚未使用的产品)的货值金额,依照《产品质量法》对销售者的处罚规定处罚。

5. 隐匿、转移、变卖、损毁被产品质量监督部门或者工商行政管理部门查封、扣押的物品的,处被隐匿、转移、变卖、损毁物品货值金额等值以上3倍以下的罚款;有违法所得的,并处没收违法所得。

6. 以暴力、威胁方法阻碍产品质量监督部门或者工商行政管理部门的工作人员依法执行职务的,依法追究刑事责任;拒绝、阻碍未使用暴力、威胁方法的,由公安机关依照治安管理处罚法的规定处罚。

上述的吊销营业执照的行政处罚由工商行政管理部门决定,其他行政处罚由产品质量监督部门或者工商行政管理部门按照国务院规定的职权范围决定。法律、行政法规对行使行政处罚权的机关另有规定的,依照有关法律、行政法规的规定执行。

违反《产品质量法》规定,应当承担民事赔偿责任和缴纳罚款、罚金,其财产不足以同时支付时,先承担民事赔偿责任。

(四) 国家机关工作人员的责任

1. 各级人民政府工作人员和其他国家机关工作人员有下列情形之一的,依法给予行政处分;构成犯罪的,依法追究刑事责任:(1) 包庇、放纵产品生产、销售中违反《产品质量法》规定行为的;(2) 向从事违反《产品质量法》规定的生产、销售活动的当事人通风报信,帮助其逃避查处的;(3) 阻挠、干预产品质量监督部门或者工商行政管理部门依法对产品生产、销售中违反《产品质量法》规定的行为进行查处,造成严重后果的。

2. 产品质量监督部门在产品质量监督抽查中超过规定的数量索取样品或者向被检查人收取检验费用的,由上级产品质量监督部门或者监察机关责令退还;情节严重的,对直接负责的主管人员和其他直接责任人员依法给予行政处分。

3. 产品质量监督部门或者其他国家机关违反《产品质量法》的规定,向社会推荐生产者的产品或者以监制、监销等方式参与产品经营活动的,由其上级机关或者监察机关责令改正,消除影响,有违法收入的予以没收;情节严重的,对直接负责的主管人员和其他直接责任人员依法给予行政处分。产品质量检验机构有以上所列违法行为的,由产品质量监督部门责令改正,消除影响,有违法收入的予以没收,可以并处违法收入1倍以下的罚款;情节严重的,撤销其质量检验资格。

4. 产品质量监督部门或者工商行政管理部门的工作人员滥用职权、玩忽职守、徇私舞弊，构成犯罪的，依法追究刑事责任；尚不构成犯罪的，依法给予行政处分。

第四节 消费者权益保护法

一、消费者权益保护法概述

（一）消费者权益保护法的概念

消费者权益保护法是对消费者提供特别保护的法律，是有关保护消费者在购买、使用商品或接受服务时应享有的合法权益的法律规范的总称。为保护消费者的合法权益，维护社会经济秩序，促进社会主义市场经济健康发展，1993年10月31日，第八届全国人大常委会第四次会议通过了《消费者权益保护法》，自1994年1月1日起施行。这是我国第一部保护消费者权益的专门法律。2013年10月25日，第十二届全国人大会常委会第五次会议对《消费者权益保护法》进行了修正。

这里所说的"消费者"，是指为了生活消费需要购买、使用商品或者接受服务的人。第一，消费者应当是为生活目的而进行的消费；第二，消费客体是商品和服务；第三，消费方式包括购买、使用商品和接受服务；第四，消费者购买、使用商品和接受服务由经营者提供。消费者主要是自然人，但有偿获得商品和服务用于生活需要的单位也应属于消费者。

（二）消费者权益保护法的基本原则

1. 经营者与消费者进行交易，应遵循自愿、平等、公平、诚实信用的原则

自愿，是指经营者与消费者进行交易时，要尊重消费者的意愿，经营者不得强卖或强行服务。平等，则是商品经济发展的本质要求，经营者与消费者之间法律地位完全平等。公平和诚实信用，体现了普遍的商业道德要求。

2. 国家对处于弱者地位的消费者给予特别保护的原则

从法律地位上说，消费者和生产经营者属于平等的主体，但实际上消费者在商品交易关系中，相对于经营者来说，都处于弱者的地位。因此，消费者权益保护法确立了向消费者利益倾斜，国家对消费者权益给予特别保护的原则。

3. 全社会保护的原则

在国家对消费者提供特别保护外，社会各界都有相应的责任、义务对消费者进行保护。其表现形式有行政监督、社会监督和舆论监督等。

4. 方便消费者诉讼的原则

在高度发达的商品经济社会，侵害消费者权益现象相当频繁。为更好地保

障处于弱势地位的消费者的权益,人民法院应当采取措施,方便消费者提起诉讼。对符合《中华人民共和国民事诉讼法》起诉条件的消费者权益争议,必须受理,及时审理。我国目前已有代表人诉讼、公益诉讼、小额诉讼、简易程序等制度以方便消费者诉讼。

二、消费者的权利

根据《消费者权益保护法》的规定,消费者有以下权利:

(一) 安全权

安全权是指消费者在购买、使用商品和接受服务时,享有人身、财产安全不受损害的权利。消费者权益保护法规定,消费者有权要求经营者提供的商品和服务符合保障人身、财产安全的要求。

(二) 知情权

知情权是指消费者享有知悉其购买、使用的商品或者接受的服务的真实情况的权利。消费者权益保护法规定,消费者有权根据商品或者服务的不同情况,要求经营者提供商品的价格、产地、生产者、用途、性能、规格、等级、主要成分、生产日期、有效期限、检验合格证明、使用方法说明书、售后服务或者服务的内容、规格、费用等有关情况。

(三) 自主选择权

自主选择权是指消费者享有自主选择商品或服务的权利。它包括:自主选择提供商品或服务的经营者权利;自主选择商品品种或服务方式的权利;自主决定购买或者不购买任何一种商品,接受或者不接受任何一种服务的权利;自主选择商品或服务时的比较、鉴别、挑选权。

(四) 公平交易权

公平交易权是指消费者在购买商品或接受服务时所享有的获得质量保障和价格合理、计量正确等公平交易条件的权利。根据消费者权益保护法的规定,其内容包括质量保证、合理的价格、计量正确、有权拒绝经营者的强制交易行为。

(五) 求偿权

求偿权是指依照我国消费者权益保护法的规定,消费者因购买、使用商品或者接受服务受到人身、财产损害时,享有依法获得赔偿的权利。

(六) 无理由退货权

经营者采用网络、电视、电话、邮购等方式销售商品,消费者有权自收到商品之日起 7 日内退货,且无需说明理由,但下列商品除外:(1) 消费者定作的;(2) 鲜活易腐的;(3) 在线下载或者消费者拆封的音像制品、计算机软件等数字化商品;(4) 交付的报纸、期刊。

除上述所列商品外,其他根据商品性质并经消费者在购买时确认不宜退货的商品,不适用无理由退货。

消费者退货的商品应当完好。经营者应当自收到退回商品之日起7日内返还消费者支付的商品价款。退回商品的运费由消费者承担;经营者和消费者另有约定的,按照约定。

(七) 结社权

结社权是指消费者享有依法成立维护自身合法权益的社会组织的权利。目前在我国主要是中国消费者协会和地方各级消费者协会。

(八) 获得有关知识权

获得有关知识权是指消费者享有获得有关消费和消费者权益保护方面知识的权利。包括消费者在进行消费活动时所应掌握的与商品和服务有关的基本知识。

(九) 人格尊严受尊重权

消费者在购买、使用商品和接受服务时,享有人格尊严、民族风俗习惯得到尊重的权利,享有个人信息依法得到保护的权利。

(十) 监督批评权

监督批评权是消费者享有对商品或者服务以及保护消费者权益工作进行监督批评的权利。包括对商品和服务进行监督,对消费者权益保护工作的监督,有权检举、控告侵犯消费者权益的行为等。

三、经营者的义务

根据《消费者权益保护法》的规定,经营者的义务主要有:

(一) 诚信经营、公平交易的义务

经营者向消费者提供商品或者服务,应当恪守社会公德,诚信经营,保障消费者的合法权益;不得设定不公平、不合理的交易条件,不得强制交易。

(二) 依法律规定或约定履行义务

法定义务是指由国家立法机关制定的法律、法规中明确规定经营者所必须履行的义务;约定义务是经营者与消费者在购买商品或提供服务时双方约定的经营者应当履行的义务。

(三) 听取意见和接受监督的义务

经营者应当听取消费者对其提供的商品或服务的意见,接受消费者的监督。

(四) 保障消费者安全的义务

经营者应当保证其提供的商品或者服务符合保障人身、财产安全的要求。对可能危及人身、财产安全的商品和服务,应当向消费者作出真实的说明和明确的警示,并说明和标明正确使用商品或者接受服务的方法以及防止危害发生的方法。宾馆、商场、餐馆、银行、机场、车站、港口、影剧院等经营场所的经营者,应当对消费者尽到安全保障义务。

经营者发现其提供的商品或者服务存在缺陷,有危及人身、财产安全危险的,应当立即向有关行政部门报告和告知消费者,并采取停止销售、警示、召回、无害化处理、销毁、停止生产或者服务等措施。采取召回措施的,经营者应当承担消费者因商品被召回支出的必要费用。

(五)提供商品和服务真实信息的义务

经营者向消费者提供有关商品或者服务的质量、性能、用途、有效期限等信息,应当真实、全面,不得作虚假或者引人误解的宣传。经营者对消费者就其提供的商品或者服务的质量和使用方法等问题提出的询问,应当作出真实、明确的答复。经营者提供商品或者服务应当明码标价。

(六)标明真实名称和标记的义务

经营者应当标明其真实名称和标记;租赁他人柜台或场地的经营者应当标明其真实名称和标记。

(七)出具购货凭证和服务单据的义务

经营者提供商品或者服务,应当按照国家有关规定或者商业惯例向消费者出具发票等购货凭证或者服务单据;消费者索要发票等购货凭证或者服务单据的,经营者必须出具。

(八)保证商品或服务质量的义务

经营者应当保证在正常使用商品或者接受服务的情况下其提供的商品或者服务应当具有的质量、性能、用途和有效期限;但消费者在购买该商品或者接受该服务前已经知道其存在瑕疵,且存在该瑕疵不违反法律强制性规定的除外。经营者以广告、产品说明、实物样品或者其他方式表明商品或者服务的质量状况的,应当保证其提供的商品或者服务的实际质量与表明的质量状况相符。经营者提供的机动车、计算机、电视机、电冰箱、空调器、洗衣机等耐用商品或者装饰装修等服务,消费者自接受商品或者服务之日起6个月内发现瑕疵,发生争议的,由经营者承担有关瑕疵的举证责任。

(九)履行"三包"或其他责任的义务

经营者提供的商品或者服务不符合质量要求的,消费者可以依照国家规定、当事人约定退货,或者要求经营者履行更换、修理等义务。没有国家规定和当事人约定的,消费者可以自收到商品之日起7日内退货;7日后符合法定解除合同条件的,消费者可以及时退货,不符合法定解除合同条件的,可以要求经营者履行更换、修理等义务。依照前述规定进行退货、更换、修理的,经营者应当承担运输等必要费用。

(十)不得以格式合同等方式损害消费者利益的义务

经营者在经营活动中使用格式条款的,应当以显著方式提请消费者注意商品或者服务的数量和质量、价款或者费用、履行期限和方式、安全注意事项和风险警示、售后服务、民事责任等与消费者有重大利害关系的内容,并按照消费者的要求予以说明。经营者不得以格式条款、通知、声明、店堂告示等方式,作出排除或者限制消费者权利、减轻或者免除经营者责任、加重消费者责任等对消费者不公平、不合理的规定,不得利用格式条款并借助技术手段强制交易。格式条款、通知、声明、店堂告示等含有上述所列内容的,其内容无效。

(十一) 尊重消费者人格尊严的义务

经营者不得对消费者进行侮辱、诽谤,不得搜查消费者的身体及其携带的物品,不得侵犯消费者的人身自由。

(十二) 相关信息告知义务

采用网络、电视、电话、邮购等方式提供商品或者服务的经营者,以及提供证券、保险、银行等金融服务的经营者,应当向消费者提供经营地址、联系方式、商品或者服务的数量和质量、价款或者费用、履行期限和方式、安全注意事项和风险警示、售后服务、民事责任等信息。

(十三) 合法收集、使用消费者个人信息并严格保密的义务

经营者收集、使用消费者个人信息,应当遵循合法、正当、必要的原则,明示收集、使用信息的目的、方式和范围,并经消费者同意。经营者收集、使用消费者个人信息,应当公开其收集、使用规则,不得违反法律、法规的规定和双方的约定收集、使用信息。

经营者及其工作人员对收集的消费者个人信息必须严格保密,不得泄露、出售或者非法向他人提供。经营者应当采取技术措施和其他必要措施,确保信息安全,防止消费者个人信息泄露、丢失。在发生或者可能发生信息泄露、丢失的情况时,应当立即采取补救措施。经营者未经消费者同意或者请求,或者消费者明确表示拒绝的,不得向其发送商业性信息。

四、国家对消费者合法权益的保护

(一) 国家制定有关消费者权益的法律、法规、规章和强制性标准,应当听取消费者和消费者协会等组织的意见。

(二) 各级人民政府应当加强领导,组织、协调、督促有关行政部门做好保护消费者合法权益的工作,落实保护消费者合法权益的职责。各级人民政府应当加强监督,预防危害消费者人身、财产安全行为的发生,及时制止危害消费者人身、财产安全的行为。

(三) 各级人民政府工商行政管理部门和其他有关行政部门应当依照法律、法规的规定,在各自的职责范围内,采取措施,保护消费者的合法权益。有关行政部门应当听取消费者和消费者协会等组织对经营者交易行为、商品和服务质

量问题的意见,及时调查处理。

(四)有关行政部门在各自的职责范围内,应当定期或者不定期对经营者提供的商品和服务进行抽查检验,并及时向社会公布抽查检验结果。有关行政部门发现并认定经营者提供的商品或者服务存在缺陷,有危及人身、财产安全危险的,应当立即责令经营者采取停止销售、警示、召回、无害化处理、销毁、停止生产或者服务等措施。

(五)有关国家机关应当依照法律、法规的规定,惩处经营者在提供商品和服务中侵害消费者合法权益的违法犯罪行为。

(六)人民法院应当采取措施,方便消费者提起诉讼。对符合《中华人民共和国民事诉讼法》起诉条件的消费者权益争议,必须受理,及时审理。

五、消费者组织

消费者协会和其他消费者组织是依法成立的对商品和服务进行社会监督的保护消费者合法权益的社会组织。

消费者协会履行下列公益性职责:(1)向消费者提供消费信息和咨询服务,提高消费者维护自身合法权益的能力,引导文明、健康、节约资源和保护环境的消费方式;(2)参与制定有关消费者权益的法律、法规、规章和强制性标准;(3)参与有关行政部门对商品和服务的监督、检查;(4)就有关消费者合法权益的问题,向有关部门反映、查询,提出建议;(5)受理消费者的投诉,并对投诉事项进行调查、调解;(6)投诉事项涉及商品和服务质量问题的,可以委托具备资格的鉴定人鉴定,鉴定人应当告知鉴定意见;(7)就损害消费者合法权益的行为,支持受损害的消费者提起诉讼或者依照消费者权益保护法提起诉讼;(8)对损害消费者合法权益的行为,通过大众传播媒介予以揭露、批评。

各级人民政府对消费者协会履行职责应当予以必要的经费等支持。消费者协会应当认真履行保护消费者合法权益的职责,听取消费者的意见和建议,接受社会监督。依法成立的其他消费者组织依照法律、法规及其章程的规定,开展保护消费者合法权益的活动。

消费者组织不得从事商品经营和营利性服务,不得以收取费用或者其他牟取利益的方式向消费者推荐商品和服务。

六、消费争议的解决

(一)解决消费争议的途径主要有五种:(1)与经营者协商和解;(2)请求消费者协会或者依法成立的其他调解组织调解;(3)向有关行政部门申诉;(4)根据与经营者达成的仲裁协议提请仲裁机构仲裁;(5)向人民法院提起诉讼。

（二）消费者在购买、使用商品时，其合法权益受到损害的，可以向销售者要求赔偿。销售者赔偿后，属于生产者的责任或者属于向销售者提供商品的其他销售者的责任的，销售者有权向生产者或者其他销售者追偿。消费者或者其他受害人因商品缺陷造成人身、财产损害的，可以向销售者要求赔偿，也可以向生产者要求赔偿。属于生产者责任的，销售者赔偿后，有权向生产者追偿。属于销售者责任的，生产者赔偿后，有权向销售者追偿。消费者在接受服务时，其合法权益受到损害的，可以向服务者要求赔偿。

（三）消费者在购买、使用商品或者接受服务时，其合法权益受到损害，因原企业分立、合并的，可以向变更后承受其权利义务的企业要求赔偿。

（四）使用他人营业执照的违法经营者提供商品或者服务，损害消费者合法权益的，消费者可以向其要求赔偿，也可以向营业执照的持有人要求赔偿。

（五）消费者在展销会、租赁柜台购买商品或者接受服务，其合法权益受到损害的，可以向销售者或者服务者要求赔偿。展销会结束或者柜台租赁期满后，也可以向展销会的举办者、柜台的出租者要求赔偿。展销会的举办者、柜台的出租者赔偿后，有权向销售者或者服务者追偿。

（六）消费者通过网络交易平台购买商品或者接受服务，其合法权益受到损害的，可以向销售者或者服务者要求赔偿。网络交易平台提供者不能提供销售者或者服务者的真实名称、地址和有效联系方式的，消费者也可以向网络交易平台提供者要求赔偿；网络交易平台提供者作出更有利于消费者的承诺的，应当履行承诺。网络交易平台提供者赔偿后，有权向销售者或者服务者追偿。网络交易平台提供者明知或者应知销售者或者服务者利用其平台侵害消费者合法权益，未采取必要措施的，依法与该销售者或者服务者承担连带责任。

（七）消费者因经营者利用虚假广告或者其他虚假宣传方式提供商品或者服务，其合法权益受到损害的，可以向经营者要求赔偿。广告经营者、发布者发布虚假广告的，消费者可以请求行政主管部门予以惩处。广告经营者、发布者不能提供经营者的真实名称、地址和有效联系方式的，应当承担赔偿责任。广告经营者、发布者设计、制作、发布关系消费者生命健康商品或者服务的虚假广告，造成消费者损害的，应当与提供该商品或者服务的经营者承担连带责任。社会团体或者其他组织、个人在关系消费者生命健康的商品或者服务的虚假广告或者其他虚假宣传中向消费者推荐商品或者服务，造成消费者损害的，应当与提供该商品或者服务的经营者承担连带责任。

（八）消费者向有关行政部门投诉的，该部门应当自收到投诉之日起7个工作日内，予以处理并告知消费者。

（九）对侵害众多消费者合法权益的行为，中国消费者协会以及在省、自治区、直辖市设立的消费者协会，可以向人民法院提起诉讼。

七、法律责任

(一) 经营者的民事责任

1. 经营者提供商品或者服务有下列情形之一的,除《消费者权益保护法》另有规定外,应当依照其他有关法律、法规的规定,承担民事责任:(1) 商品或者服务存在缺陷的;(2) 不具备商品应当具备的使用性能而出售时未作说明的;(3) 不符合在商品或者其包装上注明采用的商品标准的;(4) 不符合商品说明、实物样品等方式表明的质量状况的;(5) 生产国家明令淘汰的商品或者销售失效、变质的商品的;(6) 销售的商品数量不足的;(7) 服务的内容和费用违反约定的;(8) 对消费者提出的修理、重作、更换、退货、补足商品数量、退还货款和服务费用或者赔偿损失的要求,故意拖延或者无理拒绝的;(9) 法律、法规规定的其他损害消费者权益的情形。

经营者对消费者未尽到安全保障义务,造成消费者损害的,应当承担侵权责任。

2. 经营者提供商品或者服务,造成消费者或者其他受害人人身伤害的,应当赔偿医疗费、护理费、交通费等为治疗和康复支出的合理费用,以及因误工减少的收入。造成残疾的,还应当赔偿残疾生活辅助具费和残疾赔偿金。造成死亡的,还应当赔偿丧葬费和死亡赔偿金。

3. 经营者侵害消费者的人格尊严、侵犯消费者人身自由或者侵害消费者个人信息依法得到保护的权利的,应当停止侵害、恢复名誉、消除影响、赔礼道歉,并赔偿损失。

4. 经营者有侮辱诽谤、搜查身体、侵犯人身自由等侵害消费者或者其他受害人人身权益的行为,造成严重精神损害的,受害人可以要求精神损害赔偿。

5. 经营者提供商品或者服务,造成消费者财产损害的,应当依照法律规定或者当事人约定承担修理、重作、更换、退货、补足商品数量、退还货款和服务费用或者赔偿损失等民事责任。

6. 经营者以预收款方式提供商品或者服务的,应当按照约定提供。未按照约定提供的,应当按照消费者的要求履行约定或者退回预付款,并应当承担预付款的利息、消费者必须支付的合理费用。

7. 依法经有关行政部门认定为不合格的商品,消费者要求退货的,经营者应当负责退货。

8. 经营者提供商品或者服务有欺诈行为的,应当按照消费者的要求增加赔偿其受到的损失,增加赔偿的金额为消费者购买商品的价款或者接受服务的费用的3倍;增加赔偿的金额不足500元的,为500元。法律另有规定的,依照其规定。

经营者明知商品或者服务存在缺陷,仍然向消费者提供,造成消费者或者其他受害人死亡或者健康严重损害的,受害人有权要求经营者依照《消费者权益保护法》第49条、第51条等法律规定赔偿损失,并有权要求所受损失2倍以下的惩罚性赔偿。

(二) 经营者的行政责任和刑事责任

1. 经营者有下列情形之一,除承担相应的民事责任外,其他有关法律、法规对处罚机关和处罚方式有规定的,依照法律、法规的规定执行;法律、法规未作规定的,由工商行政管理部门或者其他有关行政部门责令改正,可以根据情节单处或者并处警告、没收违法所得、处以违法所得1倍以上10倍以下的罚款,没有违法所得的,处以50万元以下的罚款;情节严重的,责令停业整顿、吊销营业执照:(1) 提供的商品或者服务不符合保障人身、财产安全要求的;(2) 在商品中掺杂、掺假,以假充真,以次充好,或者以不合格商品冒充合格商品的;(3) 生产国家明令淘汰的商品或者销售失效、变质的商品的;(4) 伪造商品的产地,伪造或者冒用他人的厂名、厂址,篡改生产日期,伪造或者冒用认证标志等质量标志的;(5) 销售的商品应当检验、检疫而未检验、检疫或者伪造检验、检疫结果的;(6) 对商品或者服务作虚假或者引人误解的宣传的;(7) 拒绝或者拖延有关行政部门责令对缺陷商品或者服务采取停止销售、警示、召回、无害化处理、销毁、停止生产或者服务等措施的;(8) 对消费者提出的修理、重作、更换、退货、补足商品数量、退还货款和服务费用或者赔偿损失的要求,故意拖延或者无理拒绝的;(9) 侵害消费者人格尊严、侵犯消费者人身自由或者侵害消费者个人信息依法得到保护的权利的;(10) 法律、法规规定的对损害消费者权益应当予以处罚的其他情形。

经营者有上述规定情形的,除依照法律、法规规定予以处罚外,处罚机关应当记入信用档案,向社会公布。

2. 经营者违反《消费者权益保护法》规定提供商品或者服务,侵害消费者合法权益,构成犯罪的,依法追究刑事责任。

3. 以暴力、威胁等方法阻碍有关行政部门工作人员依法执行职务的,依法追究刑事责任;拒绝、阻碍有关行政部门工作人员依法执行职务,未使用暴力、威胁方法的,由公安机关依照《中华人民共和国治安管理处罚法》的规定处罚。

经营者违反《消费者权益保护法》规定,应当承担民事赔偿责任和缴纳罚款、罚金,其财产不足以同时支付的,先承担民事赔偿责任。

(三) 国家机关工作人员法律责任

国家机关工作人员玩忽职守或者包庇经营者侵害消费者合法权益的行为的,由其所在单位或者上级机关给予行政处分;情节严重,构成犯罪的,依法追究刑事责任。

第九章 税收法律制度

第一节 税收法律制度概述

一、税收的概念、特征和作用

税收是指以国家为主体,为实现国家职能,凭借政治权力,按照法定标准,无偿取得财政收入的一种特定分配形式。它体现了国家与纳税人在征税、纳税的利益分配上的一种特殊关系,是一定社会制度下的一种特定分配关系。

税收与其他财政收入形式相比,具有强制性、无偿性和固定性三个特征。这就是所谓的税收"三性",它是税收本身所固有的。

1. 强制性

税收的强制性是指税收是国家以社会管理者的身份,凭借政权力量,通过颁布法律或法规,按照一定的征收标准进行强制征收,负有纳税义务的社会集团和社会成员,都必须遵守国家强制性的税收法令,依法纳税,否则就要受到法律制裁,这是税收法律地位的体现。

2. 无偿性

税收的无偿性是指国家取得税收入既不需偿还,也不需对纳税人付出任何代价,社会集团和成员的一部分收入,转归国家所有,不向原纳税人支付任何报酬或代价,也不直接偿还给原来的纳税人。

3. 固定性

税收的固定性是指国家征税以法律形式预先规定征税范围和征收比例,便于征纳双方共同遵守。

二、税法的概念

税法是调整税收关系的法律规范的总称,是国家法律的重要组成部分。它是以宪法为依据,调整国家与社会成员在征纳税上的权利与义务关系,维护社会经济秩序和税收秩序,保障国家利益和纳税人合法权益的一种法律规范,是国家税务机关及一切纳税单位和个人依法征税、依法纳税的行为规则。

三、税收法律关系

税收法律关系体现为国家征税与纳税人纳税的利益分配关系。在总体上税收法律关系与其他法律关系一样也是由主体、客体和内容三个方面构成。

1. 主体。是指税收法律关系中享有权利和承担义务的当事人。在我国税收法律关系中,主体一方是代表国家行使征税职责的国家税务机关,包括国家各级税务机关、海关和财政机关,另一方是履行纳税义务的人,包括法人、自然人和其他组织。

2. 客体。是指主体的权利、义务所共同指向的对象,也就是课税对象。如所得税法律关系客体就是生产经营所得和其他所得;流转税法律关系客体就是货物销售收入或劳务收入。

3. 内容。是指主体所享受的权利和所应承担的义务。它具体规定了主体可以有什么行为,不可以有什么行为,如果违反了税法的规定,应该如何处罚等。

四、税法的制定

(一)税收立法和政策制定机构

根据我国《宪法》及其他相关法律的规定,有权参与税收立法和政策制定的机关有全国人民代表大会及其常务委员会,省、自治区、直辖市人民代表大会及其常务委员会,国务院,财政部、国务院关税税则委员会、国家税务总局。其中,关税税则委员会主要负责制定或者修订《进出口关税条例》《海关进出口税则》的方针、政策、原则等。

(二)税收立法程序

税收立法必须经过提出立法议案、审议、表决通过和公布四个阶段。

1. 提出立法议案

不管是税法的制定,还是税法的修改、补充和废止。一般由国务院授权其税务主管部门(财政部或国家税务总局)负责立法的调查研究等准备工作,并提出立法方案或税法草案,上报国务院。

2. 审议

税收法规由国务院负责审议。税收法律在经国务院审议通过后,以议案的形式提交全国人民代表大会常务委员会的有关工作部门,在广泛征求意见修改后,提交全国人民代表大会或其常务委员会审议通过。

3. 审议通过或表决通过

税收行政法规由国务院审议通过。税收法律是在全国人民代表大会或其常务委员会开会期间,先听取国务院关于制定税法议案的说明,然后以简单多数的表决形式通过。

4. 公布

税收行政法规是以国务院总理的名义发布实施;而税收法律是以国家主席的名义发布实施。

五、税种的分类

我国的税种分类方式主要有:

(一)按课税对象的性质分类

1. 流转税类

包括增值税、消费税、营业税、关税、车辆购置税等。这是我国税制体系中的主体税种。其中又以增值税为主体税种。

2. 所得税类

包括企业所得税、个人所得税等。

3. 资源税类

包括资源税、城镇土地使用税、土地增值税、耕地占用税等。

4. 财产税类

包括房产税、契税等。

5. 行为税类

包括印花税、车船税、船舶吨税、城市维护建设税等。

(二)按管理和使用权限分类

1. 中央税

属于中央财政固定收入的税种,包括消费税、关税、车辆购置税、船舶吨税、海关代征的增值税和消费税等。

2. 地方税

属于地方财政固定收入的税种,其中包括:营业税、土地增值税、印花税、城市建设维护税、城镇土地使用税、房产税、车船税、契税、耕地占用税等。

3. 中央地方共享税

其税收收入属于中央和地方共同拥有的税种,包括:(1)增值税,除属于中央固定收入的部分外,税额的75%划归中央,25%划归地方;(2)资源税,海洋石油资源税归中央收入,其他资源税都划归地方收入;(3)证券交易印花税,中央分享94%,地方分享6%(深圳、上海);(4)企业所得税、个人所得税,除中央企业所得税属中央收入外,其他企业所得税和个人所得税,中央分享60%,地方分享40%;(5)营业税,城市维护建设税,铁道部门、各银行总行、各保险总公司集中缴纳部分归中央,其余归地方。

(三)按计税依据分类

按计税依据分类可分为从价税和从量税。从价税是以课税对象的价格为计税依据,其应纳税额随商品价格的变化而变化,能充分体现合理负担的税收政策,因而大部分税种均采用这种计税方法。从量税是以课税对象的数量、重量、体积等作为计税依据,其课税数额只与课税对象数量相关而与价格无关。

（四）按税负能否转嫁与否分类

按税负能否转嫁分类，可分为直接税和间接税。直接税是指由纳税人直接负担，不易转嫁的税种，如所得税类、财产税类等。间接税是指纳税人能将税负转嫁给他人负担的税种，一般情况下对各种商品课税均属于间接税。

六、税制要素

税收制度主要由如下基本要素构成：

1. 征税人

征税人是指代表国家行使征税职权的各级税务机关和其他征收机关。我国的单项税收法规中都有有关征税主体的规定。如增值税的征税主体是税务机关，关税的征税主体是海关。

2. 纳税义务人

纳税人是指依法直接负有纳税义务的自然人、法人和其他组织。与纳税人相联系的另一个概念是扣缴义务人。扣缴义务人是税法规定的，在其经营活动中负有代扣税款并向国库交纳义务的单位。扣缴义务人必须按照税法规定代扣税款，并在规定期限缴入国库。

3. 课税对象

课税对象又称课征对象，是纳税的客体。它是指税收法律关系中权利义务所指的对象，即对什么征税。课税对象包括物或行为。不同的课税对象又是区别不同税种的重要标志。

4. 税目

税目是税法中具体规定应当征税的项目，是课税对象的具体化。

5. 税率

税率是指应征税额与计税金额（或数量单位）之间的比例，是计算税额的尺度，是税收法律制度中的核心要素。税率的高低直接体现国家的政策要求，直接关系到国家财政收入的多少和纳税人的负担程度。

我国现行税法规定的税率有：

（1）比例税率。比例税率是指对同一课税对象，不论其数额大小，均按同一个比例征税的税率。税率本身是应征税额与计税金额之间的比例。这里所说的比例税率是相对累进税率、定额税率而言。在比例税率中根据不同的情况又可划分为不同的征税比例，有行业比例税率、产品比例税率、地区差别比例税率、有免征额的比例税率、分档比例税率和幅度比例税率等。

（2）累进税率。累进税率是根据课税对象数额的大小，规定不同等级的税率。即课税对象数额越大，税率越高。累进税率又分为全额累进税率、超额累进税率和超率累进税率三种。

全额累进税率是按课税对象金额的多少划分若干等级,并按其达到的等级的不同规定不同的税率。课税对象的金额达到哪一个等级,即全部按相应的税率征税。目前,我国的税收法律制度中已不采用这种税率。

超额累进税率是将课税对象的数额划分为不同的部分。按不同的部分规定不同的税率,对每个等级分别计算税额。

超率累进税率是按课税对象的某种比例来划分不同的部分,并规定相应的税率,对每一等级分别计算税额。我国的土地增值税采用这种税率。

(3) 定额税率。又称固定税率,是指按课税对象的一定单位直接规定固定的税额,而不采取百分比的形式。

6. 计税依据

计税依据是指计算应纳税额的依据或标准,即根据什么来计算纳税人应缴纳的税额。一般有两种:一是从价计征,二是从量计征。从价计征,是以计税金额为计税依据,计税金额是指课税对象的数量乘以计税价格的数额。从量计征,是以课税对象的重量、体积、数量为计税依据。

7. 纳税环节

商品流转过程的各个环节,包括工业生产、农业生产、货物进出口、农产品采购或发运、商业批发、商业零售等各个环节在内,具体确定在哪个环节缴纳税款,该被确定的环节,就叫纳税环节。

8. 纳税期限

纳税期限是指纳税人的纳税义务发生后应依法缴纳税款的期限。国家在税法中根据不同的情况规定不同的纳税期限,纳税人必须在规定的纳税期限内缴纳税款。

9. 减免税

减免税是指国家对某些纳税人和课税对象给予鼓励和照顾的一种特殊规定。减免税主要包括三个方面的内容:

(1) 减税和免税。减税是指对应征税款减少征收一部分。免税是对按规定应征收的税款全部免除。

(2) 起征点。也称"征税起点",是指对课税对象开始征税的数额界限。课税对象的数额没有达到规定起征点的不征税;达到或超过起征点的,就其全部数额征税。

(3) 免征额。免征额是指对课税对象总额中免予征税的数额。

10. 税收法律责任

法律责任是指对违反国家税法规定的行为人采取的处罚措施。一般包括违法行为和因违法而应承担的法律责任两部分内容。税法中的法律责任包括行政责任和刑事责任。纳税人和税务人员违反税法规定,都将依法承担法律责任。

第二节 流转税法律制度

一、增值税法律制度

(一) 增值税的概念

增值税是对商品生产、销售或提供劳务过程中实现的增值额征收的一种税。增值额是指企业于一定时期内,在商品生产、经营过程中新创造的那部分价值,即企业的商品销售收入,扣除其耗用的外购商品和劳务后的余额。

增值税具有适用面广,税基合理、税率单一的特点,尤其是实行税款抵扣制,排除了一般流转税重复课税的弊端,因而具有其他流转税无法比拟的优越性。

(二) 增值税的纳税人

增值税的纳税人是指在中国境内销售货物或者提供加工、修理修配劳务以及进口货物的单位和个人。单位,是指企业、行政单位、事业单位、军事单位、社会团体及其他单位。单位租赁或者承包给其他单位或者个人经营的,以承租人或者承包人为纳税人。个人,是指个体工商户和其他个人。为了严格增值税的征收管理和对某些经营规模较小的纳税人简化计税办法,《中华人民共和国增值税暂行条例》(以下简称《增值税暂行条例》)参照国际惯例,按经营规模及会计核算健全与否将纳税人划分为一般纳税人和小规模纳税人。

1. 小规模纳税人

小规模纳税人是指年销售额在规定标准以下,并且会计核算不健全,不能按规定报送会计资料的增值税纳税人。小规模纳税人实行简易征税办法,一般不使用增值税专用发票。依照《增值税暂行条例实施细则》的规定,小规模纳税人的认定标准是:

(1) 从事货物生产或者提供应税劳务的纳税人,以及以从事货物生产或者提供应税劳务为主,并兼营货物批发或者零售的纳税人,年应征增值税销售额(以下简称应税销售额)在 50 万元以下(含本数)的;以从事货物生产或者提供应税劳务为主,是指纳税人的年货物生产或者提供应税劳务的销售额占年应税销售额的比重在 50% 以上。

(2) 除上述规定以外的纳税人,年应税销售额在 80 万元以下(含本数)的。

年应税销售额超过小规模纳税人标准的其他个人、非企业性单位、不经常发生应税行为的企业,可选择按小规模纳税人纳税。小规模纳税人会计核算健全,能够提供准确税务资料的,可以向主管税务机关申请资格认定,不作为小规模纳税人,依照《增值税暂行条例》有关规定计算应纳税额。除国家税务总局另有规定外,纳税人一经认定为一般纳税人后,不得转为小规模纳税人。

2. 一般纳税人

一般纳税人是指年应征增值税销售额,超过小规模纳税人标准的增值税纳税人。

增值税一般纳税人须向税务机关办理认定手续,以取得法定资格。

(三) 增值税的征收范围

1. 增值税的征税范围

(1) 销售或者进口的货物。货物是指有形动产,包括电力、热力、气体在内。

(2) 提供的加工、修理修配劳务。加工,是指受托加工货物,即委托方提供原料及主要材料,受托方按照委托方的要求制造货物并收取加工费的业务。修理修配,是指受托对损伤和丧失功能的货物进行修复,使其恢复原状和功能的业务。

增值税的征税范围总的讲,包括上述两大项,但对于实务中某些特殊项目或行为是否属于增值税征税范围,还需要具体确定。目前税法确定属于增值税征税范围的特殊项目主要有:

① 货物期货(包括商品期货和贵金属期货),应当征收增值税,并在期货的实物交割环节纳税。

② 银行销售金银的业务,应当征收增值税。

③ 典当业的死当销售业务和寄售业代委托人销售物品的业务,均应征收增值税。

④ 集邮商品(如邮票、首日封、邮册等)的生产、调拨,以及邮政部门以外的其他单位和个人销售的,均应征收增值税。

⑤ 邮政部门发行报刊,征收营业税;其他单位和个人发行报刊,征收增值税。

⑥ 电力公司向发电企业收取的过网费,应当征收增值税,不征收营业税。

2. 税法中确定属于增值税征税范围的特殊行为

(1) 视同销售货物行为。单位或个体经营者的下列行为,视同销售货物:

① 将货物交付其他单位或者个人代销;

② 销售代销货物;

③ 设有两个以上机构并实行统一核算的纳税人,将货物从一个机构移送其他机构用于销售,但相关机构设在同县(市)的除外;

④ 将自产或者委托加工的货物用于非增值税应税项目;

⑤ 将自产、委托加工的货物用于集体福利或者个人消费;

⑥ 将自产、委托加工或者购进的货物作为投资,提供给其他单位或者个体工商户;

⑦ 将自产、委托加工或者购买的货物分配给股东或者投资者;

⑧ 将自产、委托加工或者购进的货物无偿赠送其他单位或者个人。

(2) 混合销售行为。一项销售行为如果既涉及货物又涉及非增值税应税劳务,为混合销售行为。除《增值税暂行条例实施细则》第 6 条的规定外,从事货物的生产、批发或者零售的企业、企业性单位和个体工商户的混合销售行为,视为销售货物,应当缴纳增值税;其他单位和个人的混合销售行为,视为销售非增值税应税劳务,不缴纳增值税。

(3) 兼营行为(兼营非应税项目)。纳税人兼营非增值税应税项目的,应分别核算货物或者应税劳务和和非增值税应税项目的营业额。未分别核算的,由主管税务机关核定货物或者应税劳务的销售额。

(四) 增值税税率和应纳税额计算

1. 一般纳税人适用的税率和应纳税额计算

纳税人销售或者进口其他货物,税率为 17%。纳税人提供加工、修理修配劳务(以下称应税劳务),税率为 17%。纳税人销售或者进口下列货物,税率为 13%:(1) 粮食、食用植物油;(2) 自来水、暖气、冷气、热水、煤气、石油液化气、天然气、沼气、居民用煤炭制品;(3) 图书、报纸、杂志;(4) 饲料、化肥、农药、农机、农膜;(5) 国务院规定的其他货物。纳税人出口货物,税率为零;但是,国务院另有规定的除外。税率的调整,由国务院决定。①

纳税人兼营不同税率的货物或者应税劳务,应当分别核算不同税率货物或者应税劳务的销售额;未分别核算销售额的,从高适用税率。

纳税人销售货物或者提供应税劳务(以下简称销售货物或者应税劳务),应纳税额为当期销项税额抵扣当期进项税额后的余额。应纳税额计算公式:

$$应纳税额 = 当期销项税额 - 当期进项税额$$

当期销项税额小于当期进项税额不足抵扣时,其不足部分可以结转下期继续抵扣。

纳税人销售货物或者应税劳务,按照销售额和相应税率计算并向购买方收取的增值税额,为销项税额。销项税额计算公式:

$$销项税额 = 销售额 \times 税率$$

销售额为纳税人销售货物或者应税劳务向购买方收取的全部价款和价外费用,但是不包括收取的销项税额。

2. 小规模纳税人适用的税率和应纳税额计算

考虑到小规模纳税人经营规模小,且会计核算不健全,难以按上述一般纳税

---

① 依照 2014 年 1 月 1 日起执行的财政部和国家税务总局《营业税改征增值税试点实施办法》,在我国境内提供交通运输业、邮政业和部分现代服务业服务的单位和个人提供应税服务,不再缴纳营业税,增值税征收率为 3%。提供有形动产租赁服务,税率为 17%;提供交通运输服务、邮政业服务,税率为 11%;提供现代服务业服务(有形动产租赁服务除外),税率为 6%;财政部和国家税务总局规定的应税服务,税率为零。依照 2014 年 6 月 13 日财政部 国家税务总局《关于简并增值税征收率政策的通知》,经国务院批准,部分货物适用增值税低税率和简易办法征收增值税的,自 2014 年 7 月 1 日起,征收率统一调整为 3%。

人适用的税率计税和使用增值税专用发票抵扣进项税款,因此实行按销售额与征收率计算应纳税额的简易办法。小规模纳税人增值税征收率为3%。征收率的调整,由国务院决定。

小规模纳税人销售货物或者应税劳务,实行按照销售额和征收率计算应纳税额的简易办法,并不得抵扣进项税额。应纳税额计算公式:

$$应纳税额 = 销售额 \times 征收率$$

二、消费税法律制度

(一) 消费税的概念

消费税是指对从事生产、委托加工及进口应税消费品的单位和个人,就其消费品的销售额或销售数量或者销售额与销售数量相结合征收的一种流转税。

(二) 消费税的纳税人

消费税的纳税人,是指在我国境内从事生产、委托加工、销售和进口《中华人民共和国消费税暂行条例》(以下简称《消费税暂行条例》)列举的应税消费品的单位和个人。消费税的具体纳税人为:

(1) 生产应税消费品,以生产销售的单位和个人为纳税人,由生产者直接纳税。

(2) 委托加工的应税产品,以委托加工的单位和个人为纳税人,由受托方代收代缴税。

(3) 进口的应税消费品,以进口的单位和个人为纳税人,由海关代征税款。

(4) 国务院确定的销售《消费税暂行条例》规定的消费品的其他单位和个人。

(三) 消费税的征税范围

《消费税暂行条例》选择了14类消费品列举征收,具体可归纳为以下5个类别:

(1) 过度消费会对人类健康、社会秩序、生态环境等方面造成危害的特殊消费品,如烟、酒、鞭炮和焰火等;

(2) 奢侈品和非生活必需品,如珠宝玉石、化妆品等;

(3) 高能耗及高档消费品,如摩托车、小汽车、高档手表等;

(4) 不能再生和替代的石油类消费品,如汽油、柴油等;

(5) 具有一定财政意义的产品,如酒精、汽车轮胎等。

消费税的征税范围,可以根据国家经济发展变化和消费结构的变化情况做适当调整。

(四) 消费税的税目、税率

目前我国的消费税共有14个税目。包括烟、酒及酒精、化妆品、贵重首饰及珠宝玉石、鞭炮、焰火、成品油、汽车轮胎、摩托车、小汽车、高档手表、高尔夫球及球具、游艇、木制一次性筷子和实木地板等。消费税实行从价定率、从量定额，或者从价定率和从量定额复合计税的办法计算应纳税额。税率有比例税率和固定税额两种。根据不同的税目确定相应的税率或单位税额。消费税税目、税率的调整，由国务院决定。

三、营业税法律制度

（一）营业税的概念

营业税是指以纳税人从事经营活动的营业额（销售额）为课税对象的税种。我国现行的营业税是对在我国境内提供应税劳务、转让无形资产或销售不动产取得的营业收入征收的一种税。

（二）营业税的纳税人、扣缴义务人

1. 营业税的纳税人

在我国境内提供应税劳务、转让无形资产或者销售不动产的单位和个人，为营业税的纳税人。

2. 营业税的扣缴义务人

所谓扣缴义务人是指税法规定负有扣缴纳税人应纳税款义务的单位和个人。营业税的扣缴义务人具体有：

（1）中华人民共和国境外的单位或者个人在境内提供应税劳务、转让无形资产或者销售不动产，在境内未设有经营机构的，以其境内代理人为扣缴义务人；在境内没有代理人的，以受让方或者购买方为扣缴义务人。

（2）国务院财政、税务主管部门规定的其他扣缴义务人。

（三）营业税的税目、税率

营业税的税目是按行业类别设置的，共规定了9个税目，分别为：交通运输业、建筑业、金融保险业、邮电通信业、文化体育业、娱乐业、服务业、转让无形资产和销售不动产。

营业税的税率营业税按行业实行有差别的比例税率，具体为三档税率：

1. 交通运输业、建筑业、邮电通信业、文化体育业税率3%；
2. 服务业、金融保险业、转让无形资产、销售不动产税率5%；
3. 娱乐业税率为5%—20%。

纳税人经营娱乐业具体适用的税率，由省、自治区、直辖市人民政府在5%—20%的幅度内决定。

税率、税目的调整权限在国务院。[1]

---

[1] 依照2014年1月1日起执行的财政部和国家税务总局《营业税改征增值税试点实施办法》，在我国境内提供交通运输业、邮政业和部分现代服务业服务的单位和个人提供应税服务，不再缴纳营业税。

四、关税法律制度

（一）关税的概念

关税是对进出国境或关境的货物、物品征收的一种税,其实质属于消费税。关税一般分为进口关税、出口关税和过境关税。我国目前对进出境货物征收的关税分为进口关税和出口关税两类。

关税作为单独的税种,除了具有一般税收的强制性、无偿性和固定性外,还具有以下特点：

（1）关税的课税对象是进出境的货物和物品；

（2）关税计税依据是关税中的完税价格；

（3）关税对国际贸易有着重要影响；

（4）关税由海关负责征收。

（二）关税的纳税人和征税范围

贸易性商品的纳税人是经营进出口货物的收、发货人。具体包括：

（1）外贸进出口公司；

（2）工贸或农贸结合的进出口公司；

（3）其他经批准经营进出口商品的企业。

物品的纳税人包括：

（1）入境旅客随身携带的行李、物品的持有人；

（2）各种运输工具上服务人员入境时携带自用物品的持有人；

（3）馈赠物品以及其他方式入境个人物品的所有人；

（4）进口个人邮件的收件人。

（三）关税的税目、税率

关税的税目、税率都由《中华人民共和国海关进出口税则》（以下简称《海关进出口税则》）规定。《海关进出口税则》是根据国际海关合作理事会的《商品名称及编码协调制度》而制定的,它包括三个主要部分：归类总规则,进口税率表,出口税率表,其中归类总规则是进出口货物分类的具有法律效力的原则和方法。

关税的税率分为进口税率和出口税率两个部分,其中进口税率又分为普通税率和优惠税率。对原产于与中华人民共和国未订有关税互惠协议的国家或者地区的进口货物,按照普通税率征税；对原产于与中华人民共和国订有关税互惠协议的国家或者地区的进口货物,按照优惠税率征税。为了灵活运用和有效发挥两种税率制度的调节作用,对按照普通税率征税的进口货物,经国务院关税税则委员会特别批准,也可以按照优惠税率征税。不同税率的运用是以进口货物的原产地为标准的。未订有出口税率的货物,不征出口关税。

第三节 所得税法律制度

一、企业所得税

(一) 企业所得税的概念

企业所得税是指以我国境内企业和其他取得收入的组织,在一定期间内的生产、经营所得和其他所得(包括来源于中国境内、境外的所得)为课税对象所征收的一种税。

(二) 企业所得税纳税人

企业所得税的纳税人是指我国境内实行独立经济核算的企业或者其他取得收入的组织,包括国有企业、集体企业、私营企业、联营企业、股份制企业、外商投资企业和外资企业(不包括个人独资企业、合伙企业)。上述独立经济核算的企业或组织必须同时具备在银行开设结算账户,独立建立账簿、编制财务会计报表,独立核算盈亏等条件。

企业分为居民企业和非居民企业。居民企业,是指依法在中国境内成立,或者依照外国(地区)法律成立但实际管理机构在中国境内的企业。居民企业应当就其来源于中国境内、境外的所得缴纳企业所得税。非居民企业,是指依照外国(地区)法律成立且实际管理机构不在中国境内,但在中国境内设立机构、场所的,或者在中国境内未设立机构、场所,但有来源于中国境内所得的企业。非居民企业在中国境内设立机构、场所的,应当就其所设机构、场所取得的来源于中国境内的所得,以及发生在中国境外但与其所设机构、场所有实际联系的所得,缴纳企业所得税。非居民企业在中国境内未设立机构、场所的,或者虽设立机构、场所但取得的所得与其所设机构、场所没有实际联系的,应当就其来源于中国境内的所得缴纳企业所得税。

(三) 企业所得税征收范围

企业所得税纳税人的生产、经营所得,是指其从事物质生产、交通运输、商品流通、劳务服务以及经国家主管部门确认的其他营利事业取得的所得。纳税人的其他所得是指股息、利息、租金、特许权使用费以及营业外收益等所得。

(四) 企业所得税税率

企业所得税税率是指对纳税人应纳税所得额征税的比率,即应纳税额与应纳税所得额的比率。我国企业所得税实行 25% 的比例税率。非居民企业在中国境内未设立机构、场所的,或者虽设立机构、场所但取得的所得与其所设机构、场所没有实际联系的,其来源于中国境内的所得,适用税率为 20%。

为了照顾利润水平较低的小型企业和扶持高新企业,税法又规定了两档照顾性税率：

(1) 符合条件的小型微利企业，减按20%的税率征收企业所得税；

(2) 国家需要重点扶持的高新技术企业，减按15%的税率征收企业所得税。

二、个人所得税

(一) 个人所得税的概念

个人所得税是对个人(即自然人)的劳务和非劳务所得征收的一种税。

(二) 个人所得税的纳税人

我国个人所得税法规定，在中国境内有住所，或者无住所而在境内居住满1年的个人(即居民纳税人)，从中国境内和境外取得的所得，应依照规定缴纳个人所得税；在中国境内无住所又不居住，或者无住所而在境内居住不满1年的个人(即非居民纳税人)，从中国境内取得的所得，依照规定缴纳个人所得税。

(三) 个人所得税征税范围

对于居民纳税人，应就来源于中国境内和境外的全部所得征税；对于非居民纳税人，则只就来源于中国境内所得部分征税，境外所得部分不属于我国征税范围。对纳税人居民和非居民身份的确定，税法采用的是住所和居住时间两个标准，即凡在中国境内有住所或者无住所而在境内居住满1年的个人，就是居民纳税人；凡在中国境内无住所又不居住，或者无住所而在中国境内居住不满1年的个人，就是非居民纳税人。另外，在中国境内无住所，但居住满1年，而未超过5年的个人，其来源于中国境外的所得。经主管税务机关批准，可以只就由中国境内公司、企业以及其他经济组织或个人支付的部分交纳个人所得税；居住超过5年的个人，从第6年起，应当就其来源于中国境外的全部所得缴纳个人所得税。

(四) 税目

按应纳税所得的类别划分，现行个人所得税的应税项目共11个：

1. 工资、薪金所得；
2. 个体工商户的生产、经营所得；
3. 对企事业单位的承包经营、承租经营所得；
4. 劳务报酬所得；
5. 稿酬所得；
6. 特许权使用费所得；
7. 利息、股息、红利所得；
8. 财产租赁所得；
9. 财产转让所得(财产转让所得是指个人转让有价证券、股票、建筑物、土地使用权、机器设备、车船以及其他财产取得的所得)；

10. 偶然所得(指个人得奖、中奖、中彩以及其他偶然性质的所得)；

11. 经国务院财政部门确定征税的其他所得。

除上述列举的各项个人应税所得外,其他确有必要征税的个人所得,由国务院财政部门确定。个人取得的所得难以界定应纳税所得项目的,由主管税务机关确定。

三、个人所得税税率

1. 工资、薪金所得适用3%至45%的超额累进税率；

2. 个体工商户的生产、经营所得和对企事业单位的承包经营、承租经营所得,适用5%至35%的超额累进税率；

3. 稿酬所得,适用比例税率,税率为20%,并按应纳税额减征30%；

4. 劳务报酬所得,适用比例税率,税率为20%。对劳务报酬所得一次收入畸高的,可以实行加成征收,即个人取得劳务报酬收入的应纳税所得额一次超过2万至5万元的部分,按照税法规定计算应纳税额后,再按照应纳税额加征五成,超过5万元的部分,加征十成。

5. 特许权使用费所得,利息、股息、红利所得,财产租赁所得,财产转让所得,偶然所得和其他所得,适用比例税率,税率为20%。

第四节 财产、行为、资源税收法律制度

一、城镇土地使用税法律制度

(一) 城镇土地使用税的概念

城镇土地使用税是国家在城市、县城、建制镇和工矿区范围内,对使用土地的单位和个人,以其实际占用的土地面积为计税依据,按照规定的税额计算征收的一种税。

(二) 城镇土地使用税的纳税人

城镇土地使用税的纳税人,是指在城市、县城、建制镇、工矿区范围内使用土地的单位和个人。单位,包括国有企业、集体企业、私营企业、股份制企业、外商投资企业、外国企业以及其他企业和事业单位、社会团体、国家机关、军队以及其他单位；个人,包括个体工商户以及其他个人。税法对城镇土地使用税的纳税人,根据用地者的不同情况分别确定为：

(1) 城镇土地使用税由拥有土地使用权的单位或个人缴纳；

(2) 拥有土地使用权的纳税人不在土地所在地的,由代管人或实际使用人

缴纳；

(3) 土地使用权未确定或权属纠纷未解决的，由实际使用人纳税；

(4) 土地使用权共有的，由共有各方分别纳税。

(三) 城镇土地使用税的课税对象

城镇土地使用税的课税对象是税法规定的纳税区域内的土地。凡在城市、县城、建制镇、工矿区范围内的土地，不论是属于国家所有的土地，还是集体所有的土地，都是城镇土地使用税的课税对象。

(四) 城镇土地使用税适用税额及应纳税额的计算

城镇土地使用税采用分类分级的幅度定额税率；或称分等级幅度税额。具体地说，按城市大小分四个档次，每平方米的年幅度税额分别为：

(1) 大城市 1.5 元至 30 元；

(2) 中等城市 1.2 元至 24 元；

(3) 小城市 0.9 元至 1.8 元；

(4) 县城、建制镇、工矿区 0.6 元至 12 元。

二、房产税法律制度

房产税是以房产为征税对象，按照房产的计税价值或房产的租金收入，向产权所有人征收的一种税。

(一) 房产税的纳税人

凡在我国城市、县城、建制镇和工矿区内拥有房屋产权的单位和个人，都是房产税的纳税人。房产税的纳税人具体包括：产权所有人、经营管理单位、承典人、房产代管人或者使用人。产权属于国家所有的，其经营管理的单位为纳税人；产权属集体和个人所有的，集体单位和个人为纳税人；产权出典的，承典人为纳税人；产权所有人、承典人均不在房产所在地的，或者产权未确定以及租典纠纷未解决的，房产代管人或者使用人为纳税人。

(二) 房产税的征税范围

房产税的征税范围是城市、县城、建制镇和工矿类地区的房屋。城市是指国务院批准设立的市，其范围为市区、郊区和市辖县城，不包括农村。

(三) 房产税的税率

我国现行房产税采用比例税率。由于房产税的计税依据分为从价计征和从租计征两种形式，房产税的税率也有两种：从价计征的，税率为 1.2%，即按房产原值一次减除 10% 至 30% 后的余值的 1.2% 计征；从租计征的，税率为 12%，即按房产出租的租金收入的 12% 计税。

房产税按年征收、分期缴纳。纳税期限由省、自治区、直辖市人民政府规定。

三、资源税法律制度

（一）资源税的概念

资源税是为了调节资源开发过程中的级差收入,以自然资源为课税对象的一种税。

（二）资源税的纳税人

依照《中华人民共和国资源税暂行条例》第1条的规定:在中华人民共和国领域及管辖海域开采本条例规定的矿产品或者生产盐的单位和个人,为资源税的纳税人。

（三）资源税的征税范围

我国目前资源税的征税范围具体包括:原油、天然气、煤炭、其他非金属矿原矿、黑色金属矿原矿、有色金属矿原矿、盐。包括固体盐、液体盐。

（四）资源税税率

原油、天然气按销售额的5%—10%征收资源税;纳税人开采或者生产应税产品销售的,以销售数量为课税数量,纳税人开采或者生产应税产品自用的,以自用数量为课税数量按照比例税率征收资源税。[①]

四、土地增值税法律制度

土地增值税是对转让国有土地使用权、地上建筑物及其附着物并取得收入的单位和个人,就其转让房地产所取得的增值额征收的一种税。

（一）土地增值税纳税人

土地增值税的纳税人是指转让国有土地使用权、地上建筑物及其附着物并取得收入的单位和个人。

（二）土地增值税的征税范围

具体包括:

1. 转让国有土地使用权。
2. 地上的建筑物及其附着物连同国有土地使用权上一并转让。

（三）土地增值税的税率

土地增值税实行四级超率累进税率,具体税率如下:

1. 增值额未超过扣除项目金额50%的部分,税率为30%;
2. 增值额超过扣除项目金额50%、未超过扣除项目金额100%的部分,税率为40%;
3. 增值额超过扣除项目金额100%、未超过扣除项目金额200%的部分,税

---

① 参见《中华人民共和国资源税暂行条例》所附《资源税税目税率表》

率为50%；

4. 增值额超过扣除项目金额200%的部分，税率为60%。

五、契税法律制度

（一）契税的概念

契税是国家在土地、房屋权属转移时，按照当事人双方签订的合同（契约），以及所确定价格的一定比例，向权属承受人一次性征收的一种行为税。

（二）契税纳税人

在我国境内承受土地、房屋权属转移的单位和个人，为契税纳税人。契税由权属的承受人缴纳。这里所称的承受，是指以受让、购买、受赠、交换等方式取得土地、房屋权属的行为。

（三）契税课税对象

契税以在我国境内转移的土地、房屋权属作为课税对象。土地、房屋权属未发生转移的，不征收契税。契税的课税对象具体包括以下五项内容：

1. 国有土地使用权出让；

2. 土地使用权转让，包括出售、赠与和交换（不包括农村集体土地承包经营权的转移）；

3. 房屋买卖；

4. 房屋赠与；

5. 房屋交换。

（四）契税契税的计税依据和税率

契税的计税依据:1)国有土地使用权出让、土地使用权出售、房屋买卖，为成交价格;(2)土地使用权赠与、房屋赠与，由征收机关参照土地使用权出售、房屋买卖的市场价格核定;(3)土地使用权交换、房屋交换，为所交换的土地使用权、房屋的价格的差额。上述成交价格明显低于市场价格并且无正当理由的，或者所交换土地使用权、房屋的价格的差额明显不合理并且无正当理由的，由征收机关参照市场价格核定。

契税的税率规定为3%至5%的幅度税率。具体税率由省、自治区、直辖市人民政府在幅度税率规定范围内；按照本地区的实际情况确定，以适应不同地区纳税人的负担水平和调控房地产交易的市场价格。

六、印花税法律制度

（一）印花税的概念

印花税是对经济活动和经济交往中书立、领受税法规定应税凭证征收的一种行为税，因采用在应税凭证上粘贴印花税票作为完税的标志而得名。

（二）印花税纳税人

在中华人民共和国境内书立、领受税法列举凭证的单位和个人,均为印花税的纳税义务人。根据书立、领受应税凭证的不同,纳税人分为立合同人、立账簿人、立据人、领受人和使用人。

（三）印花税的征税范围

印花税的征税范围重点是经济活动中最普遍、最大量的各种商事和产权凭证。具体包括以下几项：

（1）购销、加工承揽、建设工程承包、财产租赁、货物运输、仓储保管、借款、财产保险、技术合同或者具有合同性质的凭证,如协议、合约、单据、确认书及其他各种名称的凭证。

（2）产权转移书据,包括财产所有权和著作权、商标专用权、专利权、专有技术使用权等转移时所书立的转移书据。

（3）营业账簿,包括单位和个人从事生产经营活动所设立的各种财务会计核算账簿。营业账簿按其内容不同,可分为记载资金的账簿和其他账簿。

（4）权利许可证照,包括政府部门发给的房屋产权证、工商营业执照、商标注册证、专利证、土地使用证等。

（5）经财政部确定征税的其他凭证。

（四）印花税税率

印花税的税率采用比例税率和定额税率两种税率。现行印花税的比例税率分为五档：

（1）1‰税率：适用于财产租赁合同、仓储保管合同、财产保险合同等税目。

（2）0.5‰税率：适用于加工承揽合同、建设工程勘察设计合同、货物运输合同、产权转移书据税目和营业账簿税目中的记载资金账簿部分。

（3）0.3‰税率：适用于购销合同、建筑安装工程承包合同、技术合同税目。

（4）0.05‰税率：适用于借款合同税目。

（5）1‰税率：适用于股票买卖、继承、赠与所书立的股权转让书据。

征收印花税单位税额为每件 5 元。

第五节 税收征收管理

税收征收管理是税务机关根据税收法规对征税活动所实施的组织、指挥、控制和监督,是对纳税人履行纳税义务采取的一种管理、征收和检查行为,是税收管理的重要组成部分和基本环节。税收征收管理的主要内容是管理、征收和检查。

《中华人民共和国税收征收管理法》(以下简称《税收征管法》)于 1992 年 9

月第七届全国人大常委会第二十七次会议通过,自1993年1月1日起施行。《中华人民共和国税收征收管理法实施细则》于1993年8月由国务院发布,自发布之日起施行。1995年2月28日第八届全国人民代表大会常务委员会第十二次会议、2001年4月28日第九届全国人民代表大会常务委员会第二十一次会议、2013年6月29日第十二届全国人民代表大会常务委员会第三次会议,对《税收征管法》进行了三次修正。

一、税务管理

税务管理是税务机关在税收征收管理中对征纳过程实施的基础性的管理制度和管理行为。税务管理包括税务登记管理,账簿、凭证管理,发票管理和纳税申报管理等四个部分的内容。

(一)税务登记管理

企业,企业在外地设立的分支机构和从事生产、经营的场所,个体工商户和从事生产、经营的事业单位(以下统称从事生产、经营的纳税人)自领取营业执照之日起30日内,持有关证件,向税务机关申报办理税务登记。税务机关应当于收到申报的当日办理登记并发给税务登记证件。工商行政管理机关应当将办理登记注册、核发营业执照的情况,定期向税务机关通报。从事生产、经营的纳税人,税务登记内容发生变化的,自工商行政管理机关办理变更登记之日起30日内或者在向工商行政管理机关申请办理注销登记之前,持有关证件向税务机关申报办理变更或者注销税务登记。

从事生产、经营的纳税人应当按照国家有关规定,持税务登记证件,在银行或者其他金融机构开立基本存款账户和其他存款账户,并将其全部账号向税务机关报告。银行和其他金融机构应当在从事生产、经营的纳税人的账户中登录税务登记证件号码,并在税务登记证件中登录从事生产、经营的纳税人的账户账号。

纳税人按照国务院税务主管部门的规定使用税务登记证件。税务登记证件不得转借、涂改、损毁、买卖或者伪造。

(二)账簿、凭证管理

纳税人、扣缴义务人按照有关法律、行政法规和国务院财政、税务主管部门的规定设置账簿,根据合法、有效凭证记账,进行核算。从事生产、经营的纳税人的财务、会计制度或者财务、会计处理办法和会计核算软件,应当报送税务机关备案。纳税人、扣缴义务人的财务、会计制度或者财务、会计处理办法与国务院或者国务院财政、税务主管部门有关税收的规定抵触的,依照国务院或者国务院财政、税务主管部门有关税收的规定计算应纳税款、代扣代缴和代收代缴税款。

从事生产、经营的纳税人、扣缴义务人必须按照国务院财政、税务主管部门规定的保管期限保管账簿、记账凭证、完税凭证及其他有关资料。账簿、记账凭证、完税凭证及其他有关资料不得伪造、变造或者擅自损毁。国家根据税收征收管理的需要,积极推广使用税控装置。纳税人应当按照规定安装、使用税控装置,不得损毁或者擅自改动税控装置。

(三)发票管理和使用

税务机关是发票的主管机关,负责发票印制、领购、开具、取得、保管、缴销的管理和监督。单位、个人在购销商品、提供或者接受经营服务以及从事其他经营活动中,应当按照规定开具、使用、取得发票。发票的管理办法由国务院规定。增值税专用发票由国务院税务主管部门指定的企业印制;其他发票,按照国务院税务主管部门的规定,分别由省、自治区、直辖市国家税务局、地方税务局指定企业印制。未经上述规定的税务机关指定,不得印制发票。

(四)纳税申报

纳税人必须依照法律、行政法规规定或者税务机关依照法律、行政法规的规定确定的申报期限、申报内容如实办理纳税申报,报送纳税申报表、财务会计报表以及税务机关根据实际需要要求纳税人报送的其他纳税资料。扣缴义务人必须依照法律、行政法规规定或者税务机关依照法律、行政法规的规定确定的申报期限、申报内容如实报送代扣代缴、代收代缴税款报告表以及税务机关根据实际需要要求扣缴义务人报送的其他有关资料。

纳税人、扣缴义务人可以直接到税务机关办理纳税申报或者报送代扣代缴、代收代缴税款报告表,也可以按照规定采取邮寄、数据电文或者其他方式办理上述申报、报送事项。纳税人、扣缴义务人不能按期办理纳税申报或者报送代扣代缴、代收代缴税款报告表的,经税务机关核准,可以延期申报。经核准延期办理上述规定的申报、报送事项的,应当在纳税期内按照上期实际缴纳的税额或者税务机关核定的税额预缴税款,并在核准的延期内办理税款结算。

二、税款征收

(一)税款征收的一般规定

税款征收是税务机关依照税收法律法规规定,将纳税人依法应纳的税款以及扣缴义务人代扣代缴、代收代缴的税款,通过不同的方式组织征收入库的活动。

税务机关依照法律、行政法规的规定征收税款,不得违反法律、行政法规的规定开征、停征、多征、少征、提前征收、延缓征收或者摊派税款。除税务机关、税务人员以及经税务机关依照法律、行政法规委托的单位和人员外,任何单位和个人不得进行税款征收活动。

扣缴义务人依照法律、行政法规的规定履行代扣、代收税款的义务。对法律、行政法规没有规定负有代扣、代收税款义务的单位和个人,税务机关不得要求其履行代扣、代收税款义务。扣缴义务人依法履行代扣、代收税款义务时,纳税人不得拒绝。纳税人拒绝的,扣缴义务人应当及时报告税务机关处理。税务机关按照规定付给扣缴义务人代扣、代收手续费。纳税人、扣缴义务人按照法律、行政法规规定或者税务机关依照法律、行政法规的规定确定的期限,缴纳或者解缴税款。纳税人因有特殊困难,不能按期缴纳税款的,经省、自治区、直辖市国家税务局、地方税务局批准,可以延期缴纳税款,但最长不得超过3个月。

纳税人未按照规定期限缴纳税款的,扣缴义务人未按照规定期限解缴税款的,税务机关除责令限期缴纳外,从滞纳税款之日起,按日加收滞纳税款万分之五的滞纳金。

因税务机关的责任,致使纳税人、扣缴义务人未缴或者少缴税款的,税务机关在3年内可以要求纳税人、扣缴义务人补缴税款,但是不得加收滞纳金。因纳税人、扣缴义务人计算错误等失误,未缴或者少缴税款的,税务机关在3年内可以追征税款、滞纳金;有特殊情况的,追征期可以延长到5年。对偷税、抗税、骗税的,税务机关追征其未缴或者少缴的税款、滞纳金或者所骗取的税款,不受上述规定期限的限制。

纳税人可以依照法律、行政法规的规定书面申请减税、免税。减税、免税的申请须经法律、行政法规规定的减税、免税审查批准机关审批;地方各级人民政府、各级人民政府主管部门、单位和个人违反法律、行政法规规定,擅自作出的减税、免税决定无效,税务机关不得执行,并向上级税务机关报告。

税务机关征收税款时,必须给纳税人开具完税凭证。扣缴义务人代扣、代收税款时,纳税人要求扣缴义务人开具代扣、代收税款凭证的,扣缴义务人应当开具。

(二)税收稽查措施

纳税人有下列情形之一的,税务机关有权核定其应纳税额:(1)依照法律、行政法规的规定可以不设置账簿的;(2)依照法律、行政法规的规定应当设置账簿但未设置的;(3)擅自销毁账簿或者拒不提供纳税资料的;(4)虽设置账簿,但账目混乱或者成本资料、收入凭证、费用凭证残缺不全,难以查账的;(5)发生纳税义务,未按照规定的期限办理纳税申报,经税务机关责令限期申报,逾期仍不申报的;(6)纳税人申报的计税依据明显偏低,又无正当理由的。

对未按照规定办理税务登记的从事生产、经营的纳税人以及临时从事经营的纳税人,由税务机关核定其应纳税额,责令缴纳;不缴纳的,税务机关可以扣押其价值相当于应纳税款的商品、货物。扣押后缴纳应纳税款的,税务机关必须立即解除扣押,并归还所扣押的商品、货物;扣押后仍不缴纳应纳税款的,经县以上税务局(分局)局长批准,依法拍卖或者变卖所扣押的商品、货物,以拍卖或者变卖所得抵缴税款。

(三) 税收保全措施

税务机关有根据认为从事生产、经营的纳税人有逃避纳税义务行为的,可以在规定的纳税期之前,责令限期缴纳应纳税款;在限期内发现纳税人有明显的转移、隐匿其应纳税的商品、货物以及其他财产或者应纳税的收入的迹象的,税务机关可以责成纳税人提供纳税担保。如果纳税人不能提供纳税担保,经县以上税务局(分局)局长批准,税务机关可以采取下列税收保全措施:

(1) 书面通知纳税人开户银行或者其他金融机构冻结纳税人的金额相当于应纳税款的存款;

(2) 扣押、查封纳税人的价值相当于应纳税款的商品、货物或者其他财产。

纳税人在规定的限期内缴纳税款的,税务机关必须立即解除税收保全措施;限期期满仍未缴纳税款的,经县以上税务局(分局)局长批准,税务机关可以书面通知纳税人开户银行或者其他金融机构从其冻结的存款中扣缴税款,或者依法拍卖或者变卖所扣押、查封的商品、货物或者其他财产,以拍卖或者变卖所得抵缴税款。个人及其所扶养家属维持生活必需的住房和用品,不在税收保全措施的范围之内。

欠缴税款的纳税人或者他的法定代表人需要出境的,应当在出境前向税务机关结清应纳税款、滞纳金或者提供担保。未结清税款、滞纳金,又不提供担保的,税务机关可以通知出境管理机关阻止其出境。

欠缴税款的纳税人因怠于行使到期债权,或者放弃到期债权,或者无偿转让财产,或者以明显不合理的低价转让财产而受让人知道该情形,对国家税收造成损害的,税务机关可以依照《合同法》第73条、第74条的规定行使代位权、撤销权。税务机关依照前款规定行使代位权、撤销权的,不免除欠缴税款的纳税人尚未履行的纳税义务和应承担的法律责任。

(四) 税收强制执行措施

从事生产、经营的纳税人、扣缴义务人未按照规定的期限缴纳或者解缴税款,纳税担保人未按照规定的期限缴纳所担保的税款,由税务机关责令限期缴纳,逾期仍未缴纳的,经县以上税务局(分局)局长批准,税务机关可以采取下列强制执行措施:

(1) 书面通知其开户银行或者其他金融机构从其存款中扣缴税款;

(2) 扣押、查封、依法拍卖或者变卖其价值相当于应纳税款的商品、货物或者其他财产,以拍卖或者变卖所得抵缴税款。税务机关采取强制执行措施时,对前款所列纳税人、扣缴义务人、纳税担保人未缴纳的滞纳金同时强制执行。个人及其所扶养家属维持生活必需的住房和用品,不在强制执行措施的范围之内。

采取税收保全措施、强制执行措施的权力,不得由法定的税务机关以外的单位和个人行使。税务机关滥用职权违法采取税收保全措施、强制执行措施,或者采取税收保全措施、强制执行措施不当,使纳税人、扣缴义务人或者纳税担保人的合法权益遭受损失的,应当依法承担赔偿责任。

税务机关征收税款,税收优先于无担保债权,法律另有规定的除外;纳税人欠缴的税款发生在纳税人以其财产设定抵押、质押或者纳税人的财产被留置之前的,税收应当先于抵押权、质权、留置权执行。纳税人欠缴税款,同时又被行政机关决定处以罚款、没收违法所得的,税收优先于罚款、没收违法所得。

三、税收检查

税务机关有权进行下列税务检查:

(1) 检查纳税人的账簿、记账凭证、报表和有关资料,检查扣缴义务人代扣代缴、代收代缴税款账簿、记账凭证和有关资料;

(2) 到纳税人的生产、经营场所和货物存放地检查纳税人应纳税的商品、货物或者其他财产,检查扣缴义务人与代扣代缴、代收代缴税款有关的经营情况;

(3) 责成纳税人、扣缴义务人提供与纳税或者代扣代缴、代收代缴税款有关的文件、证明材料和有关资料;

(4) 询问纳税人、扣缴义务人与纳税或者代扣代缴、代收代缴税款有关的问题和情况;

(5) 到车站、码头、机场、邮政企业及其分支机构检查纳税人托运、邮寄应纳税商品、货物或者其他财产的有关单据、凭证和有关资料;

(6) 经县以上税务局(分局)局长批准,凭全国统一格式的检查存款账户许可证明,查询从事生产、经营的纳税人、扣缴义务人在银行或者其他金融机构的存款账户。税务机关在调查税收违法案件时,经设区的市、自治州以上税务局(分局)局长批准,可以查询案件涉嫌人员的储蓄存款。税务机关查询所获得的资料,不得用于税收以外的用途。

四、法律责任

(一) 违反税务管理的法律责任

纳税人有下列行为之一的,由税务机关责令限期改正,可以处2000元以下的罚款;情节严重的,处2000元以上1万元以下的罚款:

(1) 未按照规定的期限申报办理税务登记、变更或者注销登记的;

(2) 未按照规定设置、保管账簿或者保管记账凭证和有关资料的;

(3) 未按照规定将财务、会计制度或者财务、会计处理办法和会计核算软件报送税务机关备查的;

(4) 未按照规定将其全部银行账号向税务机关报告的;

(5) 未按照规定安装、使用税控装置,或者损毁或者擅自改动税控装置的。

纳税人不办理税务登记的,由税务机关责令限期改正;逾期不改正的,经税务机关提请,由工商行政管理机关吊销其营业执照。纳税人未按照规定使用税务登记证件,或者转借、涂改、损毁、买卖、伪造税务登记证件的,处2000元以上1万元以下的罚款;情节严重的,处1万元以上5万元以下的罚款。

扣缴义务人未按照规定设置、保管代扣代缴、代收代缴税款账簿或者保管代扣代缴、代收代缴税款记账凭证及有关资料的,由税务机关责令限期改正,可以处2000元以下的罚款;情节严重的,处2000元以上5000元以下的罚款。

纳税人未按照规定的期限办理纳税申报和报送纳税资料的,或者扣缴义务人未按照规定的期限向税务机关报送代扣代缴、代收代缴税款报告表和有关资料的,由税务机关责令限期改正,可以处2000元以下的罚款;情节严重的,可以处2000元以上1万元以下的罚款。

(二) 偷税的法律责任

纳税人伪造、变造、隐匿、擅自销毁账簿、记账凭证,或者在账簿上多列支出或者不列、少列收入,或者经税务机关通知申报而拒不申报或者进行虚假的纳税申报,不缴或者少缴应纳税款的,是偷税。对纳税人偷税的,由税务机关追缴其不缴或者少缴的税款、滞纳金,并处不缴或者少缴的税款50%以上5倍以下的罚款;构成犯罪的,依法追究刑事责任。扣缴义务人采取前款所列手段,不缴或者少缴已扣、已收税款,由税务机关追缴其不缴或者少缴的税款、滞纳金,并处不缴或者少缴的税款50%以上5倍以下的罚款;构成犯罪的,依法追究刑事责任。

纳税人、扣缴义务人编造虚假计税依据的,由税务机关责令限期改正,并处5万元以下的罚款。纳税人不进行纳税申报,不缴或者少缴应纳税款的,由税务机关追缴其不缴或者少缴的税款、滞纳金,并处不缴或者少缴的税款50%以上5倍以下的罚款。

(三) 欠税的法律责任

纳税人欠缴应纳税款,采取转移或者隐匿财产的手段,妨碍税务机关追缴欠缴的税款的,由税务机关追缴欠缴的税款、滞纳金,并处欠缴税款50%以上5倍以下的罚款;构成犯罪的,依法追究刑事责任。

(四) 骗取出口退税的法律责任

以假报出口或者其他欺骗手段,骗取国家出口退税款,由税务机关追缴其骗取的退税款,并处骗取税款1倍以上5倍以下的罚款;构成犯罪的,依法追究刑事责任。对骗取国家出口退税款的,税务机关可以在规定期间内停止为其办理出口退税。

(五) 抗税的法律责任

以暴力、威胁方法拒不缴纳税款的,是抗税,除由税务机关追缴其拒缴的税款、滞纳金外,依法追究刑事责任。情节轻微,未构成犯罪的,由税务机关追缴其拒缴的税款、滞纳金,并处拒缴税款1倍以上5倍以下的罚款。

(六)不履行缴税、扣缴义务的法律责任

纳税人、扣缴义务人在规定期限内不缴或者少缴应纳或者应解缴的税款,经税务机关责令限期缴纳,逾期仍未缴纳的,税务机关除依照《税收征管法》第40条的规定采取强制执行措施追缴其不缴或者少缴的税款外,可以处不缴或者少缴的税款50%以上5倍以下的罚款。

扣缴义务人应扣未扣、应收而不收税款的,由税务机关向纳税人追缴税款,对扣缴义务人处应扣未扣、应收未收税款50%以上3倍以下的罚款。

从事生产、经营的纳税人、扣缴义务人有《税收征管法》规定的税收违法行为,拒不接受税务机关处理的,税务机关可以收缴其发票或者停止向其发售发票。

(七)非法印制发票的法律责任

违反《税收征管法》第22条规定,非法印制发票的,由税务机关销毁非法印制的发票,没收违法所得和作案工具,并处1万元以上5万元以下的罚款;构成犯罪的,依法追究刑事责任。

(八)拒绝、逃避税收检查的法律责任

纳税人、扣缴义务人逃避、拒绝或者以其他方式阻挠税务机关检查的,由税务机关责令改正,可以处1万元以下的罚款;情节严重的,处1万元以上5万元以下的罚款。

纳税人、扣缴义务人的开户银行或者其他金融机构拒绝接受税务机关依法检查纳税人、扣缴义务人存款账户,或者拒绝执行税务机关作出的冻结存款或者扣缴税款的决定,或者在接到税务机关的书面通知后帮助纳税人、扣缴义务人转移存款,造成税款流失的,由税务机关处10万元以上50万元以下的罚款,对直接负责的主管人员和其他直接责任人员处1000元以上1万元以下的罚款。

(九)税务人员违法行为的法律责任

税务人员徇私舞弊,对涉嫌犯罪依法应当移交司法机关追究刑事责任的纳税人、扣缴义务人不移交,情节严重的,依法追究刑事责任。

未经税务机关依法委托征收税款的,责令退还收取的财物,依法给予行政处分或者行政处罚;致使他人合法权益受到损失的,依法承担赔偿责任;构成犯罪的,依法追究刑事责任。

税务机关、税务人员查封、扣押纳税人个人及其所扶养家属维持生活必需的住房和用品的,责令退还,依法给予行政处分;构成犯罪的,依法追究刑事责任。

税务人员与纳税人、扣缴义务人勾结,唆使或者协助纳税人、扣缴义务人有《税收征管法》第63条、第65条、第66条规定的行为,构成犯罪的,依法追究刑事责任;尚不构成犯罪的,依法给予行政处分。

税务人员利用职务上的便利,收受或者索取纳税人、扣缴义务人财物或者谋取其他不正当利益,构成犯罪的,依法追究刑事责任;尚不构成犯罪的,依法给予行政处分。

税务人员徇私舞弊或者玩忽职守,不征或者少征应征税款,致使国家税收遭受重大损失,构成犯罪的,依法追究刑事责任;尚不构成犯罪的,依法给予行政处分。

税务人员滥用职权,故意刁难纳税人、扣缴义务人的,调离税收工作岗位,并依法给予行政处分。

税务人员对控告、检举税收违法违纪行为的纳税人、扣缴义务人以及其他检举人进行打击报复的,依法给予行政处分;构成犯罪的,依法追究刑事责任。

违反法律、行政法规的规定提前征收、延缓征收或者摊派税款的,由其上级机关或者行政监察机关责令改正,对直接负责的主管人员和其他直接责任人员依法给予行政处分。

违反法律、行政法规的规定,擅自作出税收的开征、停征或者减税、免税、退税、补税以及其他同税收法律、行政法规相抵触的决定的,除依照《税收征管法》规定撤销其擅自作出的决定外,补征应征未征税款,退还不应征收而征收的税款,并由上级机关追究直接负责的主管人员和其他直接责任人员的行政责任;构成犯罪的,依法追究刑事责任。

税务人员在征收税款或者查处税收违法案件时,未按照《税收征管法》规定进行回避的,对直接负责的主管人员和其他直接责任人员,依法给予行政处分。

未按照《税收征管法》规定为纳税人、扣缴义务人、检举人保密的,对直接负责的主管人员和其他直接责任人员,由所在单位或者有关单位依法给予行政处分。

违反税收法律、行政法规应当给予行政处罚的行为,在5年内未被发现的,不再给予行政处罚。

五、税务争议的处理

纳税人、扣缴义务人、纳税担保人同税务机关在纳税上发生争议时,必须先依照税务机关的纳税决定缴纳或者解缴税款及滞纳金或者提供相应的担保,然后可以依法申请行政复议;对行政复议决定不服的,可以依法向人民法院起诉。

当事人对税务机关的处罚决定、强制执行措施或者税收保全措施不服的,可以依法申请行政复议,也可以依法向人民法院起诉。当事人对税务机关的处罚决定逾期不申请行政复议也不向人民法院起诉,又不履行的,作出处罚决定的税务机关可以采取《税收征管法》规定的强制执行措施,或者申请人民法院强制执行。

第十章 合同法律制度

第一节 合同法律制度概述

一、合同的概念与特征

合同是当事人之间达成的一种协议,在现实生活中,人们可以就各式各样的事项达成协议,但并非任何协议都属于合同。根据《中华人民共和国合同法》(以下简称《合同法》)的规定,合同是指平等主体的自然人、法人、其他组织之间设立、变更、终止民事权利义务关系的协议。合同具有以下特征:

(1) 合同是一种民事行为。合同以意思表示为成立要素,并且按意思表示的内容赋予法律效果,故合同是一种民事行为,而非事实行为。

(2) 合同是两方以上当事人的意思表示一致的民事行为。这是合同区别于单方民事行为的重要标志。该特征有三层含义:其一,合同的当事人为两方或两方以上;其二,当事人相互作出意思表示;其三,当事人的意思表示一致,即当事人之间达成合意。

(3) 合同是以设立、变更、终止民事权利义务关系为目的的民事行为。民事行为是民事主体有意识的行为,任何民事行为均具有目的性。合同作为一种民事行为,其目的在于在当事人之间设立、变更、终止财产权利义务关系。财产权利义务关系是指包括物权关系、债权关系、知识产权关系等等具有财产内容的权利义务关系。所谓设立财产权利义务关系,是指当事人依法成立合同后,便在他们之间产生财产权利义务关系;所谓变更财产权利义务关系,是指当事人依法成立合同后,便使他们之间既有的财产权利义务关系发生变化,形成新的财产权利义务关系;所谓终止财产权利义务关系,是指当事人依法成立合同后,便使他们之间既有的财产权利义务关系归于消灭。

(4) 合同是当事人各方在平等、自愿基础上产生的民事行为。在民事活动中,民事主体的法律地位是平等的。在订立合同时,当事人所为意思表示是自主自愿的。合同当事人法律地位平等,一方不得将自己的意志强加给另一方;当事人依法享有自愿订立合同的权利,任何单位和个人不得非法干预。当然,为社会公共利益,国家法律会在某些情况下,对合同自由进行某些必要的限制。

二、合同的分类

根据不同的标准,我们可以对合同进行不同的分类。

(一)有名合同与无名合同

根据法律是否对合同规定了特定名称并加以规范作为划分标准,可将合同分为有名合同与无名合同。有名合同又被称为典型合同,是指法律上已经确定了特定名称及规则的合同。如我国《合同法》分则所规定的买卖合同、租赁合同等15种合同都属于有名合同。无名合同又称为非典型合同,是指法律上尚未确定一定名称与规则的合同。

(二)双务合同与单务合同

根据合同当事人双方是否互负对待给付义务作为划分标准,可将合同分为双务合同与单务合同。双务合同是指当事人双方互负对待给付义务的合同,即双方当事人在合同中均负给付义务,一方的给付义务是对方给付义务的对价。如买卖、租赁、承揽合同等都是双务合同。单务合同是指仅有一方当事人负担给付义务,或虽双方均负给付义务,但双方的给付义务形不成对价关系的合同。如赠与合同、民间借款合同、借用合同和保管合同等均为单务合同。

(三)有偿合同与无偿合同

根据合同当事人依据合同从对方取得利益是否须付出相应代价作为划分标准,可以将合同分为有偿合同与无偿合同。有偿合同是指当事人一方依据合同从对方取得利益必须向对方支付相应代价的合同。如买卖、租赁、承揽合同等都是有偿合同。有偿合同是商品交换最典型的法律形式。无偿合同是指当事人一方依据合同从对方取得利益而不必向对方作出任何对价性给付的合同。如赠与、借用、无息借款合同等都是无偿合同。有些合同只能是有偿合同,如买卖合同、租赁合同等;有些合同只能是无偿合同,如赠与合同、借用合同等;还有些合同既可以是有偿合同,也可以是无偿合同,如保管合同、委托合同等。

(四)诺成合同与实践合同

根据是否以交付标的物作为合同成立的条件为划分标准,可以将合同分为诺成合同与实践合同。诺成合同又称为不要物合同,是指只要当事人各方的意思表示一致即可成立的合同。如买卖、租赁、承揽合同等。在社会经济生活中,绝大多数合同都是诺成合同。实践合同又称为要物合同,是指除当事人各方的意思表示一致以外,还必须实际交付标的物才能成立的合同。如保管、借用、民间借款合同等。作为实践合同,仅有当事人各方意思表示一致,合同尚不能成立,还必须有一方实际交付标的物的行为,合同才能成立。交付标的物对于诺成合同和实践合同意义不同。对于诺成合同,交付标的物是履行合同义务的行为;对于实践合同交付标的物是合同成立的要件。

(五) 要式合同与不要式合同

根据合同的成立是否必须采取特定的形式为划分标准,可以将合同分为要式合同与不要式合同。要式合同是指必须采用法律规定的特定形式订立方能成立的合同。不要式合同是指法律没有要求其必须采用某种特定形式订立的合同。在经济生活中,大多数合同都属于不要式合同。

(六) 主合同与从合同

根据相互有联系的合同之间的主从关系为划分标准,可以将合同分为主合同与从合同。在两个相互有联系的合同当中,不需要依赖他合同而能独立存在的合同为主合同;反之,以他合同(主合同)的存在为其存在前提的合同是从合同。例如,借款合同与担保借款债权的保证合同之间,借款合同是主合同,即使没有保证合同它仍可以独立存在;保证合同是从合同,它是以借款合同的存在作为自己存在前提的合同。

(七) 商议合同与附从合同

根据合同条款是否是当事人协商确定的为标准,可以将合同分为商议合同与附从合同。商议合同是指合同条款是经当事人双方协商确定的合同。商议合同的当事人不仅有订立合同的自由,还有决定合同内容的自由,它充分反映了合同自由原则,是合同的主要形态。附从合同又被称为定式合同、定型化合同和格式合同,是指当事人一方提供预先制定好的合同格式条款,在相同条件下,相对人一方不能就合同条款进行协商,只能概括地接受或不接受合同条款的合同。

三、合同法的概念和特征

合同法是调整平等主体之间的财产交易关系的法律规范的总称。这一概念包含三层含义:一是合同法只调整平等主体之间的关系;二是合同法所调整的关系是平等主体之间的交易关系;三是合同所调整的交易关系仅限于财产交易关系,主要是商品交换关系。合同法主要规范合同的订立、合同的效力及合同的履行、变更、保全、终止、违反合同的责任等问题。

合同法的调整对象决定了合同法具有不同于民法中的物权法、人格权法、侵权责任法等法律制度的一些特征:

(一) 合同法主要由任意性规范构成

在市场经济条件下,交易的活跃和发展要求市场主体在交易活动中能够独立自主,充分表达自己的自由意志,以达到自己追求的经济目的。法律对交易关系的规范应为市场主体的交易活动留有广阔的活动空间,给市场主体以充分的行为自由,从而促进交易的活跃,促进市场经济的发展,国家对交易活动的干预应当限制在合理的范围内。因此,合同法主要是通过任意性规范而不是强制性规范来调整财产交易关系。合同法中的大多数规范都是允许当事人通过协商排除适用或加以改变的。

(二) 合同法强调平等协商和等价有偿原则

这是由合同法调整对象的性质决定的。合同法的调整对象是平等主体之间的财产交易关系即商品交换关系,商品交换必然要求参与商品交换的市场主体具有独立的主体资格和平等的法律地位,要求交易双方必须遵循价值规律,实行等量的劳动交换。由此决定了合同法较之于其他民事法律制度,更强调平等协商和等价有偿原则。

(三) 合同法具有统一性

这是由市场经济的特征决定的。市场经济是开放的经济,它要求消除各种对市场的分割、垄断、不正当竞争等现象,使各类市场形成统一的而不是分割的市场。各类市场主体能够在统一的市场中平等地进行各种交易活动。同时,市场经济也不是封闭在一国的范围之内,当今世界各国的经济都要和国际接轨,我国也是如此。特别是我国加入WTO之后,更要求国内市场与国际市场接轨,国内贸易与国际贸易接轨,这样才能促进市场经济的高度发展和社会财富的迅速增加。由此决定了作为市场经济基本法的合同法,不仅要反映国内统一市场的需要而形成一套统一规则,而且也要与国际市场、国际惯例相衔接。近几十年来,合同法的国际化已成为法律发展的重要趋向。

四、合同法的基本原则

(一) 合同自由原则

合同自由原则又称为契约自由原则,合同自由原则是市场经济对交易行为的客观要求。在社会主义市场经济条件下,商品交易越发达、越普遍、越活跃,意味着市场经济越有活力,社会财富才能在不断增长的交易中得到增长。要做到这一点,就必须在法律上赋予市场主体以充分的合同自由,并尊重和保障市场主体的合同自由。合同自由原则体现在交易的全过程中,它主要包括以下几个方面的内容:第一,缔约自由,即当事人有权自由决定是否与他人订立合同,任何单位和个人不得非法干预;第二,选择相对人自由,即当事人可以自由决定与谁订立合同;第三,决定合同内容自由,即订约当事人可以自由协商决定合同的内容;第四,选择合同形式的自由,即当事人可以自由决定以何种形式订立合同;第五,变更或解除合同的自由,即在合同成立生效后,当事人双方可以通过协商,决定变更或解除合同。此外,法律允许当事人自行约定违约责任的承担方式、自行约定合同争议的解决方式。

在过去我国计划经济体制下,经济组织之间的合同多为计划合同,合同法中不可能确立合同自由原则。而在社会主义市场经济条件下,国家指令性计划范围逐渐缩小,国家对交易关系的干预逐渐减少,当事人享有的合同自由越来越充分,合同自由原则逐渐在我国合同立法中被确认,这是我国经济体制改革和社会主义市场经济发展的必然趋势和结果。虽然我国《合同法》第 4 条并未使用"合同自由"的字样,但其基本含义是赋予了合同当事人不受任何单位和个人非法干预的合同自由。

应当指出的是,我国合同法所确定的合同自由是一种相对的自由,而不是绝对的、无限制的自由。首先,合同自由是在法律规定范围内的自由,当事人订立、履行、变更、解除合同必须遵守法律,不能违反法律、行政法规的强制性规定和公序良俗;其次,法律从社会公共利益和社会正义出发,对交易关系也要进行必要的干预。如合同法规定某些市场主体负有强制缔约义务,我国《合同法》第 289 条规定:"从事公共运输的承运人不得拒绝旅客、托运人通常、合理的运输要求。"我国《合同法》第 39、40、41、53 条对格式条款和免责条款的约定作出一系列限制性的强制性规定等等。尽管如此,合同自由仍不失为合同法的一项基本原则,从社会公共利益和社会正义出发对交易关系进行必要的干预,恰恰是为了使广大的市场主体都享有真正的合同自由。

(二) 合同正义原则

合同正义系属平均正义,强调一方给付与对方给付之间的等值性,合同上的负担和风险的合理分配。其内容之一为给付与对待给付之间的等值性。这两种给付之间在客观上是否相当,例如对特定服务究竟应支付多少报酬,对特定商品究竟应支付多少价款,方为公平合理,涉及因素甚多,欠缺明确的判断标准,故合同法应采取主观等值原则,即当事人主观上愿以此给付换取对待给付,即为公平合理,至于客观上是否等值,在所不问。不过,在胁迫、欺诈、乘人之危的情况下违背当事人真实意思表示订立的合同,则依客观等值原则处理。

合同正义原则要求通过合同立法使合同的订立、合同的内容、合同的履行以及违约责任的承担上都体现合同正义。我国《合同法》即贯彻了合同正义的原则。首先,合同法规定确属违背当事人真实意愿订立的合同,属于无效合同或可撤销、可变更合同;其次,合同法规定了当事人之间相对合理的风险负担规则;第三,合同法上确定了附随义务的合理配置、损害赔偿的合理归责;第四,合同法对格式条款和免责条款进行必要的法律规制;第五,对于约定的违约金过分高于或低于实际损失的,允许当事人请求法院或仲裁机构予以调整。

合同正义与合同自由都是合同法的基本原则,合同正义是为克服合同自由的流弊、补充合同自由不足而产生的原则,两者相互补充、彼此协力,才能充分发挥合同法的功能。

(三) 诚实信用原则

诚实信用原则是民法的基本原则之一,但这一原则主要适用于债的关系,特别是合同关系,因此,诚实信用原则也是合同法的一项基本原则。

作为合同法基本原则的诚实信用原则要求当事人在从事交易活动中,应当诚实守信,以诚实善意的心理状态订立合同,以善意的方式行使权利和履行义务,不得滥用权利及规避法律和合同规定的义务。诚实信用原则贯穿于交易活动的全过程,当事人在合同订立、履行、变更、解除的各个阶段,甚至在合同关系终止以后,都应当严格依照诚实信用原则行使权利和履行义务。在我国经济体制转轨、市场经济发展的初期,我国合同立法确立和贯彻诚实信用原则有着十分重要的意义。第一,有利于保持和弘扬传统道德和商业道德。我国社会深受儒家思想影响,历来崇尚诚实信用的道德伦理观念,诚实信用成为人们的行为准则。在我国商业习惯中,也历来将诚实守信、童叟无欺作为重要的商业道德。合同法确认和贯彻诚实信用原则,是对我国传统道德及商业道德习惯在法律上的确认,对于弘扬道德观念、规范交易活动具有重要意义。第二,保障合同得到严守,维护社会交易秩序。诚实信用实际上是要求做到言而有信、信守诺言。只有在交易当事人具有诚实守信的观念时,合同才能得到严守。甚至在合同本身存在缺陷的情况下,当事人如果是诚实守信的商人也会努力消除合同的缺陷,诚实地履行合同。反之,即使合同规定得再完备,而交易当事人不是诚实守信的,合同也难以被严守。因此,确认诚实守信原则,强化诚实信用观念,是正常的交易秩序赖以建立的基础。第三,诚实信用原则的功能随着交易的发展而不断扩大,诚实信用原则不仅具有确定行为规则的作用,而且具有衡平利益冲突,为解释法律和合同提供准则等作用。尤其是考虑到中国自改革开放以来,社会经济生活变化很快,许多法律规则已不符合现实的经济情况,如果采纳诚实信用原则,使法官依据该原则填补法律漏洞,也不失为完善法律的一条途径。同时,诚实信用原则也是解释合同的重要依据。法院或仲裁机构在审理合同纠纷,遇到当事人对合同条款的含义发生争议时,应依据诚实信用原则,同时考虑其他因素以探究当事人的真实意图,公正合理地解释合同,从而明辨是非,确定责任。

(四)鼓励交易原则

市场经济的基本内容是财产交易活动。财产交易是平等的市场主体之间财产和利益的交换。市场主体通过成千上万的各类交易活动,将商品生产、分配、消费几个环节联结起来,促进生产的发展,促进商品的流通,促进社会财富的增加,实现资源的优化配置,实现社会资源和财富的最有效的利用,满足人们各种物质和文化的需要。交易活跃、频繁,市场经济才能更快地发展。合同法作为调整、规范交易关系,维护交易秩序的基本法律,应当起到鼓励交易活动而不是限制交易活动的作用。鼓励交易是合同法的一项基本原则。应当指出的是,鼓励交易是鼓励那些当事人在自主自愿基础上实施合法的、正当的交易。对那些违反法律和社会公共利益的不正当的交易,非但不应当鼓励,而且如果损害了他人的合法权益,还应当依法承担相应的法律责任。我国《合同法》在各项具体制度中都体现了鼓励交易原则。

五、《合同法》的溯及力

我国《合同法》是 1999 年 3 月 15 日第九届全国人民代表大会第二次会议通过的。合同法分总则、分则、附则 3 篇,共 23 章 428 条,是一部详尽、严密、具有可操作性的法律。《合同法》自 1999 年 10 月 1 日起施行,《经济合同法》《涉外经济合同法》和《技术合同法》同时废止。为了保障《合同法》的顺利实施,最高人民法院于 1999 年 12 月 1 日通过了《关于适用〈中华人民共和国合同法〉若干问题的解释(一)》(以下称《合同法解释一》)。

对一般情况而言,《合同法》没有溯及力。《合同法解释一》规定,《合同法》实施以后成立的合同发生纠纷,起诉到人民法院的,适用《合同法》的规定;合同法实施以前成立的合同发生纠纷,起诉到人民法院的,适用当时的法律规定,当时没有法律规定的,可以适用《合同法》的有关规定,但是如果合同成立于《合同法》实施之前,但合同约定的履行期限跨越《合同法》实施之日或者履行期限在《合同法》实施之后,因履行合同发生的纠纷,适用《合同法》的有关规定。

另外,人民法院确认合同效力时,对《合同法》实施以前成立的合同,适用当时的法律,合同无效,而适用《合同法》合同有效的,则适用《合同法》;人民法院对《合同法》实施以前已经作出终审裁决的案件进行再审,不适用《合同法》。

第二节 合同的订立

一、合同订立的含义与形式

(一)合同订立的含义

合同订立是指缔约当事人互为意思表示,并使双方意思表示趋于一致,达成合意的过程。这个过程主要包括要约和承诺两个阶段,每个阶段都有相应的法律规范进行调整,缔约当事人要受到要约邀请、要约、反要约、承诺、合同成立要件等制度的规范和约束。

合同的订立与合同的成立的含义有所不同。合同的订立是缔约当事人相互接触,互为意思表示,并使双方的意思表示趋于一致的过程。合同的成立是指缔约当事人意思表示一致,达成合意,合同得以产生和存在的事实,或者说是合同订立这一过程产生的最理想的结果。

(二)合同订立的形式

《合同法》规定,当事人订立合同,有书面形式、口头形式和其他形式。法律、行政法规规定采用书面形式的,应当采用书面形式。当事人约定采用书面形式的,应当采用书面形式。

1. 口头形式

口头形式是指当事人双方通过口头交谈的方式互为意思表示,达成协议。采取口头形式订立合同的优点是简便、快捷,缔约成本低。缺点是发生纠纷时不易举证,不易分清责任。因此对于非即时清结的、内容复杂的、较重要的合同不宜采用口头形式。

2. 书面形式

书面形式是指合同书、信件和数据电文(包括电报、电传、传真、电子数据交换和电子邮件)等可以有形地表现所载内容的形式。书面形式明确肯定,有据可查,对于防止争议和解决纠纷,有积极意义。实践中,书面形式是当事人最为普遍采用的一种合同形式。

3. 其他形式

除了书面形式和口头形式,合同还可以其他形式成立。这主要是指行为推定形式,即根据当事人的行为推定出双方就某一合同意思表示一致,从而成立合同。如当某甲登上公共汽车,并向投币箱投币,该行为可推定某甲与公交公司订立了一个旅客运送合同。

二、要约

(一) 要约的概念及构成要件

要约,又称为发盘、报价等,是指一方当事人以缔结合同为目的,向相对人所作的意思表示。我国《合同法》第14条规定:"要约是希望和他人订立合同的意思表示。"

发出要约的一方当事人称为要约人,要约所指向的相对人称为受要约人、相对人。

我国《合同法》第13条规定:"当事人订立合同,采取要约、承诺方式。"要约是订立合同的必经阶段,不经过要约的阶段,合同就不能成立。要约虽然是一种意思表示,但要约本身并非民事行为,要约仅是一种订约的提议,只有得到受要约人的承诺,才能成立合同这一双方或多方的民事行为。

一项有效的要约,通常要具备下列构成要件:

(1) 要约是由具有订约能力的特定人作出的意思表示。发出要约的目的旨在与受要约人成立合同,要约人可以是未来合同当事人的任何一方,但他必须是特定的,即必须是客观上可以确定的。这样,受要约人才可能对其承诺而成立合同。由于要约是订约的意思表示,要约人须为具有意思能力的民事主体。我国《合同法》第9条规定:"当事人订立合同,应当具有相应的民事权利能力和民事行为能力。"即要约人须为民事主体并且具有与其意欲订立的合同相应的行为能力。

（2）要约必须向要约人希望与之订立合同的相对人发出。要约只有经过受要约人的承诺，才能达到要约人的目的，即与受要约人成立合同。因此，只有要约人向其希望与之缔结合同的相对人发出缔约提议，才有可能达到要约人的订约目的。

（3）要约须表明经受要约人承诺，要约即受该要约的约束。这是要约与要约邀请的重要区别。要约邀请是希望他人向自己发出要约的意思表示，如寄送的价目表、拍卖公告、招标公告、招股说明书、商业广告等。一般说来，要约邀请对当事人不产生法律上的约束力，但如果商业广告的内容符合要约规定的，视为要约。

（4）要约的内容必须具体确定。一般说来，要约内容包括合同的主要条款，受要约人作出承诺，合同即可成立。

要约意思表示的形式可以是口头的，也可以是书面的。

（二）要约的法律效力

1. 要约的生效时间

要约到达受要约人时生效。口头要约，相对人了解要约内容时生效。书面要约，要约到达受要约人住所地生效。采用数据电文形式订立合同，收件人指定特定系统接收数据电文的，该数据电文进入该特定系统的时间，视为到达时间；未指定特定系统的，该数据电文进入收件人的任何系统的首次时间，视为到达时间。

2. 要约效力的内容

要约的效力包括两个方面，对要约人来说，要约生效后，要约人不得随意撤销、变更要约。对受要约人来说，要约生效后，受要约人即取得承诺的资格。

3. 要约的撤回和撤销

要约可以撤回。要约的撤回是指要约人在要约生效前收回自己的要约，但撤回要约的通知应当在要约到达受要约人之前或者与要约同时到达受要约人，才能发生要约撤回的效果。

要约生效后，要约人可以撤销要约，但撤销要约的通知应当在受要约人发出承诺的通知之前到达受要约人。否则，不发生要约撤销的效果。有下列两种情形之一的，要约不得撤销：第一，要约人确定了承诺期限或者以其他形式明示要约不可撤销；第二，受要约人有理由认为要约是不可撤销的，并已经为履行合同作了准备工作。

4. 要约效力的消灭

有下列情形之一的，要约效力消灭：

（1）拒绝要约的通知到达要约人；

（2）要约人依法撤销要约；
（3）承诺期限届满，受要约人未作出承诺；
（4）受要约人对要约的内容作出实质性变更。

三、承诺

（一）承诺的概念及构成要件

承诺又称为接盘，是指受要约人同意要约的意思表示。承诺应当以通知的方式作出，但根据交易习惯或者要约表明以通过行为作出的承诺的除外。一项有效的承诺，通常要具备下列构成要件：

（1）承诺必须由受要约人作出。要约生效后，受要约人取得承诺资格，只有受要约人作出同意要约的意思表示，才能发生承诺的效力。

（2）承诺必须向要约人作出。承诺是对要约内容的同意，目的在于同要约人成立合同，因此承诺必须向要约人作出才有意义。

（3）承诺的内容必须与要约的内容一致。一般说来，承诺是受要约人对要约内容的全部、无条件接受的意思表示，承诺不得限制、变更或扩张要约的内容。受要约人对要约的内容作出实质性变更的，为新要约。有关合同标的、数量、质量、价款或者报酬、履行期限、履行地点和方式、违约责任和解决争议方法等的变更，是对要约内容的实质性变更。承诺对要约的内容作出非实质性变更的，除要约人及时表示反对或者要约表明承诺不得对要约的内容作出任何变更的以外，该承诺有效，合同的内容以承诺的内容为准。

（4）承诺必须在要约确定的承诺期限内到达要约人。要约人在要约中确定了承诺期限的，承诺必须在要约确定的承诺期限内到达要约人。要约没有确定承诺期限的，承诺应当依照下列规定到达：(1) 要约以对话方式作出的，应当即时作出承诺，但当事人另有约定的除外；(2) 要约以非对话方式作出的，承诺应当在合理期限内到达。要约以信件或者电报作出的，承诺期限自信件载明的日期或者电报交发之日开始计算。信件未载明日期的，自投寄该信件的邮戳日期开始计算。要约以电话、传真等快速通讯方式作出的，承诺期限自要约到达受要约人时开始计算。受要约人超过承诺期限发出承诺的，除要约人及时通知受要约人该承诺有效的以外，为新要约。受要约人在承诺期限内发出承诺，按照通常情形能够及时到达要约人，但因其他原因承诺到达要约人时超过承诺期限的，除要约人及时通知受要约人因承诺超过期限不接受该承诺的以外，该承诺有效。

（5）承诺的方式必须符合法律的规定或当事人的约定。承诺应当以通知的方式作出，但根据交易习惯或者要约表明可以通过行为作出承诺的除外。承诺的方式应当是明示的，单纯的沉默（不作为）不能作为承诺的方式。

（二）承诺的生效和撤回

1. 承诺的生效

承诺生效，表明缔约双方当事人意思表示一致，合同即告成立。承诺通知到达要约人时承诺生效。承诺不需要通知的，根据交易习惯或者要约的要求作出承诺的行为时生效。采用数据电文形式订立合同的，承诺到达的时间同上述要约到达时间的规定相同。

2. 承诺的撤回

承诺也可以撤回，承诺的撤回是指受要约人阻止承诺发生法律效力的意思表示。撤回承诺的通知应当在承诺通知到达要约人之前或者与承诺通知同时到达要约人时才发生撤回的效果。

四、合同成立的时间、地点与合同成立的特殊情况

（一）合同成立的时间

承诺生效时合同成立。承诺生效的时间即合同成立的时间。如果当事人采用合同书形式订立合同的，自双方当事人签字或者盖章时合同成立。双方当事人签字或者盖章不在同一时间的，以最后签字或者盖章的时间为合同成立的时间。当事人采用信件、数据电文等形式订立合同的，可以在合同成立之前要求签订确认书，签订确认书的时间为合同成立的时间。

（二）合同成立的地点

承诺生效的地点为合同成立的地点。当事人采用合同书形式订立合同的，双方当事人签字或者盖章的地点为合同成立的地点。当事人签字或者盖章不在同一地点的，以最后签字或者盖章的地点为合同成立的地点。当事人采用数据电文形式订立合同的，收件人的主营业地为合同成立的地点；没有主营业地的，其经常居住地为合同成立的地点。当事人另有约定的，按照其约定。

（三）合同成立的特殊情况

《合同法》第36条规定："法律、行政法规规定或者当事人约定采用书面形式订立合同，当事人未采用书面形式但一方已经履行主要义务并且对方接受的，该合同成立。"《合同法》第37条规定："采用合同书形式订立合同，在签字或者盖章之前，当事人一方已经履行主要义务并且对方接受的，该合同成立。"《合同法》的上述规定主要是从鼓励交易原则出发，不过分拘泥于合同的形式，虽然合同的形式要件欠缺，但如果当事人一方已经履行主要义务并且对方接受的，法律仍承认合同成立。

五、合同的条款

合同的内容是由合同的条款固定和表现的，从这个意义上讲，合同的内容就

是指合同的条款。合同一般包括以下条款:(1)当事人的名称或者姓名和住所;(2)标的;(3)数量;(4)质量;(5)价款或者报酬;(6)履行期限、地点和方式;(7)违约责任;(8)解决争议的方法。

在上述条款中,标的和数量是每一个合同都必须具备的条款。否则,合同不能成立。合同欠缺其他条款或其他条款约定不明确,当事人可以事后补充或依据法律进行推定(见《合同法》第61条、62条)。

合同条款通常是由缔约当事人协商约定的,但在实践中,也存在一方当事人采用格式条款订立合同的情形。

格式条款是指当事人为了重复使用而预先拟定,并在订立合同时不与对方协商的条款。用格式条款订立合同可以简化缔约程序,加快交易速度,减少交易成本。但是,由于格式条款是由一方当事人拟定的,且在合同订立过程中不容对方协商,其内容可能有对相对人不利的不公平之处。因此,《合同法》对用格式条款订立合同进行特别规制,以维护合同的公平、公正:(1)采用合同的条款订立合同的,提供格式条款的一方应当遵循公平原则确定当事人之间的权利义务,并采取合理的方式提请对方注意免除或限制其责任的条款,按照对方的要求对该条款予以说明①;(2)格式条款具有《合同法》第52条规定的情形(无效合同的情形)和第53条规定的情形(无效的免责条款)的,或者提供格式条款的一方免除其责任,加重对方责任,排除对方主要权利的,该条款无效;(3)对格式条款有两种以上解释的,应当按照通常理解予以解释。对格式条款有两种以上解释的,应当作出不利于提供格式条款一方的解释;格式条款和非格式条款不一致的应当采用非格式条款。

六、缔约过失责任

缔约过失责任是指当事人在订立合同过程中,因过错违反先合同义务,给对方造成损失,应依法承担的损害赔偿责任。

先合同义务是指基于诚实信用原则和当事人之间在缔约过程中的依赖关系,当事人应负的相互通知、协助、保护、保密等法定附随义务。当事人因其过错违反先合同义务,使得合同不成立、无效或被撤销,并由此给对方当事人造成损失,应当依法承担损害赔偿责任。缔约过失责任的构成要件是:(1)行为人违反了先合同义务;(2)行为人主观上有过错(包括故意和过失);(3)对方当事人受到损失;(4)缔约过失行为与对方损失之间有因果关系。《合同法》第42条、第43条用列举加概括的方式规定了缔约过失责任:"当事人在订立合同过程中

---

① 参见最高人民法院《关于适用〈中华人民共和国合同法〉若干问题的解释(二)》第6条、条9条、第10条。

有下列情形之一,给对方造成损失的,应当承担损害赔偿责任:

(1) 假借订立合同,恶意进行磋商;

(2) 故意隐瞒与订立合同有关的重要事实或者提供虚假情况;

(3) 有其他违背诚实信用原则的行为。"

"当事人在订立合同过程中知悉的商业秘密,无论合同是否成立,不得泄露或者不正当地使用。泄露或者不正当地使用该商业秘密给对方造成损失的,应当承担损害赔偿责任。"

缔约过失责任的责任承担方式是赔偿损失,赔偿范围主要是对方当事人的依赖利益的损失,包括直接利益的减少和间接利益的损害。

第三节 合同的效力

合同的效力,又称合同的法律效力,它是指已成立的合同在当事人之间产生的法律约束力。合同的成立与合同的生效不同,合同的成立是指当事人就合同的主要条款达成合意,它只是表明当事人之间存在合意的事实;合同的生效则反映了法律对已成立的合同的评价。只有依法成立的合同,即具备合同生效要件的合同才是一个有效的合同。有效合同在当事人之间产生法律约束力,国家法律予以保护。如果已成立的合同不具备法律规定的生效要件,就不是一个有效的合同,不能产生当事人预期的法律后果。这类合同依其效力状态的不同,可分为无效合同、可撤销合同、效力待定合同三种类型。

一、有效合同

(一) 有效合同的概念和合同的生效要件

有效合同,又称为生效的合同,是指符合合同的生效要件,在当事人之间产生法律约束力,受法律保护的合同。

有效合同必须具备以下生效要件:

1. 当事人缔约时有相应的缔约能力

所谓相应的缔约能力包括两个方面的含义,一是缔约人缔约时要有相应的民事行为能力;二是缔约人缔约时要有相应的缔约资格,如代理人代理订立合同,要有代理权。

2. 意思表示真实

意思表示是指行为人将其设立、变更、终止民事权利义务的内在意思通过某种形式表示于外部的行为。只有当当事人内在的意愿与外在的表示一致时,才能产生当事人所预期的法律效果,才能达到当事人所追求的经济目的。因此,法律要求缔约当事人的意思表示必须是真实的。

3. 不违反法律和社会公共利益

法律保护的是当事人的合法行为。只有当事人缔结的合同的内容符合法律的规定,不损害社会公共利益,法律才会对其作出肯定性评价,才会赋予其法律效力。需指出的是:第一,所谓合同不违反法律是指合同不得违反法律、法规的效力性强制性规定。第二,合同不违反法律,也包括当事人应当遵守法律对合同形式的强制性要求,"法律、行政法规规定应当办理批准、登记等手续生效的,依照其规定"(《合同法》第44条)。

(二) 合同生效的时间

1. 一般的合同,依法成立的时间即合同生效的时间。
2. 法律、行政法规规定应当办理批准、登记等手续生效的,依照其规定办理批准、登记等手续时合同生效。
3. 附生效条件的合同,自条件成就时生效。
4. 附生效期限的合同,自期限届至时生效。

二、无效合同

无效合同,是指虽已成立,但因不具备合同的生效要件,没有法律约束力合同。无效合同自始没有法律约束力,法律不予承认和保护。

根据《合同法》第52条的规定,有下列情形之一的合同是无效合同:

1. 一方以欺诈、胁迫的手段订立合同,损害国家利益;
2. 恶意串通,损害国家、集体或者第三人利益;
3. 以合法形式掩盖非法目的;
4. 损害社会公共利益;
5. 违反法律、行政法规的强制性规定。

如果合同仅属于部分无效,不影响其他部分效力的,其他部分仍然有效。合同无效、被撤销或者终止的,不影响合同中独立存在的有关解决争议方法的条款的效力。

三、可撤销合同

(一) 可撤销合同的概念和特征

可撤销合同,又称为相对无效合同,是指欠缺合同生效要件,存在法定撤销事由,合同一方当事人可请求人民法院或者仲裁机构撤销或者变更的合同。

可撤销合同一般具有如下特征:

1. 可撤销合同在未被撤销前是有效的合同;
2. 可撤销合同一般是意思表示有缺陷的合同;
3. 可撤销合同的撤销或变更要由有撤销权的当事人通过行使撤销权来

实现；

4. 可撤销合同的撤销或变更须由人民法院或仲裁机构作出。

（二）可撤销合同的类型

1. 因重大误解订立的合同。所谓重大误解，是指当事人对合同的性质、对方当事人、标的物的种类、质量、数量等涉及合同后果的重要事项存在错误认识，违背其真实意思表示订立合同，并因此受到较大损失的情形。

2. 显失公平的合同。所谓显失公平是指一方当事人利用优势或者对方没有经验，在订立合同时致使双方的权利与义务明显违反公平、等价有偿原则的情形。

3. 一方以欺诈、胁迫的手段或者乘人之危，使对方在违背真实意思的情况下订立的合同。与上述因欺诈、胁迫订立的无效合同相比较，二者的区别在于是否损害了国家利益。损害国家利益的为无效合同；未损害国家利益的为可撤销合同。

（三）撤销权的行使

在上述三种合同中，意思表示不真实的一方当事人享有撤销权，有权请求人民法院或者仲裁机构撤销或者变更合同。当事人请求变更的，人民法院或仲裁机构不得撤销。

撤销权的行使是有期限和限制条件的。有下列情形之一的，撤销权消灭：（1）具有撤销权的当事人自知道或者应当知道撤销事由之日起1年内没有行使撤销权；（2）具有撤销权的当事人知道撤销事由后明确表示或者以自己的行为放弃撤销权。

被撤销的合同，自始没有法律约束力。在被撤销前的合同效力归于消灭。被撤销的合同，产生同无效合同一样法律后果。

四、效力待定合同

效力待定合同，是指虽已成立，但因缔约一方当事人欠缺相应的缔约能力，其是否发生效力尚不能确定，有待于其他行为使之效力确定的合同。效力待定合同虽欠缺合同生效的要件，但并不属于上述无效合同或可撤销合同，法律允许根据情况对这类合同予以补救。根据《合同法》第47条、第48条和第50条的规定，效力待定合同有以下三种：

（一）限制民事行为能力人不能独立订立的合同

这种合同经限制民事行为能力人的法定代理人追认，合同有效，但纯获利益的合同或者与其年龄、智力、精神健康状况相适应而订立的合同，不必经法定代理人追认。

为避免因限制民事行为能力人订立的合同效力长期处于不确定状态而影

响相对人的权益,《合同法》规定了相对人的催告权。相对人可以催告法定代理人在1个月内予以追认。法定代理人未作表示的,视为拒绝追认,合同无效。合同被追认之前,善意相对人有撤销的权利。撤销应当以通知的方式作出。

（二）行为人没有代理权、超越代理权或者代理权终止后以被代理人名义订立的合同

这种合同又被称为无权代理合同,该合同经被代理人追认,代理行为有效,合同对被代理人发生效力。被代理人拒绝追认,该合同对被代理人不发生效力,由行为人承担责任。

相对人可以催告被代理人在1个月内予以追认。被代理人未作表示的,视为拒绝追认。合同被追认之前,善意相对人有撤销的权利。撤销应当以通知的方式作出。

需要指出的是,对无权代理行为,如果相对人有理由相信行为人（无权代理人）有代理权的,该代理行为有效,即所谓表见代理。表见代理,是指客观上存在使相对人相信无权代理人有代理权的情况和理由且相对人主观上为善意时,该代理行为有效,被代理人承受代理行为的后果。

（三）法定代表人、负责人超越权限订立的合同

法人或者其他组织的法定代表人、负责人超越权限订立的合同,如果相对人知道或者应当知道其超越权限的,该合同属于效力待定合同。经法人或者其他组织的权力机关事后同意的,合同有效;不同意的,合同对该法人或者其他组织不发生效力。

五、合同无效或被撤销的法律后果

无效的合同或者被撤销的合同自始没有法律约束力。但合同无效或者被撤销后,也会产生一定的法律后果。

（一）返还财产、收缴财产

合同无效或者被撤销后,因该合同取得的财产,应当予以返还;不能返还或者没有必要返还的,应当折价补偿。当事人恶意串通,损害国家、集体或者第三人利益的,因此取得的财产收归国家所有或者返还集体、第三人。

（二）赔偿损失

对合同无效或者被撤销有过错的一方当事人应当赔偿对方当事人因此所受到的损失;双方都有过错的,应当各自承担相应的责任。该责任性质为缔约过失损害赔偿责任。

第四节 合同的履行

一、合同履行的概念

合同的履行,是指合同的双方当事人正确、适当、全面地完成合同中规定的各项义务的行为。当事人应当按照合同约定全面履行自己的义务。在合同的履行中,当事人应当遵循诚实信用原则,根据合同的性质、目的和交易习惯履行通知、协助、保密等法定附随义务。

二、合同履行的规则

(一)当事人就有关合同内容约定不明确时的履行规则

合同生效后,当事人就质量、价款或者报酬、履行地点等内容没有约定或者约定不明确的,可以协议补充;不能达成补充协议的,按照合同有关条款或者交易习惯确定。依照上述办法仍不能确定的,适用《合同法》的下列规定:

1. 质量要求不明确的,按照国家标准、行业标准履行;没有国家标准、行业标准的,按照通常标准或者符合合同目的的特定标准履行。

2. 价款或者报酬不明确的,按照订立合同时履行地的市场价格履行;依法应当执行政府定价或者政府指导价的,按照规定履行。

3. 履行地点不明确,给付货币的,在接受货币一方所在地履行;交付不动产的,在不动产所在地履行;其他标的,在履行义务一方所在地履行。

4. 履行期限不明确的,债务人可以随时履行,债权人也可以随时要求履行,但应当给对方必要的准备时间。

5. 履行方式不明确的,按照有利于实现合同目的的方式履行。

6. 履行费用的负担不明确的,由履行义务方负担。

(二)执行政府定价或者政府指导价的合同的履行规则

执行政府定价或者政府指导价的,在合同约定的交付期限内政府价格调整时,按照交付时的价格计价。逾期交付标的物的,遇价格上涨时,按照原价格执行;价格下降时,按照新价格执行。逾期提取标的物或者逾期付款的,遇价格上涨时,按照新价格执行;价格下降时,按照原价格执行。

(三)第三人代为履行或代为接受履行合同的规则

合同生效后,通常应由合同当事人亲自履行和亲自接受履行。但在不涉及人身性质的合同中,当事人也可以约定由第三人代为履行或代为接受履行,在这种情况下,第三人只是合同的履行主体,而不是合同当事人。由于合同仅在当事人之间产生约束力,因此,在第三人代为履行或代为接受履行合同时,应遵守下列规则：

1. 当事人约定由第三人向债权人履行债务的,第三人不履行债务或者履行债务不符合约定,债务人应当向债权人承担违约责任。

2. 当事人约定由债务人向第三人履行债务的,债务人未向第三人履行债务或者履行债务不符合约定,应当向债权人承担违约责任。

（四）提前履行和部分履行的规则

合同生效后,当事人应当按照合同约定的期限全面履行合同义务。当出现当事人提前履行或部分履行时,应遵守下列规则：

1. 债务人提前履行债务的,债权人可以拒绝接受履行,但提前履行不损害债权人利益的,债权人应当接受履行。因债务人提前履行债务给债权人增加的费用,由债务人承担。

2. 债务人部分履行债务的,债权人可以拒绝接受履行,但部分履行不损害债权人利益的,债权人应当接受履行。因债务人部分履行债务给债权人增加的费用,由债务人承担。

三、双务合同履行中的抗辩权

抗辩权,是指对抗他人请求权的权利。在双务合同中,当事人互负对待给付义务,双方的义务互为条件、互相依存。如果一方履行了义务,而又得不到他方的履行,将使自己的合同债权受到损害。为保障双务合同当事人在自己履行合同后,能得到对方义务的履行,实现合同债权,《合同法》规定了双务合同履行中,当事人的三种抗辩权。

（一）同时履行抗辩权

同时履行抗辩权,是指在没有约定履行顺序的双务合同中,当事人一方在对方当事人未履行之前,拒绝先为履行的权利。依照《合同法》第66条的规定："当事人互负债务,没有先后履行顺序的,应当同时履行。一方在对方履行之前有权拒绝其履行要求。一方在对方履行债务不符合约定时,有权拒绝其相应的履行要求。"

（二）先履行抗辩权

先履行抗辩权,是指在约定了履行顺序的双务合同中,应当先履行义务的一方当事人未履行时,对方当事人享有的拒绝其履行要求的权利。《合同法》第67条规定："当事人互负债务,有先后履行顺序,先履行一方未履行的,后履行一方有权拒绝其履行要求。先履行一方履行债务不符合约定的,后履行一方有权拒绝其相应的履行要求。"

（三）不安抗辩权

不安抗辩权,是指在双务合同中,应当先履行债务的当事人有确切证据证明对方有丧失或可能丧失履行能力的情形时,有中止履行自己债务的权利。

《合同法》第 68 条和第 69 条对不安抗辩权及其行使做了明确的规定:"应当先履行债务的当事人,有确切证据证明对方有下列情形之一的,可以中止履行:

(1) 经营状况严重恶化;

(2) 转移财产、抽逃资金,以逃避债务;

(3) 丧失商业信誉;

(4) 有丧失或者可能丧失履行债务能力的其他情形。"

当事人依法中止履行的,"应当及时通知对方。对方提供适当担保时,应当恢复履行。中止履行后,对方在合理期限内未恢复履行能力并且未提供适当担保的,中止履行的一方可以解除合同"。

四、合同债权的保全

合同债权的保全,是指法律为防止债务人的财产不当减少或不增加而给债权人的债权带来损害,允许债权人行使代位权和撤销权,以保护其债权的法律制度。合同债权保全的措施,包括债权人代位权和债权人撤销权两种。

(一) 债权人的代位权

债权人代位权,是指因债务人怠于行使其到期债权,对债权人造成损害的,债权人可以向人民法院请求以自己的名义代位行使债务人权利的权利。例如,甲欠乙 10 万元,丙欠甲 5 万元,甲在其对丙的债权到期后,一直不行使对丙的债权,致使其无力清偿对乙的债务,则乙可以代位行使甲对丙的债权,要求丙履行对甲的债务,以保障自己债权的实现。债权人行使代位权,只能通过诉讼的方式,即向人民法院提起代位权诉讼,请求人民法院强制债务人的债务人履行债务。

行使代位权,应当符合下列条件:

1. 债权人对债务人的债权合法、确定,并且必须已到清偿期。这是债权人行使代位权的前提。

2. 债务人怠于行使其到期债权,并且因此对债权人造成损害。这是指债务人不履行其对债权人的到期债务,又不以诉讼方式或者仲裁方式向其债务人主张其享有的具有金钱给付内容的到期债权,致使债权人的到期债权未能实现。如果在代位权诉讼中,次债务人(即债务人的债务人)不认为债务人有怠于行使其到期债权情况的,应当承担举证责任。

3. 债务人的债权已到期。对于债务人未到期的债权,债权人不能行使代位权。

4. 债务人的债权不是专属于债务人自身的债权。专属于债务人自身的权,是指基于扶养关系、抚养关系、赡养关系、继承关系产生的给付请求权和劳动报酬、退休金、养老金、抚恤金、安置费、人寿保险、人身伤害赔偿请求权等权利。对于专属于债务人自身的债权,债权人不能行使代位权。

债权人代位权的行使范围以债权人的债权为限。债权人行使代位权的必要费用,由债务人负担。

(二) 债权人的撤销权

债权人的撤销权,是指债权人因债务人不当实施减少其财产的行为,对债权人造成损害的,债权人可以请求人民法院撤销该行为的权利。债权人行使撤销权,只能通过诉讼的方式,即由债权人向人民法院提起诉讼,由人民法院作出撤销债务人行为的判决才能发生撤销债务人不当行为的效果。因此,债权人的撤销权又被称为撤销诉权或废罢诉权。

《合同法》第 74 条对债权人的撤销权作了明确规定:"因债务人放弃其到期债权或者无偿转让财产,对债权人造成损害的,债权人可以请求人民法院撤销债务人的行为。债务人以明显不合理的低价转让财产,对债权人造成损害,并且受让人知道该情形的,债权人也可以请求人民法院撤销债务人的行为。撤销权的行使范围以债权人的债权为限。债权人行使撤销权的必要费用,由债务人负担。"

根据《合同法》第 74 条的规定,债权人行使撤销权须具备客观要件和主观要件,并且因债务人所为的行为是否为有偿而有所不同。

从客观要件上说,首先,必须是债务人实施了处分其财产的行为,包括放弃到期债权、无偿转让财产和以明显不合理的低价转让财产的行为[①];其次,债务人处分其财产的行为已经发生效力,对尚未发生效力的行为不存在撤销的问题;第三,债务人处分其财产的行为已经或将要严重损害债权人的债权。

从主观要件上说,债务人与第三人主观上具有恶意。这里的第三人仅指上述债务人的第三种处分行为中的第三人,即以明显不合理的低价受让财产的第三人。对于第三人来说,只要其知道债务人是以明显不合理的低价向其转让财产,即可认定其具有恶意。债权人撤销权行使的效果是使债务人不当处分财产行为的效力溯及既往力消灭,恢复债务人的责任财产,以保障债权人债权的实现。

债权人的撤销权必须在法定的期间内行使。《合同法》第 75 条规定:"撤销权自债权人知道或者应当知道撤销事由之日起 1 年内行使。自债务人的行为发

---

① 债务人放弃其未到期的债权、放弃债权担保、恶意延长到期债权的履行期或者以明显不合理的高价收购他人财产,对债权人造成损害,债权人也可以请求人民法院撤销债务人的行为。转让价格达不到交易时交易地的指导价或者市场交易价 70% 的,一般可以视为明显不合理的低价;对转让价格高于当地指导价或者市场交易价 30% 的,一般可以视为明显不合理的高价。

生之日起5年内没有行使撤销权的,该撤销权消灭。"

第五节　合同的担保

一、合同的担保概述

(一)合同担保的概念和特征

合同担保,是指依照法律规定或当事人的约定而设立的保障合同债权实现的法律措施。合同债权的实现有赖于合同债务的履行。虽然合同债务人的全部财产可作为债务履行的保障,并且法律规定了合同保全制度,但债务人的财产状况不是静止不变的,债务人的财产可能因其正常的生活和生产经营活动而减少,从而影响到债务的履行即债权人债权的实现。为此,依照法律规定或当事人的约定,用第三人的信用或债务人及第三人的特定财产作为履行债务的保障,这就是合同的担保。

合同担保一般具有从属性、补充性和保障性三个特征。从属性,是指合同担保从属于所担保的合同(主合同),合同担保的存在与消灭取决于所担保的合同;补充性,是指合同担保对主合同债务的履行起到补充和增强的作用;保障性,是指设立合同担保的目的在于保障主合同债务的履行和债权的实现。

(二)合同担保的方式

根据《中华人民共和国担保法》(以下简称《担保法》),合同债权人需要以担保方式保障其债权实现的,可以设定保证、抵押、质押、留置和定金五种方式的担保。其中的保证,又称为人的担保,即以第三人的信用来保证债务的履行。抵押、质押和留置,又称为物的担保,即直接以债务人或第三人的特定的财产来保证债务的履行。定金,又称为金钱担保,即以金钱作为担保标的来保证债务的履行。保证、抵押、质押和定金是由当事人协商一致,通过合同方式约定的担保方式,所以又称为意定担保。留置是由法律直接规定的担保方式,又称为法定担保。

(三)担保合同的无效与担保责任的免除

主合同无效,担保合同无效,但法律另有规定的除外。除担保合同另有约定外,主合同解除后,担保人对债务人应当承担的民事责任仍应承担担保责任。

最高人民法院发布的《关于适用〈中华人民共和国担保法〉若干问题的解释》(以下简称《担保法解释》)以及《公司法》规定,国家机关和以公益为目的的事业单位、社会团体违法提供担保的,担保合同无效。董事、经理违反《公司法》规定,以公司资产为本公司的股东或者其他个人债务提供担保的,担保合同无效。以法律、法规禁止流通的财产或者不可转让的财产设定担保的,担保合同无效。此外,法律还就各种具体的担保方式规定有担保合同无效的其他情况。

根据《担保法解释》规定,有下列情形之一的,对外担保合同无效:

(1) 未经国家有关主管部门批准或者登记对外担保的;

(2) 未经国家有关主管部门批准或者登记,为境外机构向境内债权人提供担保的;

(3) 为外商投资企业注册资本、外商投资企业中的外方投资部分的对外债务提供担保的;

(4) 无权经营外汇担保业务的金融机构、无外汇收入的非金融性质的企业法人提供外汇担保的;

(5) 主合同变更或者债权人将对外担保合同项下的权利转让,未经担保人同意和国家有关主管部门批准的,担保人不再承担担保责任。但法律、法规另有规定的除外。

担保合同被确认无效时,债务人、担保人、债权人有过错的,应当根据其过错各自承担相应的民事责任,即承担《合同法》规定的缔约过失责任。根据《担保法解释》规定,主合同有效而担保合同无效,债权人无过错的,担保人与债务人对主合同债权人的经济损失,承担连带赔偿责任;债权人、担保人有过错的,担保人承担民事责任的部分,不应超过债务人不能清偿部分的1/2。主合同无效而导致担保合同无效,担保人无过错的,担保人不承担民事责任;担保人有过错的,担保人承担民事责任的部分,不应超过债务人不能清偿部分的1/3。

同一债权上数个担保物权并存时,债权人放弃债务人提供的物的担保的,其他担保人在其放弃权利的范围内减轻或者免除担保责任。

第三人提供担保,未经其书面同意,债权人允许债务人转移全部或者部分债务的,担保人不再承担相应的担保责任。

二、保证

(一) 保证的概念和特征

保证,是指第三人和债权人约定,当债务人不履行债务时,第三人按照约定履行债务或者承担责任的担保方式。在保证关系中,为他人作担保的第三人称为保证人;被担保的主合同中的债务人称为被保证人;主合同中的债权人也是保证合同的债权人。

保证具有以下一些特征:

(1) 保证具有附从性。保证的附从性具体表现在四个方面:第一,成立上的附从性。保证以主合同的存在为其存在的前提,于其存续中附从于主合同。第二,范围和强度上的附从性。由保证的目的所决定,保证的范围和强度原则上与主合同债务相同,不得大于或强于主合同债务。第三,移转上的附从性。主合同债权移转时,对于保证人的保证债权,原则上也随之移转。第四,变更、消灭上的附从性。主合同债务消灭时,保证债务也随之消灭。

(2) 保证具有独立性。保证债务虽附从于主合同债务,但并非成为主合同债务的一部分,而是另一个独立的债务,在附从于主合同债务的范围内有独立性。因此,保证合同可以约定保证债务仅担保主合同债务的一部分,保证的范围和强度也可以不同于主合同债务,可以有自己独立的变更和消灭原因。此外,保证合同还可以单就保证债务约定违约金,就保证合同发生的抗辩权,保证人可以单独行使。

(3) 保证具有补充性和连带性。保证的补充性主要体现在一般保证中,只有一般保证的被保证人不能履行债务时,保证人才承担保证责任。保证的连带性主要体现在连带保证中,连带保证的保证人对主合同债务的履行要与主合同债务人承担连带责任。

(二) 保证人的资格

担任保证人须具有一定的资格。具有代为清偿债务能力的法人、其他组织或者自然人,可以做保证人。但不具有完全代偿能力的法人、其他组织或者自然人,以保证人身份订立保证合同后,不能以自己没有代偿能力为由要求免除保证责任。根据《担保法》的规定:

1. 国家机关不得为保证人。但经国务院批准为使用外国政府或者国际经济组织贷款进行转贷担保的除外。

2. 学校、幼儿园、医院等以公益为目的的事业单位、社会团体不得为保证人,但从事经营活动的事业单位、社会团体可以为保证人。

3. 企业法人的分支机构、职能部门不得为保证人。企业法人的分支机构有法人书面授权的,可以在授权范围内提供保证,该分支机构经营管理的财产不足以承担担保责任的,由企业法人承担民事责任。企业法人的分支机构未经法人书面授权或者超出授权范围与债权人订立保证合同,导致该合同无效或者超出授权范围的部分无效,债权人和企业法人有过错的,应当根据其过错各自承担相应的民事责任;债权人无过错的,由企业法人承担民事责任。企业法人的职能部门提供保证的,保证合同无效。债权人知道或者应当知道保证人为企业法人的职能部门的,因此造成的损失由债权人自行承担。债权人不知保证人为企业法人的职能部门,因此造成的损失,由企业法人承担民事责任。

保证人可为两人以上。同一债务有两个以上保证人的,保证人应当按照保证合同约定的保证份额,承担保证责任。没有约定保证份额的,保证人承担连带责任。已经承担保证责任的保证人,有权向债务人追偿,或者要求承担连带责任的其他保证人清偿其应当承担的份额。

(三) 保证合同

保证合同应当以书面形式订立。保证人与债权人可以就单个主合同订立保证合同,也可以协议在最高债权额限度内就一定期间连续发生的借款合同或者某项商品交易合同订立一个保证合同。第三人单方以书面形式向债权人出具担保书,债权人接受且未提出异议的,保证合同成立。主合同中虽然没有保证条款,但是,保证人在主合同上以保证人的身份签字或者盖章的,保证合同成立。

保证合同应当包括以下内容:
(1) 被保证的主债权种类、数额;
(2) 债务人履行债务的期限;
(3) 保证的方式;
(4) 保证担保的范围;
(5) 保证的期间;
(6) 双方认为需要约定的其他事项。

(四) 保证的方式

《担保法》规定的保证的方式有两种:

1. 一般保证

当事人在保证合同中约定,债务人不能履行债务时,才由保证人承担保证责任的,为一般保证。一般保证的保证人对债权人享有先诉抗辩权,即在主合同纠纷未经审判或仲裁,并就债务人财产依法强制执行仍不能清偿债务前,对债权人可拒绝承担保证责任。根据《担保法解释》的规定,所谓"不能清偿",是指对债务人的存款、现金、有价证券、成品、半成品、原材料、交通工具等可以执行的动产和其他方便执行的财产执行完毕后,债务仍未能得到清偿。但有下列情形之一的,保证人不得行使先诉抗辩权:(1) 债务人住所变更,致使债权人要求其履行债务发生重大困难的,如债务人下落不明,移居境外,且无财产可供执行;(2) 人民法院受理债务人破产案件,中止执行程序的;(3) 保证人以书面形式放弃先诉抗辩权的。

一般保证的保证人在主债权履行期间届满后,向债权人提供了债务人可供执行财产的真实情况的,债权人放弃或怠于行使权利致使该财产不能被执行,保证人可请求法院在其提供可供执行财产的实际价值范围内免除保证责任。

2. 连带责任保证

当事人在保证合同中约定保证人与债务人对债务承担连带责任的,为连带责任保证。连带责任保证的债务人在主合同规定的债务履行期届满,债务人没有履行债务的,债权人可以要求债务人履行债务,也可以要求保证人在其保证范围内承担保证责任。

当事人对保证方式没有约定或者约定不明确的,按照连带责任保证承担保证责任。

由于保证人承担了对债务人的保证责任,所以保证人享有债务人的抗辩权。债务人的抗辩权是指债权人行使债权时,债务人根据法定事由,对抗债权人行使请求权的权利。如债务人放弃对债务的抗辩权,保证人仍有权抗辩,因其保证责任并未免除。

（五）保证担保的范围

根据《担保法》规定,保证担保的责任范围包括主债权及利息、违约金、损害赔偿金和实现债权的费用。保证合同对责任范围另有约定的,按照约定执行。当事人对保证担保的范围没有约定或者约定不明确的,保证人应当对全部债务承担责任。

根据《担保法解释》的规定,第三人向债权人保证监督支付专款专用的,在履行了监督支付专款专用的义务后,不再承担责任。未尽监督义务造成资金流失的,应当对流失的资金承担补充赔偿责任。保证人对债务人的注册资金提供保证的,债务人的实际投资与注册资金不符,或者抽逃转移注册资金的,保证人在注册资金不足或者抽逃转移注册资金的范围内承担连带保证责任。

保证期间,债权人依法将主债权转让给第三人,除保证合同另有约定,保证人在原保证担保的范围内继续承担保证责任。保证期间,债权人许可债务人转让债务的,应当取得保证人书面同意,保证人对未经其同意转让的债务部分,不再承担保证责任。

（六）主合同变更对保证效力的影响

《担保法》规定,除保证合同另有约定,债权人与债务人协议变更主合同的,应当取得保证人书面同意,未经保证人书面同意的,保证人不再承担保证责任。但在实践中,应根据合同变更内容对保证人利益的影响,来公平确定保证人是否应当对变更后的合同承担保证责任。根据《担保法解释》规定,保证期间,债权人与债务人对主合同数量、价款、币种、利率等内容作了变动,未经保证人同意的,如果减轻债务人的债务的,保证人仍应当对变更后的合同承担保证责任;如果加重债务人的债务的,保证人对加重的部分不承担保证责任。债权人与债务人对主合同履行期限作了变动,未经保证人书面同意的,保证期间为原合同约定的或者法律规定的期间。债权人与债务人协议变动主合同内容,但并未实际履行的,保证人仍应当承担保证责任。

（七）保证期间与诉讼时效

保证人与债权人约定保证期间的,按照约定执行。保证合同约定的保证期间早于或者等于主债务履行期限的,视为没有约定,保证期间为主债务履行期届满之日起6个月。保证人与债权人未约定保证期间的,保证期间为主债务履行期届满之日起6个月。保证合同约定保证人承担保证责任直至主债务本息还清时为止等类似内容的,视为约定不明,保证期间为主债务履行期届满之日起2年。主合同对主债务履行期限没有约定或者约定不明的,保证期间自债权人要求债务人履行义务的宽限期届满之日起计算。最高额保证合同对保证期间没有约定或者约定不明的,如最高额保证合同约定有保证人清偿债务期限的,保证期间为清偿期限届满之日起6个月。没有约定债务清偿期限的,保证期间自最高额保证终止之日或自债权人收到保证人终止保证合同的书面通知到达之日起6个月。最高额保证的保证人就连续发生的债权作保证,未约定保证期间的,保证人可以随时书面通知债权人终止保证合同,但保证人对于通知到达债权人前所发生的债权,承担保证责任。保证期间不因任何事由发生中断、中止、延长的法律后果。

在合同约定的保证期间或法律规定的保证期间,债权人未对一般保证的债务人提起诉讼或者申请仲裁的,保证人免除保证责任;债权人已提起诉讼或者申请仲裁的,保证期间适用诉讼时效中断的规定。从判决或者仲裁裁决生效之日起,开始计算保证合同的诉讼时效。在保证期间,债权人未要求连带责任保证的保证人承担保证责任的,保证人免除保证责任;要求保证人承担保证责任的,从债权人要求保证人承担保证责任之日起,开始计算保证合同的诉讼时效。

保证人对已经超过诉讼时效期间的债务承担保证责任或者提供保证的,不得又以超过诉讼时效为由提出抗辩。一般保证中,主债务诉讼时效中断,保证债务诉讼时效中断;连带责任保证中,主债务诉讼时效中断,保证债务诉讼时效不中断。一般保证和连带责任保证中,主债务诉讼时效中止的,保证债务的诉讼时效同时中止。

(八) 保证与物的担保

同一债权既有保证又有第三人提供物的担保的,债务人不履行到期债务或者发生当事人约定的实现担保物权的情形,债权人应当按照约定实现债权;没有约定或者约定不明确,债务人自己提供物的担保的,债权人应当先就该物的担保实现债权;第三人提供物的担保的,债权人可以就物的担保实现债权,也可以要求保证人承担保证责任。当事人对保证担保的范围或者物的担保的范围没有约定或者约定不明的,承担了担保责任的担保人,可以向债务人追偿,也可以要求其他担保人清偿其应当分担的份额。同一债权既有保证又有物的担保的,物的担保合同被确认无效或者被撤销,或者担保物因不可抗力的原因灭失而没有代位物的,保证人仍应当按合同的约定或者法律的规定承担保证责任。

(九) 保证人的追偿权

保证人承担保证责任后,享有追偿权,有权向债务人追偿其代为清偿的部分。保证人自行履行保证责任时,其实际清偿额大于主债权范围的,保证人只能在主债权范围内对债务人行使追偿权。

保证期间,人民法院受理债务人破产案件的,债权人既可以向人民法院申报债权,也可以向保证人主张权利。债权人不申报债权的,应通知保证人。保证人在承担保证责任前,可以预先申报破产债权行使追偿权,参加破产财产分配,以免发生保证人承担保证责任后,因债务人破产财产已分配完毕无法行使追偿权的情况。债权人知道或者应当知道债务人破产,既未申报债权也未通知保证人,致使保证人不能预先行使追偿权的,保证人在该债权在破产程序中可能受偿的范围内免除保证责任。债权人申报债权后在破产程序中未受清偿的部分,保证人仍应当承担保证责任。债权人要求保证人承担保证责任的,应当在破产程序终结后 6 个月内提出。

（十）保证人不承担保证责任的情况

根据《担保法》和《担保法解释》规定,有下列情形之一的,保证人不承担民事责任：

（1）主合同当事人双方串通,骗取保证人提供保证的。

（2）主合同债权人采取欺诈、胁迫等手段,使保证人在违背真实意思的情况下提供保证的。

（3）主合同债务人采取欺诈、胁迫等手段,使保证人在违背真实意思的情况下提供保证的,债权人知道或者应当知道欺诈、胁迫事实的,保证人不承担民事责任。

（4）主合同当事人双方协议以新贷偿还旧贷,除保证人知道或者应当知道者外,保证人不承担民事责任。但新贷与旧贷系同一保证人的除外。

三、抵押

（一）抵押和抵押权

抵押是指债务人或者第三人不转移对用作担保的财产的占有,将该财产作为债权的担保,当债务人不履行债务或者发生当事人约定的实现抵押权的情形,债权人有权依照法律规定,以该财产折价或者以拍卖、变卖该财产的价款优先受偿。在抵押关系中,提供担保财产的债务人或者第三人为抵押人,提供用作担保的财产为抵押财产或抵押物,债权人为抵押权人。债权人享有就抵押物变价优先受偿的权利,称为抵押权。

（二）抵押物的范围

依照《物权法》第 180 条的规定,债务人或者第三人有权处分的下列财产可以抵押：

（1）建筑物和其他土地附着物；

（2）建设用地使用权；

（3）以招标、拍卖、公开协商等方式取得的荒地等土地承包经营权；

(4) 生产设备、原材料、半成品、产品;
(5) 正在建造的建筑物、船舶、航空器;
(6) 交通运输工具;
(7) 法律、行政法规未禁止抵押的其他财产。

抵押人可以将前款所列财产一并抵押。以尚未办理权属证书的财产抵押的,在第一审法庭辩论终结前能够提供权利证书或者补办登记手续的,可以认定抵押有效。

根据《物权法》第181条的规定,经当事人书面协议,企业、个体工商户、农业生产经营者可以将现有的以及将有的生产设备、原材料、半成品、产品抵押。

根据《担保法解释》的规定,以依法获准尚未建造的房屋或者其他建筑物抵押的,当事人办理了抵押物登记,抵押有效。

以建筑物抵押的,该建筑物占用范围内的建设用地使用权一并抵押。以建设用地使用权抵押的,该土地上的建筑物一并抵押。抵押人未依照上述规定一并抵押的,未抵押的财产视为一并抵押。

乡镇、村企业的建设用地使用权不得单独抵押。以乡镇、村企业的厂房等建筑物抵押的,其占用范围内的建设用地使用权一并抵押。

抵押物因附合、混合或者加工使抵押物的所有权为第三人所有的,抵押权的效力及于补偿金;抵押物所有人为附合物、混合物或者加工物的所有人的,抵押权的效力及于附合物、混合物或者加工物;第三人与抵押物所有人为附合物、混合物或者加工物的共有人的,抵押权的效力及于抵押人对共有物享有的份额。

抵押权设定前为抵押物的从物的,抵押权的效力及于抵押物的从物。但是,抵押物与其从物为两个以上的人分别所有时,抵押权的效力不及于抵押物的从物。

债务人不履行到期债务或者发生当事人约定的实现抵押权的情形,致使抵押物被人民法院依法扣押的,自扣押之日起抵押权人有权收取由抵押物分离的天然孳息以及抵押人就抵押物可以收取的法定孳息,用作对债权的担保,并按照下列顺序清偿:(1) 收取孳息的费用;(2) 主债权的利息;(3) 主债权。抵押权人未将扣押抵押物的事实通知应当清偿法定孳息的义务人的,抵押权的效力不及于该孳息。

在抵押财产灭失、毁损或者被征用的情况下,抵押权人可以就该抵押财产的保险金、赔偿金或者补偿金优先受偿。抵押财产灭失、毁损或者被征用的情况下,抵押权所担保的债权未届清偿期的,抵押权人可以请求人民法院对保险金、赔偿金或补偿金等采取保全措施。

依照《物权法》第184条的规定,下列财产不得抵押:

(1) 土地所有权；

(2) 耕地、宅基地、自留地、自留山等集体所有的土地使用权，但法律规定可以抵押的除外；

(3) 学校、幼儿园、医院等以公益为目的的事业单位、社会团体的教育设施、医疗卫生设施和其他社会公益设施（但以上述设施以外的财产为该事业单位、社会团体自身债务设定抵押的，抵押有效）；

(4) 所有权、使用权不明或者有争议的财产；

(5) 依法被查封、扣押、监管的财产；

(6) 法律、行政法规规定不得抵押的其他财产。

根据《担保法解释》规定，以经法定程序确认为违法、违章的建筑物抵押的，抵押无效。当事人以农作物和与其尚未分离的土地使用权同时抵押的，土地使用权部分的抵押无效。共同共有人以其共有财产设定抵押权未经其他共有人的同意，抵押无效。但是，其他共有人知道或者应当知道而未提出异议的视为同意，抵押有效。

债务人有多个普通债权人的，在清偿债务时，债务人与其中一个债权人恶意串通，将其全部或者部分财产抵押给该债权人，因此丧失了履行其他债务的能力，损害了其他债权人的合法权益，受损害的其他债权人可以请求人民法院撤销该抵押行为。

已经设定抵押的财产被采取查封、扣押等财产保全或者执行措施的，不影响抵押权的效力。

（三）抵押合同

根据《物权法》的规定，设立抵押权，当事人应当采取书面形式订立抵押合同。抵押合同一般包括下列条款：

(1) 被担保债权的种类和数额；

(2) 债务人履行债务的期限；

(3) 抵押财产的名称、数量、质量、状况、所在地、所有权权属或者使用权权属；

(4) 担保的范围。

抵押合同不完全具备上述规定内容的，可以补正。但抵押合同对被担保的主债权种类、抵押财产没有约定或者约定不明，根据主合同和抵押合同不能补正或者无法推定的，抵押不成立。抵押权人在债务履行期届满前，不得与抵押人约定债务人不履行到期债务时抵押财产归债权人所有。但该约定内容的无效不影响抵押合同其他部分内容的效力。

当事人对抵押担保范围有约定的，依照其约定。没有约定的，抵押担保范围包括：主债权及利息、违约金、损害赔偿金和实现抵押权的费用。

(四) 抵押登记

抵押登记,又称为抵押权登记、抵押物登记,是指相关登记机关根据当事人的申请,依照法定程序,将抵押财产上设定的抵押权及抵押权变更、终止事项记载于特定的登记簿上的行为。

当事人以建筑物和其他土地附着物、建设用地使用权、以招标、拍卖、公开协商等方式取得的荒地等土地承包经营权以及正在建造的建筑物抵押的,应当办理抵押登记。抵押权自登记时设立。抵押合同签订后,抵押人违背诚实信用原则拒绝办理抵押登记致使债权人受到损失的,抵押人应当承担赔偿责任。

当事人以上述财产以外的其他财产抵押的,可以自愿办理抵押登记。是否办理抵押登记,不影响抵押权的设立,抵押权自抵押合同生效时设立,但当事人未办理抵押登记的,不得对抗善意第三人。

抵押登记记载的内容与抵押合同约定的内容不一致的,以登记记载的内容为准。

当事人办理抵押登记,应当向登记部门提供主合同和抵押合同、抵押物的所有权或者使用权证书。抵押登记部门登记的资料,应当允许公众查阅、抄录或者复印。

(五) 抵押权效力

抵押权效力,是指抵押关系当事人的权利义务。

1. 抵押权对抵押人的效力

抵押权设定后,虽然抵押物不转移占有,抵押人仍可以对抵押物行使占有、使用、收益和处分的权能。但在抵押关系存续期间,抵押人的处分权将受到必要的限制:

(1) 抵押财产的出租。抵押人将已出租的财产抵押的,原租赁关系不受该抵押权的影响。抵押人抵押权设立后将抵押财产出租的,该租赁关系不得对抗已登记的抵押权。抵押人将已抵押的财产出租时,如果抵押人未书面告知承租人该财产已抵押的,抵押人对出租抵押物造成承租人的损失承担赔偿责任;如果抵押人已书面告知承租人该财产已抵押的,抵押权实现造成承租人的损失,由承租人自己承担。

(2) 抵押物的转让。抵押期间,抵押人经抵押权人同意转让抵押财产的,应当将转让所得的价款向抵押权人提前清偿债务或者提存。转让的价款超过债权数额的部分归抵押人所有,不足部分由债务人清偿。抵押期间,抵押人未经抵押权人同意,不得转让抵押财产,但受让人代为清偿债务消灭抵押权的除外。受让人清偿债务后可以向抵押人追偿。抵押人转让未经登记的抵押财产,抵押权不得对抗善意受让人,因此给抵押权人造成损失的,由抵押人承担赔偿责任。

2. 抵押权对抵押权人的效力

抵押权对抵押权人的效力主要涉及抵押权的保全、抵押权的处分和抵押权的实现。

(1) 抵押权的保全。抵押人的行为足以使抵押财产价值减少的,抵押权人有权要求抵押人停止其行为。抵押财产价值减少的,抵押权人有权要求恢复抵押财产的价值,或者提供与减少的价值相应的担保。抵押人不恢复抵押财产的价值也不提供担保的,抵押权人有权要求债务人提前清偿债务。

(2) 抵押权的处分。依照《物权法》第193条的规定,抵押权不得与债权分离而单独转让或者作为其他债权的担保。债权转让的,担保该债权的抵押权一并转让,但法律另有规定或者当事人另有约定的除外。依照《物权法》第194条的规定,抵押权人可以放弃抵押权或者抵押权的顺位。抵押权人与抵押人可以协议变更抵押权顺位以及被担保的债权数额等内容,但抵押权的变更,未经其他抵押权人书面同意,不得对其他抵押权人产生不利影响。债务人以自己的财产设定抵押,抵押权人放弃该抵押权、抵押权顺位或者变更抵押权的,其他担保人在抵押权人丧失优先受偿权益的范围内免除担保责任,但其他担保人承诺仍然提供担保的除外。

(3) 抵押权的实现。抵押权的实现又称为抵押权的实行,是指抵押所担保的债权已届清偿期而未受清偿或者发生当事人约定的实现抵押权的情形时,抵押权人从抵押物变价的价款中优先受偿的行为。

关于抵押权实现的方式。债务履行期届满或者发生当事人约定的实现抵押权的情形时,抵押权人未受清偿的,可以与抵押人协议以抵押财产折价或者以拍卖、变卖该抵押财产所得的价款受偿。抵押财产折价或者变卖的,应当参照市场价格。协议损害其他债权人利益的,其他债权人可以在知道或者应当知道撤销事由之日起1年内请求人民法院撤销该协议。协议不成的,抵押权人可以请求人民法院拍卖、变卖抵押财产。抵押物折价或者拍卖、变卖后,其价款超过债权数额的部分归抵押人所有,不足部分由债务人清偿。

抵押权人主债权未受全部清偿的,可以就抵押物的全部行使其抵押权。抵押物被分割或者部分转让的,抵押权人可以就分割或者转让后的抵押物行使抵押权。

主债权被分割或者部分转让的,各债权人可以就其享有的债权份额行使抵押权。主债务被分割或者部分转让的,抵押人仍以其抵押物担保数个债务人履行债务;但是,第三人提供抵押的,债权人许可债务人转让债务未经抵押人书面同意的,抵押人对未经其同意转让的债务,不再承担担保责任。

建设用地使用权抵押后,该土地上新增的建筑物不属于抵押财产。该建设用地使用权实现抵押权时,应当将该土地上新增的建筑物与建设用地使用权一并处分,但新增建筑物所得的价款,抵押权人无权优先受偿。

以招标、拍卖、公开协商等方式取得的荒地等土地承包经营权或以乡镇、村企业的厂房等建筑物及占用范围内的建设用地使用权抵押的,实现抵押权后,未经法定程序,不得改变土地所有权的性质和土地用途。

拍卖划拨的国有土地使用权所得的价款,在依法缴纳相当于应缴纳的土地使用权出让金的款额后,抵押权人有优先受偿权。

关于抵押权实现的清偿顺序。依照《担保法解释》的有关规定,抵押物折价或者拍卖、变卖所得的价款,当事人没有约定的,按下列顺序清偿:首先支付实现抵押权的费用;其次清偿主债权的利息;再次清偿主债权。

同一财产向两个以上债权人抵押的,拍卖、变卖抵押财产所得的价款依照下列规定清偿:① 抵押权已登记的,按照登记的先后顺序清偿;顺序相同的,按照债权比例清偿;② 抵押权已登记的先于未登记的受偿;③ 抵押权未登记的,按照债权比例清偿。

同一财产向两个以上债权人抵押的,顺序在先的抵押权与该财产的所有权归属一人时,该财产的所有权人可以以其抵押权对抗顺序在后的抵押权。

同一财产向两个以上债权人抵押的,顺序在后的抵押权所担保的债权先到期的,抵押权人只能就抵押物价值超出顺序在先的抵押担保债权的部分受偿。

顺序在先的抵押权所担保的债权先到期的,抵押权实现后的剩余价款应予提存,留待清偿顺序在后的抵押担保债权。

同一债权有两个以上抵押人的,当事人对其提供的抵押财产所担保的债权份额或者顺序没有约定或者约定不明的,抵押权人可以就其中任一或者各个财产行使抵押权。抵押人承担担保责任后,可以向债务人追偿,也可以要求其他抵押人清偿其应当承担的份额。

同一财产法定登记的抵押权与质权并存时,抵押权人优先于质权人受偿。同一财产抵押权与留置权并存时,留置权人优先于抵押权人受偿。

关于抵押权行使的期限,《物权法》第 202 条规定:"抵押权人应当在主债权诉讼时效期间行使抵押权;未行使的,人民法院不予保护。"

(六) 最高额抵押权

最高额抵押权,是指依照抵押权人与抵押人的协议,抵押人对一定期间内将要连续发生的债权提供担保财产,债务人不履行到期债务或者发生当事人约定的实现抵押权的情形,抵押权人在最高债权额限度内就该担保财产优先受偿的权利。

债权人与债务人的借款合同和就某项商品在一定期间内连续发生交易而签订的合同可以设最高额抵押权。最高额抵押权设立前已经存在的债权,经当事人同意,可以转入最高额抵押担保的债权范围。

最高额抵押担保的债权确定前,部分债权转让的,最高额抵押权不得转让,但当事人另有约定的除外。

最高额抵押担保的债权确定前,抵押权人与抵押人可以通过协议变更债权确定的期间、债权范围以及最高债权额,但变更的内容不得对其他抵押权人产生不利影响。

有下列情形之一的,抵押权人的债权确定:(1) 约定的债权确定期间届满;(2) 没有约定债权确定期间或者约定不明确,抵押权人或者抵押人自最高额抵押权设立之日起满2年后请求确定债权;(3) 新的债权不可能发生;(4) 抵押财产被查封、扣押;(5) 债务人、抵押人被宣告破产或者被撤销;(6) 法律规定债权确定的其他情形。

最高额抵押担保的债权确定后,最高额抵押权人可以根据普通抵押权的规定行使其抵押权。抵押权人实现最高额抵押权时,如果实际发生的债权余额高于最高限额的,以最高限额为限,超过部分不具有优先受偿的效力;如果实际发生的债权余额低于最高限额的,以实际发生的债权余额为限对抵押物优先受偿。

除上述特别规定外,最高额抵押权适用一般抵押权的规定。

(七) 浮动抵押权

浮动抵押权,是指抵押人以其现有的和将有的财产作为债权的担保,当债务人不履行债务或者发生当事人约定的实现抵押权的情形时,债权人有权以抵押人尚存的抵押财产优先受偿的权利。我国《物权法》规定了商事主体的动产浮动抵押权:"经当事人书面协议,企业、个体工商户、农业生产经营者可以将现有的以及将有的生产设备、原材料、半成品、产品抵押,债务人不履行到期债务或者发生当事人约定的实现抵押权的情形,债权人有权就实现抵押权时的动产优先受偿。"

我国《物权法》规定的浮动抵押权对抵押人主体限定为从事生产经营的商事主体;客体为抵押人的动产。浮动抵押权与普通抵押权不同的是,在抵押期间,抵押的动产是可以流入也可以流出的,抵押人可以依其生产经营活动,随意购入和出售、出租这些动产。当发生浮动抵押财产的确定事由时,该抵押财产才被特定化,抵押人未经抵押权人同意不得随意处置。

浮动抵押权自抵押合同生效时设立。未经登记不影响浮动抵押权的设立,但未登记,不得对抗善意第三人。

依照《物权法》第196条的规定,浮动抵押财产自下列情形之一发生时确定:(1) 债务履行期届满,债权未实现;(2) 抵押人被宣告破产或者被撤销;(3) 当事人约定的实现抵押权的情形;(4) 严重影响债权实现的其他情形。浮动抵押财产确定后,抵押人未经抵押权人同意不得随意处置。抵押权人可以依照普通抵押权的规定行使其抵押权。但浮动抵押权的行使,不得对抗与抵押人在正常经营活动中已支付合理价款并取得抵押财产的买受人。

四、质押

(一) 质押的概念

质押,是指债务人或第三人将其动产或权利移交于债权人占有或控制,以其作为债权担保的担保方式。在债务人不履行债务时,债权人可依法以其占有或控制的债务人或第三人用作担保的财产或权利的价值优先受偿其债权。在质押关系中,提供财产或权利用作担保的人,是出质人;出质人提供用作担保的财产或权利,称为质押财产或质物;债权人所享有的占有或控制质押财产并于债务人不履行债务时以质押财产的价值优先受偿其债权的权利,称为质权;享有质权的债权人,称为质权人。质押因其标的的不同,分为动产质押和权利质押。

(二) 动产质押

1. 动产质押的概念

动产质押,是指债务人或者第三人将其动产移交债权人占有,将该动产作为债权的担保。当债务人不履行债务时,债权人有权依照法律规定,以该动产折价或者以拍卖、变卖该动产的价款优先受偿。以动产作为担保物设定的质权又称为动产质权。

2. 动产质押的设定

动产质押通过出质人和质权人订立质权合同的方式设定。质权合同应当以书面形式订立。质权合同一般包括以下内容:

(1) 被担保的主债权种类、数额;
(2) 债务人履行债务的期限;
(3) 质押财产的名称、数量、质量、状况;
(4) 担保的范围;
(5) 质押财产交付的时间。

质权合同不完全具备上述内容的,可以补正。质权人在债务履行期届满前,不得与出质人约定债务人不履行到期债务时质押财产归债权人所有。

质押合同的成立生效,并不必然导致质权的设立。动产质权自出质人交付质押财产时设立。因此,出质人代质权人占有质物的,质权不成立;质权人将质物返还于出质人后,其质权不能对抗第三人。质物有隐蔽瑕疵造成质权人其他财产损害的,应由出质人承担赔偿责任。但是,质权人在质物交付时明知质物有瑕疵而予以接受的除外。因不可归责于质权人的事由而丧失对质物的占有,质权人可以向不当占有人请求停止侵害、恢复原状、返还质物。

出质人与质权人可以协议设立最高额质权。

3. 质权的效力

(1) 质权担保的范围。除质押合同另有约定,质押担保的范围包括主债权及利息、违约金、损害赔偿金、质物保管费用和实现质权的费用。

（2）质押财产的范围。质权及于质物的全部。质押合同中对质押的财产约定不明，或者约定的出质财产与实际交付的财产不一致的，以实际交付占有的财产为准。动产质权的效力及于质物的从物。但是，从物未随同质物移交质权人占有的，质权的效力不及于从物。因质物灭失所得的赔偿金，应当作为出质财产。

（3）质权人的权利。质权人享有如下权利：

第一，质物的占有留置权。质权人在质权存续期间，有权占有质物。债务履行期届满质权人未受清偿的，质权人可以继续留置质物，并以质物的全部行使权利。

第二，孳息收取权。除质押合同另有约定，质权人有权收取质物所生的孳息用作债权担保。孳息应当先充抵收取孳息的费用。

第三，质物的转质权。根据《担保法解释》第94条的规定，质权人在质权存续期间，为担保自己的债务，经出质人同意，以其所占有的质物为第三人设定质权的，应当在原质权所担保的债权范围之内，超过的部分不具有优先受偿的效力。转质权的效力优于原质权。质权人在质权存续期间，未经出质人同意，为担保自己的债务，在其所占有的质物上为第三人设定质权的无效。造成质押财产毁损、灭失的，应当向出质人承担赔偿责任。

第四，质物的提前变价权。因不能归责于质权人的事由可能使质押财产毁损或者价值明显减少，足以危害质权人权利的，质权人有权要求出质人提供相应的担保；出质人不提供的，质权人可以拍卖、变卖质押财产，并与出质人通过协议将拍卖、变卖所得的价款提前清偿债务或者提存。

第五，费用返还请求权。质权人对于因保管质押财产所支出的必要费用有请求出质人予以偿还的权利。

第六，质权的抛弃。质权人可以放弃质权。债务人以自己的财产出质，质权人放弃该质权的，其他担保人在质权人丧失优先受偿权益的范围内免除担保责任，但其他担保人承诺仍然提供担保的除外。

第七，债权的优先受偿权。质权人的债权可以就质物的变价优先受偿。所谓优先受偿，是指优先于债务人的其他债权人受偿、优先于位序在后的担保权优先受偿。出质人破产时，质权人享有别除权。

（4）质权人的义务。质权人的义务主要有以下几项：

第一，妥善保管质物的义务。质权人占有质物期间负有妥善保管质物的义务。因保管不善致使质押财产毁损、灭失的，应当承担赔偿责任。质权人的行为可能使质押财产毁损、灭失的，出质人可以要求质权人将质押财产提存，或者要求提前清偿债务并返还质押财产。质权人在质权存续期间，未经出质人同意，擅自使用、出租、处分质物,因此给出质人造成损失的,由质权人承担赔偿责任。

第二,返还质物的义务。债务人适当履行了债务或出质人提前清偿了债务时,质权人应当返还质物。

第三,对质物及时变价的义务。债务履行期届满,债权未受清偿时,债权人应当及时将质物变价用以清偿债权。出质人可以请求质权人在债务履行期届满后及时行使质权;质权人不行使的,出质人可以请求人民法院拍卖、变卖质押财产。出质人请求质权人及时行使质权,因质权人怠于行使权利造成损害的,由质权人承担赔偿责任。

(5)第三人为出质人的追偿权。为债务人质押担保的第三人,在质权人实现质权后,有权向债务人追偿。

4. 动产质权的实现

债务人不履行到期债务或者发生当事人约定的实现质权的情形,质权人可以与出质人协议以质押财产折价,也可以就拍卖、变卖质押财产所得的价款优先受偿。质押财产折价或者变卖的,应当参照市场价格。质物折价或者拍卖、变卖后,其价款超过债权数额的部分归出质人所有,不足部分由债务人清偿。

(三)权利质押

1. 权利质押的概念

权利质押是指以汇票、支票、本票、债券、存款单、仓单、提单,依法可以转让的股份、股票,依法可以转让的商标专用权,专利权、著作权中的财产权,依法可以质押的其他权利等作为质权标的的担保。当债务人不履行债务时,债权人有权依照法律规定,以该权利的价值或变价的价款优先受偿。以权利作为质押财产设定的质权又称为权利质权。权利质押可适用动产质押的一般规则。

2. 权利质押标的的范围

依照《物权法》第223条的规定,债务人或者第三人有权处分的下列权利可以出质:

(1)汇票、支票、本票;

(2)债券、存款单;

(3)仓单、提单;

(4)可以转让的基金份额、股权;

(5)可以转让的注册商标专用权、专利权、著作权等知识产权中的财产权;

(6)应收账款。

3. 权利质权的设立

(1)以汇票、支票、本票、债券、存款单、仓单、提单出质的,当事人应当订立书面合同。质权自权利凭证交付质权人时设立;没有权利凭证的,质权自有关部门办理出质登记时设立。以汇票、支票、本票、公司债券出质,出质人与质权人没有背书记载"质押"字样,票据、债券的出质不得对抗善意第三人。

(2)以基金份额、股权出质的,当事人应当订立书面合同。以基金份额、证券登记结算机构登记的股权出质的,质权自证券登记结算机构办理出质登记时设立;以其他股权出质的,质权自工商行政管理部门办理出质登记时设立。

(3)以注册商标专用权、专利权、著作权等知识产权中的财产权出质的,当事人应当订立书面合同。质权自有关主管部门办理出质登记时设立。

(4)以应收账款出质的,当事人应当订立书面合同。质权自信贷征信机构办理出质登记时设立。

4. 权利质权的效力

(1)权利质权对质权人的效力。权利质权对质权人的效力与动产质权基本相同,不同之处在于,作为质押财产的汇票、支票、本票、债券、存款单、仓单、提单的兑现日期或者提货日期先于主债权到期的,质权人可以兑现或者提货,并与出质人协议将兑现的价款或者提取的货物提前清偿债务或者提存。

(2)权利质权对出质人的效力。权利质权对出质人的效力主要在于限制出质人对出质权利的处分权。出质的权利的性质不同,对其限制的方式也有所不同:

第一,基金份额、股权出质后,不得转让,但经出质人与质权人协商同意的除外。出质人转让基金份额、股权所得的价款,应当向质权人提前清偿债务或者提存。

第二,知识产权中的财产权出质后,出质人不得转让或者许可他人使用,但经出质人与质权人协商同意的除外。出质人转让或者许可他人使用出质的知识产权中的财产权所得的价款,应当向质权人提前清偿债务或者提存。

第三,应收账款出质后,不得转让,但经出质人与质权人协商同意的除外。出质人转让应收账款所得的价款,应当向质权人提前清偿债务或者提存。

(3)第三人为出质人的追偿权。为债务人质押担保的第三人,在质权人实现质权后,有权向债务人追偿。

五、留置

(一)留置的概念

留置,是指依照法律的规定,债务人不履行到期债务,债权人可以留置已经合法占有的债务人的动产,并有权就该动产优先受偿。债权人得依法留置其占有的动产,并就该动产变价优先受偿的权利称为留置权,享有留置权的债权人为留置权人,被留置用作担保的动产称为留置物。

(二)留置权的成立

留置权是直接基于法律的规定而产生,法律上直接规定了留置权的成立要件。留置权的成立要件分为积极要件和消极要件。

1. 留置权成立的积极要件

积极要件是指留置权成立所应具备的法律事实。

(1) 债权人合法占有债务人的动产;

(2) 债权人留置的动产,应当与债权属于同一法律关系,但企业之间留置的除外;

(3) 债权人的债权已届清偿期。债权人的债权未届清偿期,其交付占有标的物的义务已届履行期的,不能行使留置权。但是,债权人能够证明债务人无支付能力的除外。

2. 留置权成立的消极要件

消极要件是指留置权成立的否定条件,即使积极要件具备,只要存在消极要件,留置权不能成立。

(1) 无不得留置的法律规定或当事人事先的约定;

(2) 留置债务人的财产不违反公共秩序和善良风俗;

(3) 留置财产与债权人所承担的义务不相抵触;

(4) 对动产的占有非因侵权行为而取得。债权人合法占有债务人交付的动产时,不知债务人无处分该动产的权利,债权人可行使留置权。

(三) 留置权的效力

1. 留置权担保的范围

留置权担保的范围包括主债权及利息、违约金、损害赔偿金,留置物保管费用和实现留置权的费用。

2. 留置权人的权利

(1) 留置物占有权。这是留置权的基本效力,也称为留置权的第一次效力。在留置权人的债权未获清偿且债务人未提供新的担保前,留置权人得继续占有留置物。其占有权不仅可以对抗债务人,而且可以对抗合同关系外的第三人。留置的财产为可分物的,留置物的价值应当相当于债务的金额。留置物为不可分物的,留置权人可以就其留置物的全部行使留置权。

(2) 孳息收取权。与动产质权一样,留置权人可以收取留置物所生孳息,以充抵债权,但孳息应首先充抵收取孳息的费用。

(3) 对留置物必要的使用权。留置权人原则上并无使用留置物的权利,但为保管留置物所必要,留置权人得使用留置物。

(4) 必要费用偿还请求权。留置权人因保管留置物所支出的必要费用,留置权人有权请求债务人偿还。

(5) 就留置物变价优先受偿权。留置权人优先于债务人的其他债权人受偿,同一动产上已设立抵押权或者质权,该动产又被留置的,留置权人优先受偿。

3. 留置权人的义务

（1）对留置物妥善保管的义务。留置权人负有妥善保管留置物的义务。因保管不善致使留置物毁损、灭失的，留置权人应当承担赔偿责任。在留置期间，留置人不得擅自使用、利用留置物。

（2）返还留置物的义务。留置权消灭时，留置人应当返还留置物。

（四）留置权的实现

留置权的实现，又称为留置权的实行，指的是留置权的第二次效力，即当留置权人留置其合法占有的债务人的动产后（留置权的第一次效力），债务人在合理的宽限期内仍未清偿债务，留置权人可以与债务人协议以留置财产折价，也可以就拍卖、变卖留置财产所得的价款优先受偿。留置权的实现必须经过一定的程序和具备一定的条件。

1. 留置权人与债务人应当约定留置财产后的债务履行期间；没有约定或者约定不明确的，留置权人应当给债务人两个月以上履行债务的期间，但鲜活易腐等不易保管的动产除外。

2. 通知债务人。债权人留置合同标的物后，应当立即通知债务人。通知的内容，一是已将合法占有的债务人的动产留置；二是告知债务履行的宽限期；三是催告债务人在宽限期内履行债务。债权人未通知债务人履行义务，直接变价处分留置物的，应当对此造成的损失承担赔偿责任。

3. 将留置物变价、受偿。债务人逾期仍不履行的，债权人可以与债务人协议以留置物折价清偿债务，也可以依法拍卖、变卖留置物清偿债务。债务人可以请求留置权人在债务履行期届满后行使留置权；留置权人不行使的，债务人可以请求人民法院拍卖、变卖留置财产。留置物折价或者拍卖、变卖后，其价款超过债权数额的部分归债务人所有，不足部分由债务人清偿。留置财产折价或者变卖的，应当参照市场价格。

（五）留置权的消灭

留置权成立后，可以基于以下原因消灭：

1. 留置权所担保的债权消灭。债权消灭包括债权已经清偿、债权抛弃等。留置权是从权利，随其所担保的债权的灭而消灭。

2. 债务人另行提供担保并被债权人接受的。

3. 占有的丧失。留置权以占有留置物为其成立和存续要件，无论什么原因，留置权人丧失对留置物的占有，留置权即消灭。

六、定金

（一）定金的概念和种类

定金，是由合同一方当事人在合同订立时或履行前，预先给付对方一定数额

的货币,以保障债权实现的担保方式。定金属于金钱担保。定金主要有以下种类:

(1)立约定金。是指为保障主合同成立而交付的定金,即在合同订立前交付的定金,目的在于担保合同成立。当事人约定以交付定金作为订立主合同担保的,给付定金的一方拒绝订立主合同的,无权要求返还定金;收受定金的一方拒绝订立合同的,应当双倍返还定金。

(2)成约定金。是指交付定金是合同成立的要件,因定金的交付,合同才告成立。当事人约定以交付定金作为主合同成立或者生效要件的,给付定金的一方未支付定金,但主合同已经履行或者已经履行主要部分的,不影响主合同的成立或者生效。

(3)证约定金。是指为证明合同的成立而交付的定金,定金是合同已经订立的证据。

(4)违约定金。是指以交付的定金作为当事人不履行合同的赔偿。这种定金与违约金同样具有间接地强制履行合同的效力。违约定金通常兼有证约定金的作用。

(5)解约定金。是指以其为保留解除权的代价的定金。交付定金的一方可以丧失定金为代价而解除合同。定金交付后,交付定金的一方可以按照合同的约定以丧失定金为代价而解除主合同,收受定金的一方可以双倍返还定金为代价而解除主合同。对解除主合同后责任的处理,适用《合同法》的规定。

对我国现行法上规定的定金,一般认为兼有证约定金和违约定金的性质。但在实践当中,法律也允许当事人约定其他性质的定金。

(二)定金的成立

定金这种担保方式是基于当事人的约定而成立。《担保法》规定,定金的成立必须有书面定金合同,也可以在书面的主合同中约定定金条款。定金合同是实践合同,其成立不仅须当事人意思表示一致,而且要实际交付定金。当事人在定金合同中应当约定交付定金的期限。定金合同从实际交付定金之日起生效。

关于定金的交付时间。立约定金应当在合同成立前交付;成约定金的交付时间即是主合同成立时间;证约定金通常于主合同成立同时交付;违约定金、解约定金通常在合同履行前交付。当事人应当对交付的金钱的性质作出明确约定,当事人交付留置金、担保金、保证金、订约金、押金或者订金等,但没有约定定金性质的,不能成立定金。

定金的数额由当事人约定,但不得超过主合同标的额的20%。超过部分,不具有定金性质。实际交付的定金数额多于或者少于约定数额,视为变更定金合同;收受定金一方提出异议并拒绝接受定金的,定金合同不生效。

(三) 定金的效力

定金的效力因定金的种类不同而不同。由于我国现行法上规定的定金兼有证约定金和违约定金的性质,因此,现行法上规定的定金的效力主要体现在两个方面:

1. 证明效力

即定金具有证明主合同成立的作用。

2. 违约制裁

即对违约方适用定金罚则,给付定金的一方不履行约定的债务的,无权要求返还定金;收受定金的一方不履行约定的债务的,应当双倍返还定金。根据《担保法解释》的规定,因当事人一方迟延履行或者其他违约行为,致使合同目的不能实现,可以适用定金罚则。但法律另有规定或者当事人另有约定的除外。当事人一方不完全履行合同的,应当按照未履行部分所占合同约定内容的比例,适用定金罚则。因不可抗力、意外事件致使主合同不能履行的,不适用定金罚则。因合同关系以外第三人的过错,致使主合同不能履行的,适用定金罚则。受定金处罚的一方当事人,可以依法向第三人追偿。

如果债务人履行债务后,定金应当抵作价款或者收回。

第六节 合同的变更、转让和终止

一、合同的变更

依法订立的合同成立后即具有法律约束力,任何一方都不得擅自变更或者解除合同。但在合同的履行过程中,由于主、客观情况的变化,需要对双方的权利义务关系重新进行调整和规定时,合同当事人可以依法变更合同。

合同的变更是指合同成立后,当事人双方根据客观情况的变化,依照法律规定的条件和程序,对原合同进行修改或者补充。广义的合同变更包括合同内容的变更与合同当事人即主体的变更。在《合同法》中的合同变更是指狭义的合同变更,即合同内容的变更。

合同成立生效后,经当事人协商一致,可以变更合同。但法律、行政法规规定变更合同应当办理批准登记等手续的,应依照其规定办理批准、登记等手续。当事人对合同变更的内容应作明确约定,变更内容约定不明确的,推定为未变更。

合同变更后,当事人应当按照变更后的合同履行。合同的变更,仅对变更后未履行的部分有效,对已履行的部分无溯及力。

二、合同的转让

合同的转让,是指合同当事人一方将其合同的权利和义务全部或部分转让给第三人。合同的转让,一般由当事人自主决定。合同的转让有三种情况:合同权利转让、合同义务转移、权利和义务一并转让。

(一) 合同权利转让

合同权利转让又称为合同债权转让,是指不改变合同权利的内容,由债权人将合同权利全部或者部分地转让给第三人。转让权利的人为让与人,受让权利的人为受让人。债权转让是通过让与人与受让人订立债权转让合同的方式进行的。合同权利全部转让的,受让人取代原债权人的地位,成为新的债权人,原债权人脱离合同关系。合同权利部分转让的,受让人作为第三人加入到合同关系中与原债权人共同享有债权。债权人转让主权利时,附属于主权利的从权利也一并转让,受让人在取得债权时,也取得与债权有关的从权利,但该从权利专属于债权人自身的除外。

有下列三种情形之一的,债权人不得转让合同权利:

(1) 根据合同性质不得转让;

(2) 根据当事人约定不得转让;

(3) 依照法律规定不得转让。

债权人转让权利,不需要经债务人同意,但应当通知债务人。未经通知,该转让对债务人不发生效力。债权人转让权利的通知不得撤销,但经受让人同意的除外。债务人接到债权转让通知后,债权让与行为对债务人生效。债务人对让与人的抗辩,可以向受让人主张。如果债务人对让与人享有债权,并且债务人的债权先于转让的债权到期或同时到期的,债务人可以向受让人主张抵销。

(二) 合同义务转移

合同义务转移,是指经债权人同意,债务人将合同的义务全部或者部分转移给第三人。

合同义务的转移,一般是通过合同债务人与第三人(债务承担人)订立债务转移合同的方式进行。债务人将合同的义务全部或者部分转移给第三人,应当经债权人同意;否则债务人转移合同债务的行为对债权人不发生效力,债权人有权拒绝第三人向其履行,同时有权要求债务人履行义务并承担不履行或迟延履行合同的违约责任。

债务人全部转移合同义务时,接受合同债务转移的第三人完全取代了原合同债务人的地位,承担全面履行合同义务的责任,同时享有原债务人所应享有的抗辩权;可以主张原债务人对债权人的抗辩。与所转移的主债务有关的从债务,也应当由新债务人承担,但该从债务专属于原债务人自身的除外。

(三) 合同权利义务一并转让

合同权利义务的一并转让又称为合同权利义务的概括承受,是指当事人一方将自己在合同中的权利和义务一并转让给第三人。合同权利义务的一并转让有两种情形:

第一种是通过合同当事人与第三人订立转让合同的方式进行转让。以该种方式转让合同权利义务的,除了应当征得另一方当事人的同意外,还应当遵守上述有关合同权利转让和义务转移的其他规定。

第二种是当出现某种法律事实时,依照法律的规定,合同的权利义务由第三人承受。《合同法》第 90 条规定:"当事人订立合同后合并的,由合并后的法人或者其他组织行使合同权利,履行合同义务。当事人订立合同后分立的,除债权人和债务人另有约定的以外,由分立的法人或者其他组织对合同的权利和义务享有连带债权,承担连带债务。对于当事人订立合同后发生合并、分立的情况,法律规定,当事人订立合同后合并的,由合并后的法人或者其他组织行使合同权利,履行合同义务;当事人订立合同后分立的,除债权人和债务人另有约定的以外,由分立的法人或者其他组织对合同的权利和义务享有连带债权,承担连带债务。"

三、合同权利义务的终止

(一) 合同的权利义务终止的概念

合同的权利义务终止又称为合同消灭,是指依法生效的合同,因一定的法律事实的出现,合同权利义务在客观上不复存在,合同关系消灭。

(二) 合同权利义务终止的具体情形

合同权利义务终止的情形又称为合同消灭的原因,即引起合同消灭的法律事实。根据《合同法》第 91 条的规定,有下列情形之一的,合同的权利义务终止:

1. 债务已经按照约定履行;
2. 合同解除;
3. 债务相互抵销;
4. 债务人依法将标的物提存;
5. 债权人依法免除债务;
6. 债权债务同归于一人;
7. 法律规定或者当事人约定终止的其他情形。

(三) 合同的解除

合同解除是指合同有效成立后、全部履行前,当具备法律规定的合同解除条件时,因当事人一方或双方的意思表示而使合同关系归于消灭的法律行为。合同解除有约定解除和法定解除两种情况。

1. 约定解除

当事人约定解除合同包括两种情况：

（1）协议解除。协议解除，是指合同生效后未履行或未完全履行之前，当事人以解除合同为目的，经协商一致，订立一个解除原来合同的协议。解除合同生效，合同消灭。解除合同的协议应当符合合同的一般生效要件。法律、行政法规规定解除合同应当办理批准、登记等手续的，依照其规定。

（2）约定解除权。约定解除权，是指当事人在合同中约定，合同履行过程中出现某种情况，当事人一方或双方有解除合同的权利。当合同履行过程中出现当事人约定的可解除合同的事由时，享有解除权的一方当事人通过行使解除权解除合同。行使约定的解除权解除合同属于单方解除，即仅凭一方当事人的单方意思表示而使合同关系消灭。

2. 法定解除

法定解除，是指在合同依法成立后、没有完全履行完毕之前，当事人在法律规定的解除条件出现时，通过行使解除权而使合同关系消灭。法定解除也属于单方解除。

根据《合同法》第94条的规定，法定解除条件有以下几种情形：

（1）因不可抗力致使不能实现合同目的。不可抗力是指不能预见、不能避免并不能克服的客观现象。不可抗力对合同履行的影响程度不同，只有当不可抗力致使合同目的不能实现的，才能解除合同。当出现这种情形时，双方当事人都享有解除权。

（2）在履行期限届满之前，当事人一方明确表示或者以自己的行为表明不履行主要债务。这种情形在合同法上被称为预期违约。需要注意的是，必须是预期违约方表明不履行合同的主要义务。出现预期违约情形，相对方享有解除权。

（3）当事人一方迟延履行主要债务，经催告后在合理期限内仍未履行。这一解除条件必须符合两项要求：一是一方迟延履行主要债务，即影响合同目的实现的债务；二是违约方经催告在合理期限内仍未履行。出现这种情形，债权人享有解除权。

（4）当事人一方迟延履行债务或者有其他违约行为致使不能实现合同目的。这种致使合同目的不能实现的违约情形属于根本违约，债权人享有解除权。

（5）法律规定的其他情形。如前面所述的当事人行使不安抗辩权中止履行后，对方在合理期限内未恢复履行能力并且未提供适当担保的，中止履行的一方可以解除合同。

合同成立以后客观情况发生了当事人在订立合同时无法预见的、非不可抗力造成的不属于商业风险的重大变化,继续履行合同对于一方当事人明显不公平或者不能实现合同目的(即所谓情势变更),当事人请求人民法院变更或者解除合同的,人民法院应当根据公平原则,并结合案件的实际情况确定是否变更或者解除。

3. 合同解除的程序和效力

在约定的或者法定的解除条件具备时,当事人一方主张解除合同时,应当通知对方。合同自通知到达对方时解除。对方有异议的,可以请求人民法院或者仲裁机构确认解除合同的效力。法律、行政法规规定解除合同应当办理批准、登记等手续的,应按规定办理。

合同解除后,尚未履行的,终止履行;已经履行的,根据履行情况和合同性质,当事人可以要求恢复原状,采取其他补救措施,并有权要求赔偿损失。合同的权利义务终止,不影响合同中结算和清理条款的效力。

(四) 抵销

抵销,是指当事人互负到期债务,当事人将两项债务相互充抵,使双方的债务在对等额内消灭。抵销具有减少清偿费用和便捷清偿的意义。抵销是债务的消灭原因之一。《合同法》规定了两种抵销方式:

1. 法定抵销

法定抵销,是指在具备法律所规定的条件时,依当事人一方的意思表示所发生的抵销。法定抵销必须具备以下条件:

(1) 须双方在不同的法律关系中互负债务、互享债权;

(2) 须双方互负债务的标的物种类、品质相同;

(3) 须双方的债务均届清偿期;

(4) 须双方的债务均为可抵销的债务。一般说来,下列债务不可以抵销:第一,法律规定不得抵销的债务,如禁止强制执行的债务、因故意侵权而产生的债务等;第二,性质上不能抵销的债务,提供劳务的债务、不作为的债务等;第三,当事人约定不得抵销的债务。

当法定抵销条件具备时,任何一方均可以主张将自己的债务与对方的债务抵销。当事人主张抵销的,应当通知对方。法定抵销属于单方法律行为,抵销的通知自到达对方即发生抵销的效力。法定抵销不得附条件或者附期限。

2. 合意抵销

合意抵销,是指当事人基于双方的协议而实行的抵销。合意抵销不受法定抵销条件和规则的限制。《合同法》第100条规定:"当事人互负债务,标的物种类、品质不相同的,经双方协商一致,也可以抵销。"合意抵销自双方当事人就抵销达成的协议生效时起,发生抵销的效力。

（五）提存

1. 提存的概念和条件

提存，是指债务人于债务已届清偿期时，将由于债权人的原因而无法交付的合同标的物交给提存机关，从而消灭合同债务的行为。在我国，合同债务的提存机关为公证机构。

根据《合同法》和我国《提存公证规则》的有关规定，提存须具备以下条件：

（1）提存主体合格。提存人应为债务的清偿人，包括债务人、债务人的代理人、代为履行债务的第三人等；提存机关为公证机构。

（2）提存的合同之债有效并且已届清偿期。

（3）须有合法的提存原因。根据《合同法》第101条的规定，有下列情形之一，难以履行债务的，债务人可以将标的物提存：第一，债权人无正当理由拒绝受领；第二，债权人下落不明；第三，债权人死亡未确定继承人或者丧失民事行为能力未确定监护人；第四，法律规定的其他情形。

（4）提存的标的物适当。该条件具有两层含义：一是提存的标的物原则上是债务人应给付的标的物；二是提存的标的物为适于提存的物。标的物不适于提存或者提存费用过高的，债务人依法可以拍卖或者变卖标的物，提存所得的价款。

2. 提存的效力

提存的效力主要表现为发生与债务人清偿债务同样的法律效果。提存成立的，视为债务人在其提存范围内已经履行债务，债务人的债务消灭，提存物的所有权移转于债权人。

标的物提存后，除债权人下落不明的以外，债务人应当及时通知债权人或者债权人的继承人、监护人。标的物提存后，毁损、灭失的风险由债权人承担。提存期间，标的物的孳息归债权人所有。提存费用由债权人负担。标的物提存后，债权人可以随时领取提存物，但债权人对债务人负有到期债务的，在债权人未履行债务或者提供担保之前，提存部门根据债务人的要求应当拒绝其领取提存物。债权人领取提存物的权利，自提存之日起5年内不行使而消灭，提存物扣除提存物费用后归国家所有。

（六）债务免除

债务免除，是指债权人免除债务人的债务而使合同债务全部或部分消灭的意思表示。债务免除也是合同消灭的原因之一。债务免除，债权的从权利如从属于债权的担保权利、利息权利、违约金请求权等也随之消灭。债务免除属于单方法律行为，即仅凭债权人单方免除的意思表示就可发生债务消灭的法律后果。

（七）混同

混同，是指合同债权和债务同归于一人的事实。合同是双方或多方的法律行为。发生混同,合同的债权债务归于一人,已不符合合同的成立要件,合同关系自应消灭。但涉及第三人利益的除外,如合同债权出质于第三人时,债权不因混同而消灭。

在实践中,引起混同的原因主要是作为合同债权人和债务人的企业合并、作为合同债权人和债务人的自然人相互继承。当然,合同债权人承担合同债务或合同债务人受让合同债权,也会发生混同。

第七节 违约责任

一、违约责任的概念和特征

违约责任也称为违反合同的民事责任,是指合同当事人一方不履行合同义务或者履行合同义务不符合约定时,依照法律规定或者合同约定所承担的法律责任。依法订立的有效合同,对当事人双方来说,都具有法律约束力,当事人应当按照合同的约定全面、适当地履行合同义务,任何一方当事人不履行或者不适应履行合同义务都应承担违约责任。与其他法律责任相比较,违约责任具有以下特征:

(一)违约责任的产生以合同当事人不履行合同义务为条件

违约责任是不履行合同义务的结果,因此,违约责任是以合同的有效存在为前提的。一方面,只有在合同义务合法存在的情况下,才能发生义务不履行的问题;另一方面,违约责任是在合同义务人不履行义务时产生的法律责任。这是违约责任与侵权责任及其他民事责任的区别。

(二)违约责任具有相对性

违约责任的相对性,是指违约责任只能在特定的主体即合同关系的当事人之间发生。合同关系以外的人,不负违约责任,合同当事人也不对合同外的人承担违约责任。当事人一方因第三人的原因造成违约的,应当向对方承担违约责任。当事人一方和第三人之间的纠纷,依照法律规定或者按照约定解决。

(三)违约责任为财产责任

违约行为损害的是合同债权人的债权,债权的损害主要体现为经济利益即财产利益的损失。违约责任的承担方式是财产责任形式,目的在于补偿债权人受到损害的财产利益。违约责任的承担,通常不发生精神损害的赔偿。

(四)违约责任可以由当事人约定

违约责任尽管有明显的强制性,但仍有一定的任意性。这主要表现在,合同当事人可以在法律规定的范围内,对承担违约责任的方式、违约赔偿的数额进行事先的约定,也可以事先约定免责条款以免除或限制将来可能发生的违约责任。

这也是合同自由原则的体现。

二、违约责任的构成要件

违约责任的构成要件分为一般构成要件和特殊构成要件。一般构成要件是指违约当事人承担任何形式的违约责任都应具备的条件。特殊构成要件是指违约当事人承担特定形式的违约责任应具备的条件,如承担赔偿损失责任的要件等。违约责任的一般构成要件有哪些,理论上存在不同的观点。我们认为违约责任的一般构成有以下两项:

(一)当事人之间存在合法有效的合同关系

这是发生违约责任的必要条件。合同不成立或已成立的合同无效或被撤销,只会发生缔约过失责任,而不能在当事人之间发生违约责任。

(二)有违约行为

有违约行为,是指客观上存在合同当事人不履行合同义务或者履行合同义务不符合约定的事实。当事人双方都违反合同的,应当各自承担相应的责任。

三、违约行为的形态

违约行为的形态,是指根据违约行为违反义务的性质、特点而对违约行为所作的分类。

(一)预期违约

预期违约,是指在合同约定的履行期到来之前,当事人一方明确表示或以自己的行为表明将不履行合同义务的一种违约行为。依照《合同法》的规定,当事人有预期违约行为,对方当事人可以在履行期届满之前要求其承担违约责任。

(二)实际违约

实际违约,是指在履行期限到来之后,当事人不履行或不完全履行合同义务的违约行为。实际违约行为有如下几种类型:

1. 拒绝履行。拒绝履行是指在合同履行期限到来之后,一方当事人无正当理由拒绝履行合同规定的全部义务。

2. 迟延履行。迟延履行是指当事人没有按照合同约定的履行期限履行合同义务。迟延履行包括债务人的迟延给付和债权人的迟延受领两种情况。

3. 瑕疵履行。瑕疵履行是指当事人履行的标的不符合合同约定的质量要求。瑕疵履行中有一种情形称为加害给付,指的是债务人的瑕疵履行行为造成债权人履行利益以外的其他损失。如交付的电热水器质量不合格,造成使用者的人身伤亡。加害给付会引起违约责任和侵权责任的竞合。

4. 不适当履行。不适当履行,是指除瑕疵履行之外的,债务人未按合同约定的标的数量、履行方式和履行地点履行债务的违约行为。不适当履行主要包括:(1)部分履行行为,即履行的标的数量不符合合同约定;(2)履行方式不适当,即未按照合同约定的履行方式履行;(3)履行地点不适当,即未在合同约定的履行地点履行;(4)其他违反合同附随义务的行为,如未履行告知义务等。

四、承担违约责任的主要形式

违约的当事人承担违约责任的主要形式有继续履行、采取补救措施、赔偿损失、支付违约金和承担定金罚则等。根据违约造成债权人损害后果的不同,这些形式可以单独适用,也可以并用。现分述如下:

(一)继续履行

继续履行又称为强制实际履行,是指由人民法院强制不履行或不完全履行的债务人按照合同约定的标的和条件履行合同义务。继续履行,既是为了实现合同目的,又是一种违约责任承担方式。对于金钱债务,债务人未支付价款或者报酬的,债权人可以要求其支付价款或者报酬。债务人不履行非金钱债务或者履行非金钱债务不符合约定的,债权人可以要求违约方继续履行,但有下列情形之一的除外:

(1)法律上或者事实上不能履行;
(2)债务的标的不适于强制履行或者履行费用过高;
(3)债权人在合理期限内未要求履行。

(二)采取补救措施

采取补救措施,是指依照《合同法》第111条的规定,履行标的质量不符合约定的,应当按照当事人的约定承担违约责任。对违约责任没有约定或者约定不明确的,受损害方可以根据标的的性质以及损失的大小,合理选择要求对方采取修理、更换、重作、退货、减少价款或者报酬等补救措施。

(三)赔偿损失

赔偿损失又称为违约损害赔偿,是指违约方因不履行或不完全履行合同义务给对方造成损失,依照法律的规定或合同的约定应当承担的赔偿损失的责任。当事人一方不履行合同义务或者履行合同义务不符合约定的,在履行义务或者采取补救措施后,对方还有其他损失的,应当赔偿损失。当事人可以预先约定因违约产生的损失赔偿额的计算方法。损失赔偿额应当相当于因违约所造成的损失,包括合同履行后可以获得的利益,但不得超过违反合同一方订立合同时预见到或者应当预见到的因违反合同可能造成的损失。

当事人一方违约后,对方应当采取适当措施防止损失的扩大;没有采取适当措施致使损失扩大的,不得就扩大的损失要求赔偿。当事人因防止损失扩大而支出的合理费用,由违约方承担。

(四) 支付违约金

为了保证合同的履行,保护自己的利益不受损失,合同当事人可以约定一方违约时应当根据情况向对方支付一定数额的违约金。

违约金,是指合同当事人一方由于不履行合同或者履行合同不符合约定时,按照合同的约定,向对方支付的履行行为以外的一定数额的货币。违约金是由当事人在合同中预先约定的,当事人可以约定违约金的适用条件、违约金的具体数额或计算方法。违约金具有预定赔偿金的性质,如果当事人在合同中没有约定违约金,就不能要求违约方承担支付违约金的责任形式。

违约金是对不能履行或者不能完全履行合同行为的一种带有惩罚性质的经济补偿手段,不论违约的当事人一方是否已给对方造成实际财产损失都应当按照合同的约定向对方支付违约金。约定的违约金低于造成的损失的,当事人可以请求人民法院或者仲裁机构予以增加;约定的违约金过分高于造成的损失的,当事人可以请求人民法院或者仲裁机构予以适当减少。当事人就迟延履行约定违约金的,违约方支付违约金后,还应当履行债务。

(五) 定金责任

定金是合同当事人一方为了担保合同的履行而预先向对方支付的一定数额的金钱。定金也具有预定赔偿金的性质,同时又是对违约一方的经济制裁。定金责任就是指定金罚则的适用,即给付定金的一方不履行约定的债务的,无权要求返还定金;收受定金的一方不履行约定的债务的,应当双倍返还定金。

当事人既约定违约金,又约定定金的,一方违约时,对方可以选择适用违约金或者定金条款。但由于二者在目的、性质、功能等方面具有共性而不能并用,当事人可以根据因违约行为所受损害的实际情况,选择适用违约金或定金罚则。

五、违约责任的免除

违约责任的免除,是指合同一方当事人未履行或未完全履行合同义务,根据法律规定或当事人的约定,可全部或部分免予承担违约责任。免除违约责任的根据分为法定的免责事由和约定的免责条款。

(一) 法定的免责事由

根据《合同法》的规定,违约责任的法定免责事由是不可抗力。《合同法》第117条规定:"因不可抗力不能履行合同的,根据不可抗力的影响,部分或者全部免除责任,但法律另有规定的除外。当事人迟延履行后发生不可抗力的,不能免除责任。"《合同法》所称不可抗力,是指不能预见、不能避免、并不能克服的客观情况。不可抗力包括某些自然现象(如台风、洪水等自然灾害)和社会现象(如战争等)。当事人一方因不可抗力不能履行合同的,应当及时通知对方,以减轻可能给对方造成的损失,并应当在合理期限内提供证明。

(二) 约定的免责条款

免责条款,是指当事人在合同中约定的,免除或限制一方或双方未来可能发生的违约责任的条款。法律允许当事人在合同中约定免责条款,并在合同履行过程中发生违约行为时,依合同约定适用免责条款。但约定的免责条款不能违反法律和社会公序良俗。根据《合同法》第 53 条的规定,对下列两种违约行为约定的免责条款是无效的:一是造成对方人身伤害的;二是因故意或者重大过失造成对方财产损失的。

六、民事责任竞合

(一) 民事责任竞合的概念和特征

民事责任竞合,是指由于某个民事违法行为同时符合两种性质不同并且不能同时适用的民事责任的构成要件的法律现象。民事责任竞合具有以下特征:

1. 民事责任竞合是因行为人实施的同一个民事违法行为引起的。
2. 行为人的同一个民事违法行为同时符合两个以上的民事责任构成要件。
3. 行为人的民事违法行为同时符合其构成要件的两个以上的民事责任之间相互冲突。所谓冲突,是指这些民事责任的性质不同,彼此间既不能相互吸收,也不能相互并存。

在实践中,较常见的民事责任竞合是违约责任与侵权责任的竞合。

(二) 违约责任与侵权责任竞合的构成要件及处理原则

违约责任与侵权责任的竞合应具备以下条件:

1. 民事违法行为人与受害人之间存在合法有效的合同关系。
2. 合同当事人一方有违约行为,并且违约行为同时侵害了对方当事人债权利益之外的人身、财产权益。
3. 当事人的民事违法行为同时符合违约责任和侵权责任的构成要件。

对违约责任与侵权责任竞合的处理原则。依照《合同法》第 122 条的规定,在发生违约责任与侵权责任竞合的情况下,受损害方有权选择依照合同法的规定追究违法行为人的违约责任,或者依照其他法律规定追究违法行为人的侵权责任。

第十一章 经济仲裁与经济诉讼

第一节 经济仲裁

一、经济仲裁概述

经济仲裁,是指双方当事人在纠纷发生之前或者发生之后达成书面的仲裁协议,自愿将他们之间的纠纷提交给双方同意的仲裁机构进行审理并作出裁决,以解决纠纷的方法。

经济仲裁具有以下特征:

(1) 经济仲裁是以双方当事人的自愿约定为基础的,即双方当事人在争议发生前或争议发生后达成书面的仲裁协议,一致同意将争议提交仲裁机构解决。没有仲裁协议,仲裁程序不可能发生。

(2) 经济仲裁机构是民间性的组织,不是国家的行政机关或司法机关,它对经济纠纷案件没有强制管辖权。

(3) 经济仲裁裁决具有终局性,对双方当事人都有拘束力,任何一方当事人不得就同一标的或事由再向法院起诉或者向仲裁机构再申请仲裁,如果一方当事人不主动履行裁决,另一方当事人有权要求法院予以强制执行。

二、经济仲裁的基本原则

经济仲裁的基本原则是在经济仲裁过程中起指导作用的准则,也是经济仲裁机构和双方当事人必须遵守的行为准则。根据我国仲裁法的规定,经济仲裁的基本原则有以下内容:

(一) 依法独立仲裁原则

仲裁机关是不依附于任何机关而独立存在的,其仲裁权来自于当事人双方的自愿选择,因此,仲裁机构对经济纠纷案件独立仲裁,不受行政机关、社会团体和个人的干涉。当然,仲裁机构在仲裁时,还必须遵守国家有关法律的规定,不能独立于国家的法律之外。

(二) 当事人意思自治原则

我国仲裁法从多方面体现了当事人意思自治原则。如当事人可以通过仲裁协议自主决定用仲裁的方式解决纠纷,可以自愿协议选择仲裁机构和仲裁事项,可以自主选择审理案件的仲裁员等。但是,当事人的意思自治并不是绝对的,有时还要受到一定的限制,如约定的仲裁事项不得超出法律规定的仲裁范围,选择仲裁必须订立书面仲裁协议等。

(三) 协议管辖原则

经济仲裁机构是根据当事人之间的经济仲裁协议行使仲裁管辖权的,没有仲裁协议,仲裁机构不能受理一方当事人的仲裁申请。当事人的仲裁协议排斥了国家审判管辖,并为仲裁机构独立仲裁经济纠纷提供了可靠的依据。

(四) 一裁终局原则

经济仲裁机构对当事人提交的案件所作的裁决具有终局的法律效力。仲裁机构的裁决对双方当事人均有拘束力,双方必须自动履行,而不得要求该仲裁机构或者其他仲裁机构再次裁决或向人民法院起诉,也不得向其他机关提出变更仲裁裁决的请求。实行一裁终局,对于提高仲裁机构的办案效率,迅速解决经济纠纷,保护当事人的合法权益,有着重要的意义。

(五) 公平合理原则

这一原则是对经济仲裁机构审理案件所作的基本要求。我国仲裁法规定,经济仲裁机构在仲裁争议时,要尊重事实,注重调查研究,站在公正的立场上,不偏袒任何一方当事人,做到以事实为根据,以法律为准绳,公平合理地解决纠纷。只有这样,才能使双方当事人心悦诚服,自觉履行仲裁裁决,同时,还能不断地提高仲裁机构的威信。

三、经济纠纷的仲裁机构

仲裁机构,是指有权对当事人提交的经济纠纷进行审理和裁决的机构。仲裁机构的裁决权取决于当事人在仲裁协议中的授权。

按照我国仲裁法规定,仲裁机构可以在直辖市、省、自治区人民政府所在地的市设立,也可以根据需要在其他设区的市设立,不按行政区划层层设立。

设立的仲裁机构应当具备下列条件:

1. 有自己的名称、住所和章程。

2. 有必要的财产。

3. 有该机构的组成人员。仲裁机构由主任 1 人、副主任 2 至 4 人和委员 7 至 11 人组成。仲裁机构的主任、副主任和委员由法律、经济贸易专家和有实际工作经验的人员担任,其中,法律、经济贸易专家不得少于 2/3。

4. 有聘任的仲裁员。仲裁机构按不同专业设仲裁员名册。仲裁员是仲裁机构从公道正派的人员中聘任的。所聘的仲裁员必须符合下列条件:

(1) 从事仲裁工作满 8 年的;

(2) 从事律师工作满 8 年的;

(3) 曾任审判员满 8 年的;

(4) 从事法律研究、教学工作并具有高级职称的;

(5) 具有法律知识、从事经济贸易等专业并具有高级职称或者同等专业水平的。

仲裁机构根据双方当事人达成的仲裁协议和一方当事人的申请受理案件。仲裁机构对平等主体的公民、法人和其他组织之间发生的经济合同纠纷和其他经济权益纠纷,可以仲裁。

四、经济纠纷的仲裁协议

(一) 仲裁协议的概念

仲裁协议,是指双方当事人在纠纷发生前或纠纷发生后订立的,表示愿意将他们之间的纠纷提交仲裁解决的一种书面协议。仲裁协议是双方当事人将经济纠纷提交仲裁以及仲裁机构受理案件的必要依据。

仲裁协议的形式有两种:

1. 仲裁条款,即指双方当事人在合同中订立的将有关争议提交仲裁的条款。

2. 其他表示提交仲裁的文件,包括以合同书、信件和数据电文(包括电报、电传、传真、电子数据交换和电子邮件)等形式达成的请求仲裁的协议。

(二) 仲裁协议的内容

仲裁协议是整个仲裁程序中最重要的文件。仲裁协议的内容如何,直接关系到仲裁申请能否受理,仲裁程序能否进行,仲裁裁决能否得到执行等问题。根据我国《仲裁法》第 16 条的规定,仲裁协议应当具有以下内容:

1. 请求仲裁的意思表示

即双方当事人在仲裁协议中明确表示愿意将他们之间的经济纠纷提交仲裁解决。这种意思表示既可以体现在合同的仲裁条款中,也可以体现在争议发生后订立的仲裁协议书中。请求仲裁的意思表示必须是真实的,是双方当事人自愿的,如果一方当事人采取胁迫手段迫使对方当事人订立仲裁协议的,仲裁协议无效。

2. 仲裁事项

即双方当事人在仲裁协议中规定提交仲裁解决的经济纠纷的具体范围。仲裁事项既可以是有关经济法律关系的一切争议,也可以是部分事项的争议。当事人概括约定仲裁事项为合同争议的,基于合同成立、效力、变更、转让、履行、违约责任、解释、解除等产生的纠纷都可以认定为仲裁事项。

3. 选定的仲裁机构

即双方当事人在仲裁协议中协商选定的解决他们之间争议的仲裁机构。如果仲裁协议对仲裁机构没有约定或者约定不明确的,当事人可以补充协议,达不成补充协议的,仲裁协议无效。仲裁协议约定两个以上仲裁机构的,当事人可以协议选择其中的一个仲裁机构申请仲裁,当事人不能就仲裁机构选择达成一致的,仲裁协议无效。仲裁协议约定的仲裁机构名称不准确,但能够确定具体的仲裁机构的,应当认定选定了仲裁机构。

仲裁协议独立存在,合同的变更、解除、终止或者无效,不影响仲裁协议的效力。

当事人对仲裁协议的效力有异议的,应当在仲裁庭首次开庭前提出。

当事人对仲裁协议的效力有异议的,可以请求仲裁委员会作出决定或者请求人民法院作出裁定。一方请求仲裁委员会作出决定,另一方请求人民法院作出裁定的,由人民法院裁定。当事人向人民法院申请确认仲裁协议效力的案件,由仲裁协议约定的仲裁机构所在地的中级人民法院管辖,仲裁协议约定的仲裁机构不明确的,由仲裁协议签订地或者被申请人住所地的中级人民法院管辖。

五、经济纠纷的仲裁程序

(一)仲裁的申请和受理

当事人之间的经济纠纷发生后,任何一方均可依仲裁协议提出仲裁申请。当事人申请仲裁必须符合一定的条件:

(1)有仲裁协议。这是当事人申请仲裁和仲裁机构受理仲裁申请的法律依据。

(2)有具体的仲裁请求和事实、理由。仲裁请求是当事人请求仲裁机构保护的权利的具体内容;事实和理由是当事人提出仲裁请求的事实根据和法律根据。

(3)属于仲裁机构的受案范围。即依仲裁法的规定仲裁机构可以受理的案件范围,包括平等主体的公民、法人和其他组织之间发生的经济合同纠纷和其他经济权益纠纷。

当事人申请仲裁,应当向仲裁机构递交仲裁申请书及副本。仲裁申请书应当载明下列事项:

(1)当事人的姓名、性别、年龄、职业、工作单位和住所,法人或者其他组织的名称、住所和法定代表人或主要负责人的姓名、职务;

(2)仲裁请求所根据的事实和理由;

(3)证据和证据来源、证人的姓名和住所。

当事人在递交仲裁申请书的同时,还应当递交申请仲裁所依据的仲裁协议。

仲裁机构收到当事人的仲裁申请书及仲裁协议后,应当进行审查。经审查,认为符合受理条件的,应当在 5 日内决定受理,并通知当事人;认为不符合条件的,应当在 5 日内书面通知当事人不予受理,并说明理由。

仲裁机构受理申请后,应当在仲裁规则规定的期限内将仲裁规则和仲裁员名册送达申请人,并将仲裁申请书副本和仲裁规则、仲裁员名册送达被申请人。被申请人收到仲裁申请书副本后,应当在仲裁规则规定的期限内向仲裁机构提交答辩书及副本。仲裁机构收到答辩书后,应当在仲裁规则规定的期限内将答辩书副本送达申请人。被申请人未提交答辩书的,不影响仲裁程序的进行。

申请人可以放弃或者变更仲裁请求,被申请人可以承认或者反驳仲裁请求。

(二) 财产保全和证据保全

在仲裁过程中,一方当事人因另一方当事人的行为或者其他原因,可能使裁决不能执行或者难以执行的,可以申请财产保全。当事人申请财产保全的,由仲裁机构将申请书提交有关的人民法院采取财产保全措施。申请财产保全有错误的,申请人应当赔偿被申请人因财产保全遭受的损失。

在证据可能灭失或者以后难以取得的情况下,当事人可以申请证据保全。当事人申请证据保全的,仲裁委员会应当将当事人的申请提交证据所在地的基层人民法院。

(三) 仲裁庭的组成和仲裁员的回避

1. 仲裁庭的组成

仲裁庭的形式有两种:一种是独任仲裁庭,即由一名仲裁员组成;一种是合议仲裁庭,即由三名仲裁员组成,设首席仲裁员。

当事人可以约定仲裁庭的组成形式并选定仲裁员。当事人没有在仲裁规则规定的期限内约定仲裁庭的组成方式或者选定仲裁员的,由仲裁委员会主任指定。

仲裁庭组成后,仲裁委员会应当将仲裁庭的组成情况书面通知当事人。

2. 仲裁员的回避

仲裁员回避的方式有两种:一种是仲裁员自行回避,一种是当事人申请回避。

根据《仲裁法》第34条规定,仲裁员回避的法定情形有:(1)是本案的当事人或者当事人、代理人的近亲属;(2)与本案有利害关系;(3)与本案当事人有其他关系,可能影响案件公正仲裁的;(4)私自会见当事人、代理人,或者接受当事人、代理人的请客送礼的。符合上述情形的,仲裁员必须回避,当事人也有权提出回避申请。

当事人提出回避申请,应当说明理由,在首次开庭前提出。回避事由是在首次开庭后知道的,可以在最后一次开庭终结前提出。仲裁员是否回避,由仲裁委员会主任决定;仲裁委员会主任担任仲裁员时,由仲裁委员会集体决定。

仲裁员因回避或者其他原因不能履行职责的,应当依照仲裁法规定重新选定或者指定仲裁员。因回避而重新选定或者指定仲裁员后,当事人可以请求已进行的仲裁程序重新进行,是否准允,由仲裁庭决定;仲裁庭也可自行决定已进行的仲裁程序是否重新进行。

(四) 开庭和裁决

1. 开庭审理

仲裁庭审理案件的方式有两种:一种是开庭审理,一种是不开庭审理。仲裁庭审理案件原则上应当开庭审理,当事人协议不开庭的,仲裁庭可以不开庭审理,即仲裁庭根据仲裁申请书、答辩书以及其他材料作出裁决。

仲裁庭审理案件不公开进行。当事人协议公开的,可以公开进行,但是涉及国家秘密的除外。

申请人经书面通知,无正当理由不到庭或者未经仲裁庭许可中途退庭的,可以视为撤回仲裁申请。被申请人经书面通知,无正当理由不到庭或者未经仲裁庭许可中途退庭的,可以缺席裁决。

2. 证据的收集和调查

在经济仲裁过程中,当事人应当对自己提出的主张提供证据加以证明。仲裁庭认为有必要收集的证据,可以自行收集。仲裁庭对专门性问题认为需要鉴定的,可以交由当事人约定的鉴定部门鉴定,也可以由仲裁庭指定的鉴定部门鉴定。

证据应当在开庭时出示,当事人可以互相质证。

3. 辩论

即当事人双方在开庭审理时的口头辩论,也叫当庭辩论。辩论的内容主要是围绕案件的实质性问题,即经济权利争议的本身进行,如申请人的请求和被申请人的答辩能否成立,有无事实根据和法律根据等。

4. 和解

当事人申请仲裁后,可以自行和解。达成和解协议的,可以请求仲裁庭根据和解协议作出裁决书,也可以撤回仲裁申请。当事人达成和解协议,撤回仲裁申请后反悔的,可以根据仲裁协议申请仲裁。

5. 调解

仲裁庭进行调解,必须根据双方当事人的自愿。当事人自愿调解的,仲裁庭应当调解。调解不成的,应当及时作出裁决。调解达成协议的,仲裁庭应当制作调解书或者根据协议的结果制作裁决书。

调解书与裁决书具有同等的法律效力。

6. 裁决

即仲裁庭对当事人提交争议的事项进行审理后作出的结论性意见。仲裁庭对案件的裁决按多数仲裁员的意见作出,少数仲裁员的不同意见可以记入笔录。仲裁庭不能形成多数意见时,裁决应当按照首席仲裁员的意见作出。

裁决书应当写明仲裁请求、争议事实、裁决理由、裁决结果、仲裁费用的负担和裁决日期。当事人协议不愿写明争议事实和裁决理由的，可以不写。裁决书由仲裁员签名。对裁决持不同意见的仲裁员可以签名，也可以不签名。裁决书经仲裁员签名后，应加盖仲裁委员会印章。

裁决书自作出之日起发生法律效力，对双方当事人均有拘束力。任何一方当事人均不得就同一纠纷再申请仲裁或者向人民法院起诉。根据仲裁裁决负有义务的当事人应当在裁决书确定的期限内履行裁决。裁决书未确定履行期限的，当事人应当立即履行。

（五）裁决的执行

由于仲裁机构是民间性质的机构，对裁决没有强制执行权，因此，在一方当事人不履行裁决所确定的义务的情况下，另一方当事人可以向被执行人住所地或者被执行的财产所在地中级人民法院申请执行。接受申请的人民法院应当执行。

（六）仲裁裁决的司法监督

人民法院对仲裁裁决有司法监督权。人民法院对仲裁裁决的司法监督包括以下两个方面：

1. 仲裁裁决的撤销

当事人申请撤销仲裁裁决必须在收到裁决书之日起6个月内向仲裁机构所在地的中级人民法院提出申请。

当事人申请撤销国内仲裁机构的仲裁裁决的，必须提出证据证明仲裁裁决符合下列情形之一：(1) 没有仲裁协议的；(2) 裁决的事项不属于仲裁协议的范围或者仲裁机构无权仲裁的；(3) 仲裁庭的组成或者仲裁的程序违反法定程序的；(4) 裁决所根据的证据是伪造的；(5) 对方当事人隐瞒了足以影响公正裁决的证据的；(6) 仲裁员在仲裁该案时有索贿受贿，徇私舞弊，枉法裁决行为的。

人民法院经组成合议庭审查核实，并询问当事人后，认为仲裁裁决有上述情形之一的，应当裁定撤销仲裁裁决。有下列情形之一的，人民法院可以通知仲裁庭在一定期限内重新仲裁：(1) 仲裁裁决所根据的证据是伪造的；(2) 对方当事人隐瞒了足以影响公正裁决的证据的。仲裁庭在人民法院指定的期限内开始重新仲裁的，人民法院应当裁定终结撤销程序；未开始重新仲裁的，人民法院应当裁定恢复撤销程序。

人民法院应当在受理撤销裁决申请之日起两个月内作出撤销裁决或者驳回申请的裁定。

2. 仲裁裁决的不予执行

在执行过程中，被申请人向人民法院提出证据证明裁决有下列情形的，经人民法院组成合议庭审查核实后，裁定不予执行：(1) 当事人在合同中没有订立仲裁条款或者事后没有达成书面仲裁协议的;(2)裁决的事项不属于仲裁协议的范围或者仲裁机构无权仲裁的;(3)仲裁庭的组成或者仲裁的程序违反法定程序的;(4)裁决所根据的证据是伪造的;(5)对方当事人向仲裁机构隐瞒了足以影响公正裁决的证据的;(6)仲裁员在仲裁案件有贪污受贿,徇私舞弊,枉法裁决行为的。人民法院认定执行该裁决违背社会公共利益的,裁定不予执行。

裁定书应当送达双方当事人和仲裁机构。仲裁裁决被人民法院裁定不予执行的,当事人可以根据双方达成的书面仲裁协议重新申请仲裁,也可以向人民法院起诉。

第二节 经济诉讼

一、经济诉讼的概念

经济诉讼,是指人民法院在案件当事人和其他诉讼参与人的参加下为解决案件依法定诉讼程序所进行的全部活动。

经济诉讼,属于民事诉讼的范畴,是人民法院和诉讼当事人及其他诉讼参与人为解决经济纠纷依民事诉讼法规定的诉讼程序所进行的全部活动。

二、经济诉讼的基本原则

经济诉讼的基本原则,是指在经济诉讼的整个过程中,起指导作用的准则。它是人民法院进行审判活动和经济诉讼参与人进行诉讼活动所必须遵守的行为准则。经济诉讼的基本原则主要有:

(一) 诉讼权利平等原则

在经济诉讼中,双方当事人的诉讼权利、诉讼地位是完全平等的。诉讼权利平等,并不意味着双方当事人的诉讼权利完全相同。由于双方当事人在诉讼中所处的地位不同,他们享有的诉讼权利有些是相同的,如委托代理权、辩论权、上诉权等;有些诉讼权利是对等的,如原告有起诉权,被告有反诉权等。人民法院有责任保障双方当事人充分、平等地行使诉讼权利,不偏袒任何一方当事人。

(二) 法院调解原则

人民法院在审理经济纠纷案件时,应当根据自愿和合法的原则进行调解,调解不成的,应当及时判决。调解是人民法院解决经济纠纷的一种方式,经法院调解达成协议制作的调解书经双方当事人签收后具有与生效判决同等的法律效力。

(三) 辩论原则

在经济诉讼中,双方当事人有权就案件的事实和争议的问题,各自陈述自己的主张和根据,互相进行辩驳和论证,以维护自己的合法权益。辩论的方式,既可以是言词辩论,也可以是书面辩论。辩论的内容,主要是围绕着案件的实质性问题,也可以就程序问题进行辩论。通过双方当事人的辩论、质证,使法院可以了解案件的真实情况,并以此为基础,作出正确的判决。

（四）诚实信用原则

人民法院、当事人以及其他诉讼参与人在进行民事诉讼时必须遵守诚实信用原则。诚实信用原则对当事人的要求有:禁止恶意制造诉讼状态;禁止矛盾行为;禁止滥用诉讼权利;真实义务;诉讼上的权利失效。诚实信用原则对法院的要求:禁止滥用自由裁量权;禁止突袭裁判。诚实信用原则要求其他诉讼参与人在实施诉讼行为时应诚实、善意,如证人不得作虚假证言等。

（五）处分原则

当事人有权在法律规定的范围内处分自己的经济权利和诉讼权利。但是处分原则,不是绝对的,而是要受到限制的。这种限制主要表现为:当事人的处分行为不得超出法律许可的范围,不得损害国家、集体和他人的合法权益。如果当事人处分其经济权利和诉讼权利超出上述范围,人民法院就要代表国家进行干预,不承认当事人的处分行为有效。

（六）检察监督原则

人民检察院是国家的法律监督机关,对经济诉讼活动实行法律监督,是法律赋予它的一项重要职权,也是它行使法律监督权的一项重要内容。实行这一原则,对于稳定社会秩序,保障人民法院审判权的正确行使具有重要意义。人民检察院检察监督的内容,既包括对审判活动的监督,也包括对执行活动的监督。

三、经济纠纷的管辖

（一）管辖的概念

管辖,是指确定各级人民法院之间和同级人民法院之间受理第一审经济纠纷案件的分工和权限。就当事人而言,管辖实际上是经济纠纷发生后,当事人应当向哪一级、哪一个人民法院起诉的问题;就法院而言,是对具体经济案件如何行使审判权的问题。

（二）管辖的种类

1. 级别管辖

级别管辖,是指确定各级人民法院之间受理第一审经济案件的分工和权限。级别管辖的划分主要是根据案件的性质、影响的范围和难易程度来确定的。

我国人民法院的设置分为四级,即基层人民法院、中级人民法院、高级人民法院和最高人民法院。这四级人民法院都有权管辖一定范围的经济案件。

除法律规定由中级人民法院、高级人民法院和最高人民法院管辖的第一审案件外,其余的第一审经济案件一律由基层人民法院管辖。

中级人民法院管辖的第一审案件有:重大涉外案件;在本辖区内有重大影响的案件;最高人民法院确定由中级人民法院管辖的案件,主要有:海事、海商案件;专利纠纷案件;涉港澳台经济重大案件。

高级人民法院管辖在本辖区内有重大影响的第一审经济案件。

最高人民法院管辖在全国范围内有重大影响的案件以及认为应当由本院管辖的案件。

2. 地域管辖

地域管辖,是指按照人民法院的辖区和经济案件的隶属关系确定的管辖。地域管辖是解决同级的不同人民法院之间受理第一审经济案件的分工和权限。地域管辖包括:一般地域管辖、特殊地域管辖、专属管辖、协议管辖以及共同管辖。

(1) 一般地域管辖

一般地域管辖,是指以当事人住所地确定的管辖。一般地域管辖通常实行"原告就被告"原则。对公民提起的诉讼,由被告住所地人民法院管辖,被告住所地与经常居住地不一致的,由经常居住地人民法院管辖。对法人或其他组织提起的诉讼,由被告住所地人民法院管辖,即由被告的主要营业地或主要办事机构所在地的人民法院管辖。法人的办事机构有两个以上的,由法人的领导机关或管理机关所在地的人民法院管辖。

此外,一些特殊情况的诉讼,法律规定由原告所在地的人民法院管辖。如对被采取强制性教育措施和被监禁的人提起的诉讼,由原告住所地的人民法院管辖,住所地与经常居住地不一致的,由经常居住地的人民法院管辖。

(2) 特殊地域管辖

特殊地域管辖,是指以诉讼标的物所在地或者引起经济法律关系发生、变更或者消灭的法律事实所在地以及被告所在地为标准确定的管辖。

特殊地域管辖有以下 10 种:因合同纠纷提起的诉讼,由被告住所地或者合同履行地人民法院管辖。因保险合同纠纷提起的诉讼,由被告住所地或者保险标的物所在地人民法院管辖,但如果保险标的物是运输中的工具或者运输中的货物,由被告住所地或者运输工具登记注册地、运输目的地、保险事故发生地的人民法院管辖。因票据纠纷提起的诉讼,由票据支付地或者被告住所地人民法院管辖,票据支付地是票据载明的付款地。因公司设立、确认股东资格、分配利润、解散等纠纷提起的诉讼,由公司住所地人民法院管辖。因铁路、公路、水上、航空和联合运输合同纠纷提起的诉讼,由运输始发地、目的地或者被告住所地人民法院管辖。因侵权行为提起的诉讼,由侵权行为地或者被告住所地人民法院管辖,侵权行为地包括侵权行为实施地、损害结果发生地。因铁路、公路、水上和航空事故请求损害赔偿提起的诉讼,由事故发生地或者车辆、船舶最先到达地、航空器最先降落地或者被告住所地人民法院管辖。因船舶碰撞或者其他海损事故请求损害赔偿提起的诉讼,由碰撞发生地、碰撞船舶最先到达地、加害船舶被扣留地或者被告住所地人民法院管辖。因海难救助费用提起的诉讼,由救助地或者被救助船舶最先到达地人民法院管辖。因共同海损提起的诉讼,由船舶最先到达地、共同海损理算地或者航程终止地人民法院管辖。

(3) 专属管辖

专属管辖,是指某类经济案件,法律规定只能由特定的法院行使管辖权。专属管辖具有排他性,既排除一般地域管辖和特殊地域管辖,又排除当事人的协议管辖。专属管辖的种类有:因不动产纠纷提起的诉讼,由不动产所在地人民法院管辖;因港口作业发生纠纷提起的诉讼,由港口所在地人民法院管辖。

(4) 协议管辖

协议管辖,是指当事人双方在纠纷发生前或纠纷发生后,以书面的方式约定经济纠纷案件的管辖法院,被双方当事人协议约定的法院就取得了对该案的管辖权。

当事人协议约定管辖法院必须符合一定的条件:一是当事人只能就合同纠纷或者其他财产权益纠纷案件协议选择案件的管辖法院。二是当事人必须以书面形式选择管辖法院。三是选择管辖法院的地点仅限于被告住所地、合同履行地、合同签订地、原告住所地、标的物所在地等与争议有实际联系的地点的人民法院管辖。如果管辖协议约定不明确或者选择了两个以上法院,协议无效。四是协议管辖不得违反级别管辖和专属管辖的规定。

(5) 管辖权异议

管辖权异议,是指当事人认为受诉人民法院对该案无管辖权,而向受诉人民法院提出的不服该法院管辖的意见和主张。提出管辖权异议必须具备两个条件:首先,提出管辖权异议的主体只能是本案的被告。其次,被告提出管辖权异议必须在提交答辩状期间提出,即被告收到人民法院发送的起诉状副本之日起15日内提出。人民法院对当事人提出的异议,应当审查。异议成立的,裁定将案件移送有管辖权的人民法院;异议不成立的,裁定驳回。

当事人未提出管辖异议,并应诉答辩的,视为受诉人民法院有管辖权,但违反级别管辖和专属管辖规定的除外。

四、经济纠纷的审判程序

(一) 第一审普通程序

第一审普通程序是人民法院审理经济案件通常适用的程序。它是审判程序中最完整、最系统的程序,具有广泛的适用性。

1. 起诉与受理

起诉,是指原告就经济纠纷向人民法院提起诉讼,请求人民法院依照法定程序进行审判的行为。起诉是原告的一项重要的诉讼权利,是诉讼程序开始的前提。

原告起诉,必须符合以下条件:(1)原告必须是与案件有直接利害关系的公民、法人和其他组织;(2)有明确的被告;(3)有具体的诉讼请求和事实理由;(4)属于人民法院受理经济诉讼的范围和受诉人民法院管辖。

原告起诉应当向人民法院递交起诉状,并按被告人数提出副本。起诉状应当记明下列事项:原告的姓名、性别、年龄、民族、职业、工作单位、住所、联系方式,法人或者其他组织的名称、住所和法定代表人或者主要负责人的姓名、职务、联系方式;被告的姓名、性别、工作单位、住所等信息,法人或者其他组织的名称、住所等信息;诉讼请求和所根据的事实与理由;证据和证据来源,证人姓名和住所。

人民法院收到起诉状后,应当进行审查。对符合起诉条件的,必须受理。符合起诉条件的,应当在7日内立案,并通知当事人;不符合起诉条件的,应当在7日内作出裁定书,不予受理;原告对裁定不服的,可以提起上诉。

2. 审理前的准备

审理前的准备工作主要有以下几项:

(1)向当事人送达起诉状副本和答辩状副本

人民法院应当在立案之日起5日内将起诉状副本发送被告,被告应当在收到之日起15日内提出答辩状。答辩状应当记明被告的姓名、性别、年龄、民族、职业、工作单位、住所、联系方式;法人或者其他组织的名称、住所和法定代表人或者主要负责人的姓名、职务、联系方式。人民法院应当在收到答辩状之日起五日内将答辩状副本发送原告。被告不提出答辩状的,不影响人民法院审理。

(2)告知当事人有关的诉讼权利义务和合议庭的组成人员

人民法院对决定受理的案件,应当在受理案件通知书和应诉通知书中向当事人告知有关的诉讼权利和义务,或者口头告知。

合议庭的组成人员确定后,人民法院应当在3日内告知当事人。当事人认为合议庭组成人员中有依法应当回避的,可以行使申请回避的权利。

(3)认真审核诉讼材料

主要是了解双方当事人争议的焦点,以便针对当事人争执的焦点准备庭审提纲,引导当事人围绕焦点提供证据,进行辩论。

(4)追加当事人

人民法院发现必须共同进行诉讼的当事人没有参加诉讼的,应当通知其参加诉讼。追加的当事人是共同诉讼的原告时,如其明确表示放弃实体权利的,可不追加;如果既不参加诉讼,又不放弃实体权利的,仍追加为原告。追加的当事人是共同诉讼的被告时,则一经人民法院通知,必须参加诉讼。

(5) 调查收集必要的证据

当事人及其诉讼代理人因客观原因不能自行收集的证据,或者人民法院认为审理案件需要的证据,人民法院应当调查收集。

(6) 组织当事人交换证据

主要适用于案情比较复杂,证据材料较多的案件。这样规定可以使双方当事人针对对方的诉讼请求及证据作好充分准备,使庭审中的举证、质证工作顺利进行。

3. 开庭审理

开庭审理是经济诉讼程序的重要阶段,也是人民法院查明案件事实,分清是非责任,正确适用法律,解决当事人之间的经济权利义务争议的一项重要的诉讼活动。

开庭审理的方式有两种,即公开审理和不公开审理。公开审理是开庭审理的基本方式,除涉及国家机密、个人隐私或者法律另有规定的以外,应当公开审理。涉及商业秘密的案件,当事人申请不公开审理的,可以不公开审理。

开庭审理的步骤是:

(1) 开庭前的准备

其中包括:开庭 3 日前通知当事人和其他诉讼参与人;公告当事人的姓名、案由、开庭的时间和地点;查明当事人及其他诉讼参与人是否到庭,宣布法庭纪律;审判长核对当事人,宣布案由,宣布审判人员、书记员名单,告知当事人有关的诉讼权利和义务;询问当事人是否申请回避等。

(2) 法庭调查

法庭调查的任务是听取当事人的陈述及核实证据,全面查清案情。法庭调查的事项有:当事人分别陈述诉讼请求及其理由;审判长根据当事人分别陈述的诉讼请求归纳案件争议焦点,或者法庭调查重点,并征求当事人意见;当事人各自举证及互相质证;法院出示其依职权调查收集的证据及当事人质证;审判人员认证及就法庭调查的事实和当事人争议的问题归纳总结。

(3) 法庭辩论

法庭辩论是双方当事人为维护自己的请求和反驳对方的主张,在法庭调查的基础上互相进行辩论的诉讼活动。法庭调查的顺序是:首先,原告及其诉讼代理人发言;其次,被告及其诉讼代理人答辩;再次,第三人及其诉讼代理人发言或答辩;最后,互相辩论。法庭辩论终结,由审判长按照原告、被告、第三人的先后顺序征询各方的最后意见。如有调解可能的,审判长还可以再次组织双方当事人进行调解。调解达成协议的,应制作调解书,并终结诉讼。调解不成的,依法判决。

(4) 评议和宣判

法庭辩论终结后,除达成调解协议的外,由审判长宣布休庭,合议庭成员进行评议。合议庭评议案件实行少数服从多数原则。合议庭评议结束后,应制作判决书。人民法院宣告判决,一律公开进行。当庭宣判的,应当在 10 日内将判决书发送当事人;定期宣判的,宣判后立即将判决书发送当事人。宣告判决时,必须告知当事人上诉权利、上诉期限和上诉法院。

(5) 审结期限

人民法院适用普通程序审理的案件,应当在立案之日起 6 个月内审结。有特殊情况需要延长的,由本院院长批准,可以延长 6 个月。如果在延长的 6 个月内仍不能审结,还需要延长的,报请上级人民法院批准。

(二) 第一审简易程序

经济诉讼的第一审简易程序是基层人民法院及其派出法庭审理第一审简单的经济案件所适用的程序。

1. 简易程序的适用范围

基层人民法院和它派出的法庭审理事实清楚、权利义务关系明确、争议不大的简单的经济案件,对于简单的经济案件以外的其他案件,当事人双方也可以约定适用简易程序。

2. 简易程序的具体规定

根据法律规定,适用简易程序原告可以口头起诉,不用递交起诉状;双方当事人可以同时到基层人民法院或者它的派出法庭,请求解决争议,基层人民法院或者它的派出法庭可以当即审理,也可以另定日期审理;人民法院可以采用简便的方式传唤当事人和证人、送达诉讼文书、审理案件,但应当保障当事人陈述意见的权利;由审判员一人独任审判;在开庭审理的程序上,人民法院可以根据案件的不同情况,灵活掌握,不需要像普通程序那样严格划分开庭审理的阶段;审结期限较短,即人民法院应当在立案之日起 3 个月内审结案件。

基层人民法院和它派出的法庭审理简单的经济案件,标的额为各省、自治区、直辖市上年度就业人员年平均工资 30% 以下的,实行一审终审。

(三) 第二审程序

第二审程序即上诉程序,是第二审人民法院审理当事人不服第一审人民法院判决、裁定的上诉案件所适用的程序。

1. 第二审程序的提起与受理

上诉,是指当事人不服第一审人民法院的判决和裁定,提请上级人民法院对案件重新审理的行为。当事人依法提起上诉是第二审程序发生的前提。

上诉的提起,必须具备一定的条件:

（1）必须是依法允许上诉的裁判。即地方各级人民法院按照第一审程序所作的未生效的判决和部分裁定。可以上诉的裁定有不予受理、驳回起诉及管辖权异议的裁定三种。

（2）必须有合格的上诉人和被上诉人。即第一审程序中的原告、被告、共同诉讼人、诉讼代表人、有独立请求权的第三人和人民法院判决承担实体义务的无独立请求权的第三人。

（3）必须在法定的期限内提出上诉。不服第一审判决的上诉期限为15日，不服第一审裁定的上诉期限为10日。

（4）必须递交上诉状。上诉状的内容包括：当事人的姓名、法人的名称及其法定代表人的姓名或者其他组织的名称及其主要负责人的姓名；原审人民法院的名称、案由和案件的编号；上诉的请求和理由。上诉的请求是上诉人提出上诉所要达到的目的，应当明确表明要求法院全部或部分变更原审裁判的态度。上诉的理由是上诉人提出的认为一审裁判认定事实或适用法律不当或者错误所根据的事实和理由。

当事人提起上诉，原则上应通过原审人民法院提交上诉状，并按照对方当事人的人数提出副本。当事人不愿意通过原审人民法院提出上诉的，也可以将上诉状直接送交上一级人民法院。

2. 第二审案件的审理

第二审人民法院审理上诉案件，除依照民事诉讼法关于第二审程序的规定外，适用第一审普通程序的规定。

（1）开庭审理前的准备工作

主要有：由审判员组成合议庭进行审理；对上诉进行审查；查阅案卷材料，熟悉案情及作必要的调查；决定是否开庭审理；决定开庭的时间和地点。

（2）审理

第二审人民法院应当对上诉请求的有关事实和适用法律进行审查。但如果判决违反法律禁止性规定、侵害社会公共利益或者他人利益的，不受当事人上诉请求范围的限制，应当予以审理。第二审人民法院对上诉案件，应当组成合议庭，开庭审理。经过阅卷、调查和询问当事人，对没有提出新的事实、证据或者理由，合议庭认为不需要开庭审理的，可以不开庭审理。

（3）调解

第二审人民法院审理上诉案件仍然可以根据自愿和合法的原则进行调解。调解达成协议的，应制作调解书。调解书送达后，原审人民法院的判决即视为撤销。

（4）撤回上诉

在上诉案件的判决作出前，上诉人可以撤回上诉，但是否准允，要由第二审人民法院裁定。上诉案件一经撤回，上诉人就丧失了上诉权，一审法院的判决即发生法律效力。

(5) 审理期限

第二审人民法院审理不服第一审判决的上诉案件，应当在第二审立案之日起3个月内审结，有特殊情况需要延长的，由院长批准。第二审人民法院审理不服第一审裁定的上诉案件，应当在第二审立案之日起30日内作出终审裁定。

3. 上诉案件的裁判

第二审人民法院对上诉案件，经过审理，按照下列情形，分别处理：

(1) 原判决、裁定认定事实清楚，适用法律正确的，以判决、裁定方式驳回上诉，维持原判决、裁定；(2) 原判决、裁定认定事实错误或者适用法律错误的，以判决、裁定方式依法改判、撤销或者变更；(3) 原判决认定基本事实不清的，裁定撤销原判决，发回原审人民法院重审，或者查清事实后改判；(4) 原判决遗漏当事人或者违法缺席判决等严重违反法定程序的，裁定撤销原判决，发回原审人民法院重审。

(四) 审判监督程序

审判监督程序亦称再审程序，是指人民法院对确有错误的、已经发生法律效力的判决、裁定、调解书，依照法律规定再行审理的程序。审判监督程序并不是审理每一个案件必经的程序，它是人民法院为纠正已经发生法律效力的错误裁判和调解书所适用的一种补救程序。

审判监督程序的发生有三种情况：

1. 人民法院依审判监督程序决定再审

人民法院对发生法律效力且确有错误的裁判可依一定的程序提起再审：各级人民法院院长对本院已经发生法律效力的判决、裁定、调解书，发现确有错误，认为需要再审的，应当提交审判委员会讨论决定；最高人民法院对地方各级人民法院已经发生法律效力的判决、裁定、调解书，上级人民法院对下级人民法院已经发生法律效力的判决、裁定、调解书，发现确有错误的，有权提审或者指令下级人民法院再审。

由最高人民法院、上级人民法院提审或指令再审的案件，不必再经过原审法院审判委员会讨论决定，提审或接受指令再审的人民法院应当直接开始审判监督程序。

2. 当事人申请再审

当事人申请再审，是指当事人对已经发生法律效力的判决、裁定或调解书，认为确有错误，要求原审人民法院或上一级人民法院进行再审的诉讼行为。

当事人申请再审，必须具备一定的条件：(1) 当事人申请再审，应当在判决、裁定发生法律效力后6个月内提出；有法律规定情形的，自知道或者应当知道之日起6个月内提出。(2) 当事人申请再审,可以向上一级人民法院申请;当事人一方人数众多或者当事人双方为公民的案件,也可以向原审人民法院申请。(3) 必须符合法定的情形。根据《民事诉讼法》的规定,申请再审的法定情形包括:有新的证据,足以推翻原判决、裁定的;原判决、裁定认定的基本事实缺乏证据证明的;原判决、裁定认定事实的主要证据是伪造的;原判决、裁定认定事实的主要证据未经质证的;对审理案件需要的主要证据,当事人因客观原因不能自行收集,书面申请人民法院调查收集,人民法院未调查收集的;原判决、裁定适用法律确有错误的;审判组织的组成不合法或者依法应当回避的审判人员没有回避的;无诉讼行为能力人未经法定代理人代为诉讼,或者应当参加诉讼的当事人,因不能归责于本人或者其诉讼代理人的事由,未参加诉讼的;违反法律规定,剥夺当事人辩论权利的;未经传票传唤,缺席判决的;原判决、裁定遗漏或者超出诉讼请求的;据以作出原判决、裁定的法律文书被撤销或者变更的;审判人员审理该案件时有贪污受贿,徇私舞弊,枉法裁判行为的;有证据证明调解违反自愿原则;调解协议的内容违反法律的。

当事人申请再审的,应当提交再审申请书等材料。人民法院应当自收到再审申请书之日起3个月内审查,认为符合再审条件的,裁定再审;不符合再审条件的,裁定驳回申请。有特殊情况需要延长的,由本院院长批准。

3. 人民检察院抗诉提起再审

抗诉,是指人民检察院根据对审判的法律监督权,对人民法院已经生效的判决、裁定、调解书,发现确有错误,要求人民法院再行审理,纠正错误的诉讼活动。

最高人民检察院对各级人民法院已经发生法律效力的判决、裁定,上级人民检察院对下级人民法院已经发生法律效力的判决、裁定,发现《民事诉讼法》第200条规定情形之一的,或者发现调解书损害国家利益、社会公共利益的,应当提出抗诉。地方各级人民检察院对同级人民法院已经发生法律效力的判决、裁定,发现有《民事诉讼法》第200条规定情形之一的,或者发现调解书损害国家利益、社会公共利益的,可以向同级人民法院提出检察建议,并报上级人民检察院备案;也可以提请上级人民检察院向同级人民法院提出抗诉。

有下列情形之一的,当事人可以向人民检察院申请检察建议或者抗诉:(1) 人民法院驳回再审申请的;(2) 人民法院逾期未对再审申请作出裁定的;(3) 再审判决、裁定有明显错误的。

人民检察院决定对人民法院的判决、裁定、调解书提出抗诉的,应当制作抗诉书。人民检察院提出抗诉的案件,接受抗诉的人民法院应当自收到抗诉书之日起30日内作出再审的裁定。人民检察院提出抗诉的案件,人民法院再审时,应当通知人民检察院派员出席法庭。

人民法院依审判监督程序决定再审的案件,应裁定中止原判决的执行,并另行组成合议庭审理案件。对于发生法律效力的裁判是由第一审人民法院作出的,按照第一审程序进行审理,所作的判决、裁定,当事人可以上诉;发生法律效力的裁判是由第二审人民法院作出的,按照第二审程序进行审理,所作的判决、裁定是发生法律效力的判决、裁定,当事人不能上诉;最高人民法院或者上级人民法院按照审判监督程序提审的案件,适用第二审程序进行审理,所作判决、裁定是发生法律效力的判决、裁定。

(五) 督促程序

督促程序又称债务催偿程序,是指人民法院根据债权人的申请,向债务人发出支付令,督促债务人给付一定数额的金钱、有价证券所适用的程序。督促程序是一种以迅速结案为目的的略式程序,这种程序比简易程序还要简便,它不需要开庭,不需要传唤债务人,不需要进行大量的调查取证,只就债权人提供的事实和证据,即可发出支付令,督促债务人清偿债务。

1. 督促程序适用的条件

债权人申请支付令应当具备一定的条件:

(1) 债权人与债务人之间没有对待给付的义务,只存在债权人的请求权;

(2) 申请的标的仅限于请求给付金钱或汇票、本票、支票以及股票、债券、国库券、可转让的存款单等有价证券;

(3) 请求给付的金钱或者有价证券已到期且数额确定,并写明了所根据的事实、证据的;

(4) 支付令能够送达债务人的。如果债务人下落不明或者居住在境外的,不适用督促程序。

2. 督促程序的具体规定

债权人申请支付令,应向有管辖权的基层人民法院提出书面申请。支付令申请书应写明下列内容:债权人和债务人的基本情况;请求给付的金钱或有价证券的种类、数额;请求法院发出支付令所根据的事实和证据。人民法院收到债权人的支付令申请后,经审查符合条件的,应在 5 日内予以受理,并通知债权人;不符合条件的,应在 5 日内通知债权人不予受理,并说明理由。

人民法院受理债权人的申请后,经审查,债权债务关系明确、合法的,应当在受理之日起 15 日内向债务人发出支付令。申请不成立的,裁定予以驳回。

债务人应当自收到人民法院的支付令之日起 15 日内清偿债务或者向法院提出书面异议。债务人在此期限内既不提出异议,又不履行债务的,支付令发生法律效力。生效的支付令与人民法院生效的判决有同等的效力,债务人拒不履行的,债权人可以此为根据向人民法院申请强制执行。债务人在 15 日内提出书面异议的,经审查异议成立,人民法院应当裁定终结督促程序,支付令自行失效。支付令失效的,转入诉讼程序,但申请支付令的一方当事人不同意提起诉讼的除外。

（六）公示催告程序

公示催告程序，是指人民法院根据失去票据的当事人的申请，以公告的方法催促不明确的利害关系人在一定期间内申报权利，如不申报，则判决宣告票据无效的程序。公示催告程序是对票据权利人丧失票据后进行补救的一种程序。票据一旦丧失，则票据权利人不能依票据主张权利，其票据上的权利还可能被他人冒领，损害票据权利人的利益。而适用公示催告程序，票据权利人则可以通过人民法院的除权判决重新获得票据上的权利，从而使票据权利人的合法权益不受损害。

1. 公示催告的申请和受理

公示催告程序是依当事人的申请而开始的。当事人申请公示催告必须具备一定的条件：

（1）申请公示催告的事项只限于法律规定可以背书转让的票据。票据主要指汇票、本票和支票三种，其中，可以背书转让的票据主要指汇票和本票。

（2）申请公示催告的原因必须是可以背书转让的票据发生了被盗、遗失或灭失的情况。

（3）申请人必须是票据的最后持有人。

（4）必须是利害关系人处于不明确状态。

（5）应向票据支付地的人民法院提交申请书。申请书的内容应包括：票据种类、票面金额、发票人、持票人、背书人等票据的主要内容及申请的事实和理由。

人民法院收到公示催告的申请后，应当立即进行审查，以决定是否受理。经审查，符合受理条件的，应予以受理；不符合受理条件的，应当在7日内裁定驳回申请，并通知申请人。

2. 通知止付与发出公告

人民法院在决定受理申请的同时，应通知支付人停止支付。对该票据负有支付义务的支付人，收到止付通知后，不得向票据持有人再行支付，直至公示催告程序终结。如果支付人收到停止支付的通知后拒不止付的，人民法院除可以向支付人采取强制措施外，在除权判决作出后，支付人仍承担支付义务。

人民法院受理申请后，还应当在3日内发出公告，催促利害关系人申报权利。公示催告的期间，由人民法院根据情况决定，但不得少于60日。公示催告期间，转让票据权利的行为无效。

3. 申报权利

利害关系人在公示催告期间内申报权利的，人民法院应通知其向法院出示票据，并通知公示催告申请人在指定的期间察看该票据。该票据与申请公示催告的票据一致的,人民法院应裁定终结公示催告程序。申请人和申报人如果对票据有实体上的争议,可以向人民法院起诉,按照普通程序解决。如果申报人提不出票据,或者申报人提出的票据与申请公示催告的票据不一致时,人民法院应裁定驳回利害关系人的申报。利害关系人在申报期届满后、判决作出之前申报权利的,视为在申报期间申报权利,人民法院同样应裁定终结公示催告程序。

4. 除权判决

除权判决,是指人民法院作出的宣告票据无效的判决。在申报权利期间无人申报的,或者申报被驳回的,申请人应当在申报权利期间届满的次日起1个月内申请人民法院作出判决。逾期未申请判决的,人民法院应裁定终结公示催告程序。除权判决作出后,应通知支付人,并再次公告。判决自公告之日起,即发生法律效力,公示催告的申请人有权依法院的判决向支付人请求支付。

利害关系人因正当理由不能在判决前向人民法院申报的,自知道或者应当知道判决公告之日起1年内,可以向作出判决的人民法院起诉,请求撤销除权判决。利害关系人向人民法院起诉的,人民法院可按票据纠纷适用普通程序审理。

五、执行程序

执行程序是经济诉讼的最后阶段,是在负有义务的一方当事人拒不履行法律文书确定的义务时,人民法院依法强制其履行义务所适用的程序。执行程序不是案件的必要程序,如果人民法院的裁判没有给付内容,或虽有给付内容但负有义务的一方当事人履行了义务,或当事人在法定的申请执行期限内没有申请执行,就不会发生执行。

(一) 执行程序的开始

一般情况下,执行程序的发生是由一方当事人提出申请开始的。当事人申请执行应当具备一定的条件:

(1) 申请执行的当事人,必须是法律文书中享有权利的一方当事人。

(2) 必须提交申请执行书和据以执行的法律文书。据以执行的法律文书包括人民法院制作的已生效的判决书、裁定书、调解书、支付令,仲裁机关制作的裁决书,公证机关制作的具有强制执行效力的债权文书。

(3) 必须在法定期限内提出申请。申请执行的期间为2年。申请执行时效的中止、中断,适用法律有关诉讼时效中止、中断的规定。申请执行的期限,从法律文书规定履行期间的最后一日起计算;法律文书规定分期履行的,从规定的每次履行期间的最后一日起计算;法律文书未规定履行期间的,从法律文书生效之日起计算。

(4) 向有执行管辖权的人民法院提出申请。发生法律效力的经济判决、裁定,以及刑事判决、裁定中的财产部分,由第一审人民法院或者与第一审人民法院同级的被执行的财产所在地人民法院执行。法律规定由人民法院执行的其他法律文书,由被执行人住所地或者被执行的财产所在地人民法院执行。

此外,执行程序也可因移交执行而开始,即由法院的审判人员主动将生效的判决书、裁定书或调解书直接移交执行人员执行。

执行程序开始后,执行人员首先要了解案件情况,明确需要执行的事项,了解被执行人拒不履行义务的原因和履行义务的能力。在此基础上,执行员应向被执行人发出执行通知,责令其在指定的期限内履行义务。逾期不履行的,强制执行。被执行人不履行法律文书确定的义务,并有可能隐匿、转移财产的,执行员可以立即采取强制执行措施。

(二) 执行措施

执行措施是人民法院依法强制被执行人履行义务的具体方法。在民事诉讼中,执行措施主要有以下几项:

(1) 查询、冻结、划拨被执行人的存款;

(2) 扣留、提取被执行人的收入;

(3) 查封、扣押、冻结、拍卖、变卖被执行人的财产;

(4) 搜查被执行人隐匿的财产;

(5) 强制被执行人交付法律文书指定的财物和票证;

(6) 强制被执行人迁出房屋或退出土地;

(7) 强制被执行人完成法律文书指定的行为;

(8) 强制被执行人支付迟延履行金或迟延履行期间的债务利息。

在实践中,还可能发生以下几种执行情况:

(1) 被执行人为公民或其他组织的,在执行程序开始后,被执行人的其他已经取得执行根据或者已经起诉的债权人,发现被执行人的财产不能清偿所有债权的,可以向人民法院申请参与分配。被执行人的财产不足清偿同一顺序的,按照比例分配,清偿后的剩余债务,被执行人应当继续清偿。债权人发现被执行人有其他财产的,可以随时请求人民法院执行。

(2) 被执行人的财产不足以清偿债务,但对第三人有到期债权的,人民法院可依申请执行的申请,通知该第三人向申请执行人履行债务。该第三人对债务没有异议但又在通知指定的期限内不履行的,人民法院可以强制执行。

(3) 经申请执行人和被执行人同意,可以不经拍卖、变卖,直接将被执行人的财产作价交申请执行人抵偿债务,对剩余债务,被执行人应当继续清偿。

(4) 被执行人的财产无法拍卖或变卖的,经申请执行人同意,人民法院可将该项财产作价后交付申请执行人抵偿债务,或者交付申请执行人管理;申请执行人拒绝接收或管理的,退回被执行人。

21世纪法学系列教材书目

"21世纪法学系列教材"是北京大学出版社继"面向21世纪课程教材"(即"大红皮"系列)之后,出版的又一精品法学系列教科书。本系列丛书以白色为封面底色,并冠以"未名·法律"的图标,因此也被称为"大白皮"系列教材。"大白皮"系列是法学全系列教材,目前有15个子系列。本系列教材延续"大红皮"图书的精良品质,皆由国内各大法学院优秀学者撰写,既有理论深度又贴合教学实践,是国内法学专业开展全系列课程教学的最佳选择。

- **法学基础理论系列**

英美法概论:法律文化与法律传统		彭　勃
法律方法论		陈金钊
法社会学		何珊君

- **法律史系列**

中国法制史		赵昆坡
中国法制史		朱苏人
中国法律思想史(第二版)	李贵连	李启成
外国法制史(第三版)		由　嵘
西方法律思想史(第三版)	徐爱国	李桂林
外国法制史		李秀清

- **民商法系列**

民法学	申卫星
民法总论(第三版)	刘凯湘
债法总论	刘凯湘
物权法论	郑云瑞
侵权责任法	李显冬
英美侵权行为法学	徐爱国
商法学——原理·图解·实例(第三版)	朱羿锟
商法学	郭　瑜
保险法(第三版)	陈　欣
保险法	樊启荣
海商法教程(第二版)	郭　瑜
票据法教程(第二版)	王小能
票据法学	吕来明

物权法原理与案例研究			王连合
破产法(待出)			许德风

- **知识产权法系列**

知识产权法学(第六版)			吴汉东
商标法			杜 颖
著作权法(待出)			刘春田
专利法(待出)			郭 禾
电子商务法		李双元	王海浪

- **宪法行政法系列**

宪法学(第三版)	甘超英	傅思明	魏定仁
行政法学(第三版)		罗豪才	湛中乐
外国宪法(待出)			甘超英
国家赔偿法学(第二版)		房绍坤	毕可志

- **刑事法系列**

刑法总论			黄明儒
刑法分论			黄明儒
中国刑法论(第五版)	杨春洗	杨敦先	郭自力
现代刑法学(总论)			王世洲
外国刑法学概论		李春雷	张鸿巍
犯罪学(第三版)		康树华	张小虎
犯罪预防理论与实务		李春雷	靳高风
监狱法学(第二版)			杨殿升
刑事执行法学			赵国玲
刑法学各论(第二版)			刘艳红
刑法学总论(第二版)			刘艳红
刑事侦查学			张玉镶
刑事政策学			李卫红
国际刑事实体法原论			王 新
美国刑法(第四版)		储槐植	江 溯

- **经济法系列**

经济法学(第六版)		杨紫烜	徐 杰
经济法学原理(第四版)			刘瑞复

经济法概论(第七版)	刘隆亨
企业法学通论	刘瑞复
商事组织法	董学立
金融法概论(第五版)	吴志攀
银行金融法学(第六版)	刘隆亨
证券法学(第三版)	朱锦清
金融监管学原理	丁邦开　周仲飞
会计法(第二版)	刘　燕
劳动法学(第二版)	贾俊玲
反垄断法	孟雁北
中国证券法精要:原理与案例	刘新民
经济法理论与实务(第四版)	於向平等

- **财税法系列**

财政法学	刘剑文
税法学(第四版)	刘剑文
国际税法学(第三版)	刘剑文
财税法专题研究(第二版)	刘剑文
财税法成案研究	刘剑文　等

- **国际法系列**

国际法(第二版)	白桂梅
国际私法学(第三版)	李双元
国际贸易法	冯大同
国际贸易法	王贵国
国际贸易法	郭　瑜
国际贸易法原理	王　慧
国际投资法	王贵国
国际货币金融法(第二版)	王贵国
国际经济组织法教程(第二版)	饶戈平

- **诉讼法系列**

民事诉讼法(第二版)	汤维建
刑事诉讼法学(第五版)	王国枢
外国刑事诉讼法教程(新编本)	王以真　宋英辉
民事执行法学(第二版)	谭秋桂

仲裁法学(第二版)	蔡　虹
外国刑事诉讼法	宋英辉　孙长永　朴宗根
律师法学	马宏俊
公证法学	马宏俊

- **特色课系列**

世界遗产法	刘红婴
医事法学	古津贤　强美英
法律语言学(第二版)	刘红婴
民族法学	熊文钊

- **双语系列**

普通法系合同法与侵权法导论	张新娟
Learning Anglo-American Law: A Thematic Introduction(英美法导论)(第二版)	李国利

- **专业通选课系列**

法律英语(第二版)	郭义贵
法律文献检索(第二版)	于丽英
英美法入门——法学资料与研究方法	杨　桢
模拟审判:原理、剧本与技巧(第二版)	廖永安　唐东楚　陈文曲

- **通选课系列**

法学通识九讲(第二版)	吕忠梅
法学概论(第三版)	张云秀
法律基础教程(第三版)(待出)	夏利民
人权法学	白桂梅

- **原理与案例系列**

国家赔偿法:原理与案例	沈　岿
专利法:案例、学说和原理	崔国斌

2014 年 8 月更新

教师反馈及教材、课件申请表

尊敬的老师：

您好！感谢您一直以来对北大出版社图书的关爱。北京大学出版社以"教材优先、学术为本"为宗旨，主要为广大高等院校师生服务。为了更有针对性地为广大教师服务，满足教师的教学需要、提升教学质量，在您确认将本书作为教学用书后，请您填好以下表格并经系主任签字盖章后寄回，我们将免费向您提供相关的教材、思考练习题答案及教学课件。在您教学过程中，若有任何建议也都可以和我们联系。

书号/书名	
所需要的教材及教学课件	
您的姓名	
系	
院校	
您所主授课程的名称	
每学期学生人数	学时
您目前采用的教材	书名＿＿＿＿＿＿ 作者＿＿＿＿＿＿ 出版社＿＿＿＿＿＿
您的联系地址	
联系电话	
E-mail	
您对北大出版社及本书的建议：	系主任签字 盖章

我们的联系方式：

北京大学出版社法律事业部

地　　址：北京市海淀区成府路205号　　联系人：李铎
电　　话：010-62752027　　传　真：010-62556201
电子邮件：bjdxcbs1979@163.com
网　　址：http://www.pup.cn
北大出版社市场营销中心网站：www.pupbook.com